# 掇华集

杨平 主编

北京·旅游教育出版社

图书在版编目（CIP）数据

掇华集 / 杨平主编. -- 北京 : 旅游教育出版社,
2022.12
　ISBN 978-7-5637-4507-4

Ⅰ. ①掇… Ⅱ. ①杨… Ⅲ. ①中国文学－文学研究－
文集 Ⅳ. ①I206-53

中国版本图书馆CIP数据核字(2022)第229294号

## 掇华集
### 杨　平　主编

| | |
|---|---|
| 策　　划 | 李荣强 |
| 责任编辑 | 陈　志 |
| 出版单位 | 旅游教育出版社 |
| 地　　址 | 北京市朝阳区定福庄南里 1 号 |
| 邮　　编 | 100024 |
| 发行电话 | （010）65778403　65728372　65767462（传真） |
| 本社网址 | www.tepcb.com |
| E - mail | tepfx@163.com |
| 排版单位 | 北京旅教文化传播有限公司 |
| 印刷单位 | 唐山玺诚印务有限公司 |
| 经销单位 | 新华书店 |
| 开　　本 | 787毫米×1092毫米　1/16 |
| 印　　张 | 16 |
| 字　　数 | 285 千字 |
| 版　　次 | 2022 年 12 月第 1 版 |
| 印　　次 | 2022 年 12 月第 1 次印刷 |
| 定　　价 | 68.00 元 |

（图书如有装订差错请与发行部联系）

# 序　言

北京第二外国语学院文化与传播学院的前身是汉语教学部，成立于北二外建校之初，至今已有58年的历史。文化与传播学院拥有和融合中国语言文学、哲学、新闻传播学三个一级学科，以"致力传承中华优秀文化，致力中外文化交流与互融"为办学宗旨，以"国际化、特色化、跨文化"为办学方向，坚持"博雅教育、国际视野、融通文化、人文情怀"的人才培养理念，形成了"多语种复语、跨专业复合、双语双强"的人才培养特色。

文化与传播学院秉承优良的教学传统，积极探索教学改革，在人才培养方面强调扎实的专业基础、深厚的人文底蕴、突出的实践能力、良好的跨文化交流与传播能力，尤其注重学术训练与写作能力的培养。从2020年开始，在汉语言文学、汉语国际教育、新闻学三个专业开设了通识必修课《写作》，杨平副院长亲自组织教学团队，讨论教学内容，研究教学方法，探索如何在大学本科阶段提升学生的学术写作与创意写作能力。课程开设两年来，取得了突出的成绩和丰富的成果，《写作》团队入选校级本科优秀育人团队，学生的学术意识与学术写作能力得到明显提升。

为了给同学们提供一个发表学术成果的机会和平台，文化与传播学院精选全院本科生、研究生学术论文，汇为一集，名曰"掇华"，取撷英掇华之意，这既是对同学们初踏学术之路的鼓励，也代表了老师们的殷切期待。论文集中有15篇学术论文都是近两年《写作》课的学生优秀论文，充分体现了《写作》课程的突出教学成果。

《掇华集》收录本科论文20篇，研究生论文11篇，分为中国文学细读、外国文学绎读、中外文论译解、中外艺术新解、数字人文问题五个专题，内容涵盖文学、语言、文论、艺术等不同学科与领域，体现了同学们丰富多样的学术兴趣。总体来看，论文集中的学术论文体现出三个突出特点：其一是选题基于个人学术兴趣与积累，大多能关注学科前沿问题，尝试采用前沿的理论方法进行分析论证；其二是强调文本细读，能够表达个人对于作品的体验感悟；其三是遵循学术规范，论述力求严谨细密。

雏凤清于老凤声，同学们的学术研究与论文写作固然还有稚嫩和不完美之处，但体现出同学们对于学术研究的积极追求，对未来学术道路的憧憬以及令人欣喜的学术潜力，也体现出年轻一代大学生的锐气、灵气和才气，这些都是值得嘉许的。我们希望以《掇华集》的结集出版为契机，推动《写作》等课程的深入改革，进一步提升学生的学术写作能力，凸显文化与传播学院人才培养的特色。

最后，还要特别感谢北京第二外国语学院教务处的大力支持，使论文集能够顺利结集出版。

是为序。

李洪波

2022 年 12 月 4 日

# 目录

## 中国文学细读

《九歌》中神灵形象的精神分析 ……………………………………… 李彤 / 3

陶渊明《饮酒·其五》中隐逸思想的研究 …………………………… 高梦瑶 / 9

复与变：陈子昂、张九龄《感遇》组诗比较研究 …………………… 黎京焱 / 16

李白山水诗的画境 ……………………………………………………… 孙娟 / 29

从"砌成此恨无重数"看秦观之恨 …………………………………… 吕泽雯 / 34

《西游记》中老鼠精形象的三元体 …………………………………… 李梦宁 / 39

《枉凝眉》的爱情隐喻 ………………………………………………… 尹凯琦 / 45

《红楼梦》才子佳人叙事模式的批判 ………………………………… 张睿桐 / 52

《乐中悲》的中庸思想 ………………………………………………… 孙长菁 / 58

《浮生六记·闲情记趣》中的美好生活 ……………………………… 李思妍 / 65

《野草·狗的驳诘》中"人"的隐喻 ………………………………… 赵钎宇 / 73

《四世同堂》祁家四代父子伦理模式探析 …………………………… 安然 / 82

《芳华》的身体书写 …………………………………………………… 鲁逸飞 / 88

《白鹿原》剧中田小娥的生存悲剧 …………………………… 艾克代·如苏力 / 95

《废都》对传统"狭邪"小说的超越 ………………………………… 郝韵之 / 101

## 外国文学绎读

《霍乱时期的爱情》中船的隐喻 ……………………………………… 张尚然 / 115

《精灵宝钻》中吟游诗人对世界的建构 ……………………………… 王佳珂 / 124

堕落与救赎：《野草在歌唱》中的"荒原"隐喻 …………………… 张旻月 / 132

《失乐园》中人性的异化与确证　　　　　　　　　　赵玮佳 / 145

## 中外文论译解

《易经》中的"位"　　　　　　　　　　　　　　　张嘉印 / 155
《道德经》第六章四种英译本比较研究　　　　　　　肖炅焘 / 160
王阳明"致良知"如何成为可能？　　　　　　　　　林一涵 / 167
"言意之辨"中的人：以《文心雕龙·神思》为中心的探讨　　张熙 / 176
神话隐喻：《柏拉图的药》的解构策略　　　　　　　蔡拓 / 183

## 中外艺术新解

石涛"一画"之体用　　　　　　　　　　　　　　　邵煜婷 / 193
舞蹈《只此青绿》中"青绿"的意义　　　　　　　　宋萌 / 199
"Z世代"的心理分析：以泡泡玛特为例　　　　　　　胡漫缇 / 207
电影《刺猬的优雅》中勒妮的优雅　　　　　　　　　闫冠儒 / 216
古典舞《粉·墨》的生命意识　　　　　　　　　　　李坚玮 / 221

## 数字人文问题

通用人工智能的语义能力分析　　　　　　　　　　　张偌凝 / 231
论赛博精神病伦理学　　　　　　　　　　　　　　　李嘉泰 / 240

# 中国文学细读

# 《九歌》中神灵形象的精神分析

◇ 李彤

## 一、纯粹美的向往

"美"是人类的共同追求，朱光潜在《谈美书简》中提到："现实生活经验和文艺修养是研究美学的必备基本条件。"①深厚的长江文化孕育出楚人的浪漫，这也是他们追求纯粹美的基础。康德在《判断力批判》中认为纯粹美是不以对象为前提而确定该对象是什么的，是一种无利害、无概念、无目的的美。②《九歌》中的神灵情感真实、个性鲜明，在《湘君》和《湘夫人》两篇中尤为明显，他们的形象是纯粹美的化身。

### （一）神灵形象的纯粹美

湘君和湘夫人形象的"纯粹美"首先体现在神灵外貌上，两神均以清秀著称，湘君翩翩君子，湘夫人巧笑倩兮。两神性情单纯，因为误会，相见时神情幽怨："帝子降兮北渚，目眇眇兮愁予。"③湘夫人为心上人精心打扮，吹箫传达思念，湘君则规划与湘夫人的未来图景，为她盖院请神。粗心大意略带耿直的湘君、心思敏感却敢爱敢恨的湘夫人便跃然纸上。

湘君与湘夫人的爱情也是真实而纯粹的。在楚人眼中，湘君与湘夫人就像两个楚国情窦初开的男女。他们彼此爱慕却敏感至极，在等不到对方期间想尽对方缺点来减少惦念，真实地拉近了神与人的距离，隐含了楚人对于纯真爱情的向往。

借助诗句的韵律和手法，神灵形象的"纯粹美"展现得更为明显。"美要眇兮宜修，沛吾乘兮桂舟；令沅湘兮无波，使江水兮安流。"④描绘了湘夫人精心打扮，与附近其他神灵打好招呼后，迫切等待湘君到来，深化了湘夫人的"少女形象"。两篇诗作都以相同的句式与格律，运用倒叙的手法，站在湘君角度写湘夫人，站在湘夫人角度写湘君，

---

① 朱光潜：《谈美书简》，北京：人民文学出版社，2018年，第11页。
② 康德：《判断力批判》，邓晓芒译，北京：人民出版社，2017年，第192页。
③ 屈原：《楚辞·九歌》，北京：中华书局，2020年，第63页。
④ 屈原：《楚辞·九歌》，北京：中华书局，2020年，第51页。

互相对应的两首诗让普通的事件瞬间有了张力。诗句整齐押韵、手法多样、情感细腻，让湘水二神的形象兼具美感与真实。

### （二）纯粹的人神交合之美

楚人把"纯粹美"带给他们的愉悦贯彻到了极致。和两位神灵间的爱情相比，先民与湘君、湘夫人的情感交流更具感染性。先民体验着他们的爱恨离合——恍兮神兮，惚兮人兮，在祭祀仪式中绘制出浪漫幻想的"人神恋歌"，这是纯粹的精神交合，也是不含任何杂质的灵魂碰撞。在《九歌·湘君》的仪式中由巫者带领，在祭湘君时由女性的歌者或祭者扮演角色迎接湘君；祭湘夫人时则以男性的歌者或祭者扮演角色迎接湘夫人，各致以爱慕的情感，楚人都借此机会大胆表达对神灵的青睐之情。神灵即为先民心中理想的爱情对象，迎接仪式中，展现了楚人对兼具外表与心灵"纯粹美"的神灵们的迷狂和追逐。

祭祀仪式阶段划分寄予了先民对人间"纯洁美好"爱情的向往。在迎神阶段，神至人亦来的感受源于他们"万物有灵论"的神灵观，万物有灵乃是人对世界依恋之情的体现。湘夫人向万物交代让他们帮助自己约会，体现先民希望人间的理想爱情得到所有人和万事万物的祝福。在飨神阶段，情境的幻觉是基于先民对巫身份的理解，让人间爱情也能如神灵般永生，与纯洁的湘水神一样共情共生。送神阶段的迷狂喜悦状态，仿佛是人间理想的爱情得到天神和巫神的庇佑，预示着今后幸福生活的来临，寄托了先民理想化的生活：与美丽高贵的神灵恋爱，爱情长生不死。大胆而奇丽的想象表达楚人对神灵般美丽纯粹者相恋的渴望，却不得所愿只能寄身于此的失意。

整个祭祀过程丰富而完整，先民与神一同在纯洁而迷幻的时空中遨游。他们在奏乐中演绎湘夫人思念心上人的干净笛声，在舞蹈中表现湘君未来与湘夫人共度良辰美景的奇妙畅想，在歌曲中代入自己与神灵爱情的旋律，此刻他们就是湘君和湘夫人，纯粹而悠扬的一切都在为"人神恋"歌颂。对于先民来说，想象世界与生活世界的边界是如此模糊，祭典也成为人与神相互交合、纯粹爱恋的外在表达。

## 二、向死而生的周旋

生与死是人类永恒的话题。为了逃避死亡求永生，古人把祭天看做维护恒久生命最重要的方式，以显示对神灵的畏惧、对先祖的感恩。用娱神来逃避死亡、造福子孙的行为可以追溯到两千年前的荆楚大地，这是人类对自然的敬畏与依恋，展现一种强大的信仰。"当你无限接近死亡，才能体会生死的意义。"① 经历过无数战乱死亡，楚人把生命

---

① 马丁·海德格尔:《存在与时间》，陈嘉映、王庆节译，北京：三联书店，2021 年，第 156 页。

寄托在对天神深沉的情感中，决心向死而生，用极强的危机意识和谨慎的仪式减缓死亡的来临，这是楚人畏惧死亡、渴望永生的现实表现。

**（一）生死的认知**

《九歌》中《大司命》一篇展现了楚人对生死的认知和谨慎。古人以大司命为掌管命运之神，王夫之在《楚辞通释》中解释道："大司命通司人之生死，而少司命则司人子嗣之有无，皆楚俗为之名而祀之。"① 这是楚人先祖对人身后事的考量。《大司命》云："纷总总兮九州，何寿夭兮在予。"② 楚地风俗好祀鬼神，楚人以为人之寿夭必有神灵主宰，因而奉祀大司命，这也是为何大司命在先民面前有如此高傲冷漠形象的原因。《史记·天官书》云："北斗戴匡六星，曰文昌宫：一曰上将，二曰次将，三曰贵相，四曰司命。"③ 这再一次印证了大司命的重要性。生死无可避免，但通过敬天祭神即可长寿，这就是楚人对死的畏惧和生的留恋。

如果说在《湘君》和《湘夫人》中先民的仪式大胆奔放，在《大司命》中则为恭敬谨慎，"吾与君兮齐速，导帝之兮九坑"。④ 这刻画了楚人虔诚追逐大司命的情景。在祭祀时由男巫饰大司命，由女巫迎神，其唱词由大司命和迎神女巫穿插配合演唱，迎神女巫对大司命表现出一厢情愿的热爱与追求。在整个过程中大司命丝毫不为之所动，以高傲冷漠的形象示人，他的骄傲之处正是掌握了万物的生死，因此，人们必须以敬仰的姿态小心完成整个仪式，否则阳寿就会有所削减。

**（二）向死而生的观念**

楚国地处南方，在面临暴雨洪水、天灾人祸时感到无力，对自己渺小不能与天抗衡的力量有清醒的认知。他们渴望长寿，在《大司命》中充分表达了先民的生存欲望和对现世的眷恋。但他们也渴望死后升神，祈盼自己能有如神灵般的权力，所以以生命倒计时的方式重视死亡、提早规划死亡。棺木和祭器的设计展现了楚人向死而生的观念。

"众莫知兮余所为"表现了大司命极为神秘的形象。先民无法揣度神意，所以除了谨慎的仪式外，他们还要提前规划死后埋葬的地点、棺木以防不测。很多王室贵族在年轻之时就已准备着死亡，既然生前不可为，那就想尽办法在死后建立与神灵的某种联系。以《大司命》为入口，考古学家在1972年出土的马王堆一号汉墓中发现了朱地彩绘棺，它的设计也展现了遥远而神秘的神灵形象，展现了楚人向死而生的观念。其棺身

---

① 王夫之：《楚辞通释》，上海：上海古籍出版社，2018年，第36页。
② 屈原：《楚辞·九歌》，北京：中华书局，2020年，第76页。
③ 司马迁：《史记》，北京：中华书局，2016年，第183页。
④ 屈原：《楚辞·九歌》，北京：中华书局，2020年，第76页。

被装饰有各式花纹图案及漆画，充满神秘与艺术感。在设计图案上，朱地彩绘棺的头挡和左侧面上所绘为仙山。《山海经·海内西经》云："海内昆仑之虚在西北，帝之下都。昆仑之虚方八百里，高万仞。"① 《淮南子·地形篇》曰："昆仑之丘，或上倍之，是谓凉风之山，登之而不死……登之乃神，是谓太帝之居。"② 战国时每有求不死药之举，都会跨过神话中离天最近的地方——昆仑山，天上的神灵跨过天门，步出天界便到了昆仑山。高大的树木、险峻的高山有通天的作用，棺木这样的设计图案暗示了人可以利用其升入天界，展现了一个人神共在、流动飞扬、变幻神奇的世界，是楚人"死后升神"的幻想。除了对本来畏惧的死亡加以幻想色彩外，楚人也会敬重死亡，尊崇死者。在《韩非子·十过》中有讲到禹作漆器"墨染其外，而朱画其内"为祭器，③ 楚人尚红色，以红色为贵，引喻为楚人崇尚祖先正直的品行和纯正的文风，突出楚人对祖先及死者的尊敬和崇拜。

从楚人"死后升神"和"以死为尊"这两点可看出，先民们在想尽一切办法减缓对死亡的恐惧，通过向死而生建立与神灵的特定联系，展现了楚文化多样而凝聚的一面。神秘而冷漠的大司命就是楚人与天界、地府沟通的纽带。楚人认为自己的生死观是难以实现的，所以大司命也是难以追求的，这样的神灵形象的塑造展现了楚人对身后事的重视和困惑。

除此之外，从对冷漠大司命的追逐可以看出楚人的信仰强大，强大到把生命都交付于高傲的大司命，希望在娱神中实现价值。信仰是价值之所在，是人们为了超越生活中的有限价值，而去信仰脱离现实的东西，以弥补人自身局限性的遗憾。楚人秉承向死而生的观念，索性也把自己的渴望寄托在无限的成神之路中，以求弥补生前为凡人的遗憾。这也解释了他们为何有如此强大的娱神信仰，突显了楚文化敬神祭祖的传统和渴望生生不息的精神内涵。

## 三、现世的进取精神

春秋战国礼崩乐坏，蛮夷之地的楚国也要生存，在战乱时代，楚人不得不积极入世，以为子孙开拓道路。在小农经济下，地处南方的楚人更要靠天吃饭，掌握云雨的云中君自然就成为人们最信赖、祈盼的神灵。先民们以敬重爱戴之心表达对云中君的感恩，以舞蹈和唱词表达着对云中女神的一往情深；同时云中君的形象更大程度上激励了楚人的觉醒，培养了楚人自强不息的进取精神。他们决定靠个体的奋进开拓事业，目光也慢慢回归到"人"本身当中。

---

① 《山海经》，方韬译注，北京：中华书局，2011 年，第 95 页。
② 《淮南子》，陈广忠译注，北京：中华书局，2012 年，第 236 页。
③ 《韩非子》，高华平等译注，北京：中华书局，2015 年，第 332 页。

## （一）人神关系的反思

"謇将憺兮寿宫，与日月兮齐光"，"灵皇皇兮既降，猋远举兮云中。"① 云中君住在天上的殿堂，她与日月齐光，在云里穿着五彩衣自由翱翔。与眷侣湘君、湘夫人不同，云中君高贵典雅，是象征美丽而智慧的神女；与自傲的大司命不同，云中君被人们视为亲切而功德无量的神灵。关于她的"职业"，学界大多肯定了云神的说法，王逸《楚辞章句·云中君》注："云中君，云神，丰隆也，一曰屏翳。"② 马茂元在《楚辞注释》中亦说："'丰隆'、'屏翳'一神而异名。"③《云中君》一篇按韵可分为两章，每一章都是对唱。开头四句先是祭巫唱，展现祭祀的虔诚和宏大场面。"浴兰汤兮沐芳，华采衣兮若英，灵连蜷兮既留，烂昭昭兮未央。"④ 一群巫男巫女沐浴芳香、华服盛装，随乐而翩翩起舞，邀众神降临殿堂，用迷人的舞蹈和音乐招引神明降临。"謇将憺兮寿宫"以下四句为云中君所唱，表现出神的尊贵与威严。在楚人眼中云中君有着高覆九州、广被四海的特征，先民们虔诚地舞蹈歌颂，向往着云中君。在仪式尾声，降临结束后的楚云神快速上升而去，表现其超脱与不凡。

云中君整体形象光彩照人，她气宇轩昂，坐着神车，楚人在虔诚敬重之外，对她多了仰慕之情。神灵光辉的生命体震撼了楚人困惑的内心，这种激昂向上的力量使他们的眼光开始下移到现实世界中，聚焦于个体生活上，开始思考自己短暂一生的价值所在：如何在现世生活中尽力达到神灵世界的理想状态？又是否能像神灵那样豁达而有力量？这些都是楚人在《云中君》中寄予的进取精神，楚人在现世生活中的觉醒也就此拉开帷幕。

## （二）主体意识的觉醒

《云中君》是《九歌》中最有视觉审美的诗作，展现了楚文化丰富多彩、激昂向上的一面。

随着楚国的进一步强盛和生产生活的发展，楚人纷纷要求摆脱上天主宰人事的情况，强调人自身的主观能动性，展现了先民个体意识的觉醒。荆楚文化熏陶和孕育了一代又一代风流人物，他们以自己的聪明才智为人类文明添彩增色。⑤ 华夏始祖神农氏尝遍百草解救民生，春秋霸主楚庄王一鸣惊人，四大君子之春申君才智压群侯，汨罗江屈原忠心壮志殉国。这些杰出的人物影响范围甚广，成为了楚人现世的榜样。此外，受以云中君为代表的神灵的影响，更多平凡个体也进一步挖掘到自身价值，促进了春秋时期

---

① 屈原：《楚辞·九歌》，北京：中华书局，2020年，第33页。
② 王逸：《楚辞章句》，上海：上海古籍出版社，2017年，第29页。
③ 马茂元：《楚辞注释》，北京：人民文学出版社，1958年，第71页。
④ 屈原：《楚辞·九歌》，北京：中华书局，2020年，第33页。
⑤ 徐文武：《楚国思想史》，武汉：湖北人民出版社，2003年，第3页。

士阶层的壮大。这些都是现世生活中楚人的奋发进取的例证。

到了春秋时期，楚国是西周分封的异姓诸侯国，国力较弱。觉醒之后的楚人隐忍自强、厚积薄发，他们一方面开始与周围的部落巧妙周旋扎稳根基；另一方面，他们辛苦开发，把肥沃的土地变为国家坚实的根基，将民族血性作为部族的铠甲利器。青铜的力量也在推动楚国的成长，楚人自强不息的进取精神在炉火中锻造出来。

此时云中君的光辉不仅带来震撼，更是引领作用。楚人在崛起中不断加深自身的觉醒意识，也更加注重自我价值的实现。虽然娱神活动还会延续下去，但是楚人认为，争得别人尊敬和崇拜的目光也很重要，只有辽阔的疆土才能展现云中君的广布恩泽和自我的丰功伟绩，于是他们通过奋进成为南方霸主。自此，楚人开始突破"完全的崇天论"，更加肯定自我，展现给后人自强不息的进取精神。从"崇天"到"崇人"，楚人的个体意识在现世的实践中不断增强。其实，在《九歌》中看似神灵是主题，但作者实际上把人看做主体，在借神之口表达人的意志。此刻人的精神世界就是神仙世界，《九歌》即为对人性的释放和容受。本质上看，楚人对神灵世界的关注就是对人自身的密切关注，屈原展现楚人追求的同时，又实质上赋予了人本身的力量和价值，歌颂了人的精神。

徐文武概括道："荆楚文化蕴含着先人筚路蓝缕的进取精神、不分彼此的开放气度、标新立异的创造意识与以身相殉的爱国情结。"[①] 显然，《九歌》创作者屈原的人生就是楚文化内涵的践行者，这也是巫文化激昂的一面。当我们的眼中不只局限在娱神祭祀中错综复杂的仪式，就会更加理解这神秘却又给人以力量的楚巫文化了。李学勤认为楚巫文化与后起的宗教不同，尽管都是有神论，但宗教力图使神左右人，而巫术力图使人左右神。宗教的前提是人与天相分，巫术的前提是人与天相合。[②] 从中我们可以看到楚文化的内在逻辑：先从"人神恋"的纯粹美好中发掘楚人的追求，这是楚文化给人大胆的一面；再从敬神奉神看到楚人对生死的周旋考量，这是楚文化给人谨慎的一面；然而这都是依托于神灵所寄予的祈望，云神的引领和现世生活的变革让楚人意识到自己的光辉，把对"纯粹美"的追求、对"向死而生"的渴望都寄托在现世价值的实现中，造成了主体意识的转变。楚人在转变过程中形成了自强不息的精神，促进了社会历史的发展和进步，也带给了今人奋发前进的不竭动力。

李彤　北京第二外国语学院文化与传播学院汉语言文学专业本科生

---

① 徐文武：《楚国思想史》，武汉：湖北人民出版社，2003年，第2页。
② 转引自黄开栋：《论楚巫文化对华夏文明的影响》，《长江论坛》，2020年，第4期。

# 陶渊明《饮酒·其五》中隐逸思想的研究

◇ 高梦瑶

就隐士的特征而言,"舜发于畎亩之中,傅说举于版筑之间,胶鬲举于鱼盐之中……"①乃至后来的诸葛亮、"竹溪六逸",那么这些隐士大多隐于一时。对于其隐逸时期,他们也都称之为"苦其心志,劳其筋骨"②,或称之为"苟全性命于乱世"③,又或是"昨宵梦里还,云弄竹溪月"④般。而真正的隐士像陶渊明般,大隐隐于市,乃至后来的"饥寒饱所更"⑤,终来自娱的"赠缴奚施,已卷安劳"。⑥也是少之又少。而在陶渊明的《饮酒》系列诗中,我们在"酒"的吟诵中寻到其隐居后的生活状况,以及其本性由来、单纯的社交的真实性。

## 一、隐于市,醉于酒

《饮酒》组诗其主题为"酒"。《饮酒》序中言:"余闲居寡欢,兼比夜已从长,偶有名酒,无夕不饮,顾影独尽。既醉之后,辄题数句自娱。纸墨遂多,辞无诠次。聊命故人书之,以为欢笑尔。"⑦即组诗为入秋酒后所题,点墨意在作趣。与此同时,该组诗提到"行行向不惑,淹留遂无成"⑧,即年岁已近四十不惑,因时乖运蹇未有所成。这点出了诗人作诗时的年龄,年近四十。在第十九首中也有迹可循:"是时向立年"⑨、"亭亭复一纪"。⑩即立年是三十岁,一纪十二年,这便是四十二岁,正是陶渊明辞彭泽令归田后一年。归田后不久写到心善的田父劝他:"褴褛茅檐下,未足为高栖。一世皆尚同,

---

① 孟子:《孟子》,弘丰译注,北京:中国文联出版社,2016年,第272页。
② 孟子:《孟子》,弘丰译注,北京:中国文联出版社,2016年,第272页。
③ 诸葛亮:《出师表》,曹建、李阳洪编,重庆:重庆出版社,2009年,第28页。
④ 李白:《李白选集》,郁贤皓选注,上海:上海古籍出版社,1999年,第156页。
⑤ 陶渊明:《陶渊明全集》,柯宝成编,武汉:崇文书局,2011年,第141页。
⑥ 陶渊明:《陶渊明全集》,柯宝成编,武汉:崇文书局,2011年,第30页。
⑦ 陶渊明:《陶渊明诗文选译》,谢先俊、王勋敏译注,南京:凤凰出版社,2011年,第29页。
⑧ 陶渊明:《陶渊明全集》,柯宝成编,武汉:崇文书局,2011年,第141页。
⑨ 陶渊明:《陶渊明全集》,柯宝成编,武汉:崇文书局,2011年,第144页。
⑩ 陶渊明:《陶渊明全集》,柯宝成编,武汉:崇文书局,2011年,第144页。

愿君汩其泥。"① 因此,《饮酒·其五》的写作时期与《归园田居》同年,王瑶先生定于义熙十三年(417)②,可备一说。③

在《饮酒·其五》之前,第一首诗便言"衰荣无定在,彼此更共之"的释然,此后愿"忽于一觞酒,日夕欢相持"的醉酒度日之态。我认为,这是陶渊明辞官场隐田园的原因,同时更多的是一种自我宽慰。正如鲁迅先生曾言:"除论客所佩服的'悠然见南山'之外,还有'精卫衔微木,将以填沧海。刑天舞干戚,猛志固常在'之类的'金刚怒目式'。"④ 陶渊明自小浸没在儒家思想中。陶渊明的曾祖父陶侃幼时家寒但为人积极刻苦,以武超人,曾任长沙郡公。陶侃曾发表过不满"老庄浮华"的言论,他常用"大禹圣者,乃惜寸阴;至于众人,当惜分阴"的话来鼓励周围众人及时进德修业,自求上进。⑤ 陶渊明的《命子》诗里,也写到祖父"桓桓长沙……功遂辞归,临宠不忒"。可见其祖父是一位品德高尚的仁人。故而陶渊明是有着进官场、献策论、改礼乐之心的。

至于酒,其外祖父孟嘉对他的影响便难以开脱了,陶渊明在母亲孟氏去世之时,外祖父孟嘉所作传记《晋故征西大将军长史孟府君传》中曰:"始自总发,至于知命,行不苟合,言无夸衿,未尝有喜愠之容。好酣饮,逾多不乱。至于任怀得意,融然远寄,旁若无人。温尝问君:'酒有何好,而君嗜之?'君笑而答曰:'明公但不得酒中趣尔。'又问听妓,丝不如竹,竹不如肉,答曰:'渐近自然。'中散大夫贵阳罗含,赋之曰:'孟生善酣,不愆其意。'光禄大夫南阳刘耽,昔与君同在温府,渊明纵父太常夔尝问耽:'君若在,当已作公不?'答云:'此本是三司人。'为时所重如此。渊明先亲,君之第四女也。凯风寒泉之思,实钟厥心。谨按采行事,撰为此传。惧或乖谬,有亏大雅君子之德,所以战战兢兢若履深薄云尔。"⑥

那嗜酒如命、亲近自然的性格所爱便无一不缺地承袭了。李白《赠宣城宇文太守兼呈崔侍御》中提到"颜公二十万,尽付酒家钱"。《宋书·陶潜传》记载颜延之江州任后军功曹时,与陶渊明过从甚密;其后颜延之出任始安太守,每次因事路经浔阳,一定会和陶渊明一同饮酒。有一次,颜延之造访陶渊明后离去时,给他留下两万钱相赠,此时陶渊明家贫,但陶渊明却悉数送给酒家存放,以便随时去饮酒或取酒,留下"颜公酒钱"的佳话。李白解读陶渊明为"富贵日成疏,愿言杳无缘。登龙有直道,倚玉阻芳筵。"⑦ 即富贵难求,壮志难酬,故而愿劝友人,不如忘记昼夜之分,暂且沉溺酒中,欢愉尽兴此刻。陶渊明并非沉溺黄汤、嗜酒如命,方才将钱财留到酒家,且是其"请息交

---

① 陶渊明:《陶渊明全集》,柯宝成编,武汉:崇文书局,2011年,第136页。
② 王瑶:《陶渊明集》,北京:人民文学出版社,1990年,第71页。
③ 陶渊明:《陶渊明诗文选译》,谢先俊、王勋敏译注,南京:凤凰出版社,2011年,第32页。
④ 林俊荣:《魏晋南北朝文学作品选》,长春:吉林人民出版社,1975年,第57页。
⑤ 廖仲安:《陶渊明》,上海:上海古籍出版社,1979年,第43页。
⑥ 王瑶:《陶渊明集》,北京:人民文学出版社,1990年,第43页。
⑦ 李白:《李白选集》,郁贤皓选注,上海:上海古籍出版社,1999年,第173页。

与绝游"之故，我且与颜公饮酒咏诗，一时欢笑，但非过银两来接济我的生活。或是他追忆："此行谁使然？似为饥所驱。倾身营一饱，少许便有余。"① 曾入世便是为一餐一食而迷失，而今不如"竟抱固穷节，饥寒饱所更"。② 就在一种物质的极端情境中生活下去，以达到少添心中悔。正因陶渊明对于自己所求的清醒认知，"结庐在人境，而无车马喧。问君何能尔？心远地自偏"。③ 大隐隐于市的静穆之心。

陶渊明的友人颜延之在陶渊明逝后便哀痛落笔《陶征士诔并序》④一文，他追忆道"念昔宴私，举觞相诲：'独正者危，至方则阂。哲人卷舒，布在前载。取鉴不远，吾规子佩。'尔实愀然，中言而发：'违众速尤，迕风先蹶。身才非实，荣声有歇。'睿音永矣，谁箴余阙？"⑤ 即陶渊明直言洒脱尽在觥筹交错之间。与此同时在友人心中，靖节何尝不是一个"赋诗归来，高蹈独善"⑥，登高眺远、豁达明朗、自有其事、自得其乐的世外高士。

要是说酒是与亲友、世俗老农们亲近的落俗之物，那么菊就是独属于五柳先生的一抹亮色。那么陶渊明为菊吟诵过哪几首诗呢？

## 二、隐于林，爱于菊

"采菊东篱下，悠然见南山。"对于"悠然见南山"的"见""望"之论或许早已是老生常谈。古人多考究"见""望"二字，不过如《蔡宽夫诗话》曰："单音、双音乱的'采菊东篱下，悠然见南山'，此其闲远自得之意，直若超然邈出宇宙之外。俗本多以'见'为'望'字，若尔则便有褰裳濡足之态矣，乃知一字之误，害理有如此者。"⑦ 而读了龚望先生的批注，他并非见古人谈过，便哑口无言地呆坐停笔，而是即刻翻书寻旧的搜集前人评注，进而多方排列对比生出内心更深的见著。那么，我们所要做的也正是这样一份工作，即对前人的研究了解、熟悉进而寻找新的视角。所谓"后来者居上"便就是站在前垒好的亭台上高歌远眺。

若调换语句，将"悠然见南山"改为"见南山悠然"，其又读到了陶渊明的确悟到了真境：是我悠然漫步，偶遇南山；而非南山在，我方见之悠然。故而颇有一种"不以物喜，不以己悲"超脱万物之态。

而对于"菊"这一意象，隐世之意，陶渊明开创了先河。陶渊明虽"未得孟公来，

---

① 陶渊明：《陶渊明全集》，柯宝成编，武汉：崇文书局，2011年，第136页。
② 陶渊明：《陶渊明全集》，柯宝成编，武汉：崇文书局，2011年，第141页。
③ 陶渊明：《陶渊明全集》，柯宝成编，武汉：崇文书局，2011年，第132页。
④ 萧统：《文选》，张启成、徐达等译注，北京：中华书局，2019年，第1474页。
⑤ 陶渊明：《陶渊明全集》，柯宝成编，武汉：崇文书局，2011年，第309页。
⑥ 陶渊明：《陶渊明全集》，柯宝成编，武汉：崇文书局，2011年，第309页。
⑦ 龚望：《陶渊明集评议》，天津：南开大学出版社，2011年，第60、61页。

只得翳其情"，① 但菊虽矮生，却簇簇长于陶渊明心中。在后世周敦颐的《爱莲说》中也有描写到"晋陶渊明独爱菊"。且"菊之爱，陶后鲜有闻。"这大可体现出菊与陶渊明的关联性。陶渊明对于菊的厚爱之深曾表露在《和郭主簿·其二》中："和泽周三春，清凉素秋节。露凝无游氛，天高肃景澈。陵岑耸逸峰，遥瞻皆奇绝。芳菊开林耀，青松冠岩列。怀此贞秀姿，卓为霜下杰。衔觞念幽人，千载抚尔诀。检素不获展，厌厌竟良月。"②

《和郭主簿》写作背景是晋安帝隆安五年（401）冬，陶渊明从江陵桓玄幕府任中回家服母丧，回到家中住了两年多。他回家的第二年（402）夏秋，写了《和郭主簿》诗二首，时年三十八岁。前首写夏景，此首写秋色。古代诗赋中文人多写秋景肃杀悲凉，以宋玉《九辩》首肇其端："悲哉，秋之为气也！萧瑟兮草木摇落而变衰。"往后秋景与悲愁就结下了不解之缘，如汉武帝的《秋风辞》、汉代《古歌》（秋风萧萧愁杀人）、曹丕的《燕歌行》等，或触秋色而生悲感，或借秋景以抒愁怀，大抵皆未跳出宋玉设下的悲秋窠臼。而陶渊明此诗的秋景却与众迥异，清新明丽，别开生面。从某种程度上来讲，这也再度证实了此时虽未真正归于田园，但此刻陶渊明的思想已遁入隐逸，因此才能跳脱出来，另眼别观秋景。言归正传，"陵岑耸逸峰，遥瞻皆奇绝"③这一句可以看出本诗的视角为眺望视角，即对面逸峻的岑陵上，林密景青，有开放其间的菊花为其独缀有一抹绚丽，高处的山岩上青松排列成行地茂长，那贞秀、挺拔之态，为霜下不败之杰。在第一首诗中陶渊明特意将菊松并写，其意为了表达菊同知寒而后凋的松柏般："花开不并百花丛，独立疏篱趣未穷。宁可枝头抱香死，何曾吹落北风中。"④将菊列入了君子行列，写出了它的英气。

对于另一首饮酒诗，陶渊明则是五味杂陈之下，尤未对菊的精饰夺取分毫。《饮酒·其七》中写道："秋菊有佳色，裛露掇其英。泛此忘忧物，远我遗世情。一觞虽独尽，杯尽壶自倾。日入群动息，归鸟趋林鸣。啸傲东轩下，聊复得此生。"⑤

孙晓明对于"忘忧物"一词有这样的讨论："关于诗中'忘忧物'一词，学界有不同的解释，'我'想在此谈一点自己的看法。'我'手头有两个版本的陶渊明诗文集，均为当代学者编注本，一本是逯钦立先生的《陶渊明集》，另一本是龚斌先生的《陶渊明集校笺》。两人对此的解释不同。逯钦立认为'忘忧物'是菊，而龚斌则认为是酒。我认为他们的解释均有不妥之处。倘若是菊，为何称'忘忧'，又如何去'远'遗世之情；而倘若是酒，则又无法理解'泛'为何意，与此前的两句诗也缺少意脉之连贯。其实，

---

① 陶渊明：《陶渊明诗文选译》，谢先俊、王勋敏译注，南京：凤凰出版社，2011年，第43页。
② 陶渊明：《陶渊明全集》，柯宝成编，武汉：崇文书局，2011年，第75页。
③ 陶渊明：《陶渊明全集》，柯宝成编，武汉：崇文书局，2011年，第75页。
④ 郑思肖：《郑思肖集》，陈福康校点，上海：上海古籍出版社，1991年，第21页。
⑤ 陶渊明：《陶渊明全集》，柯宝成编，武汉：崇文书局，2011年，第134页。

'忘忧物'的正确解释应该为'菊花酒','泛此忘忧物'①,即泡此菊花酒。古人在秋菊开时,特别是到了重阳节,有饮菊花酒的习惯。陶渊明《九日闲居》诗云:'酒能祛百虑,菊解制颓龄。'②即为一证。酒让他忘忧,而菊花则应了'泛'之意义。诗人饮了菊花酒,才'远我遗世情'。诗的理解不能胶柱鼓瑟,应该融会贯通,而融会贯通的前提,则是解释者对文学语言有一份独特的感觉。"③

而我认为"泛此忘忧物,远我遗世情",④这是陶渊明归隐后一段时间的诗作,也许心中的新奇感已渐渐消失。因此,旧时的官场黑暗难免渐渐吞噬他的眼前光明,所以此后不得或是借菊,或是借酒,总之借其眼前可触外物来暂消解心中所想,将其身体,乃至灵魂世界更加地与现世疏远,故此遗居于世。而即使如此,作者在无奈中,也没有吝啬自己对菊的喜爱之情,"秋菊有佳色"一语,"佳"一字即对于该时令的众花中择一,对该时令的菊花独美给予肯定。与此同时,"带露掇英"也将菊描写得清纯灵动,体现了菊的自然与野性美感。

同时,陶渊明提到的重阳节"菊花酒"体现了菊与药文化的联系,即陶渊明在《九日闲居》中所曰:"酒能祛百虑,菊解制颓龄"⑤。曹丕《与钟繇九日送菊书》云:"辅体延年,莫斯(指菊)之贵。谨奉一束,以助彭祖之术。"⑥可见服食菊花,是六朝的风气。屈原《离骚》中也有提到:"朝饮木兰之坠露兮,夕餐秋菊之落英。"⑦故服食菊花不仅在强身,还有志趣高洁的喻意,而通篇之高远寓意,亦皆由菊引发。

酒、菊无疑是陶渊明由其心神、喜好择的外物,而真正驱动一个人的所行所止在于他内心的归处,这方是陶渊明三十年后得见"看山是山,看水是水"。

## 三、隐于大道,现"真意"

"此中有真意,欲辩已忘言"⑧是处于《饮酒·其五》诗中的尾句,表达出此般情景自然蕴含着纯真的意趣。这句与老子《道德经》开篇那句"道可道,非常道"可谓同韵同调。即陶渊明在归田后十二年所作之诗,早已全然展现出其精神之隐,早已浸入玄,隐入道。

那么玄学对于东晋文章的影响,评价者多言弊大于利,即刘勰在《文心雕龙·时序》中谈到:"自中朝贵玄,江左称盛。因谈余气,流成文体。是以世极迍邅,而辞意

---

① 陶渊明:《陶渊明全集》,柯宝成编,武汉:崇文书局,2011年,第131页。
② 陶渊明:《陶渊明全集》,柯宝成编,武汉:崇文书局,2011年,第39页。
③ 孙晓明:《陶渊明的文学世界》,上海:上海古籍出版社,2013年,第67页。
④ 陶渊明:《陶渊明全集》,柯宝成编,武汉:崇文书局,2011年,第131页。
⑤ 陶渊明:《陶渊明全集》,柯宝成编,武汉:崇文书局,2011年,第39页。
⑥ 曹丕:《建安文学全书:曹丕集校注》,夏传才编,河北:河北教育出版社,2018年,第170页。
⑦ 屈原:《离骚》,黄晓丹注,清华大学出版社,2019年,第38页。
⑧ 陶渊明:《陶渊明全集》,柯宝成编,武汉:崇文书局,2011年,第132页。

夷泰，诗必柱下之旨归，赋乃漆园之。"①

刘勰提出玄学自"中朝"开始受到推崇，而至过江之左的东晋仍以这种遗留风气广作论调。世道越加地混乱无道，而文辞却越加地怡神泰然，诗必思归"柱下"，辞必致"漆园"。使得文章反倒多偏向一种老庄思潮，哪怕文辞前后可能未必理喻在玄，终来也必扣在这个中心，进而提升自己文章的格调，使得文章看起来"玄而又玄"。其弊在使得东晋的文章，其遒健风力弱于建安，而辞藻华丽，文采逊于西晋。而陶渊明写作最可贵之处便在于"真"，此诗尾部未流俗，反而进行一个升华，意到词到，从而使得读到"语淡而味终不薄"。

对于在玄学中的言意之辨，研究者们大体上将其分为荀粲为代表的言不尽意论，"恒患意不称物，文不逮意"。②言语表意的局限性，以及得意忘言论，庄子以"得鱼忘筌"形象地诠释其道理。而陶渊明当时的情景正是"得象不拘言，得意不拘象"。这也正是亲近自然的真意。

"人法地，地法天，天法道，道法自然。"③《老子》一书中最核心的概念便是"道"，而衔接抽象二者的谓语是"法"，其意在于"效法"，也就是说人要以地的规则来行事，地以天的规则来行事，天以道的规则来行事……最后道归于自然，起于自然，两者相生，同一于法。自然有二解，其一为自然而然，顺其自然，不造作。自然界的一山一水一花一草即万物，因为自然界的万物本身就是自然而然的。这首诗就是达到了一种自然，没有过多的华美辞藻来修饰，没有引经据典使读者难以理解，这就是真诚和不造作。苏东坡在《与苏辙书》中评到陶诗："质而实绮，癯而实腴。"无为便是大有所为，道法自然，顺应自然。正如庄子将其意喻为旷野之树，"大而无用，不碍逍遥"④。陶渊明深谙其中的道，心远于人们所谓的名利场。"人法地"，即人无法脱离于大地，躬耕春夏，而同时自然是无私地在生养万物，从而在自然中将真理大彻大悟。

"道，所行道也。从辵从首，一达谓之道。"⑤"道"原本就是指能通达的道路。"道"不是一个固定不变的抽象概念，而是老子认识天地"阴阳之间"的微妙变化而产生的对万物的领会。它像一条绵延的小路，人只有走在这条路上，才能领会它的含义。《周易》与《老子》中的"言意之辨"都涉及对"天道"的思考，对"变"与"久"关系的理解。⑥故而《系辞》曰："日往则月来，月往则日来，日月相推而明生焉；寒往则暑来，暑往则寒来，寒暑相推而岁成焉。"⑦这表现的是一个无终止的运动态，自此生生不息，

---

① 徐公持：《魏晋文学史》，北京：人民文学出版社，2007年，第442页。
② 陆机：《陆机集》，北京：中华书局，1982年，第18页。
③ 《老子》，饶尚宽译注，北京：中华书局，2018年，第96页。
④ 《老子》，饶尚宽译注，北京：中华书局，2018年，第132页。
⑤ 许慎：《说文解字》，北京：中华书局，2004年，第42页。
⑥ 林光华：《魏晋玄学"言意之辨"的诗学研究》，首都师范大学博士学位论文，2007年，第24页。
⑦ 高永平：《图解易经》，南昌：江西科学技术出版社，2011年，第499页。

新变自旧变中突生。

"危者使平，易者使倾，其道甚大，百物不废。惧以终始，其要无咎，此之谓易之道也。"① 人不可依赖于天，天地亦不能定人。六爻分三部，即展现的为天地人三才的众生态。天自有日月星辰的推演变化，地自有生生不息的变迁，人自有情感的万千牵制，三者各行其道又不可分割，感应相生，"天人合一"的核心宇宙观得以体现。

"天人合一"的宇宙观往往包罗万物，与自然浑然一体的大道之观影响至深在于道家，其思想亦影响于后世文学。俯身掇菊，忽见南山，远观夕阳，仰头飞鸟，这一系列简单的动作显露出人与自然和谐相生的一种感应之美，故此"此中有真意，欲辨已忘言"。② 陶渊明《饮酒·其五》的可贵就是抓住了"变"的稍纵即逝，使之成为恒"久"。

司空图《诗品》条叙古今诗歌品类作二十四类，如"冲淡""自然""清奇""飘逸""旷达"等品，皆与清虚恬淡传统多少相关，存在继承或影响关系。对于"冲淡"曰："素处以默，妙机其微。饮之太和，独鹤与飞。犹之惠风，冉冉在衣。阅音修篁，美曰载归。遇之匪深，即之愈稀。脱有形似，握手已违。"③ 所谓"素""默""妙""微"等，皆与玄言相近，此品文本身似玄诗，其意蕴固亦有内在关联。④

后人看陶渊明心灵所属，即陶渊明常保持着一种静默的状态和一颗空灵的内心，自然写作"如月之曙，如气之秋"⑤，读到便见到其中冲淡的微妙。《饮酒·其五》全诗用最朴素的字词，但全诗的妙处在于视角的转换。即过路人问陶公隐逸之法，公曰神离心远。俯身掇菊，忽见南山，远观夕阳，仰头飞鸟，这一系列简单的动作被陶渊明醉后入诗，故其写作的自然"俯拾即是，不取诸邻。俱道适往，著手成春。如逢花开，如瞻岁新。真与不夺，强得易贫。幽人空山，过雨采萍。薄言情悟，悠悠天钧"⑥。也因为如此自然地写作，使得文章有冲淡之美，复读来又有玄清之意。

有了这"游好在六经"的满腹经纶，悟了那"忘适之适"，方有那压卷神韵"结庐"。"结庐在人境，而无车马喧。"⑦ 这是最终极的归隐了。一般的隐士多有趋于怪人的神话属性，且若为陶渊明画一幅画像，想必也未是那竹林七贤般宽袍大袖、服药高谈之态，多是那立于东皋之上葛巾短褐、抚松远眺之像。

高梦瑶　北京第二外国语学院文化与传播学院汉语言文学专业本科生

---

① 高永平：《图解易经》，南昌：江西科学技术出版社，2011年，第500页。
② 陶渊明：《陶渊明全集》，柯宝成编著，武汉：崇文书局，2011年，第132页。
③ 司空图：《二十四诗品》，武汉：崇文书局，2018年，第9页。
④ 徐公持：《魏晋文学史》，北京：人民文学出版社，2007年，第448页。
⑤ 司空图：《二十四诗品》，武汉：崇文书局，2018年，第78页。
⑥ 司空图：《二十四诗品》，武汉：崇文书局，2018年，第60页。
⑦ 陶渊明：《陶渊明全集》，柯宝成编著，武汉：崇文书局，2011年，第132页。

# 复与变：陈子昂、张九龄《感遇》组诗比较研究

◇ 黎京焱

## 引言："忧思独伤心"的咏怀传统

作为初唐著名诗人，陈子昂的创作贡献与文学史地位毋庸置疑。唐代韩愈在其《荐士》一诗中便探得此一奥义，所谓"国朝盛文章，子昂始高蹈"[①]。陈子昂开风气之先，以复归风雅、汉魏风骨的姿态力图扫尽六朝以来的"逶迤颓靡"之风。其中《感遇》诗三十八首就是他用来扭转六朝风气的有力杰作，他力图把纤弱、浮靡、绮丽、雕琢的"风雅不作"加以导正并回到高雅淳厚的诗歌正轨。

张九龄是盛唐时期的著名诗人，在朝敢言直谏，在野修心养性，是盛誉古今的贤相之一。在其被贬荆州时期，张九龄创作了《感遇》十二首，沿袭着陈子昂"复古"的道路。但张九龄并不是对陈子昂风格亦步亦趋的模仿，而是体现了鲜明的个人特色。

陈、张二人处于一个前后相继的时代，又创作了同题的诗作，学者不免将二者加以比较。清代沈德潜在《唐诗别裁集》中就曾点出陈、张《感遇》诗受到阮籍的影响："（陈、张）《感遇》诗……本原同出嗣宗，而精神面目各别。"[②]而晚清文学家王闿运在《论唐诗诸家源流答陈完夫问》一文中也认为"陈子昂、张九龄以公干之体，自抒怀抱"。[③]可见阮籍对于二人的启引作用。由此欲比较两者《感遇》，就不可避免地要回溯到阮籍的《咏怀》。

阮籍，字嗣宗，属三国时期魏国人，为人放荡不羁，狂狷自持。《晋书·阮籍传》里载："籍本有济世志，属魏晋之际，天下多故，名士少有全者，籍由是不与世事，遂酣饮为常。文帝初欲为武帝求婚于籍，籍醉六十日，不得言而止……时率意独驾，不由

---

[①] 韩愈：《韩愈诗选》，北京：人民文学出版社，1984年，第111页。
[②] 沈德潜：《唐诗别裁集》，上海：上海古籍出版社，1979年，第89页。
[③] 王闿运：《湘绮楼诗文集》，湖南：岳麓书社，2008年，第132页。

径路，车迹所穷，辄恸哭而反。"①

史家此番记录洗练深刻、感人至深。实然，阮籍处于时代的交替之际，时局动荡、佞臣贼子横行于世、善恶价值颠覆等诸多因素，使得阮籍"济世志"的落空。阮籍选择以"穷途之哭"这般内惩的方式来宣泄自己的愤懑，比诸嵇康"讦直露才"外放般的刚烈激愤、刘伶"以天地为栋宇，屋室为裈衣"的裸身式放达，来得深哀入骨。

清代的陈祚明《采菽堂古诗选》中有一番阐释精准入微："嗣宗咏怀诗如白首狂夫，歌哭道中，向黄河，乱流欲渡，彼自有所以伤心之故，不可为他人言。"②

阮籍心灵的负荷和空缺，已经到了"不可为他人言"，无话可说、无路可走的地步。深厚的学识、经世济民的理想、放旷的逸气，在这样的时代却一无所成。空负良材美质，在阮籍心中构成一种迷走于人间道路上心灵失焦又无以脱困的煎熬，由此他只能放逐在天地之间，随波逐流，以一种飘零的方式来安顿自己，成为了所谓的"唯显逸气而无所成，无所成而无所用，是为天地之弃才"。③

在这样动荡的社会背景和心灵困境中，阮籍写出了《咏怀》组诗，共八十余篇，影响深远。我们可以于传统诗论中找到若干深刻触及阮籍咏怀诗的雪泥鸿爪："籍于魏末晋文之代，常虑祸患及己，故有此诗。"④"嗣宗身仕乱朝，常恐罹谤遇祸，因兹发咏，故每有忧生之嗟。虽志在刺讥，而文多隐避。百代之下，难以情测。"⑤

这些阐释诚为洞见。既因为政局的波谲云诡，也因为高度的成熟和理性，以至于阮籍的人格特质及其诗歌风格总带有一种遥远的深微、难以测知的幽隐，诗作整体也呈现出蕴藉深厚、婉曲缱绻的特点。司马迁赞屈原的《离骚》兼国风与小雅的温柔敦厚和贵族精神。此番赞美施诸阮籍的咏怀诗同样吻合，虽有哀怨之意可不过分放纵和激切，诗作因为情感的节制而富于蕴藉、沉挚的意趣。

钟嵘的《诗品》亦把阮籍咏怀诗列为上品："咏怀之作，可以陶性灵，发幽思。言在耳目之内，情寄八荒之表，洋洋乎会于风雅，使人忘其鄙近，自致远大。颇多感慨之词。厥旨渊放，归趣难求。"⑥

除了含蓄隽永的风格，钟嵘还关注到阮籍的咏怀诗对于"风雅"的继承。的确，咏怀之作"陶性灵，发幽思"，是对"诗言志"传统的明证，体现了阮籍对《诗经》以来所开创的抒情传统的承袭。

阮籍《咏怀诗》开启了中国诗歌中的"咏怀"系列，后学者不乏其数，其中就包括初唐的陈子昂和盛唐的张九龄。迄今学界，二人之诗学内涵、生平考证、艺术呈现等都

---

① 房玄龄:《晋书》，北京：中华书局，2014年，第213页。
② 陈祚明:《采菽堂古诗选》，上海：上海古籍出版社，2019年，第219页。
③ 牟宗三:《中国哲学十九讲》，贵阳：贵州人民出版社，2020年，第158页。
④ 萧统:《昭明文选》，上海：上海古籍出版社，1998年，第343页。
⑤ 萧统:《昭明文选》，上海：上海古籍出版社，1998年，第344页。
⑥ 周振甫:《诗品译注》，北京：中华书局，2018年，第58页。

广受讨论。学术界有关陈、张二人的对比研究主要重于其诗歌内容的阐述上,除了诗歌中的情感抒写以及美学意涵之外,还包括二人思想体系差异的情况都有精辟的发挥。而在"咏怀祖师"阮籍对二人的影响方面未受到太多注意。

因此,本文围绕诗人的具体诗作,聚焦二人相关的文学主张和文学实践,比较陈、张二人《感遇》组诗中所呈现出的对于阮籍《咏怀》诗的承袭和发展方面的差异,厘定二人"复与变"的脉络,以收"振叶以寻根,观澜而索源"①之效。

## 一、知人论世：文学主张和文学实践

### （一）陈子昂："国朝盛文章,子昂始高蹈"

陈子昂是初唐的诗人,是一位"复古派"的大将,其创作贡献与历史地位毋庸置疑。他反对六朝甚力,不满诗歌形式化的走向和逐渐被当做一种消遣式的关于声律、对偶的文字游乐。他认为诗歌应该是有寄托、有感发的生命艺术,由此提出"复古"的理论主张。虽陈子昂的口号为复古,可实践及其结果却是实实在在的创新②。

因此,韩愈就感叹道："齐梁及陈隋,众作等蝉噪。搜春摘花卉,沿袭伤剽盗。国朝盛文章,子昂始高蹈。"③

韩愈先是责斥了六朝宋齐梁陈的诗人,流于风花雪月、辗转抄袭,没有创意。继而对陈子昂的文学史地位进行了精辟的总结。"子昂始高蹈"的"始"字便凸显了陈子昂独特的文学史地位——开风气之先,是时代的开拓者、先行者④。

宋代的刘克庄《后村诗话》里也谈到："唐初,王、杨、沈、宋擅名,而不脱齐梁之体,独陈拾遗首倡高雅冲淡之音,一扫六代之纤弱。"⑤

其中"首倡高雅冲淡之音"一句可以与韩愈的"子昂始高蹈"画上等号。⑥《感遇》三十八首内容复归风雅,风格淡然质朴,是陈子昂用来扭转六朝风气的力作。

陈子昂在创作方面大胆实践,且有明确的理论支撑。这在其《与东方左史虬修竹篇序》里表达得十分清楚："东方公足下：文章道弊五百年矣。汉魏风骨,晋宋莫传,然而文献有可征者。仆尝暇时观齐、梁间诗,彩丽竞繁,而兴寄都绝,每以永叹。思古人,常恐逶迤颓靡,风雅不作,以耿耿也。一昨于解三处,见明公《咏孤桐篇》,骨气端翔,音情顿挫,光英朗练,有金石声。遂用洗心饰视,发挥幽郁。不图正始之音复睹

---

① 刘勰：《文心雕龙》,北京：中华书局,2014 年,第 3 页。
② 叶嘉莹：《叶嘉莹说阮籍咏怀诗》,北京：中华书局,2007 年,第 88 页。
③ 韩愈：《韩昌黎文集校注》,马其昶注,上海：上海古籍出版社,2021 年,第 192 页。
④ 欧丽娟：《唐诗可以这样读：欧丽娟的唐诗公开课》,杭州：浙江人民出版社,2018 年,第 32 页。
⑤ 刘克庄：《后村诗话》,上海：上海古籍出版社,1983 年,第 128 页。
⑥ 欧丽娟：《唐诗可以这样读：欧丽娟的唐诗公开课》,杭州：浙江人民出版社,2018 年,第 34 页。

于兹，可使建安作者相视而笑。"①

陈子昂认为文学所追求的最高目标应是"风骨"和"兴寄"，要有寄托、情志的感发。而齐梁的诗人"彩丽竞繁，兴寄都绝"②是本末倒置。

陈子昂不仅承袭了阮籍的《咏怀》诗八十余首的以抒情言志为主的创作，书写了《感遇》诗三十八首，寄寓怀抱，抒忧娱悲，以刚直情怀，对黑暗现实表示愤慨，另一方面，他也影响着后来类似的作品，包含张九龄的《感遇》十二首、李白的《古风》五十九首等，由此前前后后就形成了一个脉络清晰的咏怀系列。③

### （二）张九龄："草木有本心，何求美人折"

张九龄（678—740）作为唐玄宗开元年间著名的诗人，既是政坛领袖，也是文坛领袖。其人学识渊博，举凡经、史、子、集靡不博洽，儒、佛、道学通晓精研，其道德文章影响一时。④

张九龄以仁民爱物、经世济民的理想，成为一代贤相，并提拔了一批德才兼备的知识分子进入仕途。后世称其颇具"九龄风度"——温文尔雅、随缘自适、守正中和。这般儒家式的价值取向及美学追求直接影响了盛唐文人的诗歌创作和审美理想。其人其才，上至天子下至同行，无不称赞。如《旧唐书》就载玄宗对其赞赏有加："宰执每荐引公卿，上必问：'风度得如九龄否？'"清初王夫之称其为"古今岭南第一人"；罗宗强先生更是透过诗歌美学的角度，以"如玉馨含风，晶盘盛露，故当于尘外置赏"⑤的精辟概括表达对张九龄诗品、人品的褒扬。可见，张九龄具备着儒家思想浸润出的君子人格。

由早年雅致的宫廷诗风到身居宰相时较严肃地关注政治价值和帝王威严再到晚年的回归复古的传统⑥，都可以看出张九龄身上所受的儒家价值标准的规刻。张九龄在实际的创作中也体现了温文尔雅、怨而不怒的美学特征。正如姚子颜在张九龄行状中所云："公以风雅之道，兴寄为主，一句一咏，莫非兴寄。"⑦以风雅之精神，兴心中之所寄，立天地之仁人，《感遇》十二首是其中之范例。

《感遇》十二首，作于诗人贬谪时期。此时人已暮年，加之宦海沉浮，张九龄可谓思绪繁杂，忧君、思国、疾邪、伤时、自哀等多种情感混杂。时年张九龄59岁，由尚书右丞相贬为荆州长史，在"以大我为己任"的中国道统中所孕育出的人格理想遭到了

---

① 袁行霈，罗宗强：《中国文学史》（第二卷），北京：高等教育出版社，2014年，第244页。
② 陈子昂：《中国古典文学丛书：陈子昂集》，上海：上海古籍出版社，2013年，第244页。
③ 欧丽娟：《唐诗可以这样读：欧丽娟的唐诗公开课》，杭州：浙江人民出版社，2018年，第39页。
④ 王湖清：《宰相诗人张九龄的文学创作及其影响》，中南民族大学硕士论文，2009年。
⑤ 罗宗强：《隋唐五代文学思想史》，北京：中华书局，2016年，第109页。
⑥ 宇文所安：《盛唐诗》，北京：三联书店，2018年，第30页。
⑦ 计有功：《唐诗纪事》，上海：上海古籍出版社，2013年，第299页。

沉重的打击。因此在诗歌中，张九龄才会择取《感遇》的形式，以"比兴""寄托"这般委婉曲致的方式来表达对朝廷、现实、人生处境的不满。

## 二、同源异流：二人的创变与回归

所谓"本原同出嗣宗"①，道出了陈、张二人的源流所在。可"夫文，本同而末异"。②二人对于诗歌内容具体的呈现，无疑地会因文化习染的采择与个人特质的差异而呈现出不同的特点。

### （一）题材的因袭和聚焦

探寻陈、张二人的沿袭与创新，首先从诗题"感遇"的定义与意义着手，继而对比诗作择选题材之殊异。

"感遇"，顾名思义是感慨遭遇，是在心有所感的状态下创作的诗歌。《说文解字》注："感，动人心也"③；"遇，逢也；逢，遇也。"④故凡人莫不有喜怒哀乐的时刻，又逢合时遇，诗人自当纵笔挥洒，道出心中所感念。

而对诗题"感遇"，学者也有相关阐释。清初吴昌祺就在《删订唐诗解》中注释陈子昂诗名："感遇云者，感于所遇也。"⑤对于所逢之事若有所感。而施蛰存先生承此而发挥得更加清晰完备："我以为吴昌祺的注释最为简单明白，'遇'字的涵义很广，凡是见到的、听到的、想到的、从书中读到的，都是'所遇'。"⑥于是，"遇"就是能够引发诗人有所触动、有所思考的人、事、物。

由此，细读诗作，可将陈《感遇》的题材内容分为四类：一类为感慨自身抱负、遭遇的"感怀"诗，如借草木零落、美人迟暮来抒发自己壮志未酬的"岁华尽摇落，芳意竟何成"⑦（其二）；一类为感慨典坟中历史人事的"感史"诗，即通常所说的"咏史"诗，如"乐羊为魏将"⑧（其四）；一类为感叹现实时事的"感时"诗，深刻揭露现实的丑恶，抨击朝政的腐败，如讽刺武则天宠用酷吏、滥杀宗室的"骨肉且相薄，他人安得忠"⑨（其四）；一类为感悟天道、世道的"感道"诗，如"窅然遗天地，乘化入

---

① 沈德潜：《唐诗别裁集》，上海：上海古籍出版社，1979年，第133页。
② 曹丕，曹操：《魏武帝魏文帝诗注》，北京：人民文学出版社，1958年，第158页。
③ 许慎：《说文解字》，长春：吉林美术出版社，2015年，第221页。
④ 许慎：《说文解字》，长春：吉林美术出版社，2015年，第139页。
⑤ 龙思谋：《张九龄、陈子昂〈感遇〉诗比较》，《韶关师专学报》，1988年，第3期。
⑥ 施蛰存：《唐诗百话》，上海：上海人民出版社，2019年，第223页。
⑦ 彭庆生：《陈子昂诗注》，成都：四川人民出版社，2008年，第32页。
⑧ 彭庆生：《陈子昂诗注》，成都：四川人民出版社，2008年，第56页。
⑨ 彭庆生：《陈子昂诗注》，成都：四川人民出版社，2008年，第124页。

无穷"①（其五）。

千百年来，诗歌一直作为人们抒情言志的载体。而在古老的文化传统长远而深刻的浸润之下，"感遇"诗也早已不再是单纯随机的抒情表现，而是具有深刻的人文内涵和意义、足以挖掘伟大诗人心灵深度并抉发文化特质的一大宝藏②。

因此，张九龄在其《感遇》诗中便直揭示其"遇"："命运唯所遇，循环不可寻"③（其七）和"至精无感遇，悲惋填心胸"④（其十一），结合诗人生平背景以及诗境，可以了解到张九龄的"遇"专写宦海沉浮、仕途"失遇"之挫败。不同于陈子昂所感之泛，而是聚焦于失落于天子的知遇，继而反求于内，从心灵汲取怡得自足的涓滴源泉。由是便可将张之"感遇"理解为"感于失遇"。

综观张之《感遇》十二首，不写现实时事、历史人事、"道"，专写个人仕途遭遇的感触，如"谁知林栖者，闻风坐相悦"（其一），"今我游冥冥，弋者何所慕？"（其四）以及与外界相刃相靡之余，向内自足、安顿内心的平衡与协调的"众情累外物，恕己忘内修"（其六）和"凤凰一朝来，竹花斯可食"（其九）。

由此可见，不同于陈《感遇》内容之广度，张《感遇》具有特定的深度。

明乎二人《感遇》诗内容之定位，准此绳诸阮籍的《咏怀》诗。阮籍的《咏怀》诗八十二首，题材广泛，现实性强。其内容大致亦可分为四类⑤：咏史怀古类，如"杨朱泣歧路"（其二十）、"湛湛长江水"（其十一）等篇；游仙类，对于神仙人物、仙境的描写，如"世务何缤纷，人道苦不遑"（其三十五）等；咏怀类，内容以抒发情怀、寄托抱负为主，如"终身履薄冰，谁知我心焦"（其三十三）等；女性题材类，数量不多，主要用比兴的手法，借助历史题材、神话传说中的爱情故事来抒发自己的感慨，如"二妃游江滨"（其二）、"西方有佳人"（其十九）等篇。

因此，可得出阮籍的咏怀诗，亦是内容庞杂、富有现实性。但总的来说，内容多是关于魏晋之际的政治和动乱，不仅反映时代的压抑和忧患，也含蓄委婉地抒写出自己的种种感慨。

在题材方面，较陈、张之于阮籍，可见陈之《感遇》，题材广泛，内容庞杂，袭旧更多；张之《感遇》，主题鲜明，呈现纵向延展的特点，创变更多。这不仅是因为陈之作与阮籍一样不限于一时一地，时间跨度长，而张主要写于被贬荆州期间，相对集中；更是因为陈自身所具的"豪侠气"。其自述"少学纵横术，游楚复游燕"⑥，融合了儒

---

① 彭庆生：《陈子昂诗注》，成都：四川人民出版社，2008年，第88页。
② 欧丽娟：《唐诗的多维世界》，北京：北京大学出版社，2020年，第46页。
③ 张九龄：《曲江集》，刘斯翰注，广州：广东人民出版社，2016年，第12页。
④ 张九龄：《曲江集》，刘斯翰注，广州：广东人民出版社，2016年，第45页。
⑤ 贺雯婧：《阮籍〈咏怀诗〉研究》，西安：陕西师范大学硕士论文，2013年。
⑥ 彭庆生：《陈子昂诗注》，成都：四川人民出版社，2008年，第167页。

道纵横思想，高呼"骨气端翔，音情顿挫，光英朗练，有金石声"①的文学理想，狂歌"前不见古人，后不见来者。念天地之悠悠，独怆然而涕下"②的满怀愁绪。如此一个炽烈激切、昂扬勃发之人，其诗作也将展露其人格特质。

因此，陈子昂式的感遇诗与他的整体精神主体一样，具有和阮籍相似的由己及人、从古至今、从人事到天道的广度，具有深厚磅礴的情感。而张九龄的性情人格与其诗歌艺术都可以被称为是"温柔敦厚"的风格，再看其早年仕途顺遂，多为奉和应制之作；而后身居高位则关注政治价值和帝王威严③；晚年的《感遇》组诗则呈现出精神和融、不假外求的独善时刻，这些都与其人其性密不可分。

### （二）表现手法的沿用与通变

由于时局的动荡、政治的黑暗，阮籍在艺术上多采用比兴、寄托、象征等表现手法，因而形成了一种悲愤哀怨、隐晦曲折的诗风，具有"百代之下，难以情测"④的特点。

同样地，陈、张之《感遇》和阮籍《咏怀》都重视比兴手法的运用。并且细究对比，又会发现其中的沿用和通变之处。

这主要体现在，与阮籍在《咏怀》诗中采用的"诗缘情"的书写原则不同，陈子昂的《感遇》诗呈现出明显的"诗言志"的特点⑤。前者既重在抒发一己之情怀，又择用比兴的手法来隐藏自己的真实意图；而后者，则是创作贴合其文学主张，比兴实则为了"兴寄"，有感而发并有所寄托。

如阮籍的《咏怀》（其三）具有典型的隐约曲折的风格："嘉树下成蹊，东园桃与李。秋风吹飞藿，零落从此始。繁华有憔悴，堂上生荆杞。驱马舍之去，去上西山趾。一身不自保，何况恋妻子？凝霜被野草，岁暮亦云已。"⑥

诗人抓住桃李烂漫而终衰这一自然现象，一步步地揭示出人生的脆弱和空虚。"秋风吹飞藿"一句表面叹逝自然，在哀叹当中更蕴蓄了深层次的情感，那孤独飘零的岂止是秋叶，更是诗人半生写照；此句亦不是一般繁华幻灭之叹，而是用一种意象化的手法，秋风、严霜含射当时暴虐的司马氏，桃李的凋零象征曹魏政权的衰落，以此曲达当时黑暗的政局。诗人也考虑到了"去上西山趾"归隐山林的可能退路，但末句又长叹"岁暮亦云已"否定了这唯一可能的解脱之路，使读者真切地感受到诗人内心的绝望。

---

① 陈子昂：《中国古典文学丛书：陈子昂集》，上海：上海古籍出版社，2013年，第244页。
② 彭庆生：《陈子昂诗注》，成都：四川人民出版社，第23页。
③ 宇文所安：《盛唐诗》，北京：三联书店，2018年，第28页。
④ 萧统：《昭明文选》，上海：上海古籍出版社，1998年，第346页。
⑤ 周文静：《陈子昂〈感遇〉诗与阮籍〈咏怀〉诗的比较》，《淮海工学院学报》（人文社会科学版），2016年，第14期。
⑥ 阮籍：《阮籍集校注》，陈伯君注，北京：中华书局，2015年，第56页。

评论家之所以概括阮籍的风格为"言在耳目之内，情寄八荒之表"①，便是清楚地认识到了阮籍情感的深刻性。所谓"深刻"体现在阮籍从未让自己的情感一味地向外迸发，而是有一个由外向内翻转的过程，由此显得委婉含敛，在表现形式上则带有"耳目之内"、日常质朴的特点。

观诸陈子昂的《感遇》诗，则多寄寓了诗人对现实的态度以及政治倾向。陈子昂所处的时代——初唐，创立不过才短短四十年，正是奋力往盛世迈进之中，因此陈的诗歌情调与时代情调共鸣，展现出极富生命力的奔腾和昂扬。

我们认识陈子昂，需意识到陈子昂的第一身份是一名政治家。如《新唐书》把他列在《文苑传》之外，没有将他看成一般的文人，亦确具慧眼②。刘克庄在《后村诗话》中也认为陈子昂的诗作虽然是"蝉蜕翰墨畦径"③皆为平常语，却因为诗人的豪宕气魄而使人"眼空四海，神游八极"，④乃是有见于此而切中肯綮的提点。

因此，陈子昂以一位政治家的眼光心系着时局，并将其灌注于笔下。如《感遇》其二十九："丁亥岁云暮，西山事甲兵。赢粮匝邛道，荷戟争羌城。严冬岚阴劲，穷岫泄云生。昏噎无昼夜，羽檄复相惊。拳跼竟万仞，崩危走九冥。籍籍峰壑里，哀哀冰雪行。圣人御宇宙，闻道泰阶平。肉食谋何失，藜藿缅纵横。"⑤

这首诗写于丁亥年（687年）的冬天，是直接针对当时现实生活中的问题的诗作。时武后穷兵黩武，欲出兵雅州，攻生羌，陈子昂写下此诗。"严冬岚阴劲，穷岫泄云生"一句极言天气之恶劣、地形之崎岖，而士卒们却要不远万里地征战，内心苦不堪言。"肉食谋何失，藜藿缅纵横"，诗的最后更是抨击了决策者的失策，给黎民们带来了灾难。

倡言魏晋风骨的陈子昂，采取"言志"的表现方式与当时"争构纤微，竞为雕刻"而带有"六朝锦色"的时文加以对抗。周履靖对于陈子昂"言志"的表现方式有进一步肯切的见地："陈子昂初变齐、梁之弊，以理胜情，以气胜辞。"⑥所谓的"以理胜情"是说陈子昂的诗作多议论，少用比；多晓畅，少隐晦；多说理，少言情，由是显得古朴有余而兴象不足。

失之东隅，收之桑榆，陈子昂诗歌中"以理胜情""以气胜辞"的特点，一方面使得陈诗呈现出深刻的思辨痕迹，显示出理性对感性的超越，诗歌因此显得古朴矫拔；另一方面也因缺乏意象的流动，诗歌失去特有的灵动之妙。由此，当代评点家感慨："读这样的诗，接受者得到的事理的认识多于情感的陶冶，理智道义的心理冲突强于情感愉

---

① 周振甫：《诗品译注》，北京：中华书局，2018年，第59页。
② 高玉昆：《唐诗比较研究新论》，香港：天马图书有限公司，2003年，第51页。
③ 刘克庄：《后村诗话》，上海：上海古籍出版社，1983年，第128页。
④ 刘克庄：《后村诗话》，上海：上海古籍出版社，1983年，第128页。
⑤ 彭庆生：《陈子昂诗注》，成都：四川人民出版社，2008年，第67页。
⑥ 周履靖：《骚坛秘语》，北京：中华书局，1985年，第99页。

悦的心理平衡。"①

而反观张九龄的比兴，可发现他一面承袭着阮籍的"缘情"，另一面又发展了陈子昂的"兴寄"。司空图颇有见地地指出这一特性，他将张九龄的诗歌风格描绘成"沉郁"，一种蕴含着丰富深刻情感的沉重忧愁，由是张九龄的诗中呈现出了一种"理性的忧伤"。②

如张九龄《感遇》其一，笔者愿称其为"心灵与思维萃取得来的结晶"："兰叶春葳蕤，桂华秋皎洁。欣欣此生意，自尔为佳节。谁知林栖者，闻风坐相悦。草木有本心，何求美人折。"③

春兰秋桂，美丽芬芳，生生不息，自为佳节。兰桂高洁自持，不求"美人"摘撷，不奢望富贵场温柔乡，因为"有本心"而保佑本色，因保有本色而得心安。诗人表达一种入世间与出世间相即相融的随遇而安之境。"草木有本心，何求美人折"激荡着读者的心魂，使人能够于失意、漂泊、沧桑、无常的存在处境中获得慰藉。

综上文所论，阮籍的诗歌中含蓄蕴藉的比兴手法，为张九龄沿袭，却又摒除了"归趣难求"的晦涩之风；陈子昂则以"以质胜文""主言志"的表现方法虽与阮籍"主缘情"相区隔，但却知行合一地躬践着自己的文学主张。

## （三）结构、布局的蹈循与深化

清代沈德潜在其《说诗晬语》中言："阮公咏怀反复零乱，兴寄无端。和愉哀怨，假诡不羁，令读者莫求归趣。"④实乃真知灼见。阮籍的《咏怀》组诗所表之情意的确可以称得上是"反复零乱"，同样的、相似的情感、意象在诗中反复出现；而诗与诗之间也没有必然的逻辑联系⑤。

以此观诸陈、张二人《感遇》诗的结构，可发现陈之《感遇》也如阮籍《咏怀》那般"零乱"，这表现在作为审美对象的"物"杂多，有现实时事，有历史人事，有诗人遭遇，有天地宇宙。三十八首诗作，没有内在的具体的意脉线索，以至于每一首诗彼此独立，不成系统和整体。

而反观张之《感遇》则整体布局严密。可将其分为四个部分，每部分三首诗。各部分不仅情意独立，并且自成一体、题材集中。整首诗因为情感的一脉贯注，而显得和谐，是"一种与内涵美相协调的形式美，又是集散为整的整体美"。⑥

因为整练所以便于剖析，兹将张九龄《感遇》十二首的结构与布局列表如下：

---

① 龙思谋：《张九龄、陈子昂〈感遇〉诗比较》，《韶关师专学报》，1988年，第3期。
② 宇文所安：《盛唐诗》，北京：三联书店，2018年，第29页。
③ 张九龄：《曲江集》，刘斯翰注，广州：广东人民出版社，2016年，第97页。
④ 沈德潜：《说诗晬语笺注》，北京：人民文学出版社，2013年，第173页。
⑤ 叶嘉莹：《叶嘉莹说阮籍咏怀诗》，北京：中华书局，2007年，第67页。
⑥ 龙思谋：《张九龄、陈子昂〈感遇〉诗比较》，《韶关师专学报》，1988年，第3期。

表　张九龄《感遇》十二首结构与层次图

| | 诗作布局 | 内容结构 | 心灵状态 |
|---|---|---|---|
| 第一部分 | 其一至其三 | 重心在"本心"二字，借比兴手法，运用兰桂、高鸟、池鱼、蜉蝣等意象，表露自己追求进用的心情。此阶段诗人仍把儒家经世济民、治国安邦的任务作为生命的终极追求，把"身居要路经"视为是读书人的必然归宿。 | 进 |
| 第二部分 | 其四至其七 | 表达诗人"入而能出"①的超旷之态，"进不入以离尤兮，退将复修吾初服"的道德自觉。此阶段诗人决心向内自足，去忧苦愁闷之音，则舒放恬然之状。其六言"众情累外物，恕己忘内修"。世俗纷扰累叠凡身，不如退而修己，求得内心宁静。 | 退 |
| 第三部分 | 其八至其九 | 表达诗人虽然身处退处，可儒家的使命感让诗人不甘从此自隐，而是"潜龙勿用"蛰伏中等待圣王的垂青。其九"凤凰一朝来，竹花斯可食"与其八结构与立意同一机杼，都以诗人的困顿发兴，落脚于对于赏识者的渴慕。诗人虽有一枝梧桐之栖，仍心系庙堂。 | 潜 |
| 第四部分 | 其十至其十二 | 写诗人退无可退的幽隐情衷。其十二言"所怀诚已矣，既往不可追"在情感积蓄至临界点时，张九龄并没有像一般诗人那样，一任情绪的浪潮翻涌而倾泻无遗，极力渲染内心的苦痛，反而情绪临界点到来之前就猛然转身，调开笔调，透过"归来扣寂寞"自品滋味的方式，无可奈何地释怀道"所怀诚已矣"。诗人在表面的旷达中蕴蓄了大量的情感，那无人问津的才华、内心沉痛的苦闷，都表现得曲折深婉，没有一点多余的泛滥，正可谓"深于情而不滞于情"②，可以说是"理性的忧伤"③的明证。 | 沉 |

《感遇》组诗皆写于诗人被贬、沉沦下僚之时，所谓"诗人者，深感于哀乐也"。④不被重视的苦楚与辛酸是该组诗不可磨灭的底色，可难得的是诗人并没有仅停留于"穷戚则职于怨憝"层面而是专注于"穷则独善"的修内，心灵状态也由外在向内心翻转。

诗人的心灵状态也是由进—退—潜—沉，思想经过激烈的摆荡，最后在"胡越方杳杳，车马何迟迟"（其十二）的理性中回归自在。张九龄的《感遇》十二首，以自身由进而退、到理性抽身的心绪为线索，既表达自己深沉持久的进用愿望，也写出诗人自足自持自立的美德和儒家刻在文人骨子里的优雅和从容。

综合言之，阮籍与陈子昂组诗，数量多，内容庞杂，像是不经意间拾起的散落星光；而张九龄的《感遇》结构细腻、脉络贯通，呈现出与其心灵状态互为表里、互相激荡的系统性，更像是精心构思下取得的心灵瑰宝。

**（四）情感与内涵的具化和落实**

阮籍努力在人世间寻求安身立命之所，具有着强烈的生命意识。因此阮籍《咏

---

① 缪钺：《论李义山诗》，西安：陕西师范大学出版社，2008年，第397页。
② 欧丽娟：《唐诗的多维世界》，北京：北京大学出版社，2020年，第26页。
③ 宇文所安：《盛唐诗》，贾晋华译，北京：三联书店，2018年，第32页。
④ 缪钺：《论李义山诗》，西安：陕西师范大学出版社，2008年，第398页。

怀》诗中常常将时空的广袤和人生的渺小短促相对照，呈现出"白日陨隅谷，一夕不再朝"①（其八十一）那般对于时间流逝不可及的虚无感，"孤鸿号外野，翔鸟鸣北林。徘徊将何见，忧思独伤心"②（其一）那般触及生命本质的孤独感以及"忽忽朝日隤，行行将何之"（其八十）③于探寻人类最终归宿落空的怅惘。这些关于时间、自由、信仰、彼岸、生存等终极问题，亦是全人类共同思考的哲学问题，是关于人类与世界关系的终极之思。④由是，有人把咏怀诗称为是阮籍的哲学自传。

如阮籍《咏怀诗》其三十二："孔圣临床川，惜逝忽若浮。去者余不及，来者吾不留。"⑤

整首诗以"惜逝"为主轴而意脉贯连。首句引孔夫子曾站在临川边上慨叹的话语"逝者如斯夫，不舍昼夜"，时间如水一样流淌逝去，不会有任何短暂的停留。此乃诗人对宇宙、时间、生命广度和深度的思考。而"去者余不及，来者吾不留"承楚辞《远游》中"往者余弗及兮，来者吾不闻"一句。天地苍茫，唯我渺小，使读者赤裸裸地面对虚无直扣心扉的痛楚。

陈、张二人承此，对于宇宙、自然、人事、社会也有着自己的解答，并且丰富了阮籍对于生命存在的追问，使其具体化和政治化。

张九龄的《感遇》将阮籍对于生命存在的追问，聚焦于进无可进乃退、退无可退乃自修；而陈子昂有具体可行的诗歌理想，他所推崇的诗歌是情思浓烈、昂扬壮大、辞采辉映、读之作金石声的诗。杜甫赞其"终古立忠义，《感遇》有遗篇"。⑥忠义之人，为忠义之事，写忠义之诗，这亦是陈子昂对于生命的回答。

词学大师缪钺曾以"入而能出"与"往而不返"概括先秦知识分子的两种基本情感模式。⑦陈、张二人也深刻触及这两种传统文人的应世态度。观之张九龄，可称其为"入而能出"。张九龄的失遇，由进而退，由希望到失望再到退处自修，很容易让人联想到庄子，在某些方面二人庶几近之。但是二人不同之处，在于张的自修是迫于官场失意、无所知遇，庄子完全是由内的放旷自达。

至于陈子昂，则演绎了"往而不返"⑧决绝且自信的性格特质。陈的世界观就是宏大且自信的："前不见古人，后不见来者。念天地之悠悠，独怆然而涕下！"⑨

以宏观鸟瞰的视野将空间、时间缩于诗人所立黄金台之方寸，藉男儿的一滴泪泯化

---

① 阮籍：《阮籍集校注》，陈伯君注，北京：中华书局，2015年，第143页。
② 阮籍：《阮籍集校注》，陈伯君注，北京：中华书局，2015年，第5页。
③ 阮籍：《阮籍集校注》，陈伯君注，北京：中华书局，2015年，第159页。
④ 韦妙：《忧而生》，南京：南京师范大学硕士论文，2021年。
⑤ 阮籍：《阮籍集校注》，陈伯君注，北京：中华书局，2015年，第43页。
⑥ 杜甫：《杜诗详注》，北京：中华书局，2015年，第787页。
⑦ 缪钺：《论李义山诗》，西安：陕西师范大学出版社，2008年，第398页。
⑧ 缪钺：《论李义山诗》，西安：陕西师范大学出版社，2008年，第398页。
⑨ 彭庆生：《陈子昂诗注》，成都：四川人民出版社，2008年，第90页。

所有的伤感，旋即继续面对艰难的时局。陈子昂的自信使其始终维持在昂扬云霄的高度，以具有猛烈抨击黑暗的宏阔气概。

陈子昂直面社会和现实的黑暗，如其"奈何穷金玉，雕刻以为尊？"①（其十九）抨击上层统治者崇尚佛教，兴造佛寺，浪费国力，更使那些不法官吏僧徒趁机搜刮民脂民膏，贻误国计民生；如"昔日章华宴"②（其二十八），讽刺历代君主荒淫误国③；如"荒哉穆天子"④（其二十六），讥刺统治阶级纵情享乐；如"蜻蛉游天地"⑤（其二十一），抨击酷吏政治；如"贵人难得意"⑥（其十五），不满朝廷滥杀大臣，赏罚无常，陈子昂的《感遇》把同情百姓及兵士的辛劳与讽刺上位者的荒淫无能相结合，表现着一位人臣志士关心民瘼、时政的衷肠。

综观前面的讨论，可看出阮籍的咏怀诗已超越了出与入的层次，而是探寻人类生命存在的难题。陈、张则将回答落实在个人、政治上，完成了《咏怀》诗的具化和落实。

## 三、继往开来：直接汉魏与遗则千古

陈、张二人的《感遇》组诗对于阮籍开创的《咏怀》传统加以学习和借鉴，同时也做到了后出转精、"独出一格"。

其一，从题材和内容的角度观之，陈之《感遇》沿袭阮籍更多，不限于一时一地，题材广泛，内容繁多；而张之《感遇》则主题集中、题材聚焦，呈现纵向延展的特点。

其二，就表现手法而言，三人都从诗经、楚辞等文化源流中汲取了养料，在艺术上多采用比兴、寄托、象征等表现手法，但在具体的诗歌呈现上又有差异。阮籍在《咏怀》诗中采用的"诗缘情"的书写原则，形成一种隐晦曲折诗歌风格；而陈子昂的《感遇》则呈现出明显的"诗言志"的特点，这与其"兴寄"的文学创作主张密不可分；至于后出的张九龄一方面继承了阮籍的"缘情"，另一方面又发展了陈子昂的"兴寄"，形成独特的"沉郁"表现。

其三，在诗歌结构和布局方面，因为受到时间、地点、生命阶段的影响，陈子昂和阮籍的组诗都是穿插在一生中各个阶段里随兴地抒发，所以"反复零乱"、系统性不强；而张九龄则集中于晚年被贬的经历，整体布局严密，并且可进一步将其组诗细分为进—退—潜—沉四个部分。

最后，在诗歌的情感和内涵方面，阮籍《咏怀》对于生命、宇宙的探究使得其诗成

---

① 彭庆生：《陈子昂诗注》，成都：四川人民出版社，2008年，第132页。
② 彭庆生：《陈子昂诗注》，成都：四川人民出版社，2008年，第18页。
③ 高玉昆：《唐诗比较研究新论》，香港：天马图书有限公司，2003年，第241页。
④ 彭庆生：《陈子昂诗注》，成都：四川人民出版社，2008年，第57页。
⑤ 彭庆生：《陈子昂诗注》，成都：四川人民出版社，2008年，第246页。
⑥ 彭庆生：《陈子昂诗注》，成都：四川人民出版社，2008年，第167页。

为其人的哲学自传，陈、张二人承此发挥得更加具化，将对人生、宇宙的回答落脚于个人情志与政治生活，是对阮籍咏怀诗内涵的落实。

从以上的差异出发，我们可以注意到似乎从陈子昂开始，诗歌讲究有所感发、继承汉魏风骨般"兴寄"的审美态度已有了较大的回归。可以说，陈子昂构架起由初唐"绮丽不足珍"到"盛唐气象"的桥梁。到了盛唐张九龄，承袭陈之"兴寄"则极具个人特色，其清淡秀雅之风更是遗则王、孟、韦、柳一派。

阮籍、陈子昂和张九龄三人虽各处于不同的时代，拥有着不同的性格特质，但是他们的诗歌却具有跨越时代的碰撞和共鸣。这不仅因为诗歌技巧的呈现，更是因为三人对于本心、真我以及理想的坚持，其诗恰如其人。正因为这些相通之处，得以让我们更清楚地看到三人组诗之间的脉络，为我们更深入地了解三人提供了一条途径。

黎京焱　北京第二外国语学院文化与传播学院中国古代文学专业研究生

# 李白山水诗的画境

◇ 孙娟

"诗中有画"是学术界争论已久的话题。蒋寅认为画不如诗,文学表现的内容不全都是绘画所能表现的,"诗中有画"并不是王维所独有的,也不足以概括王维诗歌的艺术特色。① 刘石指出中西诗画理论有着本质上的区别,论证了中国学者在引用西方观点时存在着误读,他认为苏轼"诗中有画"的"画"是针对王维以及以王维为代表的写意画,是基于诗画在审美趣味和艺术功能的同一性上发出的议论,并无偏颇之处。② 宋以前的诗歌中存在着很多"如画"式的表达,尤以李白为甚,这样的思维方式伴随着诗歌的流传而深入人心,苏轼提倡"诗中有画"也就不足为奇了。

"诗中有画",指的是山水诗与山水画。苏轼没有直接说明"诗中有画"的内涵,明人唐顺之有过这样的解释:"少陵诗云'华夷山不断,吴蜀水相通'。只此二语写出长江万里之景,如在目中。可谓诗中有画。"从字面上看,诗与画是两个不同的艺术门类,而中间着一"有"字,意味着二者有共通之处。诗人面对自然风景,将其写入诗中,画家则是直接将风景画在纸上的,"诗中有画",把中间的风景省略了,换言之,说"诗中有画",得先要有"风景如画"的观念,这样的观念在宋以前的诗中通过"诗中有'画'"的方式已经体现出来了。

一

日本学者浅见洋二认为最早将"风景如画"这种感受作为话题讨论的,是南宋洪迈的《容斋随笔》,该书卷一六写道:江山登临之美,泉石赏玩之胜,世间佳境也,观者必曰如画。故有"江山如画""天开图画即江山""身在画图中"之语。至于丹青之妙,好事君子嗟叹之不足者,则又以逼真目之……以真为假,以假为真,均之为妄境耳。人生万事如是,何特此耶?观看美丽的风景,觉得它们"如画";欣赏出色的绘画,觉得它们"逼真",在诗画都已成熟的宋代,这是流行的观点。

---

① 蒋寅:《对王维"诗中有画"的质疑》,《文学评论》,2000年,第4期。
② 刘石:《诗画平等观中的诗画关系——围绕"诗中有画"说的若干问题》,《文艺研究》,2009年,第9期。

魏晋六朝时，虽然有宗炳的《画山水序》，但对于六朝时期的山水画，正如唐人张彦远所论述的："其画山水，群峰之势，若钿饰犀节，或水不容泛，或人大于山，率皆附以树石，映带其地，列植之状，则若伸臂布指。"这种画画方式用西方人的话来说就是在模仿自然，但模仿得并不成功，失去了自然之真，可以认为六朝时人们尚未拥有可与眼前山水重合的风景画框架。不过六朝诗在描写自然风景时有几处"如画"的用语，比如：

　　沈约："八桂暧如画，三桑眇若浮。"（《秋晨羁怨望海思归诗》）
　　萧绎："树杂山如画，林暗涧疑空。"（《巫山高》）
　　谢庄："赪岸兮若虹，黛树兮如画。"（《曲池赋》）

沈约诗说的是远处朦胧的桂树像画一样，萧绎诗是说树木茂盛的巫山像画一样，谢庄赋说的是庭园内的树木葱茏如画，这几句诗里有风景如画的表达，但并不是从诗歌意境的角度与画类比，而是着眼于色彩，说山如画、水如画，只是一个简单的比喻，不是"以真为假"的风景观念，读者不能通过诗句想象到景物的优美。这是因为歌咏自然风景的诗作、描绘山水风景的绘画，在当时尚处于形成的阶段。初唐诗里也有类似的表达，比如：

　　宋之问："锦缋织苔藓，丹青画松石。"（《初至崖口》）
　　李峤："古壁丹青色，新花绮绣纹。"（《山》）
　　陈子昂："山水丹青杂，烟火紫翠浮"（《江上暂别萧四刘三旋欣接遇》）

这些诗着眼于色彩，但写法上不是直接比喻，没有了"如"字，不是直接说山石像画一样，而是将绘画中的用语"丹青"与山水景物搭配在一起，修饰景物的颜色特点。

## 二

上面的例子中，或是直接比喻，或是着眼于画的色彩属性，都是将画作为一个比拟的对象，李白的诗有不同于此的新气象。

　　晓峰如画参差碧，藤影风摇拂槛垂。（《别匡山》）
　　江城如画里，山晚望晴空。（《秋登宣城谢朓北楼》）

虽有"如画"两个字，但明显要更胜一筹。上述沈约等人的诗，如"八桂暧如画"

中的"如画"做句子的补语部分，句子只是传达了桂树朦胧的意思，画的属性没有渗透进来。李白的诗就不一样了，"晓峰如画参差碧"若是按照沈约的做法，应该是"晓峰碧如画"，或者是"晓峰参差碧如画"，但李白把中心语"碧"放到句尾，把"如画"提前做状语，这样的效果就是"参差碧"不仅指山，还把画色彩斑驳的特点写进来了。李白在写法上把画作为一个意象带入了诗中。

"江城如画里"，虽然也有"如画"二字，但它后面又多了一个"里"，简单的一个字，反映的是李白不同于常人的才力。谢朓楼建在陵阳山顶，诗人站在山巅向远方眺望，秋日夕阳下的宣城明净如画，这是一个居高临下、纵览全景的视角，如果没有李白的想象力与豪气，恐怕发不出"江城如画里"的感叹。常人说风景如画，无论用多么华丽的修辞，说到底风景与画是两件事，李白跨越了这一界限，他直接把风景当成画来看，欣赏风景，就像欣赏画一样。于是，连"如"字也不用了：

青冥倚天开，彩错疑画出。（《登峨眉山》）
万井惊画出，九衢如弦直。（《君子有所思行》）
淡扫明湖开玉镜，丹青画出是君山。（《陪族叔刑部侍郎晔及中书贾舍人至游洞庭·其五》）
丹阳北固是吴关，画出楼台云水间。（《永王东巡歌·其六》）

峨眉山高峻磅礴，云霭纷纷，在阳光的照射下焕发出奇异光彩，宛若仙境；咸阳城内的南北大街交错纵横，格局井然。诗人站在风景中，觉得眼前的景色仿佛不是人间才有的，他感到错愕，于是天真地发问，"疑画出"的"疑"，"惊画出"的"惊"，显然要比"如画"更传神。洞庭湖清明如镜，君山映照在湖中，仿佛是一幅水墨画；北固山石壁嵯峨，亭台楼阁依山势而建，高低掩映，朦胧如画。"画出"，是以自然为画师，大地为画卷，诗人不再疑惑景色如何新奇，而是把眼前景色直接当成画来看，这样把画画的主人公隐藏起来，同样也是把大自然的造化之功隐藏起来，使得诗中描绘的景色自有一种生命力，美是自然而然的。

## 三

当现实的风景找不到合适的形容，或者不满于惯常的表达方式，李白就把真实的景色写成画中的景色。这种以真为假的手法在李白诗里十分常见，除了用画的比喻，李白还有画屏、屏风、镜的比喻：

江祖一片石，青天扫画屏。（《秋浦歌其九》）

  水闲明镜转,云绕画屏移。(《与贾至舍人于龙兴寺剪落梧桐枝望灉湖》)
  水从天汉落,山逼画屏新。(《赠崔秋浦·其三》)
  樵夫与耕者,出入画屏中。(《题雍圌山》)
  人行明镜中,鸟度屏风里。(《清溪行》)

  "画屏""屏风"实际指的是山,由于画屏和屏风上都有绘画,用在诗中其实也是"画"的一种代称。诗中说道山像屏风一样,层层叠叠,云围绕着像屏风那样耸立的山峦,突出了山之高,再加上画屏和屏风本身就有素雅的属性,用它们来形容山,就会给人一种清新秀美之感,山是高而美的,而不是"山从人面起,云傍马头生"那样的高而险。

  竹色溪下绿,荷花镜里香。(《别储邕之剡中》)
  楼船入天镜,帐殿开云衢。(《春日陪杨江宁及诸官宴北湖感古作》)
  明湖落天镜,香阁凌银阙。(《登巴陵开元寺西阁,赠衡岳僧方外》)
  月下飞天镜,云生结海楼。(《渡荆门送别》)
  两水夹明镜,双桥落彩虹。(《秋登宣城谢朓北楼》)
  开帆入天镜,直向彭湖东。(《下寻阳城泛彭蠡寄黄判官》)
  山从图上见,溪即镜中回。(《宣州九日闻崔四侍御与宇文太守游敬亭余时登响山不同此赏醉后寄崔侍御二首》)

  "镜"在上述诗中均指湖水,明净如洗,像镜子一样嵌在天地间,别有一番清境,由于"镜"在映照现实的功能上类似于"画",用在诗中的效果和"画"是一样的。另一方面,镜是道教法器,在镜的背面会雕有道教的神仙世界,同时李白是一个道教徒,渴望成仙得道,所以他在诗中用镜喻水,给人一种虚无缥缈之感。

  上述李白诗都有一个共同的出发点,那就是如画的风景观,这里的"画"不单是具体的画作,而是把风景当成异于现实的存在。一般来说,"真"的风景先于"假"的风景画存在,从地位上说,应该是"假"从属于"真",而在诗中,反倒是风景在模仿绘画,风景在画中、在镜中了。"真"具有确定性,这种确定性是不可改变的,"假"则富于想象的空间,可以克服"真"的消极因素,使"真"更"真",让诗中之景有一种自然的本真之感。李白对前人的超越体现在他不仅是在语言层面上"以真为假",更是在思维上把风景抽象化了,不是局限于呈现风景在物质上的特点,如颜色、形状之类,而是重在呈现清新明阔的意境。用画和与之相类的比喻重点在突出诗中之景,画的特点是对风景描绘的补充,对画的运用着眼点不仅是画的呈示性,更多的是画意的清虚缥缈。从上述诗例也可看出来,李白在用"如画"的思维表达方式时,写出来的诗是颇符合他所崇尚的"清水出芙蓉"的艺术标准的。

## 四

"诗中有画"是宋人提出来的理论，而李白在此前已经将如画的风景观贯彻到诗里进而形成一种观念传统，比如元稹"山川展画图"、白居易"湖上春来似画图"、许浑"自疑身在画屏中"、杜牧"溪山画不如"、韦庄"水碧青山画不如"、温庭筠"吴江澹画水连空，三尺屏风隔千里"、司空图"景物皆宜入画图"、黄庭坚"天开图画即江山"、苏轼"江山如画"等，这种观念传统对苏轼"诗中有画"观点的形成当是有促进作用的。

后世学者在争论"诗中有画"的内涵时，会认为画是对现实的模仿，会将画的具体特征（如颜色和线条）作为"诗中有'画'"的标准。已有学者指出，苏轼说的"诗中有画"是针对王维说的，取其重意不重形。如果从这一理论产生之前的诗歌语境上分析，在诗中言风景如画，也多是写意境。苏轼在《书鄢陵王主簿所画折枝》里写道："论画以形似，见与儿童邻。赋诗必此诗，定非知诗人。诗画本一律，天工与清新……"在《王维吴道子画》诗中称赞王维："摩诘本诗老，佩芷袭芳荪。今观此壁画，亦若其诗清且敦。"《跋蒲传正燕公山水》："山水以清雄奇富、变态无穷为难。燕公之笔，浑然天成，粲然日新，已离画工之度数，而得诗人之清丽也。"苏轼所赞赏的"清新""清且敦""清丽"，正是李白的诗歌特色。李白在诗坛的地位自不必说，他的诗歌语言以及表达方式随着作品的流传进入到人们思维领域，是极有可能的。

王维写诗时的眼光可能与李白不同。元人倪瓒说过："摩诘画山时，见山不见画。松雪自缠络，飞鸟亦闲暇。"他说王维面对风景时，看的是风景本身，而不是在风景中赏画，与将风景看成"如画"的眼光是不同的。王维诗胜在营造意境，他在诗中描绘的景物给人一种宛然在目之感，让人联想到画中之景，所以谓其"诗中有画"。李白的诗直接用"如画"的方式表达，他就直接或者间接地告诉读者，诗里的景色就是像画一样。换言之，李白也是"诗中有画"，只不过他更多是在语言和思维上，而王维是在艺术上。在讨论诗画理论的产生和发展时，此前的文化语境也不应忽视。

**孙娟 北京第二外国语学院文化与传播学院古代文学专业2020级研究生**

# 从"砌成此恨无重数"看秦观之恨

◇ 吕泽雯

## 一、羁旅之恨

绍圣元年,秦观因为附随苏轼、增损《神宗实录》遭贬,出任杭州通判,中途贬到处州担任监酒税职,而后又贬到郴州、横州、雷州,最终在放还横州途中离世。秦观做官的时间仅有十年,而后奔波在贬谪途中的时间长达七年,两段时间近乎同长。

秦观出任杭州通判时,并不知晓自己将在今后的七年中不断远谪,因而心态悠闲旷达,怀有回到京城、重返官场的幻想。这段时期,秦观曾作《艇斋》,诗云:"平生乐鱼钓,放浪江湖间。兀兀寄幽艇,不忧浪如山。"① 秦观少年丧父,十分敬重母亲,曾因忧心母亲身体劳累之故,向州守写信以借船:"然亲老高年,时气向热,须官舟以济,辄欲从使府射一舟到高邮,幸望开允。"(《与某公帖》)② 当赴处州时,秦观也因担忧母亲的病体,向扬州郡守借船而写信:"方此炎暑,小舟溪行,尽室如在甑中。老母多病,尤以为苦。"(《与某公帖》)③

随着更远的迁谪,秦观意识到返回京城可能要成为空想,达观的心态消失不见,取而代之的是悲哀绝望的情绪。绍圣三年,秦观被削去官职为民,奉令奔赴郴州,母亲和子女都无法同行,他作《祭洞庭文》,云:"老母戚氏,年逾七十,久抱末疾。尽室幼累,几二十口,不获俱行,既寓浙西。"④ 他祈求上天可怜年迈的母亲,保佑自己能够平安渡湖:"观之得罪,诸神俱知,愿加哀怜老母,异时经彼重湖,赐以便风,安然获济。……早被天恩,生还乡邑。"⑤ 渡过湘江后,只剩一位旧仆还在秦观身边,秦观心中倍感孤独凄凉:"北客念家浑无睡,荒山一夜雨吹风。"⑥(《题郴阳道中古寺壁》)惨痛的离别,使得秦观心中无比渴望有朝一日全家人还能在故乡团圆。

---

① 徐培均:《淮海集笺注》(卷五),上海:上海古籍出版社,2000年,第192页。
② 徐培均:《秦少游年谱长编》(卷六),北京:中华书局,2002年,第366页。
③ 徐培均:《秦少游年谱长编》(卷六),北京:中华书局,2002年,第527页。
④ 徐培均:《秦少游年谱长编》(卷六),北京:中华书局,2002年,第540页。
⑤ 徐培均:《秦少游年谱长编》(卷六),北京:中华书局,2002年,第542页。
⑥ 徐培均:《秦少游年谱长编》(卷六),北京:中华书局,2002年,第546页。

绍圣三年除夕夜，秦观身处郴州，心中满怀远谪之愁、羁旅之恨，作《阮郎归》，词云："乡梦断，旅魂孤。峥嵘岁又除。衡阳犹有雁传书，郴阳和雁无。"[1] 至绍圣四年，秦观又移为横州编管，于元符元年抵达横州，他万分思念家乡，在痛苦中甚至希望成为无情之石："南土四时尽热，愁人日夜俱长。安得此身作石，一齐忘了家乡！"（《宁浦书事》其三）[2] "身与杖藜为二，对月和影成三。骨肉未知消息，人生到此何堪！"（《宁浦书事》其五）[3] 元符二年不久，秦观奔赴雷州，位处极南之地，思乡成恨："鹡鸰一枝足，所恨非故林。"（《海康书事》其三）[4] 在无尽的思念中，秦观也曾尝试着开解自己，写下《海康书事》十首，其四云："得归良不恶，未归且淹留。"[5] 其十："何关二千石，时至自当还。"[6]

元符三年，秦观历经七年贬谪，终于接到了放还的消息。他在出发前作《和渊明归去来辞》："依先茔而洒扫，从稚子而耘耔。修杜康之废祠，补由庚之亡诗。"[7] 老去的秦观只希望平安回到家乡与家人团聚，在躬耕和诗酒中度过余生。然而未等回到故乡，秦观便卒于途中，有记载："因醉卧光化亭，忽索水饮，家人以一盂注水进，先生笑视之而卒。"[8] 秦观在对故乡的无限思念中溘然长逝。

## 二、功名之恨

秦观功名之心极盛，并且性格敏感，心绪往往随仕途的颠簸而忽起忽落。元祐五年，秦观任职黄本校勘，心情大好，自以为前途光明，作诗云："金雀觚棱转夕晖，飘飘宫叶坠秋衣。出门尘涨如黄雾，始觉身从天上归。"（《晚出左掖》）[9] 他的飘然令人诧异："识者以为少游作一黄本校勘，而炫耀如此，必不远到。"[10] 数年后，秦观由横州贬至雷州，仕途灰暗，心绪黯然。试图用饮酒忘却贬谪之愁，《饮酒诗四首》其一云："我观人间世，无如醉中真。虚空为消陨，况乃百忧身。"[11] 虚空作为宇宙的本质尚且可以消弭，更何况仕途上忧恨不断的自己？秦观从处州到雷州，一贬再贬，还朝的希望越发渺茫，心灰意冷近于绝望，只能以酒浇愁。他沉重的人生感伤情绪，使得佛法也无法减轻他的痛苦，只有用醉酒来麻痹自己，在现实与虚幻的颠倒中感受到人生的真实。

---

[1] 徐培均：《淮海居士长短句笺注》，上海：上海古籍出版社，2008年，第130页。
[2] 徐培均：《秦少游年谱长编》（卷六），北京：中华书局，2002年，第563页。
[3] 徐培均：《秦少游年谱长编》（卷六），北京：中华书局，2002年，第563页。
[4] 徐培均：《秦少游年谱长编》（卷六），北京：中华书局，2002年，第567页。
[5] 徐培均：《秦少游年谱长编》（卷六），北京：中华书局，2002年，第567页。
[6] 徐培均：《秦少游年谱长编》（卷六），北京：中华书局，2002年，第567页。
[7] 徐培均：《淮海集笺注》（卷一），上海：上海古籍出版社，1994年，第30页。
[8] 徐培均：《秦少游年谱长编》（卷六），北京：中华书局，2002年，第579页。
[9] 徐培均：《秦少游年谱长编》（卷五），北京：中华书局，2002年，第415页。
[10] 王直方：《王直方诗话》，北京：中华书局，1980年，第36页。
[11] 徐培均：《淮海集笺注》（卷五），上海：上海古籍出版社，2000年，第187页。

秦观强烈的功名之心是他无法从恨意中解脱的根源。编管雷州时，他作《海康书事》十首，其一云："白发坐钩党，南迁海濒州。""谁知把锄人，旧日东陵侯。"① 面对曾经为官和现今被贬的落差，秦观心中无比愤恨，他的心灵根本无法像苏轼一样"此心安处是吾乡"，常常依靠写诗表达恨意，《海康书事》十首其三："鹪鹩一枝足，所恨非故林。"② 其四："得归良不恶，未归且淹留。"③ 他的诗句看似旷达，实际上满蕴含着不甘与愤恨。在《陨星石》诗中，秦观也表达了对自己被贬谪的恨意，幻想着自己终有一天会回归朝堂，大有作为。"畴昔同列者，到今司赏刑。"（《陨星石》）④ 昔日同僚如今已经做了大官，可自己还停留在远谪之地，他不得不充满愤恨。他对政治斗争展现的面目太过天真，竟以在官场"平步青云"昔日同僚为好，内心暗自羡慕，常常幻想着自己能够回到朝堂，占据一席之地："安知风云会，不复归青冥！"⑤ 对功名的渴求使他永远无法安然接受自己被不断贬谪的现实，也令他的政治生涯在满怀幻想却无一实现的失败境况中无比煎熬。

秦观愤恨的根源是在他成长中根深蒂固的忠君思想，这在《病犬》一诗中可见。在诗中，他以病犬作喻，写己身身世之感："犬以守御用，老惫将何为。踉跄劣于行，累然抱渴饥。"⑥ 诗尾写道："犬死不足道，固为主人悲。"⑦ 这表明在秦观思想中占据主体地位的始终是以忠君思想为核心的儒家伦理观念，个人的贬谪经历和佛家、道家的开解都没有使他与儒家伦理疏离。正因如此，秦观在重回朝堂的渴望与求而不得的愤恨中反复思考、追问，却最终不可能获得答案。

## 三、人生之恨

秦观身为"苏门四学士"之一，他的仕途曾多次得到了苏轼的帮助。元丰元年，秦观赴京应试不中，回到故乡高邮，心情十分惆怅。为此苏轼写了《和参寥寄秦观失解诗》，云"回看世上无伯乐"⑧，并在寄给秦观的信中宽慰他："此不足为太虚损益，但吊有司之不幸耳。"⑨ 此前秦观曾给苏轼寄去过数封信件，但苏轼"既冗懒且无便，不一裁答"⑩，而当秦观落第、心情低落的时候，苏轼向秦观寄去了第一封信，给予他真诚的关

---

① 徐培均：《淮海集笺注》（卷六），上海：上海古籍出版社，2000年，第236页。
② 徐培均：《淮海集笺注》（卷六），上海：上海古籍出版社，2000年，第238页。
③ 徐培均：《淮海集笺注》（卷六），上海：上海古籍出版社，2000年，第241页。
④ 徐培均：《秦少游年谱长编》（卷五），北京：中华书局，2002年，第402页。
⑤ 徐培均：《秦少游年谱长编》（卷五），北京：中华书局，2002年，第402页。
⑥ 徐培均：《淮海集笺注》（卷六），上海：上海古籍出版社，2000年，第224页。
⑦ 徐培均：《淮海集笺注》（卷六），上海：上海古籍出版社，2000年，第224页。
⑧ 王文浩辑注：《苏轼诗集》，孔凡礼点校，北京：中华书局，1982年，第904页。
⑨ 苏轼：《苏轼文集》，孔凡礼点校，北京：中华书局，1986年，第1534页。
⑩ 苏轼：《苏轼文集》，孔凡礼点校，北京：中华书局，1986年，第1534页。

怀。苏轼对于秦观,不仅是老师,更是朋友:"人生异趣各有求,系风捕影只怀忧。我独不愿万户侯,唯愿一识苏徐州。徐州英伟非人力,世有高名擅区域。"①不幸落第的秦观对于苏轼的安慰十分感激。

元丰七年,苏轼自黄州移汝州,向王安石写信推荐秦观:"向屡言高邮进士秦观太虚,公亦粗知其人,今得其诗文数十首,拜呈。词格高下,固已无逃于左右,独其行义修饬,才敏过人,有志于忠义者,其请以身任之。此外,博综史传,通晓佛书,讲集医药,明练法律,若此类,未易以一一数也。才难之叹,古今共之,如观等辈,实不易得。愿公少借齿牙,使增重于世,其他无所望也。"②当时的苏轼,自己尚且立足不稳,却已经对秦观关照有加。他向王安石大力赞赏秦观的才学,希望借助王安石在朝廷的威望和号召力,让秦观的才华彰显于世。值得注意的是,苏轼在信中称秦观为"高邮进士",但此时的秦观实际上还未成为进士,苏轼却已经这样称呼他,表明苏轼深信以秦观的才学成为进士是理所应当,其嘉许之心可见一斑。

元祐六年七月,秦观由赵君锡举荐,由秘书省校对黄本书籍迁为正字。此时有朔党人贾易弹劾秦观,赵君锡作为秦观的推荐人,反而附和贾易说:"臣前荐观,以其有文学。今始知其薄于行,愿寝前荐,罢观新命。臣妄荐观罪,不敢逃也。"③对于贾易弹劾苏氏两兄弟的奏疏,太皇太后高氏下令"封付吕大防、刘挚,且谕令未得遍示三省官"④,但是时任尚书右丞的苏辙暗中得知了奏疏的内容,并立刻将此事告知了苏轼,希望苏轼能够预先防范,不料苏轼又将事情告诉了秦观。秦观错误地寻找赵君锡疏通,天真地以为赵君锡会再次帮助自己,反过去弹劾贾易,结果秦观成为了苏轼兄弟泄露奏疏的铁证,使他们二人的政治品格都遭到了反对派的强烈质疑,最终苏轼自请外放。此后,即使苏轼返回京城,与秦观同在京中,二人也没有过通信了。秦观在政治斗争中天真的心态,使得既是师长,又是朋友的苏轼受到了严重的打击。绍圣元年,秦观作《望海潮》,词云:"长记误随车。正絮翻蝶舞,芳思交加。柳下桃蹊,乱分春色到人家。"⑤可能正暗指自己曾把赵君锡当作朋友,上门游说,结果让苏氏兄弟和自己都陷入了困窘的政治境地,从此对苏轼抱有终生的愧疚。

秦观的功名之心太过热切强烈,这导致他无法构建起坚定且自足的精神。绍圣元年,秦观赴杭州任通判时过泗州,作《送酒与泗州太守张朝请》,诗云:"莫笑杭州别驾村,昔曾柱下数承恩。而今虽是江南吏,犹有当时七字尊。"⑥秦观看似豪气实则自卑,分明已经被贬,却还要夸耀自己曾经做过馆阁校勘,是朝堂中人,即使远下江南,也还

---

① 徐培均:《淮海集笺注》(卷四),上海:上海古籍出版社,1994年,第135页。
② 苏轼:《苏轼文集》,孔凡礼点校,北京:中华书局,1986年,第1444页。
③ 李焘:《续资治通鉴长编》,北京:中华书局,1992年,第11050页。
④ 李焘:《续资治通鉴长编》,北京:中华书局,1992年,第11058页。
⑤ 徐培均:《淮海居士长短句笺注》,上海:上海古籍出版社,2008年,第9页。
⑥ 徐培均:《淮海集笺注》(卷十一),上海:上海古籍出版社,2000年,第469页。

像"七字舍人"吕溱一样受到他人的尊崇。这种自夸正暴露出秦观精神中的脆弱，他强烈地依赖着自己的功名成就，所以当他失去功名、贬谪他乡时，他的精神便也随之崩塌，表现出苦闷不满的情绪。也正是由于缺乏坚定自足的精神，尽管秦观笃信佛道之说，却不能汲取其中的道理来调整自己的心态，而是萎靡不振、终日恨恨。

绍圣四年，秦观被贬郴州，作《踏莎行》，词云："郴江幸自绕郴山，为谁流下潇湘去？"① 此二句中，秦观令无情的郴山与郴水化为有情，而使郴水流下郴山、直往潇湘的上天即是冷酷无情。他借助景物向宇宙提出悲恨至极的诘问，饱含对人生的困惑，流露出深隐幽微、苦怨无理的情意。

在儒家思想的教育下，秦观认为实现人生价值的唯一途径就是通过科举考试后做官，因此他用仕途的顺畅与否来衡量自己是否成功，他的个人情感也完全随仕途的起伏而颠簸。绍圣元年后的六年间，秦观不断远谪，内心的对功名成就的欲望得不到满足，而使他对功名产生强烈愿望的正是自小接受的儒家教育。因此，秦观的恨实际上是中国古代士人所共有的恨，他们在正统思想的促使下追求功名，又在社会实际环境中受到阻碍，于是将自己的不满寄托在文字中。对于秦观，就是"砌成此恨无重数"。

元符三年，苏轼与秦观在阔别八年之后相会于海康。临别之际，秦观向苏轼展示当年春天写就的《自作挽词》："空蒙寒雨零，惨淡阴风吹。殡宫生苍藓，纸钱挂空枝。无人设薄奠，谁与饭黄缁。亦无挽歌者，空有挽歌辞。"《秦少游年谱长编》引何薳《春渚纪闻》卷六"秦苏相遇自述挽志"："二公共语，恐下石者更启后命。少游因出自作挽词呈公，公抚其背曰：'某常忧少游未尽此理，今复何言！某亦尝自为墓志铭，封付从者，不使过子知也。'"② 历经七年贬谪生涯的秦观已经放下恨意，心境由怨怼愤恨变得豁然大度，苏轼也不由得为他的变化而喜悦。苏轼《书秦少游挽词后》中云："庚辰六月二十五日，予与少游别于海康，意色自得，与平日不少异。但《自作挽词》一篇，人或怪之。予以谓少游齐死生，了物我，戏作此语，无足怪者。已而北归，至藤州，以八月十二日，卒于光化亭上。呜呼，岂自知当然者耶？！乃录其诗云。"③ 秦观的《自作挽词》显示出他已经完全通晓了庄子看同死生、物我两忘的精神，他不再沉浸于自己仕途艰难的悲怨中，而是以一双他人之眼看待自己死后的境况，既不为自己的死去而恐惧哀伤，更无须旁人来忧伤凭吊。至此，秦观历经十年的仕途颠簸与七年的贬谪岁月，终于从"砌成此恨无重数"的无限离恨中解脱，拥抱了真正意义上的自我，完成了个体性的精神超越。

**吕泽雯** 北京第二外国语学院文化与传播学院汉语言文学专业本科生

---

① 徐培均：《淮海居士长短句笺注》，上海：上海古籍出版社，2008年，第92页。
② 徐培均：《秦少游年谱长编》（卷六），北京：中华书局，2002年，第577页。
③ 徐培均：《秦少游年谱长编》（卷六），北京：中华书局，2002年，第577页。

# 《西游记》中老鼠精形象的三元体

◇ 李梦宁

前人研究《西游记》中人物形象多集中分析主角和其他妖怪群体形象上，往往以神魔对立的视角分析其他角色。分析《西游记》其中的女性形象，对比分析女仙、女妖和世俗女性。罗廷荣对老鼠精的解读是重情、懂孝义、知恩图报。① 而当我们深入挖掘老鼠精这一人物，关注其在各种关系中的性格特点时，我们会发现老鼠精形象是一个极具复杂性的形象。本文运用对偶的研究方法，将老鼠精置于各种关系中进行分析，诠释老鼠精这一形象的复杂性。

## 一、俗世世界的爱情追求者

在《西游记》中，老鼠精形象的矛盾聚焦在她与唐僧的爱恨情仇上。老鼠精与唐僧成亲有一定目的性，但这其中也不乏她自身真性情的流露。从老鼠精对唐僧的礼遇中也能看出她对唐僧是抱有爱情的。老鼠精敢爱敢恨的真性情在她与唐僧的关系中得以体现。老鼠精较之仙女与凡女而言更加随心所欲，不克制自己的欲望。② 老鼠精数次向唐僧示爱，其大胆直白、敢爱敢恨的形象，与唐僧的怯懦形成鲜明的对比。

在《西游记》第八十二回中，可见老鼠精对唐僧的爱意。"那怪道：'和尚，你不知道，我家老夫人今夜里摄了一个唐僧在洞内，要管待他。我洞中水不干净，差我两个来到此打这阴阳交媾的好水，安排素果素菜的筵席，与唐僧吃了，晚间要成亲哩。'"③ 老鼠精对唐僧的重视程度可见一斑，老鼠精特意让两个女怪来打"阴阳交媾的好水"。老鼠精为唐僧改变饮食习惯，克制其妖怪食人本性，实属不易。"盈门下，绣缠彩结，满庭中，香喷金猊。……椒姜辛辣般般美，咸淡调和色色平。"④ 老鼠精重视与唐僧的婚宴。如果老鼠精只为修炼而与唐僧成亲的话，不会对唐僧照顾得如此细致。

---

① 罗廷荣：《仙人·妖人·女人——〈西游记〉中女性形象浅析》，《思茅师范高等专科学校学报》，2009年，第4期。
② 张丽慧、杨懿娜：《〈西游记〉女性形象研究》，《戏剧之家》，2018年，第17期。
③ 吴承恩：《西游记》，曹松校点，上海：上海古籍出版社，2009年，第629页。
④ 吴承恩：《西游记》，曹松校点，上海：上海古籍出版社，2009年，第696页。

在唐僧面前，老鼠精展现出一副美娇娘神态。在唐僧应门之后，"他推开门，把唐僧搀起来，和他携手挨背，交头接耳，你看他做出那千般娇态，万种风情"①。后文中，孙悟空化作老鹰，掀翻摆满筵席的餐桌。"老鼠精战战兢兢，搂住唐僧道：'长老哥哥，此物是那里来的？'"②可见其小女人的娇媚神态。筵席虽被破坏，但老鼠精与唐僧成亲的心意不变。"我指天为媒，指地作订，然后再与唐僧成亲。"③可见其与唐僧成亲意愿之急切。老鼠精在追求爱情的过程中大胆主动，坦率直爽，勇敢追求自己的爱情。有学者认为老鼠精这一类女妖象征着人性中的原始情欲，也是正常女性被封建道德所压制的本我人格。④

老鼠精对唐僧的恨意可从其被唐僧和孙悟空合计陷害后的描写诗句中窥得一斑。"凤世前缘系赤绳，鱼水相和两意浓。不料鸳鸯今拆散，何期鸾凤又西东！蓝桥水涨难成事，佛庙烟沉嘉会空。着意一场今又别，何年与你再相逢！"⑤首联中可以看出老鼠精与唐僧两人本有前世姻缘。诗句的颔联中写两人今世姻缘如一对苦命鸳鸯被他人破坏。颈联前半句用蓝桥水涨这一典故写出心中苦楚，《庄子·盗跖》："尾生与女子期于梁下，女子不来，水至，不去，抱梁柱而死。"⑥后半句又用另一典故，其大意为：公主的乳母陈氏的儿子爱上了公主，相思成疾，公主前往探视，但陈氏之子却睡着了，公主便将自己佩戴的玉环摘下来给他，之后一走了之，陈氏之子醒来后就一怒之下把两人相约的庙放火烧毁。两人门不当户不对，是不可能成就一段佳话的，公主不愿陈氏之子继续纠缠不休，于是将自己的玉环给他，以了断他的情思。老鼠精拿自己与尾生、陈氏之子相比，意在讲述其与唐僧之间"妾有情而郎无意"的悲惨爱情故事。

老鼠精对唐僧的情感有爱有恨、因爱生恨，而不是单纯片面的爱或恨。作家将老鼠精对唐僧的爱情描写得十分直白，但却将老鼠精对唐僧的恨意写在诗之中。老鼠精在追求唐僧的过程中是非常大胆的，吴承恩有意将女妖塑造成一种"叛逆"的形象，但是即使再"叛逆"的女性也无法逃离男权社会对女性的枷锁。

老鼠精对唐僧这种执着的爱正是一种超越时代的女性形象的体现，更是其人性化一面的体现。在老鼠精追求唐僧的过程中，她的形象从妖怪的形象转变成为一名勇敢直率的女子，她不再是一个邪恶角色，而更多展现的是她人性的一面。老鼠精面对唐僧时与其他女妖相比表现得更加娇俏。老鼠精对爱情的自我追求，与传统父权社会对女性"三从四德""父母之命，媒妁之言"的要求截然相反。有学者认为老鼠精能够冲破

---

① 吴承恩：《西游记》，曹松校点，上海：上海古籍出版社，2009年，第695页。
② 吴承恩：《西游记》，曹松校点，上海：上海古籍出版社，2009年，第696页。
③ 吴承恩：《西游记》，曹松校点，上海：上海古籍出版社，2009年，第697页。
④ 杨晓莉：《〈西游记〉中的女性形象塑造》，《语文建设》，2016年，第36期。
⑤ 吴承恩：《西游记》，曹松校点，上海：上海古籍出版社，2009年，第699–700页。
⑥ 《庄子译注》，刘建国、顾宝田注译，长春：吉林文史出版社，1993年，第587页。

世俗社会对女性的束缚是由于其异质空间的成长环境。①但老鼠精成长环境在灵山，并不是在与人世隔绝的异质空间成长和生活的女妖。而老鼠精能够冲破封建伦理的束缚归根结底是老鼠精的本性使然。吴承恩创作老鼠精这样一个角色意在书写"叛逆"的女妖形象，将老鼠精与女仙、凡女等女性群体对比，表现出其人性的一面。老鼠精不同于"完美"的女仙形象，也不同于受束缚的凡女形象，而更像一种追求自由解放的人性的形象。但这种自由和解放是不被当时社会认同的，因此老鼠精也逃不过最终被束缚的结局。

## 二、神仙世界的斗争者

有学者认为《西游记》中的妖魔常是利、邪、恶、非、妄的化身。②老鼠精的女妖本性，也使得老鼠精这一形象更加丰满。《西游记》中的女妖形象常常是独来独往，③她们常以勇敢智慧的形象出现。老鼠精的勇敢与智慧表现在三方面上：一是她在作恶时的机智；二是她在与孙悟空斗智斗勇时的勇敢；三是她在与仙人的交往之中的智慧。

老鼠精的机智在《西游记》的第八十与八十一回中着墨最多。在第八十回中老鼠精与唐僧师徒四人初遇之时，老鼠精假变被绑女子，向唐僧师徒四人求援。老鼠精的一句话就让原本被孙悟空说服不救人的唐僧改变了主意："师父啊，你放着活人的性命还不救，昧心拜佛取何经？"④老鼠精只需说最关键的一点，就能让唐僧回心转意。劝说对象的选择也是老鼠精机智的体现。老鼠精选择唐僧作为劝说的对象，无疑是最合适的。在师徒四人中，唐僧是最好拿捏的人，也是说话最有地位的人。老鼠精在说话时就已经预先想到结局。她选择其他师徒三人都达不到老鼠精想要的结果。如果她选择八戒，八戒好拿捏，但是没有话语权，老鼠精的计谋也就无法实现。如果她选择孙悟空，孙悟空有实力但无意愿，不可能说服他。她也没有大喊求救让他们师徒四人听见，相反，"不动绳索，把几声善言善语，用一阵顺风，嘤嘤的吹在唐僧耳内"⑤。这就避免了他们师徒四人再次争辩而生变。老鼠精抓住问题关键，及时应变。

老鼠精被孙悟空识破计谋后，两人当即打作一团，但过了几招后，老鼠精自知不敌孙悟空，便将鞋化作她的样子与孙悟空过招，等孙悟空意识到中计之时，老鼠精已经绑了唐僧逃走了。后文中，老鼠精中孙悟空的计谋，被要挟送唐僧出洞，老鼠精没有犹豫直接照做，孙悟空从她的肚中出来后，老鼠精又故伎重施，携唐僧逃走。老鼠精懂得审时度势，她并未陷入眼前的形势，而是看到了更长远的利益。但孙悟空却

---

① 纪兰香：《规训、僭越与惩罚——〈西游记〉女性身体的政治意义》，《宁夏大学学报》，2017年，第1期。
② 陈澉：《再谈〈西游记〉中神魔的对立》，《文史哲》，1985年，第2期。
③ 黄宇玲：《〈西游记〉女妖形象论稿》，四川师范大学硕士论文，2004年。
④ 吴承恩：《西游记》，曹松校点，上海：上海古籍出版社，2009年，第678页。
⑤ 吴承恩：《西游记》，曹松校点，上海：上海古籍出版社，2009年，第678页。

两次被她同样的计策算计,而未抓住老鼠精。老鼠精对自己的实力认知很清楚,她懂得如何让自己的优势最大化、利益最大化,知道如何能规避风险,这实属是她的智慧。

老鼠精法力精深高强,聪明机智,与孙悟空打了两个来回都未能分出胜负。老鼠精的聪明机智冲破了传统社会对女性的认识。吴承恩塑造的老鼠精这一类女妖形象却往往有着常人无法触及的精深法力以及机智的头脑,甚至连仙人都奈何不了她们。但在《西游记》中,这类女妖形象却无法克制其妖怪本性,最终不得善终。有学者认为女妖们所具有的文才武略是作者极力否定的,女妖凭借高超的本领无故杀生、强人所难,她们的文韬武略成了满足一己私欲的凭借。[1] 老鼠精用其智慧与法力来随心所欲地作恶,这是她妖性的一面。为满足一己私欲利用自己的聪明才智,这与《西游记》中女仙的形象产生了鲜明的对比。老鼠精这类智勇双全又无所束缚能够随心所欲的女妖形象,也是吴承恩站在男权社会中男性的立场上塑造的一类女性形象。这类女妖形象通常不得善终,吴承恩站在封建男权社会中男性立场上表达对这样"反叛"的女妖形象利用自身优势作恶的不认同。

在《西游记》第八十二回中,唐僧与孙悟空设计害老鼠精,唐僧引她去花园中,指着果子问老鼠精为何果子青红不一,老鼠精的回答充满玄理:"天无阴阳,日月不明;地无阴阳,草木不生;人无阴阳,不分男女。这桃树上果子,向阳处,有日色相烘者先熟,故红;背阴处无日者还生,故青:此阴阳之道理也。"[2] 既说出她与唐僧两人的关系,又说出这世间万物的关系。老鼠精与唐僧两人便是阴阳互补,老鼠精为阴,唐僧为阳。老鼠精意指想与唐僧结为夫妻,便是阴阳互补,暗喻劝说唐僧与她成亲。老鼠精借着青红不一的果子来比喻这世间天地阴阳合一,体现了老鼠精的道学思想,阴阳两者相生相对,相融互补,化为一体。老鼠精的道学思想之精深可以从《西游记》章回题目中看出,"姹女"是道教中的炼丹名词,[3] 吴承恩用"姹女"来指称老鼠精,这也寓意老鼠精与道学关系之深。

在《西游记》第八十三回中,孙悟空想要抓老鼠精不成,下洞穴却意外发现老鼠精的身世:"上写着'尊父李天王之位''尊兄哪吒三太子位'。"[4] 老鼠精认两位神仙为父兄原因有二:一是为报两位神仙救命之恩,《太平广记》曰:"鼠故微物,尚能识恩而知报。"[5] 老鼠精拜李天王和哪吒一事取自这里,她的确有心报答两位,故供奉他们的牌位。二是老鼠精希望在天庭中有一份关系可以庇护她在人间作恶。在遇到唐僧之前她也必定做过恶事,但为何都没有被发现,原因就在于此。老鼠精虽作恶,但因为她受到两

---

[1] 张红霞:《女性"缺席"的判决:论〈西游记〉中的女性形象塑造》,《明清小说研究》,2004年,第2期。
[2] 吴承恩:《西游记》,曹松校点,上海:上海古籍出版社,2009年,第699页。
[3] 陈晨:《〈西游记〉女妖书写与道教全真化环节》,《中国文学研究》,2021年,第2期。
[4] 吴承恩:《西游记》,曹松校点,上海:上海古籍出版社,2009年,第703页。
[5] 李昉:《太平广记》,北京:中华书局,1961年,第3592页。

位神仙的庇护，再加上老鼠精所居地极为偏僻，旁人难以察觉，故而人间没人能够奈何得了她。直到遇到唐僧一行人，被告了御状，这才被察觉。老鼠精趁与李天王和哪吒相遇之机与他们结拜，身份得以提升，她行事就会更加方便。老鼠精懂得如何抓住时机，为自己牟取利益。

老鼠精英勇善战、聪明机智，在人世与仙界来回周转，如鱼得水，这是老鼠精智慧的体现。《西游记》中的女妖形象极为特别。她们有勇有谋，老鼠精就是其中极具代表性的一位女妖形象，老鼠精在面对危险时的机智应变，以及其对自己优势的利用都是老鼠精智慧的体现。有学者认为老鼠精这一类女妖，对生命长存与享乐的追求，正是人类个体生命意识的觉醒。① 老鼠精凭借自己的机智得以在俗世世间生存，老鼠精对身份的追求也是其自我意识觉醒的表现之一。

## 三、精怪世界的管理者

《西游记》中的女妖常在人间的静僻处建洞府，洞府中常有小妖角色。以现代的眼光来看这些小妖，他们与大妖属于上下级的关系。将老鼠精置于其与洞府中小妖的关系当中可以从另一侧面展现老鼠精形象的立体性。

老鼠精与其手下小妖间是上下级关系。首先，老鼠精手下的小妖等级严明。《西游记》第八十二回中，讲到两位打水的女妖，吴承恩写道她们"头上戴一顶一尺二三寸高的篾丝鬏狄髻，甚不时兴"。② 而后文中提到的其他小妖"你看那许多小妖，都是油头粉面，孃娜娉婷"。③ 老鼠精身边的小妖众多，但等级严明，衣着头饰都按照等级严格划分，可见老鼠精的治下有方。《西游记》第八十二回中，吴承恩用一段高雅的赋体韵文对老鼠精洞穴后花园进行描写："萦回曲径，纷纷尽点苍苔；窈窕绮窗，处处暗笼绣箔。……若到三春闲斗草，园中只少玉琼花。"④ 可见其洞中美景。老鼠精御下有方，洞府中才会有如此美景。可见老鼠精的管理能力之强。其次，老鼠精手下的小妖言听计从，也十分知趣。老鼠精吞下孙悟空化作的果子后，吴承恩写道："原来那些小妖，自进园门来，各人知趣，都不在一处，各自去采花斗草，任意随心耍子，让那妖精与唐僧两个自在叙情儿。忽听得叫，却都跑将来。又见妖精倒在地上，面容改色，口里哼哼的爬不动，连忙挽起，围在一处道：'夫人，怎的不好？想是急心疼了？'"⑤ 老鼠精手下的小妖可以随意在老鼠精的洞府中活动，可见小妖在老鼠精的洞府中生活得怡然自

---

① 李赴军：《佛光幻影中世俗女性的映象——〈西游记〉女性形象解读》，《湖南城市学院学报》，2004年，第3期。
② 吴承恩：《西游记》，曹松校点，上海：上海古籍出版社，2009年，第629页。
③ 吴承恩：《西游记》，曹松校点，上海：上海古籍出版社，2009年，第698页。
④ 吴承恩：《西游记》，曹松校点，上海：上海古籍出版社，2009年，第698-699页。
⑤ 吴承恩：《西游记》，曹松校点，上海：上海古籍出版社，2009年，第700页。

得。有学者认为小妖们是童真的象征。①而小妖能保持童真与他们的领导者脱不开关系。小妖们处于被统治的地位，他们能够生活得怡然自得也证明这老鼠精御下手段得当，松弛有度。这也体现了老鼠精与小妖们之间的和谐关系。老鼠精手下小妖等级分明，又对其言听计从，可见老鼠精管理能力之强。老鼠精能够不偏颇，恩威并施地管理其手下小妖，小妖们同时还能生活得怡然自乐，这是老鼠精神性的体现。

在《西游记》第八十三回中，哪吒与李天王的对话曾提及老鼠精的身世："那女儿原是个妖精，三百年前成怪。在灵山偷食了如来的香花宝烛，如来差我父子天兵，将他拿住。"②可见老鼠精因偷食如来的香花宝烛而成妖，而究其原因，也是因为其修行心切所致。而她之所以能偷食香花宝烛，定是因为她曾在灵山听过佛经。偷食过后她又认李天王和哪吒为父兄，可见她确有悔改之意。但是，在下界又开始作恶，可见其形象的变化。由此可以看出其形象的复杂性与立体性。

老鼠精在《西游记》的四个章回中出现，可见其角色的重要性。老鼠精关涉的面很广，不单单与几个人有交集，上到天庭下到妖界，她都有接触。而她的形象就寓于这些复杂的人物关系中。在爱情关系当中，老鼠精人性的一面得以展现。在与上界神仙的交往时，老鼠精妖性的一面又得以展现。而在与小妖的关系中，老鼠精恩威并施，又展现老鼠精神性的一面。老鼠精形象兼具人性、妖性、神性于一体，其形象的立体性、复杂性得以体现。

李梦宁　北京第二外国语学院文化与传播学院汉语国际教育专业本科生

---

① 吴培培:《〈西游记〉中追求自由的"妖魔"形象与天地自然》,《安徽文学》, 2013 年, 第 1 期。
② 吴承恩:《西游记》, 曹松校点, 上海: 上海古籍出版社, 2009 年, 第 705 页。

# 《枉凝眉》的爱情隐喻

◇ 尹凯琦

---

《枉凝眉》这一首曲子，出现在《红楼梦》第五回"贾宝玉神游太虚幻境　警幻仙曲演红楼梦"中，是睡梦中的宝玉在警幻仙子引领下游历太虚幻境时，所听所见的《金陵十二曲》里的曲目之一。这一曲有着举足轻重的作用，颇具提纲挈领之要。

《红楼梦》中诗词歌赋众多。这些诗词韵文大体上可以因其诞生和存在的方式被分为两种类型。一种是全能叙述角度下的隐言，即顽石所传述的具有启示意义的文本内容；另一种是小说人物限定叙述视角下的创作，即大观园里儿女们日常吟诗作乐，或言志明理，或倾倒哀怨、诉说衷肠的个体创作。其中，《枉凝眉》恰恰归属前者。这首曲子区别于经由小说主人公之手而出的诗词，例如黛玉所作的《题帕三绝》与《葬花吟》等，它不是人物主观情感的表达，没有直接体现两人的情感纠葛。然而，它看似游离在爱情主体之外，实则却以既定的存在方式向我们展现。《枉凝眉》如同一面浮现在《红楼梦》小说世界上方的明镜，间接映照出爱情发展的概貌，因而读者宛若开启了上帝视角，窥探到宝黛爱情起讫，整体把握着情感脉络走向。

曹雪芹善用伏笔。而情感的线索往往就藏匿在伏笔之中，在后文渐渐显露。脂砚斋认为伏笔之妙在于"草蛇灰线，伏脉千里"。①《枉凝眉》中虽未明确提及宝玉和黛玉的姓名，但却暗示了二人的身份关系，照应小说情节安排，指明其情感走向，奠定了"情之夭"的命运结局，统领和揭示小说的发展。我们对曲词抽丝剥茧之后，得以牵引出情感的细线，勾连小说的具体情节叙述，形成意象与实质内在的一一对应，理清词句和情节间的层层关系，可清晰地理解宝玉和黛玉的爱情。

## 一、色：人物与环境对应下的身份关系

《金陵十二曲》分别预示了大观园中十二个女子的命运。尽管现在红学界对于此曲中描绘的人物身份仍存有较大争议，但是仅仅聚焦曲子题目本身，对于"凝眉"二字的

---

① 脂砚斋：《脂砚斋重评石头记》，上海：上海古籍出版社，1981年，第18页。

阐释则相对统一。

"凝"者，集中、聚焦之意。所谓"凝眉"，就是皱起的眉头，通常被用来描绘人因思索或悲愁而引起的举动，是一种短时间内心理状态改变的外化表现。基于这个解释，《红楼梦》中以这一词形容的黛玉稍有不同。她的"凝眉"之举不再局限于动作本身，用于传递感受、反映情绪，而是在于塑造她的内在性格，作为标志性的人物特征。所以就林黛玉而言，与其说"凝眉"是一种长期哀怨的状态，不如说更像是一种多愁善感的习惯，但又或以"神韵"相称更为恰当。这种神韵内因于个性，外显于形貌，达到了内外合一的浑然天成。这与《红楼梦》中黛玉登场荣国府时，宝玉眼中对黛玉样貌的描绘有着异曲同工之妙："两弯似蹙非蹙罥烟眉，一双似喜非喜含露目。态生两靥之愁，娇袭一身之病。泪光点点，娇喘微微。闲静时如姣花照水，行动处似弱柳扶风。心较比干多一窍，病如西子胜三分。"①

眉尖微蹙，眼眸含情。黛玉略带伤感色彩且多情灵动的愁容，便以此为世人所知晓。也正是出于此，宝玉兴起而发，为黛玉所起小字"颦颦"，将黛玉形同西施的娇柔美感展现得淋漓尽致，恰与"凝眉"二字形成照应。

这种照应关系不止于形貌上的"神同"，更在于作者为人物命名有意的"名通"里。宝玉又道："妹妹尊名是那两个字？"黛玉便说了名。宝玉又问表字，黛玉道："无字。"宝玉笑道："我送妹妹一妙字，莫若'颦颦'二字极妙。"探春便问何出。宝玉道："《古今人物通考》上说：'西方有石名黛，可代画眉之墨。'况这林妹妹眉尖若蹙，用取这两个字，岂不两妙！"探春笑道："只恐又是你的杜撰。"宝玉笑道："除《四书》外，杜撰的太多，偏只我是杜撰不成？"②

从以上情节可知，林黛玉名中的"黛"字本义就与"眉"字相通。"黛"者，青黑色，青山为黛色。最初便是指颜料的色彩，用以古代女子描眉。古有《说文解字》对其作出解释："黱，畫眉也。從黑，朕聲。錯本作畫眉墨。字亦作黛。"③再如《再生缘》第三八回："两弯远黛重重锁，九曲回肠寸寸伤。"④中用"远黛"来喻指形似远山、色呈青墨的女子之眉。重重证据明析之下，至此，《枉凝眉》所慨叹的人物身份也就不言而喻了。

转向曲词内容，不难发现《枉凝眉》整首曲子有部分结构具有对仗性。意象成对出现的背后势必有着密切关联。浦安迪谈到中国传统文学创作中渗透的"对偶美学"。他认为对偶作为诠释诗文的关键和架构作品的中心原则，被古代作家、诗人大量使用。在此基础上深入，他研究发现"对偶美学虽然以'诗'为中心，但在架构比较松散的小说和戏曲里，也有着对偶的某种倾向"。⑤这种倾向体现了曲词所具有部分的结构对称性

---

① 曹雪芹：《红楼梦》，北京：人民文学出版社，1982年，第49页。
② 曹雪芹：《红楼梦》，北京：人民文学出版社，1982年，第50页。
③ 许慎：《说文解字》，徐铉等校，北京：上海古籍出版社，2021年，第331页。
④ 陈瑞生：《再生缘》，湖南：岳麓书社，2004年，第191页。
⑤ 浦安迪：《中国叙事学》，北京：北京大学出版社，2018年，第48页。

和内容的相关性。相对于诗词有严格的格律韵脚，讲究形式上的绝对对称，曲词为了迎合婉转悠长的曲调更为灵活多变。曲词内容相对对偶，局部地进行对照呼应，既保留了歌曲本身的自由度和优美，也凸显了词句想要对比突出的二元事物间的联系。

诚然，《枉凝眉》一曲便是如此。首句便点出了这段爱情故事中的主要人物身份和孕育爱情的背景："一个是阆苑仙葩，一个是美玉无瑕。"承接以上关于曲子题目的分析，这一句的前半部分再次隐喻了林黛玉的身份。这里的"仙葩"便是对黛玉"绛珠仙草"的别称。"葩"，华也，即"花"意，与"草"皆为自然界草本植物，由此相印证。同理可见，宝玉衔玉而生。"美玉无瑕"中的"美玉"，便是对转世于贾宝玉的"神瑛侍者"的映射。

"阆苑仙葩"中的阆苑传说中为神仙生活的处所，也称阆风苑、阆风之苑，指在昆仑山之巅西王母居住的地方。在诗词中常用来泛指神仙居住的地方，有时也代指帝王宫苑。根据情节，得出两种阐释。一指黛玉前身作为"绛珠仙草"生长的灵河岸边、三生石畔；二指后世宝玉、黛玉爱情诞生的源地：皇族亲眷显贵的聚集之处大观园。

第一种阐释指向的是神话传说中的仙界。三生石畔同昆仑山巅等相比，皆为传说中神仙所在圣地。如此类比，形象生动，再结合"仙葩"对应的黛玉身份就不难得出。第二种阐释则对应的是现实生活里的人世，需要深入解析：首先要找到暗指荣国府的语句，之后透析文字背后寓意，从而对本曲词的"阆苑"隐喻作出解读。而关键就在第一回当中："昌明隆盛之邦，诗礼簪缨之族，花柳繁华地，富贵温柔乡。"①

"昌明隆盛之邦"暗指繁荣昌盛的皇城大都。"诗礼"体现了以文为官的书香门第。"簪缨"是古时官人帽子上的装饰，则用于指代高官显宦。以上内容出自与凡石对话的僧人之口。虽只有短短一句话，但在对应后文分析后，却能具体得出身处皇城脚下的书香世家——奢靡繁华的荣国府。即使地处凡间，自是比不上天上宫廷，荣国府大观园的宏大气派也可以称得上尘世中的鼎盛之地了。

至此，曲词里暗喻的两位爱情主人公的身份都已经得到明确，而与其相关的背景也探析出一些结果。回归浦安迪对于文学对偶性的探讨，可以发现《枉凝眉》单单从题目入手，便可以得出是对林黛玉一人个体命运的叹咏。但是当曲词采用了对偶的倾向时，可以明确地从架构中捕捉到对立的二元关系。林黛玉和贾宝玉是滋生爱恨情仇的情感苗种，荣国府大观园是孕育情感的温床。

## 二、情：前世同今生中的情缘纠葛

我们通过对意象色彩的暗喻和关系的对应，分析论证了曲词主人公二者的身份，从

---

① 曹雪芹：《红楼梦》，北京：人民文学出版社，1982年，第3页。

黛玉和宝玉"前世"与"今生"两方面探析二人的神话原型，研究他们之间的精神交流，对二人的情感关系做详细的解读。

《枉凝眉》第二句前半句就是对宝玉和黛玉的情缘的阐释："若说没有奇缘，今生偏又遇着他。"这句话谈的是"缘"的诞生和延续。虽只提及"今生偏又遇"，实则已包含"前世已初逢"的概念在其中了。这里需要我们自行补足内容，将前生今世结合来谈。远者为缘，近者为因。因此，这里的"奇缘"是因果量变的积累，并导致了之后长存于人与人之间无形的联结，形成了某种必然存在相遇的机会和可能。缘分并不是一个静态时间节点的相逢，而是一段时间长久且可追溯的关系演变过程。从《红楼梦》故事讲述的时间线脉上划分，便可以得出两个世界里的因缘巧合。首先是"前世"神话世界：西方灵河岸上三生石畔的相遇相惜，然后是"今生"理想世界：荣国府的大观园里的相知相爱。两个世界看似由时间先后顺序关联，但却也是交织和融合的。

放眼神话世界，人物前缘的形成基于人物前身的遭遇。如此观之，想要构建好情缘的网络，不可忽视的问题就是要对彼此纠缠交织的两人原型展开溯源，对产生缘分的动因进行追踪，建立"人物原型—神话境遇—情缘关系"的研究模型。

"文学的原型，好比绘画里的色谱、音乐里的音阶。它是文学的元素，为读者提供了一种特定的美学期待。"① 可见，对人物神话原型的探析过程伴随着艺术的审美。我们总是怀着对小说人物美好后世的遐想与期待来看待这段前缘。因此在设计人物时，作者常常会受到自己所处自然地理环境和社会文化背景的影响，尤其是宗教信仰、哲学思想的影响。他会借助神话传说使人物角色具有一定的神性，赋予他们一种神秘的传奇色彩。这样角色便可以打破时间和空间的界限，展现出人生的无限和宇宙的多元。所以对传说中人物原型的探讨不只是一个文学问题，还是一个哲学问题。

佛家云："三世因果，六道轮回。"所谓三世，便是指时间的过去（前世）、现在（今命）、未来（来生），即前前后后的因果。所谓六道则是指天道、修罗道、人道（上三道），以及畜生道、饿鬼道与地狱道（下三道），点明了轮回转世的归向。过去的因导致了现在的果，现在的果又成了过去的因。因果循环，善恶终报，循环往复，情缘也是如此。

前缘起于轮回，今情源自德善。青埂峰下，空空道人口中为顽石所讲述的一切，都早已为这段红尘往事明晰了因果，系上了红线："只因西方灵河岸上三生石畔有绛珠草一株，时有赤瑕宫神瑛侍者，日以甘露灌溉，这绛珠草便得久延岁月。后来既受天地精华，复得雨露滋养，遂得脱却草胎木质，得换人形，仅修成个女体，终日游于离恨天外，饥则食蜜青果为膳，渴则饮灌愁海水为汤。只因尚未酬报灌溉之德，故其五内便郁结着一段缠绵不尽之意。恰近日这神瑛侍者凡心偶炽，乘此昌明太平朝世，意欲下凡造

---

① 浦安迪：《中国叙事学》，北京：北京大学出版社，2018年，第40页。

历幻缘,已在警幻仙子案前挂了号。警幻亦曾问及,灌溉之情未偿,趁此倒可了结的。那绛珠仙子道:'他是甘露之惠,我并无此水可还。他既下世为人,我也去下世为人,但把我一生所有的眼泪还他,也偿还得过他了。'"①

从《红楼梦》第一回中对僧侣道人的记叙描写便可以见得,曹雪芹颇受佛道宗教文化的影响。所以在设计人物前身而物化其原型时,选择了"灵石"和"仙草"等自然之物,着以"侍者"和"仙子"等神话色彩编排神话情境。而宝玉和黛玉得以再续前缘的关键,就在于神瑛侍者对绛珠仙草的甘露浇灌之恩。正是前生简单施以援手的善行造就了后世情缘,两人关系也从恩情转为爱情,发生实质性变化。而这一切就发生在"世外桃源"大观园里。

为什么说大观园是曹雪芹建构的理想世界?刘小枫曾有过这样的评论:"大观园的世界想隔绝历史时间中的肮脏和堕落,不粘滞人世间的经世事务,在这里,礼乐教化没有力量,但又在历史时间之中,有如一个意态化的现实净土。"② 大观园实现了乌托邦的意识形态从"桃花源"的田园到现世的转变。它构建了一个交融神话与理想的时空,为宝玉和黛玉的爱情萌芽、发展到成熟提供了完美的活动场所。正因为它立足于幻界与人世之间,而诞生在这一环境中的故事在展现缘之奇妙的同时又凸显着情之真切,所以现实的明镜得以相互映照着神话世界和理想世界的两面,让两者和谐共存在一幅诗意画卷当中。在这里宝玉和黛玉远离黑暗险恶,无须留意世俗物质,可以遵循自由意志做出爱情抉择并坚守下去。因此,他们的爱情是超凡脱俗的柏拉图式恋爱,是建立在二人近似的价值观念和共通的理想追求下的情感交流。

互通心意,所以欣赏。因为黛玉真正知晓宝玉的人生理想,知道他想要远离上流社会仕途功禄的虚伪与污浊,明白他渴求清白洒脱的本心,从而欣赏得了他的歪才,所以对他的"绛云轩"匾上三字每一个都赞不绝口。因为宝玉理解黛玉的风情,所以当宝玉要撷取那池中残荷时,黛玉用一句李商隐的"留得残荷听雨声",让宝玉守住了满塘遗夏的枯色。黛玉灵机一动时,在游园会中,用那"冷烛无烟绿蜡干"的典故,把那"绿蜡"换作"绿玉",将宝玉从题词的困难中解脱出来。这样聪明智慧、富有才华的黛玉让宝玉钦佩。

彼此欣赏,因而偏爱。贾瑞命人送宫花,到最后两枝才送予黛玉。当心思细腻的她询问得知是他人挑剩下的时,顿时愁容拂面。明白她的敏感脆弱,为此宝玉竟把亲自看望生病宝钗的事推托了,差使了旁人前去,自己则来慰藉黛玉的心。又记那日薛姨妈家中吃酒。李嬷嬷管着宝玉,怕他吃多闹事,上去阻拦。黛玉一张巧嘴便回了嬷嬷:"……往常老太太又给他酒吃,如今在姨妈这里多吃一口,料也不妨事。必定姨妈这里

---

① 曹雪芹:《红楼梦》,北京:人民文学出版社,1982年,第8页。
② 刘小枫:《拯救与逍遥》,上海:上海三联书店,2001年,第262–263页。

是外人，不当在这里也未可定。"①由此一来换给了宝玉难得的自由。这样偶尔耍些小性子却不失可爱、为他着想的黛玉令宝玉着实疼爱。

相互偏爱，由此动情。宝玉时时刻刻无不护着黛玉，用一片痴心爱护着。这份偏爱达到了一定境界。哪怕是在宝玉的玉丢失之后，陷入痴傻迷茫的状态下，他仍念及黛玉，还为袭人口中劝他娶林妹妹的戏言而高兴。理想世界中，宝玉和黛玉的感情是纯粹而真挚的，不掺乎世俗的任何杂念。

## 三、空：梦境和理想里的文化幻灭

宝玉和黛玉的爱情简而言之，皆是由一个"缘"字起，一个"失"字终。这个"缘"是命运早已安排好的相遇、纠缠和结局，是千丝万缕、早已剪不断的关系。当两人缘分消散之时，一切尽失，落于虚无。"若说有奇缘，如何心事终虚化？"曲词第二句的后半句向我们揭示了结局的最终走向。同样，与上文神话世界和理想世界相对应，这里的"虚化"指向的是梦境世界的坍塌和精神世界的毁灭。《红楼梦》第一回便有所暗示："作者自云：因曾历过一番梦幻之后，故将真事隐去，而借'通灵'之说撰此《石头记》一书。"

曹雪芹有意在小说的伊始就向读者传递一个信息：从开头至结尾，《红楼梦》想讲述的故事原就是虚无缥缈的。就像《甲戌本凡例》中所阐释的那样："醒同人之目，不亦宜乎？故曰'贾雨村'云云。更于篇中间用'梦'、'幻'等字，却是此书本旨，兼寓提醒阅者之意。"②《红楼梦》本身就是官宦贵族朱门之下的南柯一梦，浮华散去，只剩空虚。

正所谓"因空见色，由色生情，传情入色，自色悟空"③，从空空道人为《石头记》更名《情僧录》的行为中，或许我们能够窥得其中玄机：生命本就是一个闭环，从无到有，最后还是要回归于无。曹雪芹把色空观巧妙地结合在文学创作当中，无处不渗透着对生命和宇宙的哲学思考。高源分析道："通过智愚、真假、有无、情空、情理、好了等对立范畴以及'情情''空空''茫茫''渺渺'等术语的运用，《红楼梦》展现了与儒佛道三教范畴对话结构中'情'的境界的嬗变和精神意蕴，并最终呈现出'到头一梦''万境归空'的主题思想。"④《枉凝眉》后半段强调的便正是"情"与"空"的冲突。

曲词的最后两句就恰恰印证了预设。作者巧妙地将这种"空"的概念形象化和实

---

① 曹雪芹：《红楼梦》，北京：人民文学出版社，1982年，第164页。
② 脂砚斋：《脂砚斋重评石头记》，上海：上海古籍出版社，1981年，第6页。
③ 曹雪芹：《红楼梦》，北京：人民文学出版社，1982年，第6页。
④ 高源：《〈红楼梦〉哲学研究：儒佛道三教视域下"情"的对话结构》，广州：中山大学出版社，2019年，第2页。

体化:"一个是水中月,一个是镜中花。"镜里之花无神彩,水中之月不可捞。水里的"月"实际为空中月亮本体的倒影,镜中的"花"则是现实花自身的映像。无论花前月下多么好的良辰美景都不是真实存在的。梦里太虚幻境里的世界也皆是缥缈的,看似完满美好,让宝玉乐享其中,实则是短暂的。究其根本,在这个架空的梦境世界里没有支撑宝玉和黛玉的爱情存在和发展的根基。由于超前的爱情理念与世人自古所持有的传统认知相违背,对于大众而言是缺乏信服力的,因而在践行过程中鲜有拥护者。凭借这种爱情理念构筑出来的世界就如同空中楼阁一般,经受不住来自世俗观念的现实打击,最终迎来的就只有理想大厦的倾覆。所以待十二曲一一唱罢,便是宝玉的梦醒之刻,也是曲终人散之时。宝玉从梦境世界中清醒过来,也预示着他从和黛玉一起耕耘爱情的理想世界中脱离。一切真实的感触都将在顷刻间化为泡影,从有到无,最后归空。"想眼中能有多少泪珠儿,怎禁得秋流到冬尽,春流到夏!"

理想世界中的爱也未能如愿以偿,黛玉终是将一腔情思同泪水付之东流,最后含恨而亡,留给我们的就只有落红满地、残枝烂叶。随着黛玉生命的凋亡,宝玉的命运也走向悲剧尽头。宝玉最终放下了心中执念,最后随那一僧一道出走,遁入空门,留给世人的唯独白雪茫茫中的父子相别。春夏秋冬,轮回流转,暗示了时间的飞逝,也体现了悲情的绵延。这种悲情汇聚成最后的悲剧,展现于世人。

造成这种悲剧的因素从古至今,众多学者分析良多,核心无一不立足于传统礼教和自由恋爱追求的冲撞上。当理想的爱情落入现实的泥沼,那纯白的本色也在被迫顺从社会沾染上礼俗的尘垢。"《红楼梦》所面临的是尚情主义的时代思潮与当时较为禁锢的礼教的悖题。[①]"高源在他的论述中点出了"情"对"礼"的反叛。他表示《红楼梦》冥冥中承袭了魏晋玄学的精神文化,在接纳"自然之情"中建立起"打破堕落人际关系的一种反礼教的思想境界"。[②]只是这微薄之力无以抗衡根深蒂固的礼教传统,最终以失败收场,成就了一大爱情悲剧。

宝玉和黛玉爱情的悲剧是具有典型性的。它不仅仅是个体的悲剧,更是群像悲剧的缩影。同时在爱情的形式外壳下包裹着民族文化的内核。光怪陆离的幻象之下是圣洁的爱情。殇情的背后是自由恋爱理想的破灭,更是一种高雅的精神文化的消亡。

尹凯琦  北京第二外国语学院文化与传播学院汉语言文学专业本科生

---

[①] 高源:《〈红楼梦〉哲学研究:儒佛道三教视域下"情"的对话结构》,广州:中山大学出版社,2019年,第58页。

[②] 高源:《〈红楼梦〉哲学研究:儒佛道三教视域下"情"的对话结构》,广州:中山大学出版社,2019年,第58页。

# 《红楼梦》才子佳人叙事模式的批判

◇ 张睿桐

有人认为《红楼梦》是追求婚姻恋爱自由、表达反封建反传统意识的世情小说。但事实却并非如此，《红楼梦》不是才子佳人小说，相比于才子佳人小说高度模式化的叙事结构，《红楼梦》情节更加复杂，在人物塑造、叙事方式、审美倾向等方面都突破了传统的才子佳人叙事模式，具有特殊的悲剧美学范式。

## 一、传统小说才子佳人叙事模式

"才子佳人"是明清小说戏曲中的常见题材，如明代的《紫钗记》《玉簪记》《娇红记》，清代的《平山冷燕》《玉娇梨》等。"才子佳人"形象的最早记录可以追溯到西汉的司马相如和卓文君，在《史记·司马相如列传》与《西京杂记》中已经描绘了最早的才子佳人形象。元明时期，文学作品中开始出现"才子"这一称谓，例如，王实甫在杂剧《西厢记》中称张生为"才子"。

袁行霈在《中国文学史》中说："才子佳人的婚恋小说由来已久，唐代元稹的《莺莺传》以后，传奇小说、话本和拟话本小说中都不少见，旨趣是不同的。清初一时出现许多本这类小说，蔚为大宗，内容基本一致，与以往的才子佳人小说迥然不同，成为清初小说的一大类型。"[①] 根据这一定义，可以了解才子佳人小说是清代的畅销书，内容大多雷同。

因为种种原因，历来的才子佳人小说都拥有相似的弊病，古今论者大都认为明末清初才子佳人小说具有题材单一、人物类型化以及情节模式化的特点。其模式化的叙事往往从"一见钟情"开始，中间设计许多爱情的情节，最后达成"大团圆"的结局。

才子佳人小说的主题就是爱情，大部分情节都与爱情相关，例如，常见的"琴心相挑"情节，作品中弹琴这类文化活动，一般是为了推进男女主角的恋情发展而设计的。"一见钟情"一定程度上体现了人们对封建礼教的遵从，"如果他们基本上'个性解放'

---

① 袁行霈：《中国文学史》（第四卷），北京：高等教育出版社，2004年，第306-309页。

了,那么他们完全可以像现代人一样去恋爱,也没有必要去'一见钟情'了"。① 正是因为婚恋的不自由,人们才会幻想出一个完全合乎心意的配偶。

才子佳人小说中的女主角往往在一个"真空"的环境中,这个女主角是没有独立经验的,而男主角将女主角变成自己全部经验的一部分。就像《玉簪记》中的陈妙常、《西厢记》中的崔莺莺,她们在遇见男主人公前,都身处于空门之中,没有机会接触其他的男性,在这样环境下产生的爱情,可能是出于一些隐秘的心理因素,很难说纯粹是个人意识的觉醒。

才子佳人小说的结局往往是"大团圆",这体现出中国传统社会崇尚圆满的意识,有的学者认为这体现了中国人民的乐观精神。但在鲁迅看来,这是由于作家缺乏面对现实苦难的勇气,作品因此缺乏悲剧意识与反思意识。"大团圆"的结局中,科举发挥着重要的叙事功能,爱情往往是事业的点缀。"才子、佳人、婚姻、功名等重要叙事因素,都是围绕着科举而布置的,都是因为科举和为了科举而出现的。"②

曹雪芹在《红楼梦》中多次表达过对传统才子佳人小说的批判,这主要出于两方面原因:一是创作模式僵化,创新性不足,"千部共出一套",并且人物类型化严重;二是这类作品往往"情节肮脏"③,传统才子佳人小说,因承袭《金瓶梅》,往往有许多色情描写,并没有写人间真情。

《红楼梦》第一回中写:"那道人道:'果是罕闻。实未有还泪之说,想来这一段故事,比历来风月故事更加琐碎细腻了。'那僧道:'历来几个风流人物,不过传其大概以及诗词篇章而已;至家庭闺阁中一饮一食,总未述记。再者,大半风月故事,不过偷香窃玉、暗约私奔而已,并不曾将儿女之真情发泄一二。想这一干人入世,其情痴色鬼、贤愚不肖者,悉与前任传述不同矣。'"④ 在一僧一道的对话中,曹雪芹指出才子佳人小说叙事情节的单调乏味,主题单薄,不能表达主人公的"真情"。才子佳人小说往往有特定的角色设置,曹雪芹便反对类型化的人物形象。从卓文君与司马相如开始,后人笔下的才子佳人都不外乎这类形象,往往都是出身名门士族、样貌过人并且才华出众的青年男女。

小说这一文学体裁在历史上的地位较低,明清时期虽然出现了一些优秀小说作品,但小说仍然难登大雅之堂。《汉书·艺文志》中提出:"小说家者流,盖出于稗官;街谈巷语,道听途说者之所造也。"⑤ 小说是不入流的,小说家的地位是低下的,而才子佳人小说在传统文人眼中更是庸俗不堪。因此《红楼梦》虽然继承才子佳人小说,却也对其

---

① 彭龙健:《浅说"一见钟情"——才子佳人小说叙事模式的文化透视》,《江西教育学院学报》,2004年,第2期。
② 林科吉:《论才子佳人大团圆叙事模式的封建本性》,《西南民族学院学报》,2000年,第11期。
③ 朱泽清:《〈牡丹亭〉对才子佳人作品的叙事超越——以〈红楼梦〉为视角》,《韶关学院学报》,2020年,第7期。
④ 曹雪芹:《红楼梦》,北京:人民文学出版社,2005年,第9页。
⑤ 温浚源:《〈汉书·艺文志〉讲要》,北京:社会科学文献出版社,2018年,第382页。

进行了批判与重构。

## 二、《红楼梦》对才子佳人叙事模式的重构

《红楼梦》对才子佳人叙事模式的继承主要表现在神话故事框架、形象选用手法、世俗性的叙事内容三个方面。

首先,运用神话叙事框架。才子佳人小说虽然情节模式化,结构上却具有统一性,注重情节的奇巧在一定程度上弥补了中国想象性叙事的缺陷。浦安迪在《中国叙事学》中提出:"明清长篇小说在'外形'上缺乏整体感(unity),具有缀段性(episodic)。"① 但明清小说也存在"统一性"的结构,有些小说以神话或历史框架作为支撑整体框架,例如,《红楼梦》首回运用石头神话,让全书笼罩上一层神话色彩,石头神话与贾宝玉的现实故事构成一个整体,"石"变化为"玉"是宝玉被异化的象征,也预示宝玉的人性将会复归。

"还泪之说"让二人初次的相遇有一种超越现实的美感,宝黛的一见钟情建立在前世的羁绊之中。"还泪之说"还预示了人物性格与爱情的悲剧,林黛玉经常流泪,全书八十回中共有十五回中有落泪的描写,共哭泣三十七次,《葬花吟》"独把花锄偷洒泪,洒上空枝见血痕",有"洒泪拜别""无言对泣""满面泪光",这些都印证了前世的誓言。

其次,运用形象选用手法,许多象征性意象反复出现,例如,作为爱情符号的手帕、香囊等物品。曹雪芹对此也有批判:"多半才子佳人都因小巧玩物上的撮合,或有鸳鸯,或有凤凰,或有玉环金佩,皆由小物而遂终身。"② 这类信物往往可用于私订终身,促成主人公的美好姻缘,最终走向大团圆的结局。

曹雪芹并没有反对对这类物件的描写,而是反对了因为小巧玩物就促成姻缘的情节。在《红楼梦》第五十四回中,女先生所讲的《凤求鸾》,即乐府中的《琴歌》,讲的是司马相如、卓文君的故事。贾母听到说:"怪道叫作《凤求鸾》……这些书都是一个套子,左不过是些佳人才子,最没趣儿。"③ 曹雪芹通过贾母之口批判了才子佳人小说固有的"琴挑"情节。因为偷香窃玉、暗约私奔这类故事在受到雅文化教育的文人眼里,是不合伦理纲常的,"并不曾将儿女之真情发泄一二"。

《红楼梦》中反复出现的意象具有不同的作用。一方面,形象的反复并不是简单的叠加,而是在重复中出现体现出传统的"循环"的观念,表现不断周旋交替的意义,让故事情节发展更加扑朔迷离,增加了叙事的复杂性。另一方面,曹雪芹将这类事物加入了多层隐喻,妙玉的茶杯,暗示着她出身不凡与对宝玉的情感;柳湘莲的鸳鸯剑,不是

---

① 浦安迪:《中国叙事学》,北京:北京大学出版社,2018年,第55页。
② 曹雪芹:《红楼梦》,北京:人民文学出版社,2005年,第13页。
③ 曹雪芹:《红楼梦》,北京:人民文学出版社,2005年,第738页。

简单的爱情象征,最后反而成为了尤三姐自杀的工具,消解了原本的情感元素,成为悲剧的触发点。

第三,在叙事内容方面,《红楼梦》体现出世俗性的特征。鲁迅认为:"《红楼梦》中的小悲剧,是社会上常有的事。"[①] 小说中除了贵族生活的奢华以及男女之间的风花雪月,也写了许多世俗人生,对于功名与金钱的追求,对于家族子孙的担忧,契合了许多人的人生体验。但曹雪芹重构了这类情节,在《红楼梦》第二十三回中,宝黛二人共读《西厢记》,黛玉听到"如花美眷,似水流年",从中品味出"流水落花春去也,天上人间",这是李后主的亡国之思,曹雪芹将才子佳人的内容升华到永恒的生死主题。曹雪芹以文人眼光,发现这些戏剧中情理互补之处。

总的来讲,《红楼梦》受到当时流行的才子佳人小说影响,但在借鉴之外也有自身的创新,因此《红楼梦》能够让不同层次的读者从中得到他们渴望的东西,不仅有高雅的一面,也有世俗的一面。

## 三、《红楼梦》对传统才子佳人叙事模式的超越

《红楼梦》对于传统才子佳人小说的超越,主要体现在叙事模式、叙事结构以及叙事主题三个方面。

首先,《红楼梦》突破了传统的叙事模式。在中国古代的白话小说中,说书人是全知全能的叙述者,《红楼梦》突破了这种传统,几乎没有说书人的口吻,而是以虚拟的叙事人进行叙事。叙事方式的转变让作者可以更深刻地进行心理描写,让人物更加个性化,更有真实感。

《红楼梦》开始以石头作为叙述者,化作宝玉后历经人间的悲欢离合。因为视角的转化,"产生了自人观人,又自天观人的视角双重性"。[②] 传统小说的叙事角度是单一的,采取说书人全知全能的叙事角度,而《红楼梦》将全知与限知叙事相结合,小说中叙述人的观点是多角度的,面对同一事情不同角色会展现出不同的叙事视角,这让叙事更加灵活,人物也更加立体。

《红楼梦》的叙述人口吻也与才子佳人小说不同。浦安迪认为:"伟大的叙事文学一定要有叙述人个性的介入。"[③] 作品中叙述人的声音和事件本身的声音交织,叙述人有意识地把特定"外形"套在事件与情节上,从而构成故事的骨架。曹雪芹在《红楼梦》中的叙述人口吻是贵族文人的口吻,小说中人物的日常起居与宴饮游戏都有种种讲究。在《红楼梦》第三十七回"秋爽斋偶结海棠社 蘅芜苑夜拟菊花题"中,曹雪芹描绘了他们精致

---

① 鲁迅:《鲁迅选集·杂文卷》,济南:山东文艺出版社,1990年,第95页。
② 齐裕焜:《〈红楼梦〉的叙事艺术》,《福州师专学报》,1999年,第1期。
③ 浦安迪:《中国叙事学》,北京:北京大学出版社,2018年,第14页。

的娱乐。宝玉看过探春送的花笺后喜得拍手笑道："倒是三妹妹的高雅。"可见曹雪芹认同这类贵族活动。而大部分才子佳人小说的作者都是出身下层社会的书生文人，并不了解贵族社会的生活，对于细节只能依靠想象。曹雪芹还运用一种"忏悔者"的口吻。

其次，《红楼梦》具有网络式的叙事结构。《红楼梦》中的叙事是多线索并行，不同线索交叉纵横，但条理清晰，《红楼梦》成为一个有机的整体，与以往小说采用的单线式、缀段式等叙事结构都不相同。《红楼梦》中的三条主线分别是：贾宝玉的人生悲剧、诸女子的悲剧以及以贾府为代表的家庭悲剧。小说中也有众多支线，秦钟、尤三姐等人的悲剧故事，也推动情节的发展，或对主线起到重要的补充作用。"这样的结构之道在于多角度、多层面地揭示出人生的大苦痛与大不幸。"[1]

《红楼梦》虽然无百回本，通行一百二十回程高本、脂砚斋八十回《石头记》抄本，但是结构布局都与明代四大奇书异曲同工。浦安迪认为："前二十回结构与《金瓶梅》相似，叙述作用在于写贾府内外布景，点出故事中的女主人公们，为宝玉、黛玉、宝钗三人奇缘伏笔。"[2]《红楼梦》分为互相映照的两个部分，四十九回、五十回写尽大观园盛极一时的风光，正是由盛转衰的转折点。而一般的才子佳人小说往往体制短小，《平山冷燕》《金云翘传》共二十回，《玉娇梨》共十九回，《好逑传》共十八回，《定情人》共十六回，并且没有明显的对半结构。

第三，《红楼梦》确立悲剧的叙事主题，形成具有悲剧精神的美学范式。《红楼梦》打破才子佳人小说传统的"大团圆"结局，描写了以贾府为首的四大家族由盛转衰的过程。刘雪莲认为："《红楼梦》也运用了才子佳人题材中固有的'一见钟情'模式，但是从叙事结构来看，二人并未承袭相遇、受阻、大团圆的模式。并且通过首尾叙事中的神话，如'还泪之说'预示了整本书的叙事结构、情节以及人物性格。"[3]梅新林在《红楼梦哲学精神》中以神话原型为核心，将《红楼梦》主题分为三个挽歌：贵族家庭的挽歌、尘世人生的挽歌、生命之美的挽歌。从神界到下凡，再到最后的超脱，也体现出正—反—合的哲学辩证运动。从天上到人间，悲剧的认识来自自身的觉醒，大观园中的少男少女一旦开启了智识，苦难便随之而来。因为世界的复杂与丑陋，即使他们再美好纯净，总是逃不过悲惨的命运，女性终会走上各自的薄命旅程，主题的深刻性体现在悲剧之中。而悲剧命运不仅存在于主角身上，小说中的悲剧是普遍的，上升到普遍与永恒的层面，几乎无人可以摆脱，传达出作者对于人生的悲悯情怀。

《红楼梦》中的悲剧色彩强烈而动人，鲁迅说："《红楼梦》写悲喜之情，聚散之迹。"[4] 王国维称《红楼梦》是"悲剧中之悲剧"。《红楼梦》中写悲情常放在繁华的景象

---

[1] 王平：《论〈红楼梦〉的网络式叙事结构》，《东岳论丛》，2000年，第5期。
[2] 浦安迪：《中国叙事学》，北京：北京大学出版社，2018年，第67页。
[3] 贝京：《〈红楼梦〉还泪报恩拟神话及其叙事分析》，《红楼梦学刊》，2003年，第2期。
[4] 鲁迅：《鲁迅全集》（第九卷），北京：人民文学出版社，2005年，第241页。

中,像小说开篇的中秋佳节,贾雨村与甄士隐饮酒,贾雨村吟诗:"未卜三生愿,频添一段愁。闷来时敛额,行去几回头。自顾风前影,谁堪月下俦?蟾光如有意,先上玉人楼。"[①]通过塑造一个苦未逢时的潦倒的书生形象,营造了一种末世的氛围悲凉的情感;与节日愉快的氛围形成了很大的反差,奠定了《红楼梦》的悲剧基调。

《红楼梦》在语言、修辞、思想内涵方面都具备"雅"的特征。《红楼梦》淘汰了大部分通俗小说套语,只有"看官听说"偶然在开卷等处出现,剩余都是自己的口吻。小说的"雅"体现在诸多方面:故事情节新颖,人物塑造不落俗套,人物体现的贵族涵养。"雅"的书写甚至表现在一饮一食之中,从宴饮中的器具、环境、礼仪以及游戏等,展现出一种真实的极度精致的贵族生活。

才子佳人小说大多是不得志的文人所作,他们书写自己的理想爱情以寻求精神补偿,小说的理想化处理常常给人以不真实的感受,作者以自己的意愿创造了理想的才子佳人,没有主题的提升。传统才子佳人小说可以说是"雅俗兼备"的,但雅的层面只停留在小说的艺术语言上,许多才子佳人小说都会在文中大量穿插诗词,粗略统计《平山冷燕》《玉娇梨》等书中的诗词都有近百首,但是大多都是作者借此炫耀自己的才华,并无太多的内涵。其故事内核其实是平民的、俚俗的。

总而言之,才子佳人小说虽然存在许多弊病,但客观上也为曹雪芹写《红楼梦》提供了叙事模式以及叙事内容的借鉴。而曹雪芹让他笔下的贵族男女的生活真实立体起来,叙事方式以及叙事结构都与传统的才子佳人小说有很大的不同。更重要的是,《红楼梦》叙事主题的创新,确立了悲剧的美学范式,在中国古典小说史上铸造了一座不朽的丰碑。

张睿桐　北京第二外国语学院文化与传播学院汉语言文学专业本科生

---

[①] 曹雪芹:《红楼梦》,北京:人民文学出版社,2005年,第13页。

# 《乐中悲》的中庸思想

◇ 孙长菁

　　《乐中悲》是出自《红楼梦》第五回的曲子，此曲唱道："襁褓中，父母叹双亡。纵居那绮罗丛，谁知娇养？幸生来，英豪阔大宽宏量，从未将儿女私情略萦心上。好一似，霁月光风耀玉堂，厮配得才貌仙郎，博得个地久天长，准折得幼儿时坎坷形状。终久是云散高唐，水涸湘江。这是尘寰中消长数应当，何必枉悲伤！"[1] 这支曲子虽无一个"史"字，但句句都在暗示着史湘云的形象特征、命运走向。这是我们分析史湘云人物性格特征、命运结局等重要的切入途径。

## 一、刚柔相济的性格

　　史湘云凭借自己独特的人格魅力给大观园增添一抹亮色。她既有着阳刚豁达之气，又有着博爱娇憨之风，就连她天生带有的"咬舌"口气，也是大观园里一道亮丽的风景线。即使史湘云只有屈指可数的"出场"次数，但是她时常都会把大家逗得捧腹大笑，她每一次的"出场"都会给大观园带来活泼愉快的氛围。史湘云的性格不仅有刚烈、豪放的一面，是不拘泥于闺阁的"脂粉英雄"，快人快语，敢爱敢恨，同时她也具备柔情、天真的一面，她的平等待人、智慧博爱，让人不禁赞叹一个平时那么粗线条的女子，也能留心身边的小细节，考虑到别人的感受。在她身上能够看到刚烈与柔情的巧妙融合，形成一个平衡的统一体，这让她成为园中最受欢迎的"开心果"。下面通过《红楼梦》的情节来分析史湘云性格中刚和柔的一面。

　　为了给宝钗过生日叫来戏班，贾母甚是喜爱一个小旦，当小旦出场时，"凤姐笑道：'这个孩子扮上活像一个人，你们再看不出来。'宝钗心里也知道，便只一笑不肯说。宝玉也猜着了，亦不敢说。史湘云接着笑道：'倒像林姐姐的模样儿。'后宝玉来找湘云说谈，湘云却说：'……这些没要紧的恶誓、散话、歪话，说给那些小性儿、行动爱恼的人、会辖治你的人听去！别叫我啐你。'"（第二十二回）[2]

---

[1] 曹雪芹著，无名氏续：《红楼梦》，北京：人民文学出版社，2008年，第83页。
[2] 曹雪芹著，无名氏续：《红楼梦》，北京：人民文学出版社，2008年，第295页。

"我只保佑着明儿得一个咬舌的林姐夫,时时刻刻你可听'爱''厄'去。阿弥陀佛,那才现在我眼里!……湘云忙回身跑了。……话说史湘云跑了出来,怕林黛玉赶上,湘云见宝玉拦住门,料黛玉不能出来,便立住脚笑道:'好姐姐,饶我这一遭罢。'"(第二十一回)[1]

针对史湘云的语言特点我们可以看出,在薛宝钗的寿宴上只有史湘云一人直言不讳,说出自己真实的想法。事发之后,或许只有直率的史湘云内心看不惯所谓的"潜规则",甚至想挑战一下,进而面对宝玉"好心"地劝说会毫不留情地说出:"别叫我恶心""别叫我啐你。"这种大家闺秀用嗤之以鼻的粗鲁词汇来直抒胸臆,无所顾忌。即便是史湘云跟好姐妹闹的数次矛盾当中,这个姑娘依旧是毫不放在心里,正如曲中所讲"从未将儿女私情略萦心上",继续与园中的姑娘们形同姐妹。湘云身上有一股洒脱的气概,当真如她自己所说的"是真名士自风流"。无关风月,不羁世情,惟有一袭清风,拂尽尘埃。在第二十一回中灵动又富有动态描写的出场方式,将众人的眼光全吸引到这个活泼的女孩身上,把她顽皮的心性表现得淋漓尽致,史湘云活生生地立在纸上。吵着要"爱"哥哥和林姐姐同她一起玩,则体现她天真烂漫的童稚心理,而她的"咬舌"也成了大观园众姐妹中一大特色,更加让这个人物变得独一无二。

一个心无挂碍、保持孩童般纯洁的女孩展现在我们眼前。这些极富有个性化的行为举动,让我们身临其境。史湘云既有着心直口快、英豪阔气的刚烈性情也有着天真烂漫、童心未泯的娇憨柔情,体现着她刚中带柔的人物性格。

"林黛玉笑道:'你们瞧瞧他这主意。前儿一般的打发人给我们送了来,你就把他(绛纹戒指)带来,岂不省事?今儿巴巴的自己带了来,我当又是什么新奇东西,原来还是他。真真你是糊涂人。'史湘云笑道:'你才糊涂呢!我把这理说出来,大家评一评谁糊涂给你们送东西,就是使来的不用说话,拿进来一看,自然就知是送姑娘们的了;若带他们的东西,这得我先告诉来人,这是那一个丫头的,那是那一个丫头的,那使来的人明白还好,再糊涂些丫头的名字他也不记得……'说着,把四个戒指放下,说道:"袭人姐姐一个,鸳鸯姐姐一个,金钏儿姐姐一个,平儿姐姐一个……"(第三十一回)[2]

"史湘云一心兴头,等不得推敲删改,一面只管和人说着话,心内早已和成……众人看一句,惊讶一句,看到了,赞到了。"(第三十七回)[3]

"湘云冷笑道:'你知道什么!"是真名士自风流",你们都是假清高,最可厌的。我们这会子腥膻大吃大嚼,回来却是锦心绣口。'"(第四十九回)[4]

---

[1] 曹雪芹著,无名氏续:《红楼梦》,北京:人民文学出版社,2008年,第279页。
[2] 曹雪芹著,无名氏续:《红楼梦》,北京:人民文学出版社,2008年,第424页。
[3] 曹雪芹著,无名氏续:《红楼梦》,北京:人民文学出版社,2008年,第499页。
[4] 曹雪芹著,无名氏续:《红楼梦》,北京:人民文学出版社,2008年,第665页。

史湘云的粗线条会给读者带来不拘小节的思维定式，但她并非世事不通，她会亲自给丫鬟们带小玩意，把她们当成姐妹。史湘云的内心是非常柔软的，刚烈的性情下也是一个通情达理且心细如发的有心人。无论是对自己的亲人、朋友，还是对那些地位卑微的丫鬟和奶妈，史湘云都会用自己真挚的爱心与他们交往，既无高低贵贱之分，又不拘泥于男女之别，人人在她的眼里都是平等的个体，这份爱博大而又纯洁，简单而又善良，这是大观园姐妹中少有的。她的善良与明智，呈现出一种豁达的风度，而这样的风度也影响到了她的诗歌创作。史湘云的才能堪与钗黛比肩，每次在结社赛诗时，史湘云的诗总是来得快又来得多，且格调脱俗、豪大阔气，颇有魏晋之风。魏晋文人受到庄子思想的影响，主张自由的态度去观照和思考生活，并探索和寻求作为自由人的个性价值。《世说新语》的"任诞""容止"篇反映了魏晋人不随流俗、不顾物议、我行我素的气度。这在史湘云的形象中有着直接的体现。[①] 就像她在四十九回雪天园中烧鹿大嚼，颇有狂豪之气。在封建礼教之下，并不提倡女子干什么只干一点，而不是像史湘云那样，让人忍俊不禁。

魏晋也是个特别重视才华的时代，《世说新语·赏誉》："许掾尝诣简文，尔夜风恬月朗，乃共作曲室中语。襟怀之咏，偏是许之所长，辞寄清婉，有逾平日。简文虽契素，此遇尤相咨嗟，不觉造膝，共叉手语，达于将旦。既而曰：'玄度才情，故未易多有许。'"讲的就是许询在晋简文帝面前展示才学，竟然使得简文帝"尤相咨嗟，不觉造膝，共叉手语，达于将旦"，遂感叹"玄度才情，故未易多有许"，足以看出魏晋名士对"才情"的重视。[②] 我们这里自称"腥膻大吃大嚼，回来却是锦心绣口"的"真名士"史湘云，得以充分展现了自己的才情和高超的对诗联句的造诣。大伙也一致认为湘云作诗奇妙、果敢大气，而她自己对此的说法却更妙："我也不是作诗，竟是抢命呢。"这种狂放不羁、放浪形骸的诗词风格应属竹林七贤的所谓"名士之风"。此外湘云对诗歌的热爱也是发自肺腑的，譬如香菱向湘云学诗，没昼没夜地与她高谈阔论。她无拘无束，不同于世俗人，这些恰恰表现出其浪漫而又热情的文化内涵和自由豪放的个性特征，就像诗仙李白以及那些魏晋名士一样。

刚与柔这两个特点，本是对立的两极，但都被曹雪芹巧妙地融合到了史湘云的身上，并无矛盾可言，而是能够让人物更加立体化，如见真人。而这正是中庸思想的体现，我们说中庸是不偏于任何一方，史湘云的性格没有完全强势刚烈如凤姐般的一面，也没有全是细腻柔情如黛玉般的一面，而是在柔与刚对立的方面互相牵制、互相补充，处于一种中间平衡的状态。"强自取柱，柔自取束。"正如荀况在《劝学》中所说，过于坚硬，让我们时刻紧绷着神经，走向崩裂，而过于柔软，失去了自我的灵魂。人的内心是刚与柔的统一体，刚烈与柔软的共生使人既得以有个性化的棱角，拥有坚忍不拔、果

---

[①] 张丽：《红楼人物史湘云的话题性及其名士风度解读》，《明清小说研究》，2020年，第1期。
[②] 张丽：《红楼人物史湘云的话题性及其名士风度解读》，《明清小说研究》，2020年，第1期。

断勇敢的品质让自己不被世俗的浪潮所淹没坚守自己的原则,又能够体味到世间的柔情似水,维持人与人相处的那份温情,感知他人给予自己的关爱。只有刚柔相济、均衡统一的健全人格才得以成就和谐的自我。她在表达自己的时候,并不是如"乡愿"一样的事事恭维的好好先生,在宝玉因为害怕黛玉生气让史湘云不要随意说话时,史湘云并没有乖乖听取,顾及宝玉在贾府的地位等,而是直接说出自己看不惯就要说出来,来坚持自己的观点,不是一种毫无原则的样子。这样性格多样、处事有主见才可以使人与人之间的关系保持稳定。

## 二、悲乐相生的人生

Mark S. Ferrara 在《红楼梦的命运模式》一文中指出,曹雪芹在写《红楼梦》时并没有完全使用"一切事物结果是命运因果所造成的"的模式,而是利用他从中国传统中继承的多种意义,有意并始终如一地使用预期性叙事手段,来强化这个意义,比如诗歌、花签、灯谜等。[①] 而我们今天分析的《乐中悲》就是其中一种,这是对史湘云这个人物一生的高度概括,也暗示了她最后的结局。单看《乐中悲》这个曲子,我们就能看到人物命运当中乐与悲的安排。"襁褓中,父母叹双亡。纵居那绮罗丛,谁知娇养?"指出史湘云是金陵十二钗之一,金陵四大家中史家的千金小姐是家缠万贯、身份显贵的贾母的侄孙女。虽为豪门千金,但从小父母双亡,由叔父史鼐抚养。

但是史湘云在叔父家也是过得非常拘谨,在《红楼梦》中主要体现在两个方面。一方面,史湘云在叔父家并不能随性而为,身为贵族小姐即使想来贾家跟姐妹们玩闹叙旧也是被限制的,所以每次湘云来贾府,都必须要有贾家人来接她;另一方面,身份尊贵的她还需要自己做女红来贴补家用,这似乎也不符合公侯家小姐的身份。在史湘云要做东花钱举办诗社时,宝钗便说道:"一个月通共那几串钱,你还不够盘缠呢。这会子又干这没要紧的事,你婶子听见了,越发抱怨你了。"[②] 不过,看似这么一件简单的事,叔叔、婶婶对她的苛待由此可见一斑。父母早年双亡,叔父待她刻薄,这便是她的身世之悲。

此外史湘云每次在大观园的出场,正如曲中所写"幸生来,英豪阔大宽宏量"带来众多的欢声笑语,可见她的性格是多么地开朗阳光、心怀坦荡如"霁月光风耀玉堂"般与人相处融洽,不管是傲娇清高的黛玉还是尖酸刻薄的凤姐,都能让他们捧腹而笑。因第五回宝玉游太虚时听闻的此曲文,后世学者便推测,湘云嫁给了卫若兰。关于卫若兰其人,小说十三回"秦可卿死封龙禁尉"出场,他和冯紫英、陈也俊皆为青年王孙公子,史湘云如果真能够和卫若兰相好也算是"厮配得才貌仙郎,博得个地久天长"获得

---

① Mark S. Ferrara, "Patterns of Fate in Dream of the Red Chamber," *Interdisciplinary Literary Studies*, Fall, 2009, Vol. 11, No. 1, p.13.

② 曹雪芹著,无名氏续:《红楼梦》,北京:人民文学出版社,2008年,第499页。

个美满的婚姻,"何必枉悲伤!"① 性格开朗,婚姻美满,这便是她的前世之乐。

但是"终久是云散高唐,水涸湘江"。卫若兰早卒,史湘云早早成了遗孀,独守凄凉的空房。原本看似才子佳人能够流传千古的美满婚姻,也是十分短暂地走向"夫妻离散,生活孤凄"的结局,她的家族——史家也是四大家族中最早没落的一族,之前贾母时代子孙可以保持爵位,贾母死后如大厦崩塌,与其他姐妹一样,都是薄命感伤的悲剧结局。我们也能看到此曲结尾对命运的哀叹,不难体会到作者于史湘云这个人物的惋惜之情。"这是尘寰中消长数应当,何必枉悲伤!"史湘云在面对曲中描绘的命运结局时,虽有无奈,却仍有着一份面对宿命的隐忍、坚强,就像鲁迅曾说过:"对于中国人来说,如果完全相信命运,那么一切都是失败的,命运不是决定性的事物,只是事件发生后给出一种解释。"② 对于自己坎坷的命运,仍是史湘云式的回应——"何必枉悲伤!"不去沉浸于自己的命运悲剧,仍是积极地去看待人生。丈夫早卒,家族破落,这便是她的结局之悲。

史湘云虽经历过许多人生的低谷时刻,但她总是会乐观地面对生活,这不是意味着她是一个"少年不识愁滋味"的人,她非常清楚每个人的人生都会有许多的不完美,也懂得人生无常的道理。她和翠缕论阴阳相生的道理,讲得头头是道。她和黛玉也讨论过"只你我竟有许多不遂心的事"③。因为她知道人是不能只看到世界给予我们悲观的部分,导致自己抑郁寡欢,而是将这些当成甜蜜生活的"调味剂",不时多一点苦味也会别有一番风味。她珍惜生命中点点滴滴的美好,大观园里成立了诗社,她十分兴奋,说自己"扫地焚香"也情愿加入。有鹿肉可以吃,她就和贾宝玉一起偷偷摸摸地烤来吃,还号召大家一起吃,还说"是真名士自风流",说自己现在"大吃大嚼",吟诗的时候就可以"锦心绣口"。

而《红楼梦》也以花喻人,海棠花便是史湘云的代表。群芳宴上,史湘云掣得海棠花签,签上的诗句是"只恐夜深花睡去",这是苏轼咏海棠的名句。④ 可见,史湘云和苏轼一样热爱生活,而史湘云的人生态度也是跟苏轼的"人生有味是清欢"、李白的"人生得意须尽欢,莫使金樽空对月"、陶渊明的"及时当勉励,岁月不待人"有异曲同工之妙。既然人生无常,何不苦中作乐?她善于在悲苦的生活中发现美好,她发现柳絮飞舞,就写下"且住,且住,莫使春光别去"⑤。"莫使春光别去"的想法多么天真烂漫,多么让人觉得温暖啊!生活中本来就不缺少美,只要心中有诗情画意,就可以随时发现。她在悲剧中的人生中仍能找到生活中乐观积极的部分,在美好的日子里也不会一

---

① 白亦农:《湘江水逝楚云飞——再探史湘云婚配及其结局》,《中国古代小说戏剧研究》(第十一辑),2015年。
② 转引自 Mark S. Ferrara ," Patterns of Fate in Dream of the Red Chamber", *Interdisciplinary Literary Studies*, Fall 2009, Vol. 11, No. 1, p.16.
③ 曹雪芹著,无名氏续:《红楼梦》,北京:人民文学出版社,2008年,第1063页。
④ 王汇涓:《海棠在史湘云形象塑造中的运用》,《新乡教育学院学报》,2009年,第1期。
⑤ 曹雪芹著,无名氏续:《红楼梦》,北京:人民文学出版社,2008年,第970页。

味沉迷于眼前的快乐，保持一种平衡的心态，"生命以痛吻我，让我报之以歌"，从不过分悲伤也从不过分高兴，这便是史湘云的人生写照。

## 三、阴阳相合的中庸精神

"翠缕道：'这么说起来，从古至今，开天辟地，都是些阴阳了？'湘云笑道：'糊涂东西，越说越放屁。什么'都是些阴阳'，难道还有两个阴阳不成！'阴''阳'两个字还只是一字，阳尽了就成阴，阴尽了就成阳，不是阴尽了又有个阳生出来，阳尽了又有个阴生出来。'"（第三十一回）①

光之指出："史湘云与丫鬟翠缕谈论天与地、水与火、日与月这些阴阳相对而又共处于一体，说明整个宇宙是对立统一的，史湘云便接着她的物本于一的思想谈了一个事物的两个方面，即一分阴阳、阴阳合一，一事物分为阴阳两面，而阴阳还在一体之中，阴阳转化全是事物自身矛盾的变化。"②这段对阴阳的认识出自史湘云之口，不难发现她的哲学思维与儒家的中庸思想不谋而合，从她对阴阳的自我的认知来看，都能展现这个人物身上具有中庸思想的精神内核。何谓阴阳？《系辞下》说："乾阳物也，坤阴物也，阴阳合德而刚柔有体。"《咸卦》的《象》说："咸感也；柔上而刚下，二气感应以相应。"《吕氏春秋·大乐篇》："音乐本于太一，太一出两仪，两仪出阴阳。"③而阴阳二气是对抗的、相反相成的、有一定次序的，它们代表两种极其巨大的自然力。④可见阴与阳本是一体，从"太一"这个世界统一体而生。阴者，背阳，虚气也；阳者，向阳，实气也。古人用阴阳来定义处于正反对立面的事物——天地、日月、昼夜、寒暑。

对中庸做最简单的阐释就是讲求不偏不倚、折中调和。它是一个人的思维选择，就如《乐中悲》给我们呈现出来的史湘云，性格上不过分刚烈莽撞，也不过分矫揉造作，而是二者相反的性情兼得，融合集于一身，恰到好处。古语有云："入仕看儒，归林悟道"，传统文化对人的濡养天然囊括阴阳二项，而性情之陶冶也亦如此。一人融合相反的两种性情是现世生活的刚需。

刚硬，像是锋利的棱角，强大的力量感让人敬畏，巨大的侵略性令人恐惧。柔软，像是温暖的掌心，柔软的触感让人迷恋，软弱的本性却易被轻视。而刚与柔的辩证关系也渗透到我们生活的各个部分，两者虽是大相径庭，但彼此却有着千丝万缕的联系，相互吸引连接，唯有交融汇聚，方可形成一个和谐而统一的整体。而刚柔相济的性情也导致她的人生里也是悲喜相生，如波浪般错落有致，面对生活的大悲大喜从来都是一种灵

---

① 曹雪芹著，无名氏续：《红楼梦》，北京：人民文学出版社，2008年，第425页。
② 光之：《湘云"阴阳论"再释》，《红楼梦学刊》，1999年，第4期。
③ 转引自黄寿祺、张善文编：《周易研究论文集》（第一辑），北京：北京师范大学出版社，1987年，第420页。
④ 黄寿祺、张善文编：《周易研究论文集》（第二辑），北京：北京师范大学出版社，1989年，第318页。

活的松软状态，能够"乐而不淫，哀而不伤"平静地两相妥协。

　　事实上，万事万物的确是阴阳对立的。善与恶、好与坏，处于一种微妙的平衡状态。评价一个人，好人与坏人；评价一件事，好事与坏事；评价人性的一面，善与恶。这种对立的认识在生活中很常见，可事物为什么不能单一呢？只有好人，只有好事，只有人性之善，这样不是很美好吗？是的。但是倘若如此，我们反而丧失好这个概念了。好在好中是有多好，在单纯的事物里只有一种状态令人很难去认知，不论发生什么，都只是好，这样对于好的认识不仅模糊而且也没有定义的必要了。万事万物，处于基本的对立统一，有阴就一定有阳，有好就一定有坏，并且能够互化，乐极生悲，否极泰来。

## 结语

　　在那个逐渐冰凉、繁华衰退的大观园里，史湘云像一湾滚烫的碧波，踊跃着，翻滚着，不困于心，不困于情，不畏将来，不念过往。宝钗的冰冷压抑、黛玉的哀怨自怜、迎春的得过且过、惜春的孤介冷漠都不会在她的脸上出现，她兼有赤子之心和豁达浪漫情怀，既妩媚娇憨而又洒脱阳刚。她仿佛是大观园里的一股清流，没有唯利是图，仗势欺人，只是按照本性来行事。从来不会做到人前一套背后一套，她的每一个举动毫无意图，只是恰好由事而做，与真实想法一致。她醉卧青石，花间明月拂过喉间滚烫，那般无拘无束、笑脸盈盈的模样，是《红楼梦》中的一记妙笔。《中庸》中说过君子慎独其身，意思就是做到诚于中形于外，而湘云正是做到了此标准，值得敬佩，也正如《乐中悲》所说"好一似，霁月光风耀玉堂"，高洁、旷达、无瑕。

　　孙长菁　北京第二外国语学院文化与传播学院汉语言文学专业本科生

# 《浮生六记·闲情记趣》中的美好生活

◇ 李思妍

《浮生六记》是清代沈复所写的记叙自己一生的经历的自传体散文集。他用平实的语言叙述了自己的平凡生活，包括他与陈芸几十年恩爱夫妻生活、衣食住行、共同爱好、精神的追求……其中《闲情记趣》篇在向人们展示美好生活的同时，也会引发我们的思考，他们是如何实现这样的生活的，而对于我们现代当下的生活又有何启示。

## 一、日常生活的闲适

列斐伏尔曾说过"让日常生活变为一种艺术品"[1]。沈复和陈芸就是这个理论最成功的实践者，他们过日子就是在专心地享受闲适愉快的生活。这种闲适的状态直接地反映着他们二人的内心世界，是一种精神内在性的表达，向外界传递出他们对于生活的追求和态度。二人始终是以这样闲适的精神状态来谱写他们的日常生活的。

在《浮生六记·闲情记趣》里，作者从生活细微处入手，描绘一个个细节的、很平常的小事，用一件件小事来表达他对于生活的感受。沈复在小的时候"观战"草虫厮杀，"常蹲其身，使与台齐，定神细视"[2]。沈复如其他孩子们一般调皮，喜欢观察大自然和小生物，看草虫打架而忘乎所以。他又十分淘气，被癞蛤蟆吓到后，竟"捉蛤蟆，鞭数十"。沈复长大后生活过得无比精彩，有将自己沉浸在生活中的本领。长大后，他对生活的热爱终于可以完全释放。他与陈芸都是如此热爱生活，善于发掘生活中的快乐，这也是沈复、陈芸二人举案齐眉、相爱甚笃二十余年的原因。

日常生活的主体就是人。沈复和陈芸拥有闲适日常生活的奥义，就是通过两人的用心经营、亲手创造还有保持着安乐的精神状态。无论何时，这一点从未改变过。

在清贫的环境下的自我满足是沈复实现闲适生活的前提，这是沈复对于自己内在精神状态的追求。拥有了这样的精神，才能将这样的生活坚持下去，而不至于被外力而改变。古人说"贫贱夫妻百事哀"，而沈复却能在拮据的生活状况下过出闲适的生活。他

---

[1] 列斐伏尔：《日常生活批判》，叶齐茂、倪晓晖译，北京：社会科学文献出版社，2018年，第120页。
[2] 沈复：《浮生六记》，北京：人民文学出版社，2008年，第74页。

们二人在借住朋友鲁璋的萧爽楼时期，他们的生活最能体现出闲适淡然。庭院外有桂花树一株，秋来清香袭人。与仆人同住时，陈芸便发挥自己的本领，与仆人一人裁剪成衣，一人刺绣来维持生计。此时的沈复生活窘迫，但能将生活过得不紧迫而闲适恬淡，就更是夫妻二人的本事。为了碎银几两，世人疲于奔波于官场商贾，而沈复与陈芸却明白"人生何其短，应尽其欢"的道理。即使粗布麻衣，也是他们所向往的生活，丝毫不觉得艰难，只是乐在其中。

在生活中的创造力和用心为营造闲适美好生活注入动力。"民以食为天"这句谚语流传千百年，可见饮食在人们日常生活中所处的地位。人们吃饭常常以填饱肚子为目标，而沈复、陈芸二人追求食物的简雅，将生活必需品也变成艺术品。沈复称赞陈芸："芸善不费之烹庖，瓜蔬鱼虾，一经芸手，便有意外味。"对一个人厨艺最高的赞赏大抵便是如此了，能用普遍平常的食材烹饪出丰富的味道，是孔子"食不厌精"的体现。陈芸会"以麻油加白糖少许拌卤腐"从而得到沈复"亦鲜美"的评价。"以卤瓜捣烂拌腐乳，名之曰双鲜酱"，陈芸是善于且乐于研究美食的人，这让一开始坚决抗拒品尝双鲜酱的沈复决心品其味，又最终喜欢上了酱的味道。他们总是善于利用身边的条件来创造更美好的生活。陈芸为沈复所做的梅花食盒，精巧别致又实用。启盖视之，便如同菜装于花瓣中。夏日用小纱囊收集雨水泡荷花茶。这都是有创意的想法，她将每日的饮食都变得富有诗意。陈芸在饮食上的巧思最为精妙的一回便是借馄饨担煮粥烹茶，为沈复和朋友们的聚会提供了美食支撑，让众人尽兴而归，引得诸君发出了"非夫人之力不及此"的赞美。陈芸总是会把生活想尽办法过得舒适又有意思。

陈芸，用心经营生活，自然是要凡事亲力亲为。在穿衣方面，皆芸自做。衣服若是破损，芸便彼此腾挪，拆东补西。二人住在萧爽楼期间，夏日炎热，楼外却没有栏杆遮蔽。二人便决定用旧竹帘代替栏杆，用麻线捆好，再套上黑布条。在这些描写里，可以看出沈复、陈芸的生活可以算得上是贫苦了。沈复和妻子一起亲自动手修补二人的小家，是有种炫耀夫妻情分的自豪感，沈复并不避讳贫寒事实，但他并非描写生活拮据、夫妻忙于生计，却反而有种津津乐道、乐在其中的感觉。生活闲适，是《浮生六记》中处处渗透出的要义。

林语堂曾这样评价《浮生六记》，他相信淳朴恬适自甘的生活——如芸所说"布衣茶饭可乐终身"的生活，是宇宙间最美的生活。[①] 林语堂是宣扬闲适生活的"闲适大师"，提出"以闲适为格调"。《浮生六记》所传达出的闲适恬淡的生活，在当下也并非完全消弭。在物质条件逐渐完善的环境下，人们逐渐开始追求如沈复、陈芸般的精神状态，也开始乐于去探索这样的生活方式。城市的快节奏生活下，总会有人愿意返璞归真，去寻找"大隐隐于市"的生活。所以农家乐会逐渐兴起，乡村生活也成为了一些人

---

① 《浮生六记》，林语堂译注，长沙：湖南文艺出版社，2019年。

的向往。人们正在寻找简单质朴的生活，饮食精致或是回归粗粮米粥，穿衣时尚或是追求简朴，都是每个人自己独特的生活选择。但在精神上，现在的人们已经逐渐开始领悟沈复、陈芸二人内在的生活精神和对待生活的态度，并追寻着他们的脚步，以自己内心对于生活的精神向往为指引，来丰富自己的生活。

## 二、文化生活的趣味

　　沈复和陈芸的美好生活，不仅仅是在衣食住行起居上繁琐的小事，更为重要的是二人在文化生活中的需求。沈复是文人，追求的除了日常生活的闲适美好，他还需要与陈芸有更高层次的交流，便是发现和欣赏生活中的美的能力。这也是他们感情维系的重要组成部分。生活是琐碎的，如果不能及时去发现生活的美好，那生活一定是十分无趣的。陈芸也是读过书、有见识的女性，具有这种美的能力，可以与沈复在许多方面达成共鸣，共同创造充满趣味的生活。

　　要满足自己对于文化生活的需求，便是用平常的事物来陶冶情操，寻找乐趣。花艺，是他们二人都喜爱的。沈复自言"爱花成痴"，尤其喜爱栽种修剪盆景。又从他人处学得了剪枝插枝的精妙手艺。沈复曾托付陈芸照顾兰花，又让她裁剪杜鹃。却因为陈芸对花太过爱护，不忍下剪刀裁剪，被沈复嘲笑难养成姿态优美的花树。夫妻二人都十分喜爱各式花朵。在书中，沈复用大篇幅的笔墨细致讲解插花的要义，不可是双数，每瓶只插一种，瓶口要敞阔……他仿佛与其他男子不同，不追求权势钱财，反而醉心于研究花枝，实在是出尘而独特。沈复介绍摆放花枝瓶子、戳针长度、几案高低、容器样式、花样造型时，事无巨细地解释花艺事务的样子透露出了他对生活的热爱。花不是生活必需品，可他还是愿意在并不富裕的生活中增添意趣。他这项爱好，有陈芸同他分享实在是一件幸事。书中写道二人用妙招供瓶插鲜花，是陈芸提出了点缀插花的方法，即"用细丝扣虫项系花草间"，如此脑洞大开的奇思妙想让沈复惊叹于陈芸的巧思，而陈芸又笑言此法作孽，用针把昆虫刺死后，再用细丝线系在花草间，调整虫子的各种姿态，或作抱花枝状，或作踩叶子状，栩栩如生。沈复直言这样很可爱。这也体现出他们二人在植物上的研究都颇为精深。沈复在山中扫墓时，偶然捡到了造型别致、纹理可观的石头，当即捡了回来拿与陈芸看。二人心照不宣地提出了可以用石块做盆景。但却不用平常的法子，陈芸想到把石块捣成粉末抹在石山上，这样整个盆景石山都是另一种颜色。于是两人亲自动手，按《云林石谱》中的叠石之法塑造盆景景观。经他们二人的制作，盆景深秋长满藤萝和白萍，红白交映美不胜收。沈复形容神游此山中，仿佛到了传说中的蓬莱仙境。陈芸这般巧思妙点子，即使是闺中女子，兰心蕙质，但如她这般聪颖灵秀、心思巧妙的，大概也是绝无仅有的。这样有趣的想法，纵是今人也未必能有。后来盆景因猫咪争食不慎摔碎，二人竟相对垂泪。足以见得二人对于盆景这种小物件的重视，同时为它而泣也让人觉得夫妻二人都有童真的可爱。无论是养花、插花还是做盆景，他们都乐于去探索这些生活中美丽的事物，来提高自己发现美、欣赏美的能力。

　　创作发明之趣使文化生活充满了新鲜感。二人在锡山居住期间，沈复和陈芸还一起做花屏。原料只用到普通的条凳，中间空出来，分成四格，插上竹子编成的方眼屏，再把在砂盆中种植的扁豆放在格中，就可以出现爬藤盘旋绕竹屏的景观。读者脑中就能想象出花屏精巧的样子，不禁大为赞叹他们夫妻二人的"脑洞"，用生活中几样不起眼的东西居然可以做出既有实用性又具观赏性的"活花屏"，而且还节省了空间，实在是有趣得很。夫妻二人的动手能力实在令人赞叹。不仅是制作小物件，大到房子，他们俩还自己设计居所布局。虽住处狭小，但他们也效仿"太平船"后舱的安排，将卧室、厨房、待客之处间隔恰当，空间绰绰有余。还运用了小中见大、大中见小、实中有虚、虚中有实等理论方法。二人都满意此等作品。全卷最令人感兴趣而好奇的，是沈复叙述的"莲子生长法"，这个名字是我在读了沈复的描写后自己总结出来的。沈复说，他们把老莲子的两头磨一磨，放进蛋壳里，再混进母鸡孵化的蛋中，送还给母鸡一起孵化。等到小鸡出壳时，把莲子一同取出。再用燕泥掺天门冬，捣烂装进花器中，用河水浇灌，再在朝阳升起时晾晒，不久后长叶开花，制成可爱的"荷花杯"。若用此杯饮酒喝水，一定别有一番风味，还能品到水中荷花香。这是他们二人夫妻生活中的小情趣。

　　文人之趣于沈复而言是雅趣。还有被沈复"官方认证"过的奉香花香果，沈复夸赞此项爱好是"静室焚香，闲中雅趣"。不过焚香却是十分麻烦细致的工作。"芸尝以速沉等香，于饭镬蒸透。"这是焚香的前期准备工作，之后才能架在香炉上借热气慢烘，这样才能营造出香气幽雅而不生烟雾的感觉。可见若非真心喜爱，是万万做不到如此精细的。沈复还一一列举了家中供养香果的方法，说明供养佛手、木瓜、香橼的不同要求；又说常见人随手取香果闻香，又随手一放，叱责他们是"即不知供法者也"，言语中透出心痛之感。这体现出沈复和陈芸都是注重生活质量与趣味的人。他们在享受生活的同时也在创造和丰富着生活。夫妻二人对于雅趣的追求也体现在他人所赠礼物上。沈复的好友醉酒后为他们夫妻二人画过一幅"载花小影"，取白纸铺开于墙上，不照着花画，而是描摹兰花的影子，墨迹的深浅随花影痕迹涂抹。沈复、陈芸都十分喜爱。即使"载花小影"都不成一幅完成的画，他们也认为自有月下花影的趣致。这就是一种本领了，是在看似普通的东西中有意识捕捉到对自己而言有趣之处。沈复是有趣的人，陈芸也是。两个有趣的人灵魂契合，才可以使生活中充斥着他们所创造的有趣的事。

　　纵观现代，文化生活丰富，趣味却不见何处。大多数人总还是有喜爱做的事的，但这趣味却与沈复所言趣味却几乎不同。现代人也插花，做手工，更有比他们丰富的打游戏、看电视剧等等活动。但现代人获得乐趣的途径，是体会事物本身自带的趣味属性。因为游戏内容好玩，画面好看，所以觉得有意思；因为电视剧情节精彩、感人，所以觉得有意思；因为小说内容跌宕起伏，感情线完整，所以觉得有意思。可这些都是事物本身所拥有的，或是他人制作好呈现在你眼前的，不需要我们再去寻找或者做些什么。而沈复和陈芸夫妻二人却是从普通的、平常的、看起来平淡无奇的事情中，由他们自己来发现，用自己的行为创造出乐趣的。而现在大多数人已经丧失了这种能力，只会等待看起来有趣的东西，麻木地接受却不知"趣"是可以被自己发现、发明的。这是沈复和陈芸的生活带给我们的启示，我们是否应该像他们一样，培养自己发现美和鉴赏美的能力。在生活中留心，以积极的态度发现能令我们快乐的小趣味，而非麻木地单方面接受外界灌输给我们的"趣味"。

## 三、精神生活的境界

"读了沈复的书每使我感到这'安乐'的奥妙，远超乎尘俗之压迫与人身之痛苦。"① 这是林语堂对于《浮生六记》的评价。"安乐"一词，其中就蕴含着沈复对于生活的态度和境界的追求。"境界"一词，是超然于物外，却也是人内在性的精神追求，是超越生活的，也是存于生活的。沈复自诩文人，而非"士"，可见他并没有多大的政治抱负，相反，他身上有着清高的文人气质。虽身作幕僚，但并不在此。在他心中，向往的始终是"闲情记趣"的生活。

沉浸，是沈复的玩乐境界。沈复志不在官场，他将心力都投入到了自己的生活中。他可以完全摒弃掉一切外界世俗的干扰。沈复好客，最爱的就是与三五好友对饮。而陈芸也并不会责怪他终日沉醉于此无所作为，沈复也不在乎外人会不会如此看待自己。因为陈芸是懂沈复的，懂他的抱负，懂他的苦闷，同时他们又有着相同的对于生活的追求，所以能理解对方。所以在沈复邀请友人来家中喝酒时，陈芸会亲自下厨烹制小菜，鱼虾瓜菜样样俱全。她支持丈夫的爱好，还会尽自己之力使沈复开心。他们家庭生活不宽裕，但沈复喜欢与友人聚餐饮酒，陈芸毫无怨言。

投入，是沈复对于兴趣爱好的境界，沈复也有高雅的爱好。沈复的朋友们喜欢萧爽楼安静雅致，经常带着画具来找沈复作画。此时沈复就会跟着他们学画，沈复题草书、篆书，刻印章。可见沈复在自己喜欢的事情上是十分用心的，而且肯下功夫琢磨。他也会收点润笔费交予陈芸来置办酒席，足以看出他对于朋友聚会的喜爱程度。成天这样品诗论画，悠闲度日，沈复十分满足。这就是他心中的理想生活。沈复能过这样的生活，是陈芸在默默地陪伴和支持。二人都有着丰富的精神世界，有着相同的理想，为了沈复的生活之乐，陈芸可以拔金钗换美酒也毫无怨言。

隐是沈复的社会境界。沈复曾为萧爽楼定下"四忌"：不许臧否宦海沉浮、官员升

---

① 《浮生六记》，林语堂译注，长沙：湖南文艺出版社，2019年。

迁，不得议论公门是非、时事热点，不准批评八股文章、科考信息，不可在此斗牌掷骰、赌博喧闹。从这四条规矩可以看出沈复用心，他一心想远离政治，连这些声音都不想听到。他要纯粹的生活，这是他的选择，也是他的追求。身为幕僚，却心向安乐，他应是第一人。他是"四忌"慷慨潇洒之士，风流蕴藉之人，落拓不羁之豪杰，澄静缄默之雅客。这些展示了他交友的广泛性，无论是豪杰还是雅客，只要合得来，都是他的座上宾。由此可见沈复也是洒脱随意之人。在与朋友闲来无趣之时，他爱做的就是与朋友一起对诗作乐。他将文人之志投进了这里。他和朋友们玩考试的游戏，有人做考官，有人做参加考试的举子。他们弄得有模有样，还用考试专用纸，主考出题，几人隔开作答，焚香计时。这种做法是沈复厌恶八股取士之道，所以在"自己的考场"给予了包括他在内的每个人施展才华的自由。这是属于他们的乌托邦，隐于政治旋涡的地方。考试者或站立，或缓行，构思对句。完成后，要将卷子扔进匣子里，誊录抄成一册，交给主考评判，选出最好的三联。他们还设置了惩罚制度，写得不好要相应扣钱。这是与沈复相同的文人们独特的乐趣，既然不愿上考场被迫写八股，便在这里抒写文气，也算是对得起自己的文人身份。他还允许陈芸参加，入座构思。在他心中，文人只是有才华之人，无论男女，这是沈复对于文人的理解。

　　淡泊，这是沈复的人生境界。也许沈复并不是才华横溢的诗人，毕竟通篇文章他也没有留下几首自己所作的诗。只留下一两联他自认为特别好，却给人的感觉也是普普通通，未有惊艳之处。但不会写诗又怎样呢？他本就不是一个传统意义上的成功者，他是古代传统既定人生价值和生活方式的一个叛逆者，他对科举八股嗤之以鼻，他不追求被世俗所认可的东西，他追求的是简单的生活，是朋友、爱妻在身边，有花有酒，与世无争的生活。他愿意约着朋友去南园、北园吃茶喝酒，想喝粥时便让人去买了米熬；在醉醺醺时随意地躺着、坐着，长啸抒怀，敲盘作歌，直到红日西斜。他无拘无束，随心所欲，做这天下最逍遥自在之人。

　　冯友兰曾提出"道家出于隐士"的观点。① 所谓"隐士"，就是指隐居不仕的人，而沈复就是有才学而不愿为官的隐士。但他并非是因为深谙庄子所言"存身之道"，他隐世，只是自身纯粹的精神追求。他的"隐"属于"大隐"和"小隐"的结合，身居庙堂，却对庙堂纷争不屑一顾；没有金钱名利欲望，对世间纷扰冷眼相对，甘愿退隐归林，和陈芸做一对平凡夫妻。但他并未完全脱离世俗，毕竟仍身为幕僚，可他的心已然"出世"，沈复是在出世与入世之间游走的人。如此看来，精神生活是一种生活方式，是一种超越性的境界。

---

① 冯友兰：《中国哲学简史》，北京：北京大学出版社，2010年，第152页。

## 四、实现美好生活的可能途径

  沈复和陈芸的美好生活就是由他们二人自己经营和创造出来的，也是由他们来实现。"夫妻同心同德"这句话就可以形容他们。首先，沈复和陈芸拥有同样的对于生活的追求，这是美好生活实现的前提。陈芸积极地了解沈复的兴趣爱好，沈复也乐于向陈芸分享。分享欲或许是最高级的浪漫。沈复喜欢花艺，她就和他一起研究插花的新奇方法；他对供奉香花香果的方法头头是道，她就帮他一起清洗香果。用现在的话说，就是二人志同道合，能"玩"儿到一起。此外，沈复和陈芸都互相支持对方的生活态度。沈复虽为文人，却志不在官场。面对这样一个没有大好前程的丈夫，陈芸并没有丝毫不满，她十分理解和尊重沈复，并且为他提供最有力的支持。沈复喜欢宴请朋友喝酒，她就帮忙热情招待，费尽心思为众人做各种美食；钱不够的时候，即使是拔金钗换美酒也毫无怨言。因为她明白沈复心中的苦闷和他的追求，她也完全能理解。陈芸和沈复能实现美好生活很重要的是相互陪伴。衣食住行，他们都紧紧地联系在了一起。生活拮据，陈芸就亲手给他缝补衣裳，沈复对此并不觉得没钱买新衣服是一件丢人的事，反而很珍视这些爱妻为自己做的东西，因为其中凝结了无尽的爱意；陈芸还会变着花样地给沈复做美食，让他品尝新鲜的食物，沈复则会尝完后给力的捧场；住处没有遮蔽栏杆，他们合计后就一起用旧竹竿裹了布搭起来，二人对此都十分满意，还觉得颇具趣味；二人亲自参照院墙设计方法，呈丘壑之景，设计了二人缩小版"太平船"的居所。这些都属于沈复和陈芸实现美好生活的方法。

  众所周知，在古代，尤其是明清两朝，缠足、三从四德等等禁锢女性的方式盛行。陈芸是一个在传统社会下成长起来的普通女性，但她偏偏又有了一些反叛精神。沈复给了陈芸与其他女子不同的自由与尊重。他不像其他丈夫，对自己的妻子有着严格而冷酷的要求。他极力将自己与妻子放置于同一地位，让妻子与自己的相处十分的随心随性，不拘束，不要求。[①]所以陈芸可以在沈复的怂恿下女扮男装，与他一起参加水仙庙会；沈复与友人举办的科举作诗考试游戏，也允许陈芸参与入座构思。因此，陈芸也可以体会到沈复的乐趣，彼此分享，不但增进了夫妻之间的感情，还加深了对于彼此的理解。沈复和陈芸在生活中，从来讲求的都是顺心的快乐。这就是他们二人实现美好生活的秘诀。

  至于美好生活的价值，对于沈复而言，就是他得到了与自己爱的人一起度过的理想的生活。他甘于清苦而美好的生活，佳人在侧，三五好友相伴，想做的能去做，不必与世俗同流合污，不必忧心官场。所以他满足，他快乐。对于陈芸而言，就是有了自己所爱和爱自己的丈夫，他保护她，他尊重她，他理解她，给她自由，让她体会到了当时别

---

 ① 李帆：《论〈浮生六记〉的诗意与温情》，《青年文学家》，2021年，第11期。

的女性体会不到的幸福。因为他们的美好生活，他们的日常生活闲适安然，文化生活趣味横生，精神世界富足。他们可以在古代社会有许下"生生世世为夫妇"意愿的勇气和底气。"闲时立黄昏，笑问粥可温"的平淡又温馨的小愿望可以实现。纵使后来父母与夫妻二人离心，陈芸香消玉殒，美好的回忆却永远留存在了沈复的记忆中。也许后半生安慰沈复的，就是这几十年美好而幸福的生活。拥有过，便足够美好。

　　沈复的《浮生六记》中展示的日常生活、文化生活和精神生活，共同构成了平淡惬意的美好生活。沈复和陈芸对于生活的热爱、对于事物的追求及其精神境界仍能引发人们的思考。《浮生六记》便是一剂温柔的良药，让我们都能在平凡中找到生活的意义。

　　李思妍　北京第二外国语学院文化与传播学院汉语言文学专业本科生

# 《野草·狗的驳诘》中"人"的隐喻

◇ 赵钎宇

鲁迅的《野草》一书中,运用了大量隐喻手法,如《影的告别》中的影、《墓碑铭》中的死尸、《狗的驳诘》中的狗。但无论运用何种手法,鲁迅最终的写作目的都在"立人"。王得后认为:"'立人'的思想贯彻于鲁迅一生始终,遍及鲁迅著作的各个方面,是鲁迅思想的核心;鲁迅自己毕生为在中国实践'立人'这一思想而斗争。"[①] 1907年,在文言长文《文化偏至论》中,鲁迅写道:"是故将生存两间,角逐列国是务,其首在立人,人立而后凡事举。"[②] 要立人的高昂精神,重视人的精神世界,"鹜外者渐转而趣内,渊思冥想之风作,自省抒情之意苏,去现实物质与自然之樊,以就其本有心灵之域;知精神现象实人类生活之极颠,非发挥其辉光,于人生为无当。"[③] 在《狗的驳诘》一篇中,鲁迅同样通过对人的多层隐喻,最终达到"立人"的目的;同时回答了人作为人,从哪里来,该往哪里去的问题。

## 一、无法唤醒的人之批判

### (一)虚伪的人

鲁迅在文章开头便给"人"定义为"像乞食者"的人,这与作者的另一篇文章《求乞者》不谋而合——这有可能是作者有意为之,将人置于一个窘迫的境地。在文章《求乞者》中,鲁迅对于"求乞"和"布施"是批判的、憎恶的。"作为一个孤独的精神界战士,要保持思想和行动的绝对独立和自由,就必须割断一切感情上的牵连,包括温情和爱,既不向人'求乞',同时也拒绝一切'布施'。但问题在于中国的'求乞者'或者自身并不真正需要求助,或者身处不幸却无自觉因而'并不悲哀',但却'近于儿戏'地'追着哀呼',以至'装'哑作'求乞的法子'。鲁迅在求乞的背后又发现了'虚伪'

---

① 王得后:《鲁迅与中国文化精神》,广州:花城出版社,1993年,第31页。
② 鲁迅:《文化偏至论》,《鲁迅全集》(第一卷),北京:人民文学出版社,2005年,第56页。
③ 鲁迅:《文化偏至论》,《鲁迅全集》(第一卷),北京:人民文学出版社,2005年,第55页。

与'做戏'……于是有了'鲁迅式'的拒绝。"①

人不仅是行为上虚伪的——装着求乞，追着哀呼，文章同时也影射出了其精神界的"虚伪"——人伪成人，人不能被称为人。这一点由狗之口犀利地指出：狗"愧不如人"，也是愧不如"人之虚伪"。人"傲慢地"以"人"的身份自居，并"叱咤"狗。尽管人"衣履破碎"——如当时社会的穷困阶层一样，但人仍有底气训斥狗之势利。这充分反映了无论人身处多么低下的阶层，仍对自己作为"人"的身份给予认同，至少是凌驾于狗之上的。人的精神界里，没有对自己真实性态的承认和理解，没有深入了解到自己行为的不堪，而是自如地生活在这一"生而为人"的意义上。"在鲁迅的小说中，描述了拥有不同行为特征市民形象……这些人所共有的特征，归纳起来有一个尤为突出的共同点，那就是：不忠。他们对自己的职守不忠；对自己的良心不忠；对自己做人的原则不忠。"②"中国人的不敢正视各方面，用瞒和骗，造出奇妙的逃路来，而自以为正路。在这路上，就证明着国民性的怯懦、懒惰、而又巧滑。一天一天的满足着，即一天一天的堕落着，但却又觉得日见其光荣。"③从这一层面看，人的精神界也是"不忠的""虚伪的""不真实的"。

### （二）势利的人

1925年女师大风潮中，鲁迅在4月22日给许广平的信中有过一段对章士钊的评论，信上说："但看他挽孙中山对联中之自夸，与完全'道不同'之段祺瑞之密切，为人亦可想而知。所闻的历来举止，似是大言无实，欺善怕恶之流而已。要之在这昏浊的政局中，居然出为高官，清流大约绝无这种手段。"④"可见，对于章士钊的为人，鲁迅是不置好评的。而在写出这封信的第二天，他就完成了这篇《狗的驳诘》散文诗，虽不能完全理解为影射章士钊之流而作，但对他们的批判亦是此文的目的之一，这一点是不言自明的。鲁迅意在通过'我'来透视市侩的种种丑态，揭露这外表道貌岸然实则污秽的灵魂，将矛头直指造成市侩泛滥的等级社会。"⑤

但势利的人远远不限于章士钊本人，"狗"口中愧不如的"人"是更广阔的势利群体。"狗的势利人人共知，而人的势利非人人都能觉察。"⑥鲁迅巧妙地借助梦境的想象界，将狗作为一面镜子，反观人的势利本质，会清晰分辨"铜和银、布和绸、官和民、主和奴"的群体，深深植根于中国社会。这可以让我们联想到《故乡》中的顺手牵羊的杨二嫂，《明天》中的蓝皮阿五、红鼻子老拱、济世老店店伙、庸医何小仙。"蓝皮阿五

---

① 钱理群：《鲁迅作品十五讲》，北京：北京大学出版社，2003年，第124页。
② 徐哲：《浅析鲁迅小说对旧中国市民意识的改造》，《北方文学》（下半月），2011年，第2期。
③ 鲁迅：《鲁迅全集》（第一卷），北京：人民文学出版社，1981年，第240页。
④ 鲁迅：《鲁迅全集》（第十一卷），北京：人民文学出版社，2005年，第11页。
⑤ 王妹懿：《〈野草〉对市侩主义的批判》，《上海鲁迅研究》，2011年，第1期。
⑥ 岩穴：《鲁迅〈狗的驳诘〉简论》，《康定民族师专学报》，1994年，第1期。

和红鼻子老拱随时都在寻找时机想占单四嫂子的便宜；济世老店店伙和庸医何小仙串通一气试图敲诈单四嫂子省吃俭用省下来的银元和铜钱。"① 这些社会上普遍的低阶层的势利群体，与鲁迅暗讽的章士钊之流看似有阶级之分，实则可归为同等的势利之流。

然而，鲁迅并非一味地批判此类"无法唤醒的人"，对于他们，鲁迅也是寄寓改造的、期盼的。"难道所谓国民性者，真是这样地难于改变的么？"② 批判的目的是重建。"批判国民劣根性的目的，是为了改造国民劣根性，是为了让国民劣根性变好，是为了追求理想的国民性。"③ 从这一层面看，"无法唤醒的人"与其他层面的人之间，有过渡的可能性。

## 二、梦中人之联结

### （一）迷茫的"鲁迅"

《狗的驳诘》全文置于梦境之下。梦境意象是重要的隐喻，莱考夫和约翰逊提出："隐喻不仅仅是语言的事情，也就是说，不单是词语的事。相反，我们认为人类的思维过程在很大程度上是隐喻性的。"④ 狗对于人来说，是现实生活中的困扰在梦境中的反映。狗如影子一般，在诗人的梦境里。鲁迅在写《野草》时，经历了极多的人生变故，是鲁迅在"创伤与彷徨中的坚守"⑤之作。这期间，鲁迅经历家庭变故，兄弟失和，肺病复发，政治论争，遭受打压。鲁迅的彷徨情绪，在《狗的驳诘》中的梦境里得到了影射——他梦见自己是"乞食者"的形象，同时被狗驳诘。这之中蕴含着鲁迅自身的动摇。

正因是他自己的梦境，除了影射其他"无法唤醒的人"的同时，也是对自己的不信任。鲁迅也将自己纳入"乞食者"一列，无论怎样呐喊、反抗、坚守，仍无法摆脱"自己正和自己批判的人一起生活在充斥'求乞'行为的社会里"这一现实。"诗人设置了一个特殊的'语境'——狗'言'的反语（语面明言'己'，实乃指向'我'），因此对于'我'就构成了诡论式的'反讽效果'：你认为你是谁？你生存于能够分别'铜和银'、'布和绸'的社会现实中；你本人就能够分别'主和奴'、'官和民'，你屈服于世俗的规则、观念和价值；你生存于这一世俗当中，被它束缚、规范、塑造，然而你也利用着它、消费着它——你从来都是这个'现实'的一个'同谋者'；更可悲的是，你从来都无法摆脱它，自你偶然地来到这个世界起，它就与你如影随形，须臾不曾离开。"⑥

---

① 徐哲：《浅析鲁迅小说对旧中国市民意识的改造》，《北方文学》（下半月），2011年，第2期。
② 鲁迅：《鲁迅全集》（第三卷），北京：人民文学出版社，2005年，第18页。
③ 崔绍怀：《论〈野草〉的国民性思想》，《文艺争鸣》，2015年，第6期。
④ 乔治·莱考夫、马克·约翰逊：《我们赖以生存的隐喻》，何文忠译，浙江：浙江大学出版社，2015年，第3页。
⑤ 郝乃斯：《"立人"视域中的〈野草〉》，浙江师范大学硕士学位论文，2017年。
⑥ 李玉明：《人的"喜剧"，〈狗的驳诘〉新论》，《鲁迅研究月刊》，2016年，第12期。

日本学者竹内好说，鲁迅面前似乎站着一个鬼，"我想象，在鲁迅的根底当中，是否有一种要对什么人赎罪的心情呢？要对什么人去赎罪，恐怕鲁迅自己也不会清晰地意识到，他只是在夜深人静时分，对坐在这个什么人的影子的面前（散文诗《野草》及其他）。这个人肯定不是靡菲斯特，中文里所说的'鬼'或许与其很相近"。① "现在，这个'鬼'变成了一只'狗'，站在诗人的面前，狗'言'无忌地冲撞着'我'——诗人，在狗'言'中诗人照见了自己，所以'狗'暗示了诗人自我，——另一个自我。"② 鲁迅在梦境中，照见了自我，并无情地借狗之口，剖析自己，将自己置身"求乞者"的位置，对自己进行诘问。这更能体现出鲁迅作为"孤独的精神界战士"的战斗性和反思性。

然而，梦中人不只有迷茫的鲁迅，这里的"鲁迅"其实代指那一代迷茫的作家群体，具有普遍性意义。除鲁迅外，致力于革命事业的知识分子、作家群体，也在"梦中"进行光与暗的搏斗。在革命事业的低潮期，许多反抗者心里都在斗争中迷茫。如《在酒楼上》的"退隐"的吕纬甫、《孤独者》中"高升"的魏连殳，都是在受挫折后丧失了意气、妥协的"曾经的战士"。他们或以浑浑噩噩的生活麻痹自己，如吕纬甫怀着难耐的隐痛，教授"女儿经"类的书而苟活；或以"自残式"的选择依附军阀，如魏连殳"连自己也唾弃自己"一样地活着。

### （二）迷茫的青年

除了上文提到的鲁迅及更普遍的作家群体外，青年人也曾陷入消沉。"鲁迅对青年的态度是复杂的。尽管鲁迅早年从进化论的角度肯定青年，认为青年是国家的未来，但富有人生经历的鲁迅看到了青年群体的复杂性，认为青年不能一概而论。"③ "有醒着的，有睡着的，有昏着的，有躺着的，有玩着的，此外还多。但是，自然也有要前进的。"④ "青年两字，是不能包括一类人的，好的有，坏的也有。但我觉得虽是青年，稚气和不安定的并不多，我所遇见的倒十之七八是少年老成的，城府也深，我大抵不和这种人来往。"⑤ "然而现在何以如此寂寞？难道连身外的青春也都逝去，世上的青年也多衰老了么？"⑥ "曾经斗志昂扬的青年们在'无物之阵'中悠游得太久，奋斗的意志已经被消磨殆尽。曾经的志士们如遇鬼打墙一般，已经行动不得。如死水无澜的现实社会已经吞噬了一切，包括奋发有为者的斗士。"⑦ 然而，即便如此，鲁迅仍然"因为惊异于青年之消沉而作《希望》"⑧，他对青年具有强烈的期盼，即便在最彷徨无措的时候，也始

---

① 竹内好：《近代的超克》，李冬木、赵京华、孙歌译，上海：三联书店，2005年，第8页。
② 李玉明：《人的"喜剧"，〈狗的驳诘〉新论》，《鲁迅研究月刊》，2016年，第12期。
③ 吕周聚：《论鲁迅对青年的反思与期待》，《山东青年政治学院学报》，2021年，第4期。
④ 鲁迅：《鲁迅全集》（第三卷），北京：人民文学出版社，2016年，第58页。
⑤ 鲁迅：《鲁迅全集》（第十三卷），北京：人民文学出版社，2016年，第256页。
⑥ 鲁迅：《野草》，天津：天津人民出版社，2016年，第21页。
⑦ 崔绍怀：《论〈野草〉的国民性思想》，《文艺争鸣》，2015年，第6期。
⑧ 鲁迅：《野草》，天津：天津人民出版社，2016年，第5页。

终向往。鲁迅把自己定位为"中间物"。"'中间'既是鲁迅对历史阶段的判断,也是对自我身份的定位。由于身处传统与现代、保留与变革、守成与激进之间,鲁迅以'中间物'的历史自觉承担起'因袭的重担',承受着'旧'时的遗毒与现实的暗箭,以现代性、变革乃至激进为基点眺望'未来'。可以说,这既是一种历史自觉,也是一种牺牲意识,是其'反抗绝望'精神的体现……鲁迅的'中间物'就是在《写在〈坟〉后面》中被提出,它的根基是生物进化论,即'动植之间,无脊椎和有脊椎动物之间,都有中间物;或者简直可以说,在进化的链子上,一切都是中间物'。"① 鲁迅承受两方面的压力,同时将其联结,构成"鲁迅式"的纽带,以反叛、觉醒的形象屹立在中间。"梦中人"的迷茫,在鲁迅的联结下,仍有冲破阻隔、焕发新生的觉醒迹象。作为"中间物"的鲁迅,将梦中人与觉醒的人联结,并不断向觉醒推进。

"《野草》诸篇随着写作时间的递进,先是越来越深入地拓进'内部之生活',后是越来越远离'内部之生活',转而叙述社会关系中的'我',最后写作的《题辞》更明确发出告别的声音,鲁迅显然通过现代心灵问题的模进在很大程度上摆脱了'内部之生活'的捆缚,进而在虚无之后建立了新的现实感。"② 鲁迅对虚无后触及的现实,寄托了无限的变动和可能。"鲁迅根据经验推断中国历史存在的是'想做奴隶而不得的时代'和'暂时做稳了奴隶的时代'的循环,但他希望青年能创造'中国历史上未曾有过的第三样时代'。"③ 即便鲁迅批判着国民中的劣根性,但对于"中国人该往何处去""该去到一个怎样的新时代"仍寄寓期望。

## 三、觉醒的人之希望

### (一)觉醒的"鲁迅"

前文提到,"人"除了求乞者身份之外,也是诗人本身在梦中的形象。"……《野草》各篇的开头和结尾存在明显的复奏,即多以入梦始、以梦醒终,每一个文本都是拓进'本有心灵之域'的一次尝试……"④ 作者本身在现实中也是求乞者,同他批驳的社会上求乞的人群一样。但在他的梦里,借狗的口,又对自己进行残酷的解剖。这从他感到"受侮辱""一径逃走"都可以看出,他是不认可自己身份的,但又确实以这样的身份存在着。正是这点流露出的"不认可",彰显了人内在的反叛意识。"人"在这个意义上,象征着诸多"反抗者",他们不认可社会现实,一径想要远离。这一"逃跑的姿态"⑤ 为

---

① 沈祖新:《"反抗绝望"的"暗"与"明"——以〈坟〉为考察中心》,《新纪实》,2021年,第25期。
② 李国华:《现代心灵及身体与言及文之关系——鲁迅〈野草〉的一个剖面》,《文艺争鸣》,2021年,第11期。
③ 李国华:《现代心灵及身体与言及文之关系——鲁迅〈野草〉的一个剖面》,《文艺争鸣》,2021年,第11期。
④ 李国华:《现代心灵及身体与言及文之关系——鲁迅〈野草〉的一个剖面》,《文艺争鸣》,2021年,第11期。
⑤ 李玉明:《人的"喜剧",〈狗的驳诘〉新论》,《鲁迅研究月刊》,2016年,第12期。

"人"的颓势增加了亮色,同时也揭示了人的双重性——人既是求乞者,又是反抗者,就像"精神界之战士"——"他们憎恶一切丑与恶,正因为他们渴望美与善的降临;他们祝祷旧世界的灭亡,正是为了从废墟中重建新的世界;他们看似乖戾孤绝,实则充满对生命的关怀;他们看似离经叛道,实则是真正的积极入世者。"① "鲁迅一方面将自己认作是觉醒者,因为他会因'警觉'而喊出'新声',这就是'希望的呐喊';另一方面,鲁迅又对自己的呐喊心存怀疑,自己因为背负着'旧债'而势必不属于未来,不仅如此,还要承担'因袭的重担',体味觉醒的痛苦。在这种绝望的徘徊中,鲁迅认为自己唯一的价值就是与'旧垒'搏斗,之后'应该和光明偕逝,逐渐消亡'。这样的写作是以'立人'为宗旨的写作,是与'现实'战斗的写作,也是否定自我、超越自我的写作。虽然含有悲凉的生命体验,但鲁迅在这里还是更加突出光明与未来,强调战斗与抗争。"②

同样,觉醒的"鲁迅"也隐含着更普遍的意义。它包含着现代文学史上同鲁迅一样觉醒的作家群体。如受鲁迅影响下的北大《新潮》小说家群,《语丝》、《莽原》及未名作家群,"狂飙"诗人,"为人生"的文学研究会作家群,以及30年代的左翼作家群体等。他们同样用创作发声,同样具有思维的觉醒性。

### (二)觉醒的青年

"'青年'是最具未来属性与发展前途的群体,这也让鲁迅的'希望'与'青年'密不可分。甚至可以说,'青年'是鲁迅可以发出'希望的呐喊'的根本原因与现实原因。"③鲁迅的希望在于青年,鲁迅作为"中间物"的意义也在于为青年铺路,以自我牺牲,换取更大程度上的青年觉醒,焕发青年力量。"'中间物'的历史自觉牵制了'反抗绝望'所富含的孤绝心绪与虚空体验,激发出鲁迅精神中的'爱'。并且,这是一种强力的'爱',一种以'牺牲自我'为代价的'爱'。也是因为有了这份'爱',鲁迅虽然背负着黑暗与旧债,承受着觉醒的痛苦与现实的碰壁,但因为还有未来与光明在前方召唤,还有青年与生命在蓬勃跃动,鲁迅即使心想'埋葬',却还忍不住'眷恋'。"④在《狗的驳诘》一篇中,以"一径逃走,尽力地走"充分描画了"眷恋的姿态"。不仅是前文提到的"逃跑的姿态",从这一层面看,人"逃跑"具有双重性,一面冲破,一面期望,这也是联结"梦中人"与"觉醒的人"的最好表征。鲁迅对青年人的眷恋暗示了青年觉醒的可能性,寄予了青年觉醒的希望。许多青年追寻着鲁迅的步伐,如《语丝》、《莽原》以及左联的青年作家群等,都选择与鲁迅一起走向觉醒之路。

---

① 郝乃斯:《"立人"视域中的〈野草〉》,浙江师范大学硕士学位论文,2017年。
② 沈祖新:《"反抗绝望"的"暗"与"明"——以〈坟〉为考察中心》,《新纪实》,2021年,第25期。
③ 沈祖新:《"反抗绝望"的"暗"与"明"——以〈坟〉为考察中心》,《新纪实》,2021年,第25期。
④ 沈祖新:《"反抗绝望"的"暗"与"明"——以〈坟〉为考察中心》,《新纪实》,2021年,第25期。

从这一层面看,鲁迅并不"孤独",他与其他反抗者一起,与平安的青年一起,与逐渐被唤醒的群众一起。李泽厚说过一段话正好应和鲁迅的心境,他说:"个体并不完全屈从于、决定于群体,特别是群体社会愈发展,个体的作用、地位和独创性便愈突出和重要。个体的这种生动和独创可以是对群体的既成事实和心理积淀的挑战、变革和突破,而当这种挑战、变革和突破逐渐为群体所接受或普遍化时,它便恰好构成了群体心理的事实和革新。"① 文章的希望,就在这一层面的人得以体现。"觉醒的人"正是鲁迅想要立的人。虽然仍在彷徨,但彷徨之中总隐含着强烈的先觉性,这是鲁迅式的觉醒精神,这始终蕴含在他的文字中。

### (三)启蒙的人

在鲁迅及相关作家群、青年的觉醒精神中蕴含着"人的确证",人作为"观念的人"彰显了"人的观念"的萌芽。李玉明提到:"《狗的驳诘》是一个关于先觉者的寓言,这是一个先觉者在残酷无情地审视自我,审判自我,这是真正意义上的觉醒和自觉;借助于这一自觉,他同时获得了'人的观念,暗示了人的自觉'。'看清我自己',审视乃至审判自我,其意义已然不限于自身,实乃在这一过程中某种'人的观念'正逐步建基并建构,并且向'人是人本身'这一根底性观念掘进。"②

"萨特在他的本体论中把存在分成了两类:一类是'自在的存在',一类是'自为的存在'。所谓'自在的存在'是指客观的事实性的存在,它只是无条件地存在着,与自身是绝对同一的,自在的存在是偶然的、荒诞的存在,是一个巨大的虚无,缺乏存在的意义和存在的必然性;所谓'自为的存在'是指有意识的存在。萨特说自为的存在其特点是:'是其所非而又非其所是。'意思是说,自为的存在是它现在所不是的东西,而又不是它现在所是的东西,换句话说,它是存在的缺乏,它永远是存在的可能性,因此自为的存在永远不是什么东西,而是不断地成为什么东西,它总是不断地否定和超越自身。在萨特看来,在宇宙中,只有人才具有意识,才能自我否定,自我超越,也只有人才能称得上是自为的存在。在一个新的层面上实现自我的重新聚合,从而达到对自我的永恒肯定!"③

"这是个体的生命的'抵抗'的冲动或趋向,力图从局狭的生存状态中挣脱而出、冲破现实的羁绊和束缚的努力就是一种'抵抗','抵抗'这一行动本身显现为一种肯定,是某种生命力量的突击和爆发。这是第三层面的自我,一个勇于抗争和挑战的自我!这个自我是自尊自信的,由自高自大到自卑自嘲再到自尊自信,预示着自我的又

---

① 转引自王妹懿:《〈野草〉对市侩主义的批判》,《上海鲁迅研究》,2011年,第1期。
② 李玉明:《人的"喜剧",〈狗的驳诘〉新论》,《鲁迅研究月刊》,2016年,第12期。
③ 李玉明:《人的"喜剧",〈狗的驳诘〉新论》,《鲁迅研究月刊》,2016年,第12期。

一次脱皮、新生、挺立，预示着自我生命的一个新的形态。"[1]至此，人从"无法唤醒的人"之"不忠"抽离出来，在"梦中人"之"逃跑与眷恋的姿态"再突破，最终触及了"人是人本身"的"人的意识"的萌芽与觉醒。

在"观念的人"之外，人更是"实践的人"，即具有"启蒙意识"的人。他同时具有思维性又具有革命性，具有实践上的意义和价值。鲁迅的最终目的在于"立人"，那他是如何立的呢？这就现于"实践的人"的概念。真正从"思想的狂人"到"行动的战士"[2]，利用"人的意识"引导实践，用"理性判断"唤醒他人，才使"立人"具有可行性。康德写道："启蒙就是人从他咎由自取的受监护的状态走出。受监护的状态就是没有他人的指导就不能使用自己理智的状态。如果这种受监护状态的原因不在于缺乏理智，而在于缺乏无须他人指导而使用自己的理智的决心和勇气，则它就是咎由自取的。因此，要敢于认识！要有勇气使用自己的理智，这就是启蒙的格言。"[3]归根到底，"启蒙的人"是"觉醒的人"不可回避的下一阶段，也是使"觉醒"有存在意义的阶段。"人的观念"萌芽后，如鲁迅等人的觉醒意识出现后，其意义在于如何运用这一意识唤醒更多目前"无法唤醒的人"和"梦中人"，最终营造"众人突围"的美好愿景。启蒙的人彰显了那个时代的喜悦。如李玉明所论，《狗的驳诘》昭示了"人的喜剧"。在启蒙的人的这一意义上，无限的恐惧与孤独将势不可当地转化为无限的自由。在那个时代，鲁迅借《野草》，于无形中烘托了一种属于未来的人的喜悦。人从劣根中来，经过自欺与迷茫，也将抱有希望。

## 结语

总而言之，我们在探讨一个哲学问题：人是谁？人往哪儿去？在《狗的驳诘》一篇中，人有虚伪、势利之劣势，是无法唤醒的人；人有迷茫、不安之颓势，是梦中人；人有觉醒、启蒙之优势，是觉醒的人。但同时，我们应意识到，人始终向着最高处的启蒙意识前进。这就要求我们在分析其中隐喻的三种人时，不应该把这三种人看作绝对对立的、批判与被批判的关系，而是存在桥梁与纽带，暗含着过渡的意味的。对于"无法唤醒的人"，残酷剖析、批判的同时，鲁迅并不是寄寓全然失望、了无希望的态度的。"五四时期，保守内敛的儒家道德价值体系被开放进取的现代文化观念所取代，于知识分子自身而言，虽然并非一蹴而就的事情，也总是自觉自为的启蒙文化命题。但重造大众生活方式即重建文化，确是一个真正关乎大众化的社会改造和进步的具体而现实的问

---

[1] 李玉明：《人的"喜剧"，〈狗的驳诘〉新论》，《鲁迅研究月刊》，2016年，第12期。
[2] 刘忠：《思想史视野中的中国现当代文学》，华东师范大学博士学位论文，2004年。
[3] 康德：《回答这个问题：什么是启蒙？》，见《康德著作全集》（第八卷），李秋零主编，北京：中国人民大学出版社，2010年，第40页。

题。在这个问题上,'冷'的'国民性批判'也许不足以'教导'大众,而恰恰在自我认同与大众蒙昧化之间拉开了知识分子与大众的距离。也就是说,如鲁迅式的通过小说创作所表达的文明批判,其作用于大众的功能是极为薄弱的。"[1]鲁迅也心痛于这种"距离"与"隔膜",他曾说:"我们究竟还是未经革新的古国的人民,所以也还是各不相通,并且连自己的手也几乎不懂自己的足。我虽然竭力想摸索人们的魂灵,但时时总自憾有些隔膜。在将来,围在高墙里面的一切人众,该会自己觉醒,走出,都来开口的罢,而现在还少见,所以我也只得依了自己的觉察,孤寂地姑且将这些写出,作为在我的眼里所经过的中国的人生。"[2]无法唤醒的人也许也会"自己觉醒,走出,开口"。"鲁迅对此并非没有清醒的认识。如《故乡》结尾,'我'想到宏儿和水生'要一气',则感叹'隔膜'或许并不永久。但每个人毕竟要有自己'新的生活',无论是'辛苦辗转'还是'辛苦恣睢',终归不是'辛苦麻木'便罢。就'我'而言,既对闰土的'崇拜偶像'耿耿于怀,便不该再拿'手制的偶像'去迫压他。面对他'切近'的愿望,'我'应该搁置'茫远'的愿望,任其走自己的路。这即或是所谓'希望'。"[3]而对于梦中人,即便身处渺茫的困境之中,仍然具有"逃跑的姿态"与"眷恋的姿态",并借此以奔赴现实,奔赴光明的前途。同时,有作为"中间物"的鲁迅不懈地联结与呐喊,通向觉醒的道路,甚至唤醒人的意识,焕发启蒙精神的道路会变得越来越清晰。

"无法唤醒的人"是"觉醒的人"的前身,隐含着觉醒的迹象;"梦中人"是迷茫着的"觉醒的人",努力从梦境挣脱,联结着双方,透露着觉醒的期望。最终,两种人都归于鲁迅的初衷"立人"。虽然《狗的驳诘》一篇并不如鲁迅其他颇具"猛士"色彩的文章一般有强烈的冲击性,但其隐含的对"立人"的不懈追求仍可以被体悟到。"希望"是鲁迅文章不变的隐喻,无论是迷茫还是愤恨,都透露着强烈的"决计改变"的色彩。这是鲁迅给予我们最深远的意义。

赵钎宇　北京第二外国语学院高级翻译学院本科生

---

[1] 周仁政、杜娟:《文明论视野中的乡土叙事——〈故乡〉与鲁迅小说的社会批判》,《湖南师范大学社会科学学报》,2022年,第1期。
[2] 鲁迅:《鲁迅全集》(第七卷),北京:人民文学出版社,1982年,第82页。
[3] 周仁政、杜娟:《文明论视野中的乡土叙事——〈故乡〉与鲁迅小说的社会批判》,《湖南师范大学社会科学学报》,2022年,第1期。

# 《四世同堂》祁家四代父子伦理模式探析

◇ 安然

纵观《四世同堂》的人物，分析《四世同堂》时代背景，就祁家人伦关系而言，民国之际，也正是人民冲破束缚、思想解放的时期。祁家四代人物的伦理关系模式可分为传统模式、传统与现代融合模式与现代模式。下面我将分别分析这三种模式。

## 一、祁老太爷与祁天佑的传统伦理模式

祁老太爷与祁天佑之间传统的关系模式是基于孔子所说"君君，臣臣，父父，子子"[①]的纲常伦理以及二人的教育背景、性格特点而产生的。祁老太爷是典型的接受儒家纲常伦理文化熏陶的人。1937年七七事变，他当时75岁，他在这之前已经经历过清朝同治、光绪、宣统三位皇帝当朝，同时又经历了两次鸦片战争、八国联军侵华、辛亥革命、清朝皇帝退位、民国建立等重大历史事件。他的少年、青年时期一直处于封建统治时期。传统的思想会根深蒂固地影响祁老太爷。"老人在幼年只读过三本小书与六言杂字；少年与壮年吃尽苦楚，独立置买了房子，成了家。"[②]他读过的书很少，三本小书是指《三字经》《百家姓》和《千字文》，而《六言杂字》也同样是启蒙读物。由此可见，祁老太爷的知识水平只停留在启蒙阶段。因为从小接受的纲常伦理教育使他成为了仿佛"大家长"一般的人物，但是他因为年纪原因而没有实权。他本来的实权已经交给了管家的孙子祁瑞宣了。从这也可以看出他的行为习惯依照传统的儒家礼教。孔子说："七十而从心所欲，而不逾矩。"[③]祁老太爷已经75岁，所以他早已放权给儿子、孙子，自己享受天伦之乐。虽然他没有实际的权力，但是他在家族中的地位仍然很重要。而祁天佑在他面前就是一个听话老实的儿子，不敢反抗，只能顺从。同样，祁天佑也未曾受过系统的教育。"他的儿子也只在私塾读过三年书，就去学徒。"[④]"黑胡子小老头很不自

---

① 杨伯峻：《论语译注》，北京：中华书局，1982年，第128页。
② 老舍：《四世同堂》，北京：人民文学出版社，2012年，第4页。
③ 杨伯峻：《论语译注》，北京：中华书局，1982年，第12页。
④ 老舍：《四世同堂》，北京：人民文学出版社，2012年，第4页。

然的坐下,好像白胡子老头给了他一些什么精神上的压迫。"①这里是祁老太爷询问祁天佑现在时局如何,祁天佑作出的反应。可以看出他们父子相处时并不是十分放松的。祁老太爷天生的威严压迫祁天佑进行回答。这更像是上级询问下级时的情况。冯友兰先生曾说:"在一个'家邦'里,社会组织是按人生来的地位,等级式地形成的,在一个家庭里,父亲的权威天然地高于儿子的权威。"②而大半辈子在清朝统治下生活的祁老太爷,和同样在青少年时期处于清朝统治的祁天佑二人所奉行的纲常伦理为父亲权威天生高于儿子,就很合常理了。

祁老太爷与祁天佑这样年纪的人是很难表达感情的,在祁天佑自杀后,祁老太爷在八十大寿上说:"混账才高兴呢!算算吧,四辈子人还剩下了几个?生日?这是祭日!我的生日,天佑们的祭日!一个人活着是为生儿养女,永远不断了香火。看我!儿子倒死在我前面!我高兴?我怎么那么不识好歹!"③在祁天佑去世后,祁老太爷终于爆发了,他心有不甘,无法面对白发人送黑发人的痛苦。孔子曰:"子生三年,然后免于父母之怀。夫三年之丧,天下之通丧也。"④孔子推行的是儿子需要在父亲死后进行服丧来表示自己的孝顺与感恩,但是祁天佑却死在了祁老太爷前面,一方面这是对于儿子去世的悲痛,另一方面这不符合儒家传统伦理,所以才产生了愤慨之情。祁天佑对待祁老太爷是十分孝顺的。虽然在言语上不会多说,但是对于老父亲唯一的心愿是过完八十大寿,他还是想尽力满足的。"在他的心里,给老父亲作寿差不多和初二十六祭财神一样,万不能马虎过去。"⑤虽然时局混乱,但是他仍然怀着这样一份孝心,只不过他的孝心是从行动中表现的,从未用语言表述出来。

总而言之,祁老太爷与祁天佑父子都没受过系统的教育,构成传统的父子模式。虽然他们不会表达对对方的感情,但他们仍然能有心去为对方着想,这就体现了二人慈与孝的关系。这种模式的内涵是建立在传统思想基础之上的。这种思想会使本来就没有接受过教育的民众更加地迂腐。而这种麻木不仁的人若成为父亲必然会有极强的控制欲,去操控孩子未来的道路,孩子也因为自己的麻木不仁而觉得自己会低人一等,这种天然形成的差序格局就是这种传统的父子关系的独特之处。这区别于其他两种模式,这种模式会更加地封建化,所处时代也会更加地早。对于所处那个时代的人来说,对于典型的大家族模式的家庭来说,较老的一辈都是传统的伦理模式。这种伦理模式会使得家族上层有着坚固的外壳,但随着老一辈年纪越来越大,这个外壳会逐渐松动,最终会被下一代所取代。

---

① 老舍:《四世同堂》,北京:人民文学出版社,2012 年,第 6 页。
② 冯友兰:《中国哲学简史》,北京:民主与建设出版社,2018 年,第 21 页。
③ 老舍:《四世同堂》,北京:人民文学出版社,2012 年,第 554 页。
④ 杨伯峻:《论语译注》,北京:中华书局,1982 年,第 188 页。
⑤ 老舍:《四世同堂》,北京:人民文学出版社,2012 年,第 43 页。

## 二、祁天佑与祁瑞宣的传统与现代融合的伦理模式

祁天佑和祁瑞宣因为所处时代的特殊性本应该产生传统与现代冲突的伦理模式，但是因为二人的性格特点导致他们之间产生了融合的伦理模式。祁瑞宣是祁家的顶梁柱、当家人。他读过书，接受过良好的教育，"直到了孙辈，才受了风气的推移，而去入大学读书"。①"南京国民政府成立后'国内南北统一，各方建设猛进'，政府倾力发展文教，知识界亦得迅速发展，史称'黄金十年'。"②小说中并没有提及这股风气是什么，但是可以大概推断出是1921年至1937年民国成立后十多年时间内所产生的进行教育以及上大学的风气。同时他也精通外语，是全家唯一一个配得上"文雅"这个词语的人。"瑞宣，胖胖的，长得很像父亲。不论他穿着什么衣服，他的样子老是那么自然，大雅。"③祁瑞宣文雅懦弱但倔强。祁瑞宣的倔强是从父亲祁天佑那里遗传来的。祁天佑因为被日本人污蔑是"奸商"而不堪侮辱跳河自尽。这是气节，也是他作为一个正直的中国人最后的倔强。而祁瑞宣从未接受过冠晓荷的巴结、攀附，也从未向日本人低头，他也是有一份倔强在心中的。"民众教育的家事教育是以爱国强国为目的，以西方现代意识结合中国传统治家哲学反省了以往的思想的不足，认真而深刻地表达了其内涵，规划了中国家庭的改革前景，呈现了以家兴国的面向。"④由此可见，在家族一体的模式下，祁瑞宣从祁天佑的身上学习到了中国人爱国意识的精髓。

祁天佑与祁瑞宣这对父子的相处模式是最为"尴尬"的。祁天佑是一个掌柜，并不像祁老太爷那样撒手不管家中事，他有时也会去操心。"天佑知道长子的一举一动都有分寸，也知道一个人在社会上作事是必定有进有退的，而且进退决定于一眨眼的功夫，不愿意别人追问问了什么原因。"⑤而祁瑞宣作为他的长子，其实是最了解他的。他是家中最懂父亲的人。"在一家人中，最能了解天佑的是瑞宣……他在家中既须作个孝子，又须作个不招儿们讨厌的父亲。"⑥可见祁天佑这个人是矛盾的。而瑞宣在和父亲相处的时候可以给父亲的只是尊重与安慰。⑦作为一个成年人，他似乎纠结于父子间的沟通，因此他也不知道如何谈这件事，"他觉得父子之间似乎隔上了一段纱幕，彼此还都看得见，可是谁也摸不到谁了"。⑧因为瑞宣自己的纠结与祁天佑天生的父亲式的沉默寡言，这导致二人想谈又无从谈起。

祁天佑与祁瑞宣是相同的也是不同的，相同的是他们担当的都是父亲与儿子的角

---

① 老舍：《四世同堂》，北京：人民文学出版社，2012年，第4页。
② 刘超：《中国大学：历史、现状及其他》，《社会科学论坛》，2009年，第3期。
③ 老舍：《四世同堂》，北京：人民文学出版社，2012年，第33页。
④ 王沛轩、刘莉：《家庭重塑：民国时期民众教育中的家事教育》，《齐齐哈尔大学学报》，2021年，第9期。
⑤ 老舍：《四世同堂》，北京：人民文学出版社，2012年，第49页。
⑥ 老舍：《四世同堂》，北京：人民文学出版社，2012年，第226页。
⑦ 老舍：《四世同堂》，北京：人民文学出版社，2012年，第226页。
⑧ 老舍：《四世同堂》，北京：人民文学出版社，2012年，第227页。

色，不同的是他们的成长时代不同所导致的他们的性格相似，实质不同。祁瑞宣继承了祁天佑的和气，但不论是教育方面或者是处事方面，祁瑞宣也有他的勇敢在心中。但作为一家之主他不能把勇敢外露，只能将自己的勇敢寄托给三弟，所谓忠孝两难全，祁瑞宣只能留在家中代替三弟尽孝，而报效国家需要交给三弟去做。祁天佑缺少的就是这样一份勇敢，因为日本人的刁难，他最后跳河以证清白，这确实不是明智之举，而是中国传统思想"以死明志"的体现。以死明志不是勇而是愚，一定程度上体现了他懦弱的一面。

总而言之，祁瑞宣继承了父亲的爱国与担当，但他自己又多了些明智与勇敢。处在两个时代交汇的两代人相处是"尴尬"的，但这份尴尬所体现的正是父子二人间不可言说的感情。传统与现代的融合模式所表现出来的内涵是混合的与多重的，是新旧时代的交汇所迸发的产物。在这种传统与现代的碰撞下，可能会不利于家庭的稳定构建，每当新事物出现，势必会代替旧事物向前发展，而这代替的过程在外会出现碰撞，而在内则是裂隙。它的独特之处在于是两种不同思想的汇聚，并非单一的，而是二元的，是对立的。对于具有这种关系模式的父子来说，他们会免不了有摩擦和嫌隙，但是新时代的孩子因为有更多的见识，从而会更加了解父亲的所作所为。这种融合模式所展现的正是新旧时代更迭的面貌，新旧的交汇势必会有新人的出现，也会有老人的退场，但是不论老人或是新人，他们所做的都是给予这个时代最好的礼物。

## 三、祁瑞宣与小顺儿的现代伦理模式

《四世同堂》中对于小顺儿的描写较少。但是老舍仍然安排小顺儿在宏大的时代背景中，可谓是独具匠心。小顺儿是祁家希望的延续，也是这个时代希望的延续。他出生于民国建立之后，但是因为年龄太小，并且瑞宣不想让他接受殖民的教育因此还未入学。小顺儿是一个有活力的、怀抱希望的鲜活的角色。"小顺儿的鼻子皱起来，噘着小嘴：'什么小日本儿，我不怕！中华民国万岁！'他得意的伸起小拳头来。"[1]作为一个不到10岁的小朋友，其实他并不懂什么叫小日本，他从别人口中听的、学的这些他只明白有人在欺负我们。作为一个小男孩，他拥有足够的激情和勇气去抵抗坏人。同时小顺儿是妞子的哥哥，作为大孩子他自己有眼力见，看得出来大人们说话的气氛。并且对待事情有自己的主见，虽然他还不能为这一大家子人做主，但是他可以为比他小的妹妹妞子做主："大家全愣住了。小顺儿看出来屋里的空气有点不大对，扯了扯妞子：'走，咱们院子里玩去！'"[2]

在瑞宣和顺儿这对父子关系上，充斥着现代的气息。祁瑞宣毋庸置疑是一个慈父。

---

[1] 老舍：《四世同堂》，北京：人民文学出版社，2012年，第23页。
[2] 老舍：《四世同堂》，北京：人民文学出版社，2012年，第51页。

"于是,他顺手儿在路上给祖父与小顺儿买些点心,像个贤孙慈父那样婆婆妈妈的!"①他会在回家的路上记得给儿子买零嘴吃,即使他觉得自己婆婆妈妈,但是他还是做了。同时他也会约束自己的儿子:"小顺儿正用小砖头打树上的半红的枣子。瑞宣站住,先对小顺儿说:'你打不下枣儿来,不留神把奶奶屋的玻璃打碎,就痛快了!'"②这里祁瑞宣急着要去学校,看见小顺儿在打枣子,这个时候他们的食物已经很少了,所以小顺儿打枣子其实情有可原。但是祁瑞宣仍然告诉他小心打到玻璃。父亲教导孩子的基本礼貌、规矩是不能忘的。即使是小孩子,也不能为所欲为地玩耍,要注意安全和财产问题。但祁瑞宣作为男人,以及家中学历、知识最高的人自然"掌外",而教育孩子这种事情当然会落到顺儿的妈韵梅手中。"老舍在写作过程中也认同家国同构的文化传统,即男子'修身齐家治国平天下'的神圣使命与女性相夫教子的传统角色。"③因此,这种现代的模式当然也不是21世纪的模式,这也是在清朝末期思想余波的影响下,相对现代的模式。"瑞宣不大爱管小孩。他好像是儿女的朋友,而不是父亲。他总是那么婆婆妈妈的和他们玩耍和瞎扯。等到他不高兴的时候,孩子们也自然的会看出不对,而离他远远的。"④父母双方管教孩子一定是有一方严厉,有一方温柔。若都严厉则孩子总会生出叛逆之心,若都温柔,孩子将会不服管教为所欲为。所以祁瑞宣和韵梅的教育方式是很适合小孩子成长的方式。祁瑞宣的"慈"并不是一味地放纵,而是有约束地教育。

总而言之,祁瑞宣与小顺儿的父子关系更像是朋友间的父子关系,是相较于前两种相对传统模式的较"现代"模式,孩子可以活泼、调皮,但必须要懂得规矩。父亲不会过多地约束孩子,会给孩子自由的成长空间,同时孩子也会拥有自己的想法,有自己的主动权。这种模式的内涵则是更为现代的平等思想。对于处在这样的时代的人来说,这是全新的时代,是全新的社会,需要去适应和探索,因而更加激励这个时代的人去创新与创造。新的时代会抛弃旧社会的思想与习俗,有着全新的生活方式、生活理念,这就是这种模式的独特之处。二人的关系会更加亲近,因为他们的受教育程度、接受新鲜事物的能力都差不多。这种默契正是前两种模式所没有的。

## 结语

《四世同堂》时间线横贯十几年,祁家四代人的关系映射出时代背景下大家族的内部的风云变化。祁家四代人物的不同的父子关系模式,充分体现了不同时代发展、教育背景、性格不同对人关系的影响。祁老太爷与祁天佑传统模式处在清朝的传统之下,他

---

① 老舍:《四世同堂》,北京:人民文学出版社,2012年,第32页。
② 老舍:《四世同堂》,北京:人民文学出版社,2012年,第45页。
③ 于川:《论〈四世同堂〉中"家"的形象》,《中央民族大学学报》,2014年,第1期。
④ 老舍:《四世同堂》,北京:人民文学出版社,2012年,第79页。

们的关系十分严肃。但同时也因为祁老太爷年纪太大以及祁天佑天生的和气的原因而有所缓和。他们不会将关心说出口，都是用行动来证明自己的感情。祁天佑与祁瑞宣的传统与现代融合的模式是因为二人性格上继承的相似性，也使得二人关系既尴尬又亲密。最后祁瑞宣与小顺儿朋友间的现代父子关系是因为时代的不同以及年龄尚小使得小顺儿相较于他的父辈有更多的未来选择权。

他们不同的伦理关系模式以小见大可以看出在时代洪流的变化中，整个道德层面，即道德原则、道德实践、道德精神上都有所发展。他们的思想越来越开放，观念越来越先进，选择越来越广泛。这都是时代给予他们宝贵的财富。不论是处在旧社会的人们或是处在新旧时代交替又或是新时代的青年人们，他们所背负的都是时代赋予他们的深刻的烙印。分析《四世同堂》祁家四代的父子关系也为我们如今父子相处提供了范本。抛开时代的大背景不谈，他们仍然能为我们提供启示，暗含着教育意义，对于当下父子关系的相处模式有着借鉴意义。

安然　北京第二外国语学院文化与传播学院汉语言文学专业本科生

# 《芳华》的身体书写

◇ 鲁逸飞

　　说到严歌苓的《芳华》，它在所有写少年时代的文学作品之中，似乎也没有什么特殊之处。在红房子内，男孩子和女孩子渴望着彼此身体的触摸。在以刘峰、何小曼、萧穗子、郝淑雯、林丁丁为主角的这一群人几十年的生命之中，那不可触摸的身体会让我们感受到一种来自于时代、来自一切机缘巧合所带来的无力感。这部作品写下了属于那个时代，那样一群人他们的芳华岁月。虽然随着岁月的流逝，当年的少男少女们会成长，但是身体上的变化却不等同于心理层面的变化。在层层伪装之下，他们的身体感觉依旧没有变。他们深刻地知道什么是快乐与幸福，他们也曾都就离完美的结局隔了一层薄膜，但是那层薄膜是永远也戳不破的。这里有所谓的圣人的幻灭，有充斥着痛苦的英雄，有身世罪孽深重的穗子，这一切都不禁让人深思：如果当初的那件事是另一个样子的，会不会一切都好一点？在这个故事中，没有人幸福，没有人冲破了那个时代，也没有人可以真实地触摸到彼此的身体。身体从表面上来看区别了人们的性别，不可触摸的身体代表了在那一个时代男女之间的伦理，是对彼此的爱的不可触碰，是对于真正身份的不可得，更多的也是那个时代的社会禁忌。

## 一、身体与身份

　　严歌苓将这个故事命名为《芳华》是别有用意的，这部作品的核心内容与芳华有关，但是在这部作品里没有一个人真正地拥有了芳华。在那段芳华岁月里，人人都渴望着英雄的身份。英雄之所以是英雄，就在于他们的伟大事迹被很多人所知道了。而《芳华》中的两位主人公，他们的事迹却没有被很多人所知道，有很多人也不想知道，他们的身体在那个时代在不断地被忽视，而功绩却不被人所认可，所以，他们的身份是那个时代"隐匿的英雄"。

　　首先是小说的主人公刘峰，他的芳华时代是在做英雄中度过的。我们一般会将英雄与光辉的人生相连接，但是他所处的时代，"英雄"两个字所带给他的东西却是无尽的痛苦。他做英雄的时候，他是一个大家所公认的好人，大家用一个英雄的身份把他高高捧起。而他也承担起了这个身份，他做了所有的苦活脏活，以英雄的身份去帮助别人。而当红房子中的人们发现英雄做出了一丝不符合人们心中所塑造的呆板的英雄形象时，他好像就不是那位英雄了。那个时代，一个人如果做了英雄，是不能与世俗生活发生联系的。但是，刘峰毕竟没有走向云端，他生活的真实环境是小红楼，身边是触手可及的文艺女兵。①红房子中，少男少女们的恋爱都是偷偷摸摸的，人们碍于社会上的压力而不敢直接谈情说爱。在这种社会背景下，刘峰矢志不渝地爱上了林丁丁。刘峰作为当时红房子中的英雄，对于每一个人都有着公平的爱，而他将自己的偏爱给了林丁丁。在他认为他和林丁丁的关系应该可以水到渠成时，便毫不犹豫地向林丁丁表白了，却遭到了林丁丁惊恐的拒绝。大家似乎是将所有的阴暗心理都放在了他的身上，没有人希望他过得好，大家都在当时抱着一种想看"这再怎么光明磊落的人也不过如此"的念头去看刘峰英雄身份的崩塌。"我从最开始认识刘峰，窥见到他笑得放肆时露出的那一丝无耻、一丝无赖，就下意识地进入了一场不怀好意的长久等待，等待看刘峰的好戏；只要他具有人性就一定会演出好戏来。在深圳郝淑雯豪华空洞的别墅里，我这样认清了自己，也认识了我们——红楼里那群浑浑噩噩的青春男女。"②

我们可以看到追求爱这件事情其实在红房子中并不算少见，强副主任可以，其他的男男女女可以，但是只有这件事情在英雄刘峰的身上发生了，追求爱这件事情才成为了罪过。严歌苓通过对多年之后穗子内心的描写，揭示了当年大家对刘峰批判所犯下的罪与悔，这背后隐含了复杂的人性心理。③做一个英雄，是刘峰芳华时代的身份，是他一生的高光之处，但是触摸事件将刘峰的英雄身份剥夺了，揭示了在那样的时代背景之下，英雄的身体与英雄的身份是不对等的。人们用定义去书写英雄应有的身份，却忽略了英雄最本质上也是普通的人，和我们并没有区别。之所以有的人能够成为英雄，是因为他的身体做到了英雄的样子。而在那样的时代之下，刘峰的身体是无法触及人们定义下的英雄的身份，因此刘峰只能成为了那个时代"隐匿的英雄"。

小说中的另一个人物，何小曼，她是故事里面得到了社会公认的一位英雄。她的矛盾就在于，竟然会有人因为成为了英雄而发疯？一般说来，有了英雄的身份的人就是被人们认可的好人，既然大家都认可，那么这位英雄也理应心安理得地接受英雄这个身份。"她一路小跑，大叶桉树夹出的甬道两边，全拉起红底金字的横幅大标语，标语上全是她的名字，她的名字前面全是赞美词儿：英雄护士，救死扶伤的天使，白求恩式的白衣战士……她越走越急，被子弹追着似的，幸亏院部的人跟她不熟，一时还没有把她的模样和名字对上号。她觉得心脏在喉咙口跳，在太阳穴上跳，手指尖、眼皮上、睫毛

---

① 孟繁华：《芳华的悲歌——评严歌苓的长篇小说〈芳华〉》，《名作欣赏》，2017年，第8期。
② 严歌苓：《芳华》，北京：人民文学出版社，2017年，第157页。
③ 刘艳：《隐在历史褶皱处的青春记忆与人性书写——从〈芳华〉看严歌苓小说叙事的新探索》，《文艺争鸣》，2017年，第7期。

尖到处传导着心脏的跳动。父亲曾经在白底黑字的标语丛中，也是这样跑，被子弹追着一样。她跑到护士值班室门口，推开门便说：'对不起，我迟到了！'"①

在这时，何小曼已经拥有了人们所敬仰的英雄身份了，所有人都在"拉着横幅"等待她。而就是这样的横幅，在她幼年时候，却给了她最沉重的打击。那唯一一个值得今天的何小曼记住的人——她的父亲当年就是被一堆人围住，被一条又一条的横幅折磨致死的。她不愿意接受那些人的敬仰，她心中清楚她的英雄身份是假的，她配不上这样的称号。沉重的身份压垮了她的身体。她其实也看到了，如果她接受这个英雄的身份，她的生活将会完全不同：那个好像没有她这个孩子一般的母亲也来看她了，她被戏称为"搅屎棍"的粗壮头发也成为了人们赞美的对象。她还记得，当年在做托举动作的时候，所有的男舞蹈演员都不愿触碰她的身体，而今天，她被所有人都接受了，那些人蜂拥而至，渴望触碰她的身体。但是她不愿意，不知道是今昔相比，巨大的落差击中了她，还是怎样。但是我更倾向于是因为她是这个世界上真正的英雄，她不愿接受一个虚假的英雄身份，所以她疯掉了。英雄的身体又怎能接受那些虚假的身份。何小曼和刘峰一样，都希望能够成为真正的英雄，却不被人理解。但是，在没有被人们看到的岁月里，何小曼和刘峰坚持着用英雄的身体去做那"隐匿的英雄"。因此，"隐匿的英雄"也许会比那些有真正名号的、被大家所敬仰的英雄更神圣，因为他们有着英雄的身体和英雄的心。

## 二、身体与伦理

从小说一开始，我们就知道萧穗子是因为与少俊的情书事件而受到惩罚的，在那样一个时代，这种"情书事件"是被视为伦理的一个问题，但是在小说中这似乎只是以一个背景存在着，没有人告诉我们这场情书事件是怎样发生的。《芳华》的结尾才告诉所有读者，当年是郝淑雯用"美丽的胴体"拿下了少俊，轻而易举地让少俊交出了穗子所有的情书、出卖了穗子。郝淑雯年轻而美丽的身体，是获得那些愚蠢的男孩子的崇拜、"战胜"自己的朋友、满足一个无知少女的虚荣心的最好手段，也是属于人性恶的体现。无论经过了多长时间、发生了什么事情，穗子从来就没有把憎恨的矛头对准郝淑雯，我们无法去解释少俊对于郝淑雯的感情是出于什么，是出于少年人的心动还是一时间对于美色的迷恋？但是在这看似是青春期的少男少女的闹剧中，一位少女一生中的第一次心动就这样被葬送了。我们会认为郝淑雯的心中多有对穗子的嫉妒，因此她凭借着自身家境，引诱少俊把那件在当初来看算得上违反伦理的事情说出来，让所有的人背叛穗子。但是在三十多年后的啤酒屋里，郝淑雯却意外地把穗子称为唯一配得上听

---

① 严歌苓：《芳华》，北京：人民文学出版社，2017年，第128页。

她揭秘那段往事的人，她们像一对好友一样谈着过去的岁月。郝淑雯反复地问着穗子恨不恨她，似乎什么都没有变，郝淑雯一如往常地相信着穗子不会因为她的告密而生气。好像这三十年过去了之后，郝淑雯这个人身体的外壳或许有了很大的变化，但是里面住着的灵魂却依旧如故。年轻的身体表面的冲动与攀比褪去，露出了里面佩服着穗子的、有时幼稚的那颗灵魂。当然，能被郝淑雯轻易勾引的男人少俊肯定也算不上是什么好人，他的人性是丑陋的，所以当年发生的这一切应该都在某种程度算不上是女孩子之间的攀比和妒忌，如果一定要对这个找个原因，也许只是属于青春的，属于人性的一个结果。青春的身体不满于社会的伦理，渴望着自由与大胆恋爱的身体不断寻求着那一个突破口，于是，情书事件发生了。青春的身体们用单纯的行为向着伦理发出呐喊，用那个时代的伦理所不允许的大胆恋爱向周围的一切宣战着，于是善或者恶的人性也就暴露了。

《芳华》的爆发点，就是在于两场"触摸事件"。第一场触摸事件是指刘峰向林丁丁示爱的时候的那场触摸事件，而另一场"触摸事件"则是刘峰与何小曼在舞台演出时发生的故事。这两次触摸所带来的结果是不同的。对于第一次触摸，刘峰触犯了伦理，因此他受到了人生中最大的一次批评，也从此改变了他的人生。其实假如当时的林丁丁答应了刘峰，刘峰就不会被批判，也就避免了变成残废的悲剧。被大家视为英雄的刘峰，凭着自己的踏实肯干，说不定现在已经做了官，与林丁丁过上了殷实温馨的小日子，也许大幸福创造不出来，但是小幸福是能够天天发生的，这有什么不好呢？但在那一场"触摸事件"之后，这种幸福，已经离刘峰而去了。被众人视为英雄的刘峰，只因为自己表露出了不符合人们定义的英雄身份的行为，有了超越伦理的，却也真实的对于爱情的追求，他的身体在那一个时代就失去了自由。

对于另一场触摸事件，严歌苓写道："那天晚上，其实小曼想告诉刘峰，从那次托举，他的两只手掌触碰了她的身体，她的腰，她就一直感激他。他的触碰是轻柔的，是抚慰的，是知道受伤者疼痛的，是借着公家触碰输送了私人同情的，因此也就绝不只是一个舞蹈的规定动作，他给她的，超出了规定动作许多许多。他把她搂抱起来，把她放在肩膀上，这世界上，只有她的父亲那样扛过她。"① 这一次触摸事件的结果，严歌苓在小说结尾的时候告诉我们，小曼化名姓沈，一直守在刘峰身边照顾他。虽然严歌苓没有点明他们是否成为了情侣，但是，小曼是爱着刘峰的，她爱着那个当年在痛苦和鄙夷中唯一一个给了她希望和尊重的男人。在当时，触摸像何小曼这样的女孩子是有悖于伦理的，因为在那些少男少女们看来，何小曼是不应得到尊重的。因此，刘峰通过身体的触摸所传递的力量是我们无法估量的。通过这次触摸，刘峰将善良烙印在了小曼的身上，

---

① 严歌苓：《芳华》，北京：人民文学出版社，2017年，第108页。

这个烙印是一个精神的印记，改变了小曼的命运，使小曼从一个自卑而怯懦的人变成了一个能够为这个社会贡献出自己的一分力量的人。她明白了虽然世俗的伦理是存在的，但是仍然有着像刘峰这样的英雄，他们是不畏惧世俗的伦理，愿意用平等且包容的爱去对待身边的每一个人的。因此，在刘峰离开之后，何小曼也在像刘峰一样，努力做着一位英雄应当做到的事情，用爱去对待他人，而不畏惧伦理与世俗。

这两次触摸事件所带来的结果是截然不同的。一次触摸，刘峰失去了那个让他丢掉了英雄身份却也深深爱着的人；同样的是，刘峰收获了一个他的身体爱着的，但是灵魂却不爱着的人。严歌苓在刘峰即将离开之时还写了一段与何小曼之间的交流，在这段对话中，刘峰属于英雄的一切，都已经属于何小曼了。这一段文字比那一场批斗会更深刻地写出了一位英雄在那个压抑的时代中的毁灭，他丢掉了他作为英雄的外壳，也就一点一点地离开了现实的人类世界，一个年轻的英雄失去了他的芳华。似乎通过那条印着"人民英雄"的毛巾，何小曼得到了某种传承，她在之后的日子里也成为了一位英雄。我们或许会有疑问，这是何小曼在向刘峰表示自己的感谢，或者是何小曼是在以一个朋友的身份表达对刘峰的不舍？严歌苓在小说结尾的时候揭晓了答案，那次沟通，是何小曼作为一个羞怯的女孩子在向自己心目中的英雄发出爱的呼喊，她用她善良的人性，呼唤着另一位英雄。此后她的英雄离开了，于是她也离开了，她失去了留在这里的理由。严歌苓没有选择在这次交流中让何小曼直接说出自己的爱与心声，在数十年后揭晓谜底的那一天，那位神秘的刘峰女朋友沈女士告诉我们何小曼的心声，她用行动告诉了我们，对于她心中的英雄，她选择的是使用任何可能的方式去寻找他。在那个时代，是英雄在守护着英雄。刘峰的触摸仿佛禁锢了何小曼的身体，这个禁锢年复一年地慢慢收紧，不断地榨着何小曼仿佛是苦尽甘来而获得的那一丝丝尊重与爱护。伦理压制了身体，也压制了对于爱的追求，是那个时代的悲歌。

## 三、身体与生存

在身体被社会禁锢的那个年代，很多人活着，只是为了生存而生存，而人的爱情有让生存焕发生机的力量。刘峰和何小曼，他们因为爱而生存。

刘峰，就是一位因为爱情的破灭而导致悲剧的人物。刘峰只有一次对于林丁丁的失败的表白。这一次失败，让他的爱破灭了。爱情是支撑着他的最后一棵稻草，失去了爱情，他的生存也就只剩下了躯壳。所以刘峰在小说后面的一举一动都带有着明显的求死之心，他已经失去了支撑这具躯体的动力。他在下放之后受伤的那一次，他为了能够让他的林丁丁永远记住他，当然，也是出于他的英雄身份，他放弃了尽快去医院的权利，他选择让那辆送弹药的卡车尽快地赶到目的地。这是一种卑微而又坚定的爱，刘峰愿意用自己的身体来换取林丁丁对于他的记忆。他对于来自于林丁丁的对爱的渴望已经几近疯狂了，他的生存已经被限制在这个记忆性的创伤之中，身体成为了空壳。在社会的重重伦理压制之下，刘峰的身体很难获得真正的生存，他对于自由爱情的追求被人们对于英雄的期盼所压制。

何小曼的身体一直是卑微的，在渴求着爱的。她为了生存，一次又一次地向现实低了头。她也曾经有一个幸福的家庭，但是她那个善良的、能够给她爱的父亲，却受到时代的压力而无法再生存下去。她那和蔼的父亲竟然会因为一根买不起的油条而放弃了生命。也许对于何小曼的父亲来说，来自于生存的压力和认为自己无能的思想已经在脑海里面盘旋很久了，这根买不起的油条，成为了让他放弃生命的最后一根稻草。在父亲去世之后，何小曼能够得到完全的爱与尊重的日子结束了。为了生存，她像一只躲在洞里的老鼠一样溜进了她那个富裕的继父家里，她的母亲已经在为了生存委曲求全了，她的日子也可想而知了。她身体为了生存已经在不断地压缩了，家中没有供她生存的最后空间，也没有让她能够体会到生存的意义的母爱。她的身体在不断成长着，但身体里面躲藏着的仍然是那个为了生存而苟且的何小曼。对于孩子来说，来自母亲的拥抱是传递爱与关怀的最好手段，但是年幼的何小曼没有得到这一切，她也不知道怎么去公平地从那个忽然完全陌生的母亲那里获得一个简单的拥抱。她两次痛恨过自己身体太好，没有办法在想生病的时候就生病。而第一次就是因为她希望能够得到母亲的一个拥抱。她躺在冷水池里，用了仿佛能将人的灵魂都冻僵的时间，才终于感觉自己好像生病了，有资格去获得来自于她母亲的一个拥抱。而她那个顽劣的、惹人生厌的弟弟却可以跨在她的身上，揪着她的头发，羞辱着她。在这样的家庭之中，何小曼能够生存的环境越来越小。在她终于要离开这个只能让她苟且生存的地方时，她的头发拥有了一头她母亲亲手扎的辫子。为了留住这一份好像是偷来的母爱，她一直留着这两个辫子，直到再也无法解开，只能用剪刀剪断。

因此，在后来进入红房子后，何小曼愈发渴望尊重与被关注，她希望能够拥有大家的关注，让她体会到生存的意义。她的家庭只给了她活着的环境，却无法让她体会到生存的价值。在红房子中，能够不费吹灰之力就可以获得所有人的爱与尊重的人是林丁丁。林丁丁总是会有一些常犯的小毛病，她生病的时候，大家就会无条件地向她投来所有的关心，而这一份关心同样也会来自于何小曼心中所倾慕的人刘峰。身体上的痛苦，是林丁丁不愿意接受的，而何小曼却愿意用这样的身体上的痛苦来换来大家的爱，她开始讨厌自己身体太好。对于爱与尊重的渴望一直伴随着何小曼的生存，在她进入了医院之后，她鬼使神差地当上了英雄，在文工团里的那些羞辱、继父和弟弟对于她的欺凌、那些只能为了生存而苟且的生活已经离她而去了。似乎是幸福来得太突然了，或者是由于何小曼的内心接受自己成为了虚假的英雄，她终于疯掉了。她的身体无法仅仅为了生存而生存，她的身体需要的是爱与尊重。在小说的最后，她成为了第一个找到刘峰的人，在那里，他们不再在意中间经历的种种困难，何小曼换回了她父亲的姓氏，他们以朋友的身份陪伴着彼此，虽然没有得到身体上的接触，但是他们两个漂泊的人终于在几经磨难之后找到了自己生存的空间。他们在彼此的身上获得了爱与尊重，他们是彼此身体与灵魂的皈依之地。

  鲁逸飞 北京第二外国语学院文化与传播学院汉语言文学专业本科生

# 《白鹿原》剧中田小娥的生存悲剧

◇ 艾克代·如苏力

《白鹿原》以现实主义手法描绘了白鹿原清末至建国几十年间的发展变化，深刻揭示了女性悲剧。在这片土地上男人就是天地，男人就是一切，女人必须服从男人，必须遵守封建道德观念。田小娥并没有接受过新思想的洗礼，但是她仍具有反抗传统的意识。田小娥的反抗并没有将自己的处境转好，反倒把自己推向毁灭。她那微弱的反抗意识让自己失去了亲人，也浇灭了她心中渴望爱情的火苗，数次的打击泯灭了她的反抗意识，也最终让她死无葬身之地。

## 一、亲情的毁灭

田小娥出身于秀才之家，父亲囿于门当户对的思想，将田小娥嫁给地主郭举人。做郭举人二夫人的田小娥活得还不如下人轻松自在，不仅得不到丈夫宠爱，还处处受大夫人压制。家中洗衣、做饭等大活小活全靠田小娥。"我在这屋里连狗都不如啊！"[1]这道尽了她无限委屈和悲惨的处境。机缘巧合之下，她认识了黑娃，并在与黑娃的相处之中擦出了爱情的火花。

田小娥在与黑娃相处不久后就爱上了这个勤劳体贴的男人。俩人的事情败露后，田小娥被郭举人休回了娘家。田秀才看到被休回来的女儿，竟觉颜面扫地，恨不得将女儿像扫把星一样赶出家门去。"田秀才托亲告友，要尽快尽早把这个丢脸丧德的女子打发出门，像用锨铲除拉在院庭里的一泡狗屎一样急切。"[2]黑娃以陌生人的身份被雇进田家后提出要娶满世界都在唾弃的"烂货"田小娥时，田秀才竟"当即拍板定夺，病气当下就减去大半"[3]，不仅不向黑娃要彩礼，还给他倒贴两摞子银元。

在田小娥和黑娃看来，这是一件顶好的事情，因为他们终于可以名正言顺地在一起。黑娃对于田秀才来说不过是认识了几天的、不知道来龙去脉的一个长工而已，把自

---

[1] 陈忠实:《白鹿原》，北京: 人民文学出版社，2012 年，第 144 页。
[2] 陈忠实:《白鹿原》，北京: 人民文学出版社，2012 年，第 145 页。
[3] 陈忠实:《白鹿原》，北京: 人民文学出版社，2012 年，第 146 页。

己的女儿嫁给一个完全不知道底细的人,足以看出田秀才是一个不负责任的人。他完全没有考虑过自己女儿的意愿,完全不为女儿的幸福着想。在他眼里,读书人的颜面高于一切,自己的尊严高于一切,任何人都不能做出有损他颜面的事情,哪怕这个人是自己女儿也不行,像田小娥这样让他颜面尽失的人的死都有余辜,声名败坏的女儿有人要已经很不错了,更别谈什么幸福不幸福。

在田秀才看来,只要把这个扫把星赶出家门,无论别人把她怎么样都是无所谓的。前面为了自己的面子把正值青春的女儿嫁给年过花甲的郭举人,后又为了面子把女儿嫁给素不相识的黑娃。自始至终,田小娥都是能让田秀才撑起面子的工具,而不是一个具有独立意识的女儿。所以当她无法成为让父亲面上有光的好女儿时,就无法逃脱被无情抛弃的命运。对田秀才来讲,田小娥并不是一个完整的个体,而是一个附属于男人的物品,一个必须服从男人的工具。她不允许有自己的想法、不允许有自己的欲望,凡事以封建道德伦理为准绳,这就是为什么她被休回娘家时,不仅不被家里人谅解,反而被人唾弃的原因。

田秀才可以雇得起长工、可以一直在家背书而不出去谋生,可以看出田家家底还是不错的,他完全可以找一个门当户对的好人家把女儿嫁了,那她为什么非要将女儿嫁给一个行将就木的老头子当夫人呢,况且还是二夫人?读书人最看重的就是自己的面子,田秀才如何忍受自己的女儿给人当小妾呢?书中没有具体交代原因。田秀才是一个只会啃书的"书虫",一辈子都在为考中举人而努力,这个成了他一辈子的遗憾。[①]如果把女儿嫁给清朝武举人郭先生既能弥补自己的遗憾,又能提高自家的地位,可谓一举两得。

田小娥离开田家时,所有的矛头都指向了田秀才。但是不能忽略的一点就是整个田家难道没有一个人愿意开口为田小娥求情吗?书中出场极少的田夫人难道真的不顾女儿的命运了吗?她对于女儿被丈夫赶出家门这件事是无能为力还是觉得理应如此?"无能为力"可以得知"三纲五常"的封建礼教给女性铐上的枷锁,"理应如此"可以看出封建思想对女性的毒害到底有多严重,即使是母女也无法做到共情。

在黑娃把田小娥带走时,田小娥和她父亲、家人已经恩断义绝了,至此她的亲情毁灭了。亲情的毁灭直接导致后来田小娥生活再怎么困顿都不回娘家,因为她再也没有家可回了。

## 二、爱情的幻灭

在《白鹿原》中,田小娥总共有过两次婚姻。在第一次婚姻中,天生丽质、年轻妩媚的她却被田秀才许配给了快奔七十的清朝郭举人。郭举人拥有"一马平川望不到尽头,

---

[①] 黄伟群:《白鹿原上扑火的飞蛾——田小娥悲剧形象分析》,《福建教育学院学报》,2017年,第10期。

全是平展展的水浇地"，①郭举人的大女人"日夜厮守着他，给他扇凉，给他点烟，给他沏茶，陪他说话，伴他睡觉"，②而一日三顿饭、晚上提尿盆、早上倒尿水，都是田小娥的功课。大夏天，她没有跟随郭举人搬进窑洞避暑的资格，更是被人使唤着去做丫鬟、奴才做的粗活，被沦为郭举人"泡枣"的工具，还会受到长工们的调笑和羞辱。"自从郭举人和大女人搬进窑洞以后小女人的声音甜润了，脸上的神色活泛了，前院里的空，前边庭院就显得冷寂了，气也通畅了。"③可见，田小娥在举人家里的生活是十分压抑的。

丈夫的冷落，大夫人的压制，使她在郭家没有享受二夫人该享受的荣华富贵，甚至一个人该有的尊严也不配得到，有的只是没有尽头的折磨。在这场婚姻里，她得不到一个完整的丈夫。她在郭举人家也算是丰衣足食，但是作为一名正值青春的人，她的正常欲望无法得到满足。黑娃的出现给她的生活带来了一束光明。当郭举人知道田小娥和黑娃的事情后，他是这样跟黑娃说的："要是想处治你，刚才我就当场把你捉住了，不会让你跑回马号来，处治你还不跟蹑死一只臭虫一样容易。这事嘛，我不全怪你，只怪她肉臭甭怪旁人用十八两秤戥。她一个烂女人死了也就死了，你爸养你这么大可不容易。门面抹了黑，怕是你娃娃一辈子也难寻个女人了。"④其实，田小娥在出轨之前伺候郭家人时还算尽心尽力，然而作为她丈夫的郭举人自始至终都没把她当回事，当她犯了错，他更在意的是作为田小娥"情夫"的黑娃的名誉，担心田小娥给黑娃门面抹黑让黑娃以后都娶不了媳妇。郭举人对于服侍了不少时间的田小娥则是"她一个烂女人死了也就死了"⑤的态度。田小娥，在最初这段畸形的婚姻里，最终让她放弃了拥有爱情的想法。她没有与丈夫平起平坐的资格。这段婚姻最终以田小娥被休回娘家的方式告一段落了。

被休回娘家的田小娥被父亲匆匆嫁给了黑娃。田小娥就这样开始了她的第二段婚姻。田小娥跟着黑娃，终于逃脱不把人当人的郭举人家和摆脱同样不把女儿当人的父亲，憧憬着自己婚后的幸福生活。黑娃把田小娥带回白鹿原准备与之成亲时，却遭到了鹿三、白嘉轩等长辈的阻拦。"这个女人你不能要。这女人不是居家过日子的女人。你拾掇下这号女人你要招祸。我看了一眼就看出她不是你黑娃能养得住的人。趁早丢开，免得后悔。人说前悔容易后悔难。"⑥白嘉轩亲自出马，耳提面命，要黑娃丢弃"灾星"，并以"前悔容易后悔难"威慑他。

黑娃对田小娥的感情是真挚的："我一丢开她，她肯定没活路了。"⑦就算白嘉轩对黑

---

① 陈忠实：《白鹿原》，北京：人民文学出版社，2012年，第126页。
② 陈忠实：《白鹿原》，北京：人民文学出版社，2012年，第129页。
③ 陈忠实：《白鹿原》，北京：人民文学出版社，2012年，第130页。
④ 陈忠实：《白鹿原》，北京：人民文学出版社，2012年，第140页。
⑤ 陈忠实：《白鹿原》，北京：人民文学出版社，2012年，第140页。
⑥ 陈忠实：《白鹿原》，北京：人民文学出版社，2012年，第149页。
⑦ 陈忠实：《白鹿原》，北京：人民文学出版社，2012年，第149页。

娃提出"你的媳妇我包了,连订带娶全由叔给你包了"①这样的诱惑时,黑娃依然不为所动。白鹿原长辈们以田小娥不干净的理由不让这对新人进祠堂拜祖时,黑娃依然没有丢下田小娥,反而在村子东头一孔破窑洞里立家,还扛着青石夯挂着木模,天不明就起身到外村给人打土坯去。黑娃出去打工,田小娥就在家照顾鸡、猪。即使他们不能像原上人一样结婚时进祠堂拜祖,但是黑娃在自己力所能及地给田小娥该有的尊严,并努力让她过上好日子。

这段婚姻关系里,二人是平等的,田小娥终于得到了久违的做人的尊严。虽不被原上人接纳、不被公公认可,但是这种平淡、踏实、幸福的生活是田小娥梦寐以求的。然而,正是应了那句"噩运只找苦命人",田小娥这段幸福生活犹如昙花一现。黑娃在白鹿原上掀起"风搅雪"的运动并且成长为农运的带头人,而运动的失败不得不使他离家出走,不幸又一次降在了刚刚感到一点生活甜蜜的田小娥身上②。黑娃的离开,让她在这里没有了依靠。在原上声名狼藉、现在又孤立无援的她,俨然成了待宰的羔羊。找不到逃犯黑娃,自然不会放过田小娥,肉体的折磨加上无休止的精神折磨,田小娥被极度的恐惧笼罩着。为了自己心爱的人,在走投无路的情况下,求助于鹿子霖,出卖自己的肉体。而她的牺牲并没有给黑娃和她带来好处,而是给她自己引来了更大的祸患。鹿子霖嫁祸于人,使田小娥也未能幸免。在祠堂的院子里,大庭广众之下,赤身裸体地遭受毒打。这种耻辱比从郭家大院被休出来还要残酷。③

田小娥的心底充满了仇恨。疯狂的报复把她推向了死亡的边缘。黑娃锒铛入狱后,她为救黑娃,毫无斗争经验的田小娥,按鹿子霖的引诱,而坠入了一个巨大的阴谋。在白嘉轩与鹿子霖两个家族的冲突里,她不幸又一次充当了工具。她为拯救他人而走向自身沦落,为反抗不公正而滑向深渊。她是为着善而沉入恶的,是从受害者转向自己的反面的。她在历史的重扼下沉沦了。在搏击场上,她用女人唯一拥有的武器进行反抗。

她按照鹿子霖的设计拉白孝文下水,潜藏着对白嘉轩的报复心理,围绕着鹿子霖对她的霸占展开性占有与反占有的斗争。田小娥和白孝文的事情败露后,不堪屈辱的鹿三最终用尖刀把她刺死了。到死,她都没能等来黑娃。除了黑娃,好像鹿子霖和白孝文都对她很上心,在田小娥困难的时候都给予帮助,田小娥似乎也拿出真挚的情感与他们交往,他们之间真的是"像极了爱情"。其实,田小娥明白,自己的心早就许给了黑娃,与白孝文、鹿子霖相处都是为了达到自己的目的。在鹿子霖看来,田小娥是一个既可以满足自己的私欲,又可以借来羞辱白嘉轩的工具;在田小娥看来,鹿子霖也是既能满足自己的私欲,又可以报复白嘉轩的工具。他们之间既相互合作又相互利用,与爱情无关。与白孝文之间也是不可能有爱情的,一个是名门望族的长子,一个是人人得而诛之

---

① 陈忠实:《白鹿原》,北京:人民文学出版社,2012年,第149页。
② 么忠义:《她们别无选择——安娜和田小娥的婚姻、爱情悲剧比较》,《辽宁教育学院学报》,1995年,第6期。
③ 么忠义:《她们别无选择——安娜和田小娥的婚姻、爱情悲剧比较》,《辽宁教育学院学报》,1995年,第6期。

的"烂货",正如"瘦死的骆驼比马大",即使白孝文被赶出家门,多年的教养使他不可能真正对田小娥动感情。他对她的感情更像是依赖,是同样被人抛弃的"同病相怜"之感,无关爱情。

田小娥以为她可以逃脱不幸的命运,她不知道,她其实罩在了一张既定的社会网之中,她的身份、她的名声早已注定了只能当一个妾、一个人人唾弃的"荡妇",以至于暴死于谋杀里。[①]她所渴求的爱情随着黑娃的离去,也彻底幻灭了。至此,田小娥彻底变成了行尸走肉。她的生命里只剩下"欲",没有了纯粹的"情"。

## 三、人生的湮灭

田小娥被父亲嫁给了年近七十的老男人,一地鸡毛的婚姻扼杀了田小娥作为少女对美好爱情的渴望,在婚姻中犯的错误直接让她失去了亲情。小小年纪便尝尽了人生冷暖。

自从黑娃离家出走,田小娥在原上的生活日益艰难:生活上,没了黑娃这个一家之主来养活她;精神上,她每日都活在心惊胆战中,她非常担心黑娃的安危。在双重折磨之下,她接受了鹿子霖及时向她抛出的"橄榄枝"。殊不知,她有意无意地把自己推向更痛苦的深渊。鹿子霖不仅没能给她带来实际的帮助,反而处处利用她,完全是把她当做报复白嘉轩、泄自己私怨的工具。几经波折,她明白黑娃再也不可能回到她的身边,而再也不会有人像黑娃一样爱她、保护她。生活再也没有了希望,她也不渴望能再次拥有像黑娃的纯粹的爱情,田小娥也不再有好好生活的斗志了。至此,她彻底地堕落了。鹿三实在看不过这个"儿媳妇"胡作非为,拿一把尖刀了结了她。这只美丽的飞蛾最终从这个世界消失了。

值得注意的是,作为公公的鹿三自始至终都没有认可过田小娥,他怀着一种"为民除害"的心态,对于田小娥的死完全没有一点愧疚之心。黑娃想过杀死自己媳妇的会是投机耍滑的鹿子霖,也可能是满嘴仁义道德的白嘉轩,但是从来没有想过杀死她的会是他爹鹿三。鹿三在杀害田小娥之前,他一直都是老实憨厚的形象,但这个劳累了大半辈子、满手老茧的老汉却能做出杀人埋尸的骇人行为。在杀死田小娥前,鹿三心里想:"我就要做成我一生中的第二件大事了,去杀一个婊子去除一个祸害。"[②]在他看来,杀死田小娥是和那年"交农"一样光荣的事情。在行凶前,他让光着身子的田小娥穿件衣服,就在田小娥转身找衣服穿时,鹿三将尖刀刺进田小娥的后背。田小娥惊异而又凄惋地叫了一声:"啊……大呀……"[③]就香消玉殒了。村里众人发现田小娥死亡,除了诅骂就是唾骂,整个村子的男人女人老人娃娃没有一个人说一句这个女人好话的。而作为族

---

[①] 么忠义:《她们别无选择——安娜和田小娥的婚姻、爱情悲剧比较》,《辽宁教育学院学报》,1995年,第6期。
[②] 陈忠实:《白鹿原》,北京:人民文学出版社,2012年,第350页。
[③] 陈忠实:《白鹿原》,北京:人民文学出版社,2012年,第352页。

长的白嘉轩听到鹿三杀了田小娥的消息并没有特别惊讶。白嘉轩说："后悔是坚决不能后悔。这号人死一个死十个也不值得后悔，只不过不该由你动手。你不后悔很好。你要是后悔了，那就是个大麻烦……"他只是简单斥责了一下鹿三，就草草把田小娥埋到塔底。对于田小娥的死没有人觉得可惜。如果不是后来白鹿村闹瘟疫，田小娥的鬼魂附身到鹿三身上，田小娥之死就这么翻篇了。最终她的尸身被村里人焚烧，她的骨灰被众人镇压在六棱砖塔之下，从那以后村里再没出现过闹鬼的事情。至此，田小娥彻底从原上消失了。

整部小说中，鹿三一直都是憨厚、质朴的形象，然而就是这样的一个老实人，可以冠冕堂皇地取了他人的命。其他人都对田小娥的死非常冷漠，甚至觉得她死有余辜。当初田小娥跟着黑娃来到白鹿原，族长以她"不干净"的理由不让她进祠堂，她只能在坡上的破窑洞里生活，也没有做出特别伤天害理的事情，却莫名其妙引起了众愤，惹来了杀身之祸。闹瘟疫时田小娥借鹿三之口发泄自己的怨愤："我到白鹿村惹了谁了？我没偷掏旁人一朵棉花，没偷扯旁人一把麦苗柴禾，我没骂过一个长辈人，也没揉戳过一个娃娃，白鹿村为啥容不得我住下？我不好，我不干净，说到底我是个婊子。可黑娃不嫌弃我，我跟黑娃过日子。村子里住不成，我跟黑娃搬到村外烂窑里住。族长不准俺进祠堂，俺也就不敢去了。咋么着还不容让俺呢？大呀，俺进你屋你不让，俺出你屋没拿一把米也没分一把蒿子棒棒儿，你咋么着还要拿梭镖刃子捅俺一刀？大呀，你好狠心……"①

她确实没有做过特别骇人听闻的事情，村里容她不下，她就和黑娃搬到村外的破窑洞里去，过自己的小日子。她也想做一个有尊严的人，然而宗法礼教不容许她做一个人。她没害过村里人，可村里人对她的厌恶似乎是自然而然的。封建礼教可以轻轻松松地结束她的生命，可以轻松抹去她存在过的痕迹。同样的事，不同的人，俨然不同的结局，强烈的对比使悲剧效果达到了极点，这不得不让人由心底生出悲哀。②

"人人都厌田小娥，却人人都不如田小娥。"田小娥不满父亲给她安排的婚姻抑或是说从父亲安排的婚姻里得不到幸福快乐，便勇敢地追求自己的幸福，即使为此付出的代价是跟家人断绝关系；到了夫家，遭受众多长辈的反对，她并没有灰心丧气，依然有好好生活的热情。她有冲破封建枷锁的勇气，然而她一个人势单力薄，没有足够与吃人的礼教抗衡的能力。心有余而力不足，这无疑是悲哀的。在众人把她的骨灰埋到塔底时，他们连塔旁边飞出来的飞蛾都不放过。③他们使尽手段也要让她彻底消失在这个世界上。

**艾克代·如苏力** 北京第二外国语学院文化与传播学院汉语言文学专业本科生

---

① 陈忠实：《白鹿原》，北京：人民文学出版社，2012年，第465页。
② 吴成年：《论〈白鹿原〉中三位女性的悲剧命运》，《妇女研究论丛》，2002年，第6期。
③ 陈忠实：《白鹿原》，北京：人民文学出版社，2012年，第476页。

# 《废都》对传统"狭邪"小说的超越

◇ 郝韵之

"狭邪"一词自古有之。所谓"狭邪",本意是指小街曲巷,如明代刘基在《早行衢州道中》诗中言:"大道无狭邪,平原多稻田。"后因古代倡优妓女多居住于此,就用"狭邪"来代指风月女子,而狎妓这种社会现象到了清代更是蔚然成风。因此,清代的"狭邪"小说也尤为繁盛,形成了独特的文学风貌。近代以来,鲁迅首为"狭邪"小说命名,《中国小说史略》中详细地阐明了"狭邪"小说的起源。他认为,"狭邪"小说的出现,是"特以谈黛钗而生厌,因求佳人于倡优,知大观园者已多,则别辟情场于北里而已"①的结果。然而,我们也可以清晰地看到,清代"狭邪"小说受到时间、地域的限制,故事发生的空间常常在青楼梨园之内,情节也多以倡优士子的恋爱故事展开,其叙述的空间、人物都具有强烈的时代性,在某种程度上可理解为是一种狭义概念的"狭邪"。约百年后,王德威又提出"新狭邪"的概念,将其含义扩展到书写商品经济下饮食男女的生活情状。指出"新狭邪"是"90年代前后,兴起的一股以欲望征逐、男欢女爱为题材的新小说潮。这些作品咏叹颓废、耽溺感伤,兀自透露着缛丽艳熟的世纪末风华"。②由此,不难看出,王德威将原有"狭邪"对妓女恩客、欢场生涯的描写拓展为都市旖旎中对情天欲海的无限观照。于此,我们重新审视贾平凹的《废都》,可以发现,此部作品或多或少与"狭邪"抑或是"新狭邪"都有着千丝万缕的联系。

鲁迅也曾探寻过"狭邪"与《红楼梦》的渊源。鲁迅认为:"惟常人之家,人数鲜少,事故无多,纵有波澜,亦不适于《红楼梦》笔意,故遂一变,即由叙男女杂沓之狭邪以发泄之。"③巧合的是,贾平凹也曾表示过自己对《红楼梦》的推崇与喜爱。他说:"《红楼梦》在初中时读过,上大学又读过,直到我从事写作近二十年,曹雪芹的影响反倒又大起来了。"④在《废都·序》当中,学者李敬泽亦明确指出其《废都》之调子直接源于《红楼梦》。⑤因此,《红楼梦》中蕴含的"狭邪"之渊源,在《废都》创作中亦

---

① 鲁迅:《中国小说史略》,上海:上海古籍出版社,1998年,第87页。
② 王德威:《想象中国的方法》,北京:三联书店,1998年,第153页。
③ 鲁迅:《中国小说史略》,上海:上海古籍出版社,1998年,第88页。
④ 王永生:《贾平凹文集》卷13,西安:陕西人民出版社,1998年,第48页。
⑤ 贾平凹:《废都》,北京:作家出版社,2017年,第16页。

是有迹可循的。如其中庄之蝶在火车站自杀的悲剧性结尾与《红楼梦》中贾府被炒、宝玉出走的结尾同样暗淡；其中对柳月、唐宛儿、牛月清、阿灿等各色女子的书写极具表现力，与《红楼梦》中对于千红万艳的别样之"美"的书写亦有相似之处；此外，《红楼梦》在衣食住行的生活场面描写上破费笔力，而《废都》"所写的内容也都是日常生活的琐事"。① 同样，在更广义的"新狭邪"范围内，《废都》更是以其一男多女的人物结构的夸张渲染，深刻揭示了在浮躁的现代文明下，传统知识分子意图对抗沉沦反而在欲海中更加沉沦的生命悲歌。其在世纪末的特定时代下对于现代文明的反思，对于人类生存困境的忧虑，使得小说中种种性爱的狂欢"不再是一种无所指的耽溺，而可成为一种反抗绝望的道德吊诡姿态"。② 事实证明，在人们的喧哗与争议过后，国内学界也开始讨论研究其性爱狂欢外衣之下的人文关怀。正如贾平凹在《废都·后记》中所言，这是一本"在生命苦难中又唯一能安妥我破碎了的灵魂"之作。读罢《废都》，才觉"狭邪"只是皮相而已，作者在新士子的自我救赎、人物命运的如实刻画与严肃"颓废"的书写这三个层面才真正完成了对传统"狭邪"小说的多重超越。

## 一、"新士子"救赎的失落

传统"狭邪"小说只是"倡优士子"模式在放大"猥亵"之后较为扭曲的文学形态。其中的"士子"形象不仅是作者"本质力量的对象化"，③ 更是其自我的理想化。在漫漫科举长路中，中举高第者少，落魄失意之人却不胜枚举。这些怀才不遇之人无法在科举制度垄断下的封建社会中寻求到其他实现自我理想与价值的途径，于是，过分的自卑感与自我认同的失落只能寄希望于在文学创作中建立理想化的"士子"形象而获得一种自我的替代性满足。在王实甫《破窑记》中有这样一句台词："世间人休把儒相弃，守寒窗终有峥嵘日。不信道到老受贫穷，须有个龙虎风云会。"④ 可见，元代社会中，读书人不受重视已经成为不争的事实。而王实甫却在杂剧创作中不顾世俗，硬将儒生看作是"龙虎"，相信他们终会有一飞冲天的时刻。现实生活中的失败往往成就的是文学作品中展现的士子们"春风得意马蹄疾，一日看尽长安花"的高光时刻，落魄士子在一次次文学作品的梦演中完成了对个体的自我拯救。不仅如此，这种理想自我的建立还形塑了"倡优"对"士子"的期待。在"狭邪"小说中，"倡优"形象同样被理想化，她们不仅姿色明艳，而且精神生活也非常丰富，能吟诗作对者更不在少数。换言之，在作家眼中，只有满腹才学的女子才能懂自己的价值，也只有被"同是天涯沦落人"的风尘女

---

① 贾平凹：《生活会给我们提供丰富的细节》，《当代作家评论》，2006年，第8期。
② 王德威：《想象中国的方法》，北京：三联书店，1998年，第85页。
③ 马克思、恩格斯：《1844年经济学哲学手稿》，周嘉昕译，北京：人民出版社，2018年，第25页。
④ 王实甫：《破窑记》，上海：上海古籍出版社，2016年，第152页。

子惺惺相惜，作家才得以在"倡优"身上完成了真正的自我体认，尽管这种肯定价值的另一面是真实自我的掩盖。而在《废都》中，贾平凹不仅没能实现拯救女性的英雄梦，实际上他甚至连自己都无法拯救。作家自始至终未在庄之蝶身上完成这种虚假的自我超越，反而是在一次次失败的拯救中，实现了对自我的真实关照。

### （一）救赎他人的失败

传统"狭邪"小说中，士子们将倡优形象理想化，使之能赋诗、知情理，其本质上是士子对自我的另一种寄托。也基于此，倡优们不再是地位卑贱的歌女，而是成为了能与满腹才学的士子惺惺相惜的良人形象，从而实现了倡优"从良"的理想。在传统"狭邪"小说中，士人通过对倡优的成功救赎完成了对真实自我的确认。然而，《废都》中的庄之蝶作为一个现代新士子的形象，对与其相关的四个女人的拯救，却通通以失败告终。正如在央视出品的纪录片《文学的故乡》中，贾平凹谈到《废都》创作心态时所提到的那样："庄之蝶想要通过拯救女性来建立价值，但是失败了，甚至到最后连自我也无法拯救。"[①]

有学者认为，庄之蝶对女性的拯救是建立在男性中心主义视角的基础上，是带着严重的性别歧视倾向的，但作家本人并不这样认为。贾平凹在一次访谈中曾谈到："在对待女性的看法上，我有传统的文人气性，但绝对没有作践妇女那种，起码认同贾宝玉对女人的态度。"[②] 事实上，庄之蝶是以上帝视角怀着大悲悯、大关怀去关照整个渺小而脆弱的人类。所谓"拯救"，并非强者对弱者的帮助，而是作者试图抗争着人类命运的困顿却发现最终无法摆脱宿命的失落，是明知人生有着不可解的困楚却依然在百转千回中都试图与之抗拒的努力。

牛月清作为他的结发妻子，凝聚了传统女性所具备的一切优良美德——持家、贤淑、坚韧。然而没有情调的牛月清始终无法与庄之蝶在性生活上达到和谐，这也在一定程度上暗示了当通情达理、明眸善睐的唐宛儿出现时，二人分崩离析的结局。而在小说文本中，庄之蝶一次次受牛月清鼓励而去进行和谐性生活的尝试，也在某种程度上代表着庄之蝶尝试过激活牛月清的拯救、对两人婚姻中亲密关系的挽救。

农村出身的柳月，阴差阳错成为了庄之蝶家的保姆。正是这样的身份，使西京文化名人庄之蝶与柳月之间形成了一道难以逾越但不言自明的阶层鸿沟。而进入庄家后，庄之蝶待柳月的态度却没有丝毫怠慢，就连柳月自己也明白："是你把我、把唐宛儿都创造成了一个新人，使我们产生了重新生活的勇气与自信。"[③] 柳月这样讲，无疑是肯定了庄之蝶对自己的唤醒与救赎。而柳月嫁给市长残疾儿子的结局也是庄之蝶在权衡利弊之

---

① https://tv.cctv.com/2020/07/27/VIDEZ6AZqmzGo5izB2y9msMZ200727.shtml.
② 贾平凹：《走走，贾平凹谈人生》，上海：上海社会科学院出版社，2004年，第84页。
③ 贾平凹：《废都》，北京：作家出版社，2018年，第153页。

下的选择，最后柳月高声感叹："是你毁灭了我们！"这也意味着最终的救赎未果。

唐宛儿虽然文化水平不高，但是却是四位女性中最具有艺术气质的人，于是也自然成为了最懂以周敏、庄之蝶为代表的知识分子的女性。也因此，庄之蝶与唐宛儿的每一次敞开心扉的交流，实际上是对一个普通乡下女子摆脱俗世的拯救。于是，在庄之蝶的耳濡目染下，唐宛儿也可以理解到艺术的本质："人都有追求美好的天性，作为一个搞创作的人，喜新厌旧是一种创造欲的表现。"① 可以说，正是庄之蝶带唐宛儿目睹了世界之大，是他纵容了唐宛儿的欲望逐渐膨胀，却忘记了自己并没有能力救赎一个已然走上沉沦堕落之路的女子。在小说结尾，唐宛儿被原乡下夫家抓回之后，庄之蝶心急如焚，甚至大声呵斥了不愿意去营救的周敏。由此可见，庄之蝶是对唐宛儿有过拯救意识的，尽管显得非常无力。

### （二）自我救赎的失败

自古以来，文化、政治、经济三者密不可分，在现代商业社会中这一体制更加显著。庄之蝶作为西京城四大名人之首，位及文化圈中心，而在这种机制下，庄之蝶实为权力中心的木偶。他的雄心壮志无法得到随意施展，在日复一日的商业裹挟中，他感到了传统知识分子从未有过的焦虑，眼睁睁看着自己走向"江郎才尽"。以至于小说最后一幕，庄之蝶万念俱灰。他像一个无头苍蝇，只是单纯想逃离，却不知该去向哪里，又无法回到原点，于是他凄凉而又无力地在火车上结束了自己的生命。

美国学者霍克在谈到知识分子的身份认同与价值属性时说过："知识分子是精神生活质量的天然保护者和糟粕的天然批判者，是理想的忠实护卫者。"② 实际上，从20世纪80年代中国商品经济发展之后，社会对金钱的追逐与热望使得传统知识分子不断被边缘化，庄之蝶的遭遇典型地代表了世纪末文人精神的沉落，体现了知识分子在现代经济体系下集体失语的困境。庄之蝶看似在西京备受尊重，其文化名人的身份也所言不假，然而贯穿于《废都》始终的一场官司处处暗示着庄之蝶的力所不能及。面对世纪末的社会巨变，斗转星移，知识分子的渺小显而易见。

庄之蝶接受众人追捧的同时，也在无奈中不自觉地成为了众人消费的对象。《西京杂志》的李洪文在不经意间的感慨道出了真相："曹雪芹写了一部《红楼梦》，一部《红楼梦》养活了几代人吃不完。现在你庄之蝶也活到供人吃你了。"小说中还有一处也证明了这一点。作为一名有着独立精神和个性的传统知识分子，庄之蝶一直说自己要完成一部作品，然而这部作品本身是什么，创作进度如何，贾平凹一概不谈。讽刺的是，身为一名作家，潜心创作自己想要的文学作品本该是他的职责也是本能，庄之蝶却每天游走忙碌在各个非文学的活动中，堂堂的名作家瞬间变为成就他人的附属品。帮农药暴发

---

① 贾平凹：《废都》，北京：作家出版社，2018年，第285页。
② 梁从诫：《现代社会与知识分子》，沈阳：辽宁人民出版社，1989年，第57页。

户写不符合事实的吹捧性文章,帮利用文化名人职权办歌舞团不务正业的阮知非写串词稿子,又为因周敏的求名求利心切而展开的官司写诉状……庄之蝶再也忍受不了,他无奈地感慨:"终日浮浮躁躁,火火气气的,我真怀疑我要江郎才尽了,我要完了。"可悲的是,庄之蝶一直是一个精神的孤独者,他有名有权有利有女人,但是他感到很寂寞。古往今来,知识分子的落寞孤零,是能超越任何一个时代而引起无数人共鸣的。

庄之蝶不仅是被社会边缘化、被别人利用的可怜人物,更可悲的是,他也无法从其他多元亲密关系中获得情感慰藉与满足。在以牛月清、柳月、唐宛儿、阿灿为中心的女性圈中,庄之蝶从来没有得到过真正的精神填补。使庄之蝶感到无力的,是在短暂的欢愉之后陷入的无尽沉沦,是自救不得反而更加堕落的悲痛。身为庄之蝶结发之妻的牛月清最终还是与其反目离开了他;唐宛儿最后也与庄之蝶不告而别;柳月嘴上说着"是你把我、把唐宛儿都创造成了一个新人",实际上却在清醒的思考中权衡利弊而最终选择嫁给了有身体残疾但有至高权力的市长儿子;神秘而纯净的阿灿也难逃悲剧结局,以毁容消失而告终。可以说,贾平凹创作的《废都》"安妥了我的灵魂",①但他笔下的人物庄之蝶的灵魂却一直未曾真正落脚,始终飘浮着,无处凭依。

## 二、走向"新写实"的女性形象塑造

传统"狭邪"小说依然遵循的是"旧写实",即对社会阶级关系和政治历史背景突出强调,致力于塑造"典型环境中的典型人物"。其中,妓女命运往往悲惨,无论是《风月梦》中的双林还是《品花宝鉴》中的琴言,莫不如此。她们早年孤苦无依、身世凄凉,由此坠入烟花者不计其数。而在成为倡优后,她们又常常被安排与怀才不遇的名士交往,由此碰撞出爱情的火花,从而实现妓女从良的理想。在《品花宝鉴》中,徐子云就使"这些名旦,个个与他忘形略迹,视他为慈父恩母,甘雨祥云,无话不可尽说,无情不可径遂",②从而建立起娼优之间理想化的精神平等。由此可以发现,在传统旧写实小说中,作者正是通过理想人物、理想环境、理想情节的建立来传达自己的价值判断,而传统"狭邪"小说正是以落魄才子与风月女子之间的相知相恋来悲叹士子同样孤零的命运,以完成对黑暗时代的控诉。对比之下来看《废都》,不难发现,小说中几位女性人物并没有统一归于理想化的人物范式。她们根据自己的性格自由地生长、自由地发展,并未成为千人一面的配角人物。牛月清作为传统文化的象征,她与庄之蝶的离婚代表着传统文化面临现代处境时不可避免的文化休克;唐宛儿象喻着文化转型期新旧观念融为一体的女性,她最后的出走实际上隐喻了现代人对如洪水猛兽般来临的消费文化所产生的不适应症;柳月则是商品文化与消费文化之下孕育的"恶之花",她最后被交

---

① 贾平凹:《废都》,北京:作家出版社,2018 年,第 139 页。
② 陈森:《品花宝鉴》,济南:齐鲁书社,2010 年,第 87 页。

易的过程也说明了这一点；而阿灿则带有着古典浪漫主义色彩，她是一个具有传统美德的理想人物，其对庄之蝶没有任何功利性的爱欲正是理想化爱情的象征。① 至此我们可以发现，在作家创作初期，每个人物就已经成为了有独特声音的相对独立的生命个体，充满了独特的生命体温与性格质感。除此之外，在具体塑造人物过程中，作家真实且坦然地面对了每个女性内心的欲望，将视点下沉，在日常生活的碎片化叙述中勾勒人物的命运轨迹。这是"新写实"的力量。

无独有偶，在《浮躁》的一篇序言中，贾平凹写道："我再也不可能还要以这种框架来构写我的作品了。换句话说，这种流行的似乎严格的写实方法对我来讲将有些不那么适宜，甚至大有了那么一种束缚。现在不是产生绝对权威的时候，政治上不可能再出现毛泽东，文学上也不可能再会有托尔斯泰了。"② 从这段自序也可以看出，贾平凹有意识要摆脱传统现实主义，即批判现实主义的桎梏，探索新的叙事方式。因此，继《浮躁》之后的《废都》创作，正是他实践的结果。

## （一）反中心主义的多元女性群像

贾平凹曾经探讨过中国作家叙事方式的问题，他认为"中国作家怎样把握自己的民族文化的裂变，又如何在形式上不以西方人的那种焦点透视办法而运用中国画的散点透视法来进行"③是非常具有魅力的。所谓散点透视法，是指由中心主义人物结构模式和情节型小说叙事模式转向多元人物结构模式和"生活流"小说叙事模式。④他也是运用"散点透视法"来指导《废都》创作的。

不仅如此，上面也已谈到，贾平凹对古典小说是有所借鉴的。这种借鉴不仅体现在大量宴会场面描写、一男多女的人物结构等方面，在形式上也有所靠拢。事实上，浦安迪在《中国叙事学》一书中早已指出："前代的西方汉学家在探讨中国叙事文的时候，往往会自觉或不自觉地用西方 novel 的结构标准去要求中国古典小说，因而指责中国明清长篇章回小说的'外形'缺乏艺术的整体感，也就是说，缺少'结构'的意识。"⑤因此，中国古典小说中的优秀之作，常常是众生喧哗的"复调小说"⑥，而非千人一面、千部一腔的"单调小说"。而贾平凹的《废都》正是对小说单体叙事结构潮流的反拨。在小说中，庄之蝶与几位女性始终处于话语平等地位，多种声音相互作用、相互交织、相

---

① 丁帆：《动荡年代里知识分子的"文化休克"——从新文学史重构的视角解读〈废都〉》，《文学评论》，2014年，第3期。
② 贾平凹：《浮躁》，北京：人民文学出版社，2007年，第3页。
③ 贾平凹：《光明日报访谈——扎根人民、扎根生活，书写大时代的中国故事》，《光明日报》，2017年，12月刊第3版。
④ 李遇春、贾平凹：《走向"微写实主义"》，《当代作家评论》，2016年，第6期。
⑤ 浦安迪：《中国叙事学》，陈珏整理，北京：北京大学出版社，1996年，第60页。
⑥ 巴赫金：《陀思妥耶夫斯基的复调小说和评论著作对它的解释》，晓河译，北京：中国社会科学出版社，1996年，第3页。

互融合、多声共鸣，打破了传统叙事的呆板与单调，带来了艺术的革新与突破。

然而，也有一些批评文章指出，《废都》中的女性没有自己的思想和语言，是男权社会下的提线木偶，所有女性都是服务于庄之蝶的意识，与其关系最紧密的四位女性分别满足了男权意识下对不同女性的想象。在这样的不平等结构中，男性作为英雄和中心的代表，本质上支配着文本中出现的其他形象。换句话说，除中心人物之外的其他人物，其情节安排与命运发展皆是为这一中心人物服务的。

但回归到文本自身，我们会发现，《废都》中的男性形象并没有作为传统意义上的英雄人物出现，他们并不具备中心人物所具有的典型性，甚至其流于世俗与琐碎的卑劣行径更是消解了英雄的崇高意义。在《废都》中，周敏为了给自己谋求职位名利，不惜弄虚作假，编造了"庄景艳史"供人娱乐；庄之蝶为了打赢官司，决绝地斩断了赵京五对柳月的爱意，并擅自做主将柳月送与市长家，做他残废儿子的老婆，还美其名曰是为柳月寻求好的出路；庄之蝶又与赵京五合谋，从龚靖元败家儿子龚小乙的手中冠冕堂皇地搞到了大量壁画，正是他们的这一无耻行径直接导致了龚靖元的暴毙而亡。他们每个人都是生活在凡尘里的卑琐人物，他们时时刻刻为自己精打细算着，也同时在算计着别人。这种小市民的心理，使得每个人都以自己生存与自保为最大前提，展示尽了生活中的肮脏与丑恶。

而《废都》中的女性形象，更无传统"狭邪"小说中理想化确证的意识。她们遵循着自身命运该有的发展轨迹，演示着代表了不同个性本身的人生悲喜剧。譬如牛月清，她是庄之蝶的结发之妻，与庄之蝶有矛盾时常常是嘴上抱怨几句，并没有做出伤害二人关系的行为。然而，牛月清做出这样表现的根本在于她清楚地知道自己需要的是什么，她不要爱情，只是要一个妻子身份而已。或者说，对她而言，身份本身比情感重要得多。不仅是牛月清，实际上小说中其他的女性也是如此。唐宛儿已被商业社会侵蚀得体无完肤，她的每一步都被无止境的欲望所驱使，以至于她最后被原配夫家抓回的结局，也是落入了自己编织的欲望之网中，这是她命定的结局。柳月是一个头脑清醒、极会算计的人。在她得知庄之蝶已无法给予她更多时，她迅速地应诺下了庄之蝶出于利益权衡为其安排的婚事。尽管她表面上依然表达着对庄之蝶的埋怨，但实际早已步步为营。这些女子，她们接近庄之蝶的前提是已经怀揣好了自己的目的，或是在相处中目的越来越明晰，绝不是任由庄之蝶摆布的木偶，也非"戴着镣铐跳舞的夏娃"。[①] 几位女性代表着时代中不同经历、不同背景的人生际遇，折射出当代女性在现代文明和商业冲击之下的命运变迁。

从象征意义来看，小说中的几位女性也在阐释着庄之蝶当时所处的文化困境。从这个意义上来看，小说最后的结尾安排庄之蝶死于火车站长椅上，某种程度上也反证了

---

① 傅湘莉：《戴着镣铐跳舞的夏娃——解读贾平凹〈废都〉中的女性形象》，《广西师范大学学报》，2004年，第9期。

他在大困顿与迷茫中,无从选择、没有归途的悲剧命运。无论是牛月清象征着的传统文化、唐宛儿隐喻着文化转型期新旧文化观念碰撞的瓶颈,或是柳月代表着商业文化与消费文化交融的处境,很明显贾平凹没有过度的倾向性。因为她们最后都离开了庄之蝶,而他始终是一个孤独者。几位女性的多元动态平衡一直未被打破。

### (二)女性命运的"真实"书写

《废都》中"新写实"走向的人物塑造,并非一时兴起。在《浮躁》中,贾平凹借金狗之口做过一番暗示:"小水是菩萨,英英是小兽啊,人敬菩萨,人爱小兽,正是菩萨的神圣使金狗一次次逼退了邪念,也正是小兽的媚爱将金狗陷进了不该陷的泥沼中了。"[①] 在金狗看来,小水是神圣而不可侵犯的,是不应该夹杂着任何欲望观之的。而英英虽然不如小水纯洁,但是也因为没有了神化束缚,她反而更加灵动活泼,贴近生活真实,回归生命本真。到了《废都》中,"新写实"的创作倾向更加明显了。

生活的本质是世俗凡尘,是各种烟火琐事。因此,与庄之蝶紧密相关的几位女性,都是世俗中实实在在的人。牛月清是实实在在的妻子,她并不是庄之蝶把酒言欢的红颜知己,而是为他忙忙碌碌操心的持家女人。牛月清要的始终不是爱情,而是爱情的名分,是庄之蝶妻子的身份。在小说中,不难发现,牛月清是作为庄之蝶"贤内助"的形象出现的。庄之蝶时常抱怨说:"我在外面前呼后拥的,回到家里就这么过日子。"[②] 因此,在丈夫眼里,妻子的本职工作不过是处理内务罢了,就连旁人赵京五都安慰庄之蝶说:"嫂子虽然文化浅些,可贤惠却比谁都强。"[③] 一个"贤惠",就成为了妻子一生的枷锁。因此,这就不难理解当她与庄之蝶种种生活遭遇不和谐时,她并没有放弃婚姻,而是选择不计较,因为这些矛盾堆积起来,无论是何种因素,都不会成为威胁到其妻子名分的理由。她永远贤惠,那么她永远都会是丈夫不可撼动的妻子。唯有第三者的出现,也就是当牛月清坐实了唐宛儿与庄之蝶苟且婚外恋之事时,夫妇之间的二元平衡才真正打破,牛月清才终于离开了庄之蝶。

唐宛儿和柳月亦是现代社会中欲望的化身。唐宛儿背离夫家,先后与周敏、庄之蝶等西京大小文化名人发生有违道德的恋情,其目的昭然若揭,即是在一次次的比较中,选择更大的权力者来满足自己爱慕虚荣的本心。她自己甚至认同:"女人的作用是来贡献美的,贡献出来,也便使你有更强烈的力量去发展你的天才。"[④] 小说中仔细描写了每一次与其妄图攀附的男人见面时,她精心打扮的模样。唐宛儿吃饭时一举一动的小心翼翼,故意给人留有遐想空间的话术以及进一步以身体作为筹码,明目张胆地与庄之蝶

---

① 贾平凹:《〈浮躁〉评点本·序言之二》,武汉:长江文艺出版社,1999年,第75页。
② 贾平凹:《废都》,北京:作家出版社,2012年,第34页。
③ 贾平凹:《〈浮躁〉评点本·序言之二》,武汉:长江文艺出版社,1999年,第56页。
④ 贾平凹:《〈浮躁〉评点本·序言之二》,武汉:长江文艺出版社,1999年,第166页。

在宾馆、"求缺屋"和庄家一次次私会纵欲的细节与心理描写，表明她在每一次盘算中做着欲望的白日梦，实际上欲壑难填。而柳月亦是商品经济塑造下一个精致的利己主义者形象。在得知庄之蝶有意将其送给市长儿子做老婆时，她只是短暂地难过了一会儿，便有一段心理描写仔细地权衡着她自己与牛月清、唐宛儿身份的较量："庄之蝶是名人，经过的事多人多，若是真心在我身上，凭我这个年龄，保不准将来也要做了这里的主妇；即使不成，他也不会亏待了我，日后在西京城里，或许去寻份正经工作，或者介绍嫁到哪家。"①由此可见，柳月对庄之蝶很难说是爱情，更多的是一种利用关系。

更荒谬的是，在《废都》中本该最神圣清净的女性——尼姑慧明，也完全跳脱出尼姑的本性，没有例外地卷入名利场。她很懂得利用自己的性别优势进行原始积累，并借此成为整个尼姑庵的大老板。文章中也多次暗示她不正当的上位方式："上蹿下跳，广泛社交""顺风扬花，上下活动"等等，真实地再现了消费社会人人身处堕落边缘的悲剧感。

## 三、超越个体的"严肃"颓废

《废都》在书写生活琐碎零乱、表现古今沧桑之时，无形中被一种巨大的"废感"倾覆着，满目悲凉。这种颓废气息并不是由于西京城的古今变迁所导致的客观意义的衰败，而是一种直上心头的憔悴、衰腐之感。从西京城到西京人，都不由自主地被一种衰败的无力感裹挟着。废都所散发出来的死气沉沉的空气，搅动着这个城里无数的人和遍地角落，是末日的狂欢。卷首看似独立的神话体系、"四个太阳"的怪诞图景，不正是世界行至尽头处最后的疯狂吗？

关于"颓废"，艾布拉姆斯曾经在《文学术语汇释》中有所阐释。他认为："颓废的特性可追溯到罗马帝国末期和拜占庭时代。这两个时期的艺术已过渡到鼎盛时期，因而不乏精致细腻之美，但其甜腻到腐败的气味也恰是文化陷入穷途末路的表现。"②艾布拉姆斯的解释可以算得上是《废都》的预言。废都之上，纵情欢乐，性爱盛宴。然而，"他们在喧哗中见到了荒凉，在情欲中参悟出徒然"。的确，在大破坏的前夕，任何及时行乐和纸醉金迷都不再只是一种无所指的耽溺，而是成为了一种"反抗绝望的道德吊诡姿态"。如果说，传统"狭邪"小说还只是停留在无所适从、不知所终的颓废期，那么《废都》实际上是在表现颓废的同时，有了更加深邃的探索与指向。"狭邪"小说中的士子在欢场得意后并没有思考更多，好像肉体的满足已经填补了精神的空白，只留下读者唏嘘着造成士子沉沦的社会。而在《废都》中，庄之蝶作为现代新士子的形象，在每一次纵情声色之后陷入的却是更加巨大的难以捉摸的沉沦。身体满足了，精神始终在

---

① 贾平凹：《〈浮躁〉评点本·序言之二》，武汉：长江文艺出版社，1999年，第214页。
② 艾布拉姆斯：《以文行事》，赵毅衡、周劲松译，南京：译林出版社，2010年，第167页。

路上。贾平凹的精神流浪遍及了对于命运、生命等形而上之物的思考,并且通过主人公庄之蝶对生命原力、宗教、神秘鬼魅和文学何为的一系列行为探索,指向了更加深刻的探寻。

## (一)"形而上"的悲剧性

自古希腊悲剧开始,悲剧性与崇高感便成了孪生概念。布瓦洛翻译的朗基努斯的《论崇高》中提到,悲剧被规定为一种"崇高的、不平凡的和严肃的行动"[①]。朱光潜也谈到:"要给悲剧下一个确切的定义,我们就可以说它是崇高的一种","崇高感是悲剧感中最重要的部分。"[②]

《废都》以庄之蝶在火车站暴毙告终,为全篇画上了句号。不仅仅是主人公庄之蝶的死让人倍感悲凉,小说中触目可及的颓废感——商业气息浓郁,浮躁不堪;真情真心被收藏起来,代之以终日的蝇营狗苟;神秘鬼魅遍地横行……这样的"废都"环境同样使人悲叹。在废都之上,每个人都被物欲情欲裹挟,"性"的释放成为了灵魂出走的堤口。

卡伦·荷妮说:"性欲活动可以作为一种安全的阀门来排遣焦虑。"[③]庄之蝶在与不同女人频繁的欢愉中,试图宣泄焦虑与不安。可以说,《废都》中"性"的书写是充满着崇高而庄严的悲剧感的。庄之蝶在一次次的欢畅性爱中找寻着生命的意义,他在通过这个荒唐怪诞的末日奇观,表达着对社会现实的批判。

然而,亦有不少人将《废都》中"性"的大量书写,仅简单地归为黄色文学。正如许子东所说:"同样是写'性',究竟如何区分哪个是严肃文学还是通俗文学呢?我认为,写'性'让你感到兴奋的,就是通俗写作。但是会让你越看越难过的,就是严肃文学。"[④]这段话是极具有参考价值的。很明显,庄之蝶的性爱活动背后是具有巨大社会意义的。他快乐吗?好像并不。每一次翻云覆雨之后,他都带着巨大的懊悔和惆怅。他常常说:"我这是要坏了。"这是多么深沉又难言的痛苦啊!性爱让他背负着包裹前行,一次次自救的结果是一次次更深的沉沦。这种屈辱感,恐怕只有同样是知识分子的人才能懂吧。讽刺的是,有多少人只通过文字看到了"性"并产生了快感,却无法体会庄之蝶那时的痛苦与折磨。

表象世界背后的深层内涵永远有待发掘。实际上,作家的创作意图远不在于表面的浮光掠影,不然为何被丁帆称为"贾平凹有史以来最好的作品"[⑤]。在《废都》中,贾平凹正是通过一系列性爱书写、制造颓废感的物象来站在"形而上"意义上展望了人类

---

[①] 朗吉努斯:《论崇高》,王吉译,上海:上海译文出版社,2020年,第36页。
[②] 朱光潜:《悲剧心理学》,北京:人民文学出版社,1983年,第92页。
[③] 卡伦·荷妮:《我们时代的病态人格》,杨柳桦樱译,北京:国际文化出版公司,2001年,第59页。
[④] 许子东:《许子东现代文学课》,上海:上海三联书店,2018年,第357页。
[⑤] 丁帆:《动荡年代里知识分子的"文化休克"——从新文学史重构的角度重读〈废都〉》,《文学评论》,2014年,第3期。

历史和人类生命史，饱含着对知识分子命运、对传统文化何去何从的思考。在商业化浪潮席卷而来之时，西京文人不能再安然从事于文化事业，而是忙碌于各种世俗的身外之事中，四大文人的堕落预示着知识分子的命运去向。作家庄之蝶就被贯穿于始终的与景雪萌的情爱官司一事搞得焦头烂额；画家龚靖元被疯狂卖其字画的儿子气疯，怒吼着："你当我是印刷的机器啊！"同样是画家的汪希眠更无下限，进而乐此不疲地倒卖假画；艺术家阮知非最具有新潮性，他倡导实用主义，不搞文人创作反而去大办舞厅，成为了一名戴着"文人"帽子的商人。商品时代来临，艺术家或变为技术员，或完全丧失艺术底线，让人不禁扼腕叹息。还有那每当庄之蝶迷茫失落时如泣如诉的埙声，呜呜咽咽贯穿在即将陷落的废都之上，似乎在哭诉着一个城市的陷落，抑或是安慰着一个时代的失去。这是失落的传统文化所做的最后的献礼。

这深沉的思索背后，是一个作家的时代责任感和社会意识。90年代的贾平凹身处社会转型期，加之他自己因身体原因、亲人离世等意外感受到了前所未有的迷茫与焦虑。此刻，人生十字路口的纠结、知识分子的命运、传统文化的境遇、人类生存的困境等等全都涌向了他，于是他创作了《废都》，通过一座城的陷落，来探寻着废都之上"形而上"的意义。

### （二）抗击绝望的世纪末文人心态

王富仁这样分析贾平凹："他抓破了自己，也抓破了废都的画皮。"[①]的确，废都之"废"并不在满目疮痍的表象，也不等于20世纪西方"垮掉的一代"所展现的堕落和消极的颓废，而是恰恰相反。在废都之下，是存有希望的。尽管其并没有走到所探寻到的新出路的终点以重建希望，但我们无法否认他曾经朴拙而真诚地探索过多元的解法。纵观文本，我们可以看到一个备受煎熬的传统知识分子能够做出的最大努力。

首先，贾平凹构造了一个不同于现实世界的文化氛围，以清虚庵、孕璜寺为代表。可是，在贾平凹笔下，商业社会对环境的蚕食甚至连清静处都没有放过，他窥见了清静世界中的不清静。智祥大师也被外界世俗所惑，办起了气功班；慧明也与其他社会人士拉扯，凭借权色交易笼络人心，甚至荒诞到要去堕胎。

于是，贾平凹又试图通过书写庄之蝶与众多女子的欢畅性爱来试图唤醒整个民族的生命强力。"本质上，肉体爱的喜悦，就是一种复活的感觉，是一种在别人身上更新自身生命的感觉。"[②]在这一点上，贾平凹与老舍、沈从文隔空呼应。老舍在《骆驼祥子》中对祥子与虎妞情欲的书写和沈从文在《柏子》《丈夫》中对"性"原力的呼唤，其本质都是为唤醒民族新的生命激情。

但很可惜，贾平凹走上了新道路，却未能走到终点。这一路，他一边困惑，一边前

---

① 王富仁：《王富仁自选集》，南宁：广西师范大学出版社，2012年，第96页。
② 乌纳穆诺：《生命的悲剧意识》，广州：花城出版社，2007年，第94页。

行，跌跌撞撞，无功而返。文本的叙述走向就是他探寻的轨迹。他在小说结尾安排庄之蝶死去，这也意味着庄之蝶一切尝试的失败。然而，贾平凹似乎又通过这样的结局来思考着更为宏大的命题，思考着文学和艺术的走向，思考着文学何为、艺术何为的问题。此时，庄之蝶已化身为一个文化符号，继续着他未完待续的探索。

贾平凹在《废都》扉页中写道："情节全然虚构，请勿对号入座；唯有心灵真实，任人笑骂评说。"[①] 贾平凹所说的"心灵真实"大概就是用自己沉甸甸的血与泪的情感完成了他对当时中国知识分子内心世界暴风骤雨式的情感历程的忠实描摹。此刻，他像一个虎山行的勇士，仅凭着自己忠于内心的一腔孤勇，无惧风雪，且行且吟。

郝韵之　北京第二外国语学院文化与传播学院中国现当代文学专业研究生

---

① 贾平凹:《废都》，北京：作家出版社，2018年，第316页。

# 外国文学绎读

# 《霍乱时期的爱情》中船的隐喻

◇ 张尚然

《霍乱时期的爱情》是加西亚·马尔克斯以爱情为中心的小说。这部作品描写了一对年轻时遭遇分离的情侣在年老后再续前缘的故事。国内外学者大多运用女性主义与后殖民主义理论解读作品，发掘爱情伦理、生存死亡、人物形象等主题。在马尔克斯描写的拉美世界中，有众多对于河流和船只的描写，"船"作为主要交通工具，在作品中出现的频率很高，并作为某一事件的重要转折点而出现，在推动情节发展和塑造人物性格等方面发挥了重要的作用。因此，本文将从《霍乱时期的爱情》中三次不同时期的航行情节出发，研究"船"意象的不同隐喻意义。

隐喻贯穿于马尔克斯的创作中，"隐喻不仅仅是语言的事情，也就是说，不单是词语的事。相反我们认为人类的思维过程在很大程度上是隐喻性的"[①]。在西方隐喻学中，舟船意象往往象征"救赎"，也常代表着希望。"从古至今，'船'的形象经常出现在西方文学作品中，一再受到文学家、神学家、画家乃至哲学家的青睐。由'船'这一形象隐射出来多种喻义，西方现代隐喻学研究是不同于传统的、侧重修辞学的研究。"[②] 在马尔克斯的《霍乱时期的爱情》中，三次不同情节表现意义大相径庭，"船"意象在不同情节中所蕴含的意义截然不同。探究三次主要的航行情节，从"船"的隐喻意义出发，梳理关于情感、伦理、社会现实等普遍性的问题。

## 一、第一次远航中个体情感的超脱

《霍乱时期的爱情》中第一次远航发生在弗洛伦蒂诺身上，他深爱费尔明娜，费尔明娜被送回家乡近三年，弗洛伦蒂诺与她保持通信近三年，但是当她再次归来时，弗洛伦蒂诺等来的却是她的拒绝，在拒绝自己不久后，费尔明娜嫁给了乌尔比诺医生。弗洛伦蒂诺的母亲为了帮助伤心的儿子，帮他安排了远离费尔明娜的工作。于是，弗洛伦蒂

---

[①] 乔治·莱考夫、马克·约翰逊：《我们赖以生存的隐喻》，何文忠译，杭州：浙江大学出版社，2015年，第3页。

[②] 林作云：《隐喻学观照下西方文学中"船"的形象解读》，《钦州学院学报》，2011年，第5期。

诺踏上了放逐自我之旅。

### （一）爱情的脆弱

费尔明娜拒绝弗洛伦蒂诺而选择其他人的结果早有预兆。弗洛伦蒂诺与费尔明娜相识于青年时期，彼时二人情窦初开，尽管费尔明娜的父亲坚决阻挠这段感情，但弗洛伦蒂诺对于这段感情还是矢志不渝，他开始日复一日地等待，不仅用书信、音乐等形式求爱，甚至因为宵禁时间在费尔明娜家楼下演奏小提琴曲而被捕，费尔明娜的父亲用枪威胁他时，弗洛伦蒂诺脱口而出："没有什么比为爱而死更光荣的了。"[①] 但相思与付出并不能代表费尔明娜与弗洛伦蒂诺有着同样的情感。费尔明娜对弗洛伦蒂诺产生的感情不过是好奇心作祟的产物，与其说她爱上了他，不如说她爱上了体验爱情的感觉，于是在弗洛伦蒂诺提出二人缔结婚约时，费尔明娜犹豫了，她不知该如何回答，她只享受初尝爱情的滋味，但却并未考虑过未来与婚姻。她面对弗洛伦蒂诺的步步紧逼，也只得草率地从学生作业本上撕下一张纸勉强同意了求婚。父亲带费尔明娜去旅行成为压倒骆驼的最后一根稻草，她逐渐明白了爱情与成长的意义，变得更加成熟与理智了。返回后的费尔明娜更具有成年人的气质，而弗洛伦蒂诺则毫无变化，依然是一个自卑又可怜的少年，与过去的他并无二致。原有的差距与现在的差距相叠加，费尔明娜深刻意识到，曾经弗洛伦蒂诺带给她的东西，不过是一场幻觉。

尽管弗洛伦蒂诺的母亲竭力安慰他以消解失恋的痛苦，但他仍旧无法好转，于是母亲托他的舅舅为他谋得一个电报员的工作，远离家乡，自然也远离费尔明娜。这是一次"疗伤之旅"[②]，弗洛伦蒂诺对自己要远航的事情守口如瓶，仅仅在远航前到费尔明娜楼下演奏了为她创作的小提琴曲。

### （二）船的庇护

马尔克斯这样描写这次远航，刻画了船只的细节："那是座漂浮在水上的双层木屋，建在一个又宽又平的铁壳上，最深吃水五英尺……安有蒸汽发动机并设有厨房，还有一大排鸡笼似的舱室……船头是一个露天起居室……"[③] "铁壳""鸡笼似的舱室"等词语，勾勒出这艘船坚硬又略显"冷漠"的形象，正因如此，这艘船才更像一个避风港，给予孤独的弗洛伦蒂诺强大的庇护感，在这艘船上，弗洛伦蒂诺开始走上进行自我疗愈的道路。

此时的弗洛伦蒂诺是痴狂和病态的，这种病态贯穿他爱上费尔明娜后的每时每刻，甚至使得他本人发生了许多离奇的变化：在爱而不得之时，他像染上了霍乱："腹泻，

---

① 加西亚·马尔克斯：《霍乱时期的爱情》，杨玲译，海口：南海出版公司，2012年，第93页。
② 加西亚·马尔克斯：《霍乱时期的爱情》，杨玲译，海口：南海出版公司，2012年，第157页。
③ 加西亚·马尔克斯：《霍乱时期的爱情》，杨玲译，海口：南海出版公司，2012年，第159页。

吐酸水,晕头转向,还常常突然昏厥。"①他尝试喝下母亲栀子花味的香水并醉倒在海边,只为尝一尝费尔明娜的气味。而他的这种病态反应表现了弗洛伦蒂诺不惧像霍乱一样的爱情,甚至甘之如饴。这种病态情况延续到了船上,一开始在船上,他大半宿睡不着觉,开始幻听海上的微风里传来费尔明娜的声音,甚至在船上的每一分每一秒都在思念她。

真正改变弗洛伦蒂诺,让他不再因为费尔明娜而整日忧心忡忡的是船上的离奇经历。在黑暗的船舱里,一位陌生的女子打破了弗洛伦蒂诺一直坚守童贞的幻想,让他知道他对于泡沫般的苦恋可以用世俗的欲望去消解的。②他在船上不断猜测着那位陌生女人的身份,最终也不敢确定。下船之后,弗洛伦蒂诺走上了"滥情"的道路,坚持肉体与灵魂统一的他逐渐分裂,在远离费尔明娜的五十一年里,弗洛伦蒂诺与622名女性发生过关系,其中不乏妓女、有夫之妇,甚至少女。弗洛伦蒂诺在所有情人中最钟爱寡妇:"寡妇这种身份对于阿里萨来说象征着希望……只有等乌尔比诺死后他才能再有机会拥有费尔明娜,那么,费尔明娜迟早也将成为寡妇。他希望更多地了解寡妇。"③

弗洛伦蒂诺为了在绝望中生存下去,他决定放弃曾经坚守的爱情观——灵魂与肉体相统一。远航之旅后他在放纵肉欲的世界中逐渐丧失了爱他人的能力,这种行为一方面拯救了绝望的他,另一方面也结束了他对待爱情的单纯和真挚。

(三)自我的发现

弗洛伦蒂诺对于自我的认知是随着对费尔明娜的感情逐渐清晰的。"早期回忆是了解一个人生活方式的最重要途径,让我们回溯到孩童时期的回忆,便能够揭开原型的面纱,了解到生活方式的中心。"④弗洛伦蒂诺作为私生子出生,在不富裕的环境下受人奚落,又因为天生身材瘦小、衣着欠佳、长相普通而被人嘲笑,周遭的压力使他忧郁且自卑,而从小缺少父亲的陪伴,使他更为懦弱。双重的伤害让他从小便环绕着自卑的气场,而这种自卑的性格只是隐隐地存在在他的内心深处,却不足以影响他的正常生活,但随着对费尔明娜的关注和爱慕不断加深,他才逐渐意识到自己是配不上费尔明娜的,在与乌尔比诺对比过后,他的自卑更加深了。人的自卑心理与内部和外部两方面因素相关,正是与生俱来的内在缺陷和外部他人的压力以及与乌尔比诺医生进行的对比造成弗洛伦蒂诺完全陷入了自卑情绪。

面对这样的处境,马尔克斯也将自己对于生活甚至生存的观念寄予到弗洛伦蒂诺身

---

① 加西亚·马尔克斯:《霍乱时期的爱情》,杨玲译,海口:南海出版公司,2012年,第69页。
② 荣利.:《"滥情"的痴情者——论〈霍乱时期的爱情〉中的阿里萨形象》,金华:浙江师范大学硕士论文,2016年。
③ 荣利:《"滥情"的痴情者——论〈霍乱时期的爱情〉中的阿里萨形象》,金华:浙江师范大学硕士论文,2016年。
④ 阿德勒:《自卑与超越》,李章勇译,北京:中国华侨出版社,2015年,第31页。

上：人既然不能与某些既定事实做抗争，那就寻找方法来融入这个世界。因此，弗洛伦蒂诺从开始的怨恨乌尔比诺，希望他意外身亡到后来经历了船上的一切，逐渐寻求情感发泄的出口，再到接受现实，努力提升自己以在多年后能够配得上费尔明娜，不能不说这是一种绝望中的自救，甚至这种自救作为他可以继续爱费尔明娜的一种动力而存在，在这种动力的鼓舞下，弗洛伦蒂诺逐渐成长为了老年时能够给予费尔明娜安慰、与费尔明娜互相扶持的人。

## 二、第二次远航中家庭伦理的困境

费尔明娜最终放弃了弗洛伦蒂诺而选择了乌尔比诺医生作为她的丈夫。尽管二人在一开始并没有很深的感情，但几十年的陪伴过后，二人逐渐建立起了爱情。但这段婚姻并不完美，其中充斥着背叛和不平等。

### （一）婚姻的背叛

费尔明娜的家庭是典型的商人家庭，在受殖民主义与父权主义影响的拉美国家中，种姓与阶级直接与政治权力挂钩，所以即使费尔明娜的父亲依靠做生意获得了大量的财富，也仍旧无法与乌尔比诺的家族相提并论，为了改变阶级，获得体面和声望，费尔明娜的父亲引导她嫁给乌尔比诺，在乌尔比诺强烈的攻势和父亲的逼迫下，费尔明娜也逐渐认清了现实，接受了这段婚姻。这段婚姻的开始并不突然，好的婚姻是无法脱离现实基础的，论学识、家境、品貌，乌尔比诺医生显然比弗洛伦蒂诺更胜一筹，而费尔明娜在经历了一系列成长之后，也明确了乌尔比诺医生更适合成为自己结婚伴侣的想法。

"上流社会的贵族家庭存在着以可靠的物质保障为前提的婚姻观，这类婚姻看似神圣牢固，实则是一种理性无爱的夫妻关系……纵使没有任何爱情可言，也能安度一生。"[①] 费尔明娜与乌尔比诺的婚姻并不是建立在爱情基础上的，乌尔比诺清楚地知道"自己并不爱她"，在新婚之夜的轮船上，乌尔比诺却说"没有什么障碍能阻止他们建立一份完美的爱情"[②]。欧洲之行过后，二人确实建立起了一定的爱情基础，然而这段"建立"起来的平静婚姻却被乌尔比诺医生的婚外情所打破。乌尔比诺出轨了一位黑人女性神学家，马尔克斯通过这样的情节和女性形象，展现了当时拉美社会对女性地位与权利的漠视和对黑人群体，尤其是对黑人女性的轻蔑。小说中多次强调费尔明娜对于丈夫出轨黑人女性而感到不屑与不堪：前期怀疑丈夫出轨时，尽管注意到了黑人女性林奇小姐，却并未多心，只因她是黑人，费尔明娜认为丈夫不会喜欢一个黑人；费尔明娜得

---

[①] 陈玲：《马尔克斯小说爱情母题表现特征研究》，闽南师范大学硕士论文，2020年。
[②] 加西亚·马尔克斯：《霍乱时期的爱情》，杨玲译，海口：南海出版公司，2012年，第182页。

知是林奇小姐之后心理独白:"见鬼,竟然是跟一个黑女人。"①

这种道德上的背叛所带来的惩罚,不只费尔明娜一人在体验,早在婚外情未被曝光的时候,乌尔比诺就已经开始为自己的婚姻而感到担忧,为自己的不忠而感到后悔万分,甚至因为焦虑已经开始感到自己全身患病,面对费尔明娜也慌乱得无法直视她,终于在自己身心受到的双重折磨下选择了与林奇小姐分道扬镳。

**(二)船的摆渡**

尽管乌尔比诺已经断绝了和林奇小姐的往来,但费尔明娜仍旧毅然决然地选择出走,坐上驶往家乡的船,马尔克斯对这段旅程的描述集中在了费尔明娜的经历,回到了阔别已久的圣胡安,通过"船"的摆渡,这一旅程让她实现了"重温少女情怀"的愿望,对少女情怀回忆的同时也极大地安慰了她不幸的婚姻。费尔明娜共两次回到家乡:第一次是父亲为了拆散她与弗洛伦蒂诺而强制要求她回家;第二次是因为乌尔比诺背叛了婚姻,她暂时逃离了婚姻,也惩罚了虚伪的丈夫。

乘船回乡的举动,对费尔明娜而言,是一次女性意识的觉醒,但也是一场不完全的觉醒。费尔明娜第一次回乡,骑着骡子,迎着凶狠残忍的西班牙征兵队伍,带着一身少女的稚气和不同于同龄人的理智,寄宿在表姐家,与自己的表姐妹们一同探讨爱情和婚姻的真谛,并畅想着婚后的生活,为把自己培养成一位合格的妻子而努力。而第二次乘船回乡,则与第一次的情况大有不同,尽管对家乡无比思念,但她带着失望与愤怒前来,充满对婚姻的厌弃与不屑,而家乡也一改往日的欢乐,场景凄惨又寂寞,她明白:"这里已不是她的故乡了。"②整个镇子在霍乱的侵袭下显得残破不堪,已经完全失去了记忆中的样子,而更让她震惊的是昔日奔放不羁的表姐并没有嫁给"曾经无望地爱着的男人"而是嫁给了一个并不爱的男人,并且"身材发福,年老体衰"。③费尔明娜有勇气谴责乌尔比诺在婚姻中的背叛行为,也有勇气离开乌尔比诺回到家乡,却没有勇气接受自己的家乡在疾病和战争的影响下变化如此之大,她开始避免走过自己思念和熟悉的村庄,但同时,她也蓦然发现,自己的少女时代已经一去不复返了。

第二次航行中"船"是帮助费尔明娜逃离婚姻的工具,隐喻着摆渡费尔明娜精神的作用,但同时"船"所隐喻的也是围城一般的婚姻,暂时的逃离并不代表什么,反而使得费尔明娜与乌尔比诺彼此的纠葛进一步加深了。摆渡以费尔明娜的自我妥协告终,当然,这一部分也表现了女性意识的"成功出逃",这也代表了马尔克斯支持女性自我独立的立场。费尔明娜,与文本中的其他女性相比,更具有独立的人格和更理智的头脑,一方面展示了拉美父权社会下优秀的女性榜样,另一方面也衬托着其他女性,诸如黑人

---

① 加西亚·马尔克斯:《霍乱时期的爱情》,杨玲译,海口:南海出版公司,2012年,第287页。
② 加西亚·马尔克斯:《霍乱时期的爱情》,杨玲译,海口:南海出版公司,2012年,第289页。
③ 加西亚·马尔克斯:《霍乱时期的爱情》,杨玲译,海口:南海出版公司,2012年,第290页。

女性林奇小姐，作为一位受人尊敬的神学家，足以证明其受过良好规范的教育且有着更好的生活环境，面对乌尔比诺的"求爱"时，仍将一个有妇之夫的示爱看作是一份垂青，这足以表明平等社会的目标对于当时的拉美还是遥不可及。

### （三）自我的妥协

面对一个不忠诚的丈夫，任何程度的和解都不可能是迅速的，也不可能是单方面的自我欺骗与自我安慰，然而在拉美父权制统治下的社会，妻子有权利因为丈夫出轨而愤怒，但却没有权利也没有意识去离婚，面对一个已经被自我道德折磨得快要死了的出轨丈夫，她更没有其他的选择，为了圆满的婚姻和已经建立起来的爱情，费尔明娜只得与自己和解，与乌尔比诺和解。

费尔明娜与乌尔比诺的这段和解长达两年，夫妻二人两年都处于两地分居的状态，仅靠通信来知晓家庭和孩子的境况。马尔克斯试图用自己独特的叙述角度来表达对于无爱婚姻的谴责，二人过后再反思这件事，乌尔比诺甚至认为，都是费尔明娜敏感的嗅觉破坏了二人婚姻的稳定，这里极具大男子主义的观点，正是马尔克斯所要批判的。

在经历了家乡的巨大变化和周围人的巨大变化后，费尔明娜也逐渐明白了，当初选择与乌尔比诺结婚以摆脱父亲的控制，实则自己却重新落入了婚姻的控制，但通过自己努力已苦心经营起的美满家庭，已经成为她唯一可以把握住的美好回忆，放弃回归家庭，不仅是在和自己赌气，也会加速家庭的分崩离析。乌尔比诺有来向费尔明娜低头认错的行为，考虑到已经让乌尔比诺过了两年的"痛苦生活"，她选择暂时宽恕乌尔比诺，并下定决心："要在余生默默地讨还自己所受的痛苦折磨。"① 这是不得已过后的悲哀，却也是于己、于家庭最佳的处理办法。

费尔明娜的和解是成功的，晚年的乌尔比诺已经完全无法离开她而生活，而这种成功的和解背后，则是费尔明娜承担起那个更辛劳的角色，为了使乌尔比诺的家人感到满意，她不得不做了自己最讨厌的以茄子为原料的食物，而到了老年，更是要为丈夫沐浴更衣，忍受早起的丈夫的咳嗽声……而她也在丈夫临终前成功换回了一句："只有上帝知道我有多爱你。"②

## 三、第三次远航中社会疾病的隐喻

全书最后一次航行，也是《霍乱时期的爱情》的升华部分，本次航行讲述了在乌尔比诺去世后，费尔明娜和弗洛伦蒂诺重新开始书信联系，逐渐重拾爱情的经过。通过船上的旅行，一段爱情在跨越半个世纪之后，重新焕发生机。

---

① 加西亚·马尔克斯：《霍乱时期的爱情》，杨玲译，海口：南海出版公司，2012年，第292页。
② 加西亚·马尔克斯：《霍乱时期的爱情》，杨玲译，海口：南海出版公司，2012年，第48页。

### (一)社会的隔膜

马尔克斯注重对于"孤独"观念的表现,在《霍乱时期的爱情》中以老年人形象阐述人在社会中的孤独存在。无论时代如何变化,社会向来十分弱化对于老年群体的关注,在那个年代的拉美国家更甚。"老年人的恋情由于传统世俗的观念,常常遭到多方面的压力,其幸福的取得更为艰难。"[①]伴侣离世没多久便与自己的初恋重新联系显然会受到当时社会,甚至自己子女的不理解,费尔明娜与弗洛伦蒂诺也受到了世俗言论的挑战,其中尤以费尔明娜的女儿为代表,她认为母亲与弗洛伦蒂诺互通书信是"卑鄙"的,认为母亲与他保持联系会毁掉自己的清誉。这样的想法遭到了费尔明娜的斥责,并要求女儿再也不准踏入家门。

事实上,费尔明娜一开始也十分排斥与弗洛伦蒂诺的接触,甚至写了一封信将其批判得体无完肤,但是此时的弗洛伦蒂诺已经不再是年少时的他了,他变得沉稳、内敛,并且更加理性,面对费尔明娜重新赋予他的机会,他格外珍惜。乌尔比诺去世后,报刊上大肆宣扬他与自己的好友之间存在婚外情,甚至为了中伤好友的丈夫,费尔明娜也被牵连其中。面对子虚乌有的报道,弗洛伦蒂诺写信给报社,为费尔明娜洗刷不公与冤屈,而在此之前,他则一直与费尔明娜保持通信,安慰着失去了丈夫而悲恸欲绝的费尔明娜。

老年人也需要爱情,这是不争的事实,社会往往忽视老年人正常的心理和生理需求,并描述这种老年爱情为不齿的、下流的。但费尔明娜仍然有自己的判断力,这种判断力使她不畏惧女儿的指责,使她接受了弗洛伦蒂诺,也做出了要与他一起乘船旅行的决定。

### (二)船的流浪

第三次航行中,"船"是费尔明娜和弗洛伦蒂诺逃离社会的庇护所,是远离他人的乌托邦,弗洛伦蒂诺从年轻时一个碌碌无名的电报员到年老时成为内河航运公司的董事长,"船"不仅代表着弗洛伦蒂诺的地位和权力,也帮助着二人逃离现实社会,这对老人最终得以找到了属于自己的归宿。[②]一切都是那么顺理成章,早在弗洛伦蒂诺年轻时,就特意装潢了一个船舱,精美豪华,是留给高级官员使用的,而冥冥中他也暗自认为有一天费尔明娜会登上这艘"新忠诚号"。"新忠诚号"正是这对爱人的乌托邦,在船上远离尘世的喧嚣,只有费尔明娜和弗洛伦蒂诺互相拥有着彼此。

在内河航行的"新忠诚号"是费尔明娜的新世界,在这里她完全脱离了父权和夫权的控制。在岸上时,她活在丈夫的影响下,每日照顾丈夫的饮食起居,活在以丈夫为中

---

① 李贞玲:《马尔克斯小说爱情主题研究》,浙江大学硕士论文,2013年。
② 赵渭绒:《庶民理论与权力视阈下的〈霍乱时期的爱情〉再解读》,《燕山大学学报》,2017年,第6期。

心的世界，因为一小块香皂就会发生矛盾，甚至还要忍受来自婆家的压力，直到乌尔比诺的去世才使得费尔明娜彻底从男权社会中解放出来，连她自己都不禁感叹起来："在船上我多疯狂啊！"①"新忠诚号"也是弗洛伦蒂诺的新世界，他终于实现了与费尔明娜在一起的梦想，也不必再为纾解思念而疯狂寻找肉体上的短暂快乐。

但这样的航行显然不能持续太久，总有港口，总有到站的时刻。由于霍乱和战争的双重影响，河流中漂浮着人的尸体，而木材供应不足，轮船又延误了许久，这些状况都加剧了人们的不安，他们不得不待在潮湿闷热的船舱里，但幸好有弗洛伦蒂诺与费尔明娜做伴，为了避免费尔明娜在港口遇到曾经的朋友而感到尴尬，弗洛伦蒂诺签署了书面命令并做出了让船升起黄旗伪装成船上有瘟疫病人的决定，由此，只有四个人存在的船得以一直航行下去，直到驶向永恒。

### （三）自我的孤独

马尔克斯想着重表达的，正是在多重影响下逐渐互相疏离与陌生的拉美人民。"战争和霍乱威胁着拉美人民的生命，而人为的破坏加剧了人与自然的对立，人的社会孤独感使人与人之间缺乏理解、信任，心理距离加大。"②登上船的费尔明娜无疑是孤独的，幸而有弗洛伦蒂诺和船上丰富多彩的生活，费尔明娜才不至于孤独得厉害。费尔明娜时时刻刻还会想起关于乌尔比诺的点滴，弗洛伦蒂诺的陪伴帮助她逃离了绝大多数的艰难时刻。最让费尔明娜担心的是她与弗洛伦蒂诺之间的这段感情，早在"新忠诚号"还未出发之前报刊上就报道了一则事件，一对维持感情四十多年的老年情人到故地重温蜜月的时候，竟然被载他们出游的船夫用船桨打死了，只为抢他们身上的钱。上天对于老年爱情的包容度令费尔明娜止不住地恐慌，甚至在上船之后还因为梦到这件事而惊醒。而对于死亡的恐慌也让她感到无所适从，马尔克斯采用了倒叙的手法，早在本书一开始便介绍了乌尔比诺的一位好友因为无法忍受年老的折磨而选择自杀，而自那以后，乌尔比诺带来的害怕死亡与衰老的气氛便蔓延了整个家庭，同时因为他的死亡，这份恐惧在费尔明娜的心里放大了。

费尔明娜是孤独的，她第一次掌握了人生的主动权，第一次掌握了爱情的主动权，这些所谓的权利，即便本该属于她，在经历了长达半个世纪的剥削后，她还是十分不适应。儿子支持她与弗洛伦蒂诺的友情，却不支持他们之间的爱情，而女儿更是从一开始就不支持二人交往。直到老年才真正尝到属于自己的爱情滋味，她惧怕衰老，并且不知道这样的航行可以持续多久。

但同时费尔明娜有弗洛伦蒂诺的陪伴，她也是轻松愉快的，爱情的勃勃生机让费尔明娜一改往日的颓废，他们吃美味的食物，听小提琴曲，喝茴香酒，忧郁的日子在船上

---

① 加西亚·马尔克斯：《霍乱时期的爱情》，杨玲译，海口：南海出版公司，2012年，第386页。
② 谈清妍：《爱情的乌托邦——解读〈霍乱时期的爱情〉中的爱情与死亡》，《襄樊学院学报》，2009年，第6期。

从未出现，每一天都是快乐又充实的，长达半个世纪的分离在船上终究还是结束了，两份不同的孤独相互慰藉，便不再孤独。

## 结语

《霍乱时期的爱情》中三次远航重点关注的是三位主角之间不同时期的关系。第一次远航以弗洛伦蒂诺·阿里萨的个人情感为中心，弗洛伦蒂诺遭遇了爱情上的挫折，乘船远离伤心之地时，"船"作为弗洛伦蒂诺的避风港存在，给予了他放纵自我和安慰自我的场所；第二次航行的起因是费尔明娜·达萨与胡维纳尔·乌尔比诺之间出现了婚姻危机，费尔明娜乘船返回家乡，"船"摆渡她的灵魂，让她逃离不忠的婚姻，却也帮助乌尔比诺追回了费尔明娜，"船"是一座围城，最终费尔明娜只得向生活妥协；第三次远航以费尔明娜和弗洛伦蒂诺的爱情展开，升华了他们之间的感情，"船"使得他们远离世俗的喧嚣，是他们最后的庇护所，也是帮助他们远离孤独的"乌托邦"[①]。

马尔克斯关注拉美地区普遍存在的问题：西方工业化的席卷，使人们任意砍伐树木，带来了生态环境和自然环境的破坏，继而造成霍乱等疾病肆虐，逐渐恶性循环。《霍乱时期的爱情》在最后一次航行中提到了河流两岸萧瑟的自然景观。自然环境崩溃的同时，社会环境也在急剧恶化，保守党与自由党之间的纷争给拉美各国带来了巨大的灾难。费尔明娜与父亲一同返乡时被军队问询并差点丧命；传统男权思想下本就处于社会底层的女性面临权利的困境，因为肤色而被歧视的林奇小姐、被迫开始婚姻的费尔明娜、丧失年轻活力的费尔明娜的表姐，都是活生生的例子。同时，马尔克斯的作品中具有女性主义思想，他肯定女性的力量，承认女性在家庭的付出和理应享受的自主权，女性不应该成为任何人的附庸，女性也有选择爱谁、如何爱的权利。

马尔克斯运用自己独特的语言艺术和具有魔幻主义的创作手法，从不同角度展现着拉美世界中的悲欢离合，帮助我们走进拉美民族的生活，真正理解拉美传统文化与精神。

张尚然　北京第二外国语学院文化与传播学院汉语言文学专业本科生

---

[①] 赵渭绒：《庶民理论与权力视阈下的〈霍乱时期的爱情〉再解读》，《燕山大学学报》，2017年，第6期。

# 《精灵宝钻》中吟游诗人对世界的建构

◇ 王佳珂

《精灵宝钻》中，吟游诗人们实际上建构了三重世界——现实世界、历史世界、神话世界讲述了正在发生的事、已经发生的事、可能发生的事。现实世界建构的重点在于"现时性"，吟游诗人们对现实的即时反应与长期行为，便是那"正在发生的事"；对历史世界的建构则在于诗人们对已经发生的悲伤与美好的回望；建构神话世界的重点在于"可能性"，表现为诗人们对过去与未来可能性的诉说。本文聚焦托尔金《精灵宝钻》，探讨书中吟游诗人角色对世界的建构，因此本文采取的"吟游诗人"的概念，首先以书中明确提到或有明显倾向的为准。此外，由于传说故事集（legendarium）的文本互相关联，且《精灵宝钻》本就是被托尔金设定为"由盎格鲁-撒克逊吟游诗人艾尔夫威奈从学者朋戈洛兹的精灵语著作翻译而来，最终被后人重新发现、公之于世"①的作品，而若要深入讨论吟游诗人对《精灵宝钻》世界的构建，文本本身的这一特殊性同样不可忽视。因此，本文所涉及的吟游诗人有：戴隆、玛格洛尔、芬罗德、格力尔胡因、埃伦弥瑞和艾尔夫威奈。除此之外，《蕾希安之歌》仅存篇目，书中并未点出创作者，文中直接以篇目指代。

## 一、吟游诗人对现实世界的建构

所谓"吟游诗人对现实世界的建构"，实际上是吟游诗人对"正在发生的事"的建构。这强调一种"现时性"。因此，诗人们对正在发生的事作出的即时反应与长期行为，便是他们建构现实世界的表现。

《精灵宝钻》中虽也有吟游诗人埃伦弥瑞创作的反映当下现实的作品《阿勒都迪尼依》，但只一笔带过。②因此，分析吟游诗人对现实世界的建构，应以分析重大事件面前吟游诗人的举动为主。下面以文本中着墨较多、精灵中最伟大的三位吟游诗人之中的

---

① Tolkien, J. R. R. Tolkien, Christopher (ed.), *History of Middle-earth Volume V: The Lost Road and Other Writings*. Harper Collins, 1992, p.143.

② J. R. R.托尔金著，克里斯托弗·托尔金编：《精灵宝钻》，邓嘉宛译，上海：上海人民出版社，2015年，第107页。

两位——戴隆和玛格洛尔<sup>①</sup>——的经历为例，具体分析吟游诗人对现实世界的构建。

戴隆的主要事迹有：担任多瑞亚斯精灵王的首席学者与吟游诗人、发明奇尔斯字母及如尼文书写体系、在贝伦与露西恩的故事中充当"背叛者"。

首先，戴隆是多瑞亚斯精灵王的首席学者与吟游诗人，可见他地位较高；他长期生活在多瑞亚斯美丽安环带的保护下，因此身心较为自由。戴隆发明奇尔斯字母、创建最早的如尼文书写体系，是在世界尚年轻时。可见，作为诗人兼学者，他较早地考察了精灵的语言。字母与书写体系的发明是为了记录，不过值得注意的是，"辛达族在大战时期来临前一直很少用它书写记录"。[②] 因此，这一举动实际上说明了戴隆对世界中学识，尤其是有关语言的学识的热爱。这不仅有利于他作为吟游诗人创作的诗歌的流传，成果还被矮人所用，经过不断的演变，广泛地流传开来，可说是影响深远。[③]

而戴隆在贝伦与露西恩的故事中的出场，可谓最具"传奇性"：他深爱王的女儿露西恩，"曾为露西恩的歌与舞谱曲"[④]，"将自己对她的全部爱恋都倾注在乐曲中。他成了大海以东所有吟游诗人之冠"[⑤]，所以当他发现"来路不明"的贝伦与她接触后，便向王告发了他们；当贝伦为完成王的要求遇险时，露西恩向戴隆求助，但他又将她的计划泄露给了王；最终，露西恩决定独自前去搭救贝伦，从多瑞亚斯"失踪"。露西恩对戴隆的爱并非爱情，而无论是出于何种原因，戴隆将自己的爱倾注在乐曲中这个行为本身，包括他最后悔恨出走，便可以看出，戴隆眼中的世界，实际上是以"爱"为中心的。戴隆因爱而生的"背叛"促成了贝伦与露西恩生命的两次转折——贝伦为爱接受辛葛的要求，前去冒险，与露西恩离开多瑞亚斯帮助贝伦；此外，正是戴隆为露西恩所作的恋歌成就了他自己，也在当时，便将露西恩的美印入了人们的心中。他为爱背叛，失爱出走，由爱成就。由此可见，戴隆的世界是以爱为轴的，他的爱一方面是对世界的爱，一方面是对他者的爱。

玛格洛尔是制造精灵宝钻的费艾诺的第二子[⑥]，也是中洲最伟大的三大歌者之一。他的主要事迹有：在精灵宝钻被黑暗魔君夺去后，与父兄一同发下必要夺回宝钻的恶誓；参与三次亲族残杀，创作《诺多兰提》；驻守豁口，参与贝烈瑞安德的一系列战争；在海港亲族残杀后，收养没有父母照料的埃尔隆德与埃尔洛斯；受誓言所迫夺走一颗被收回的精灵宝钻，最后不堪折磨，将其投入大海。可以看到，玛格洛尔作为费艾诺众子之一，参与了第一纪元几乎全部重大事件。精灵抵抗黑暗魔君的需要，让他身兼战士与歌者。与生活在美丽安环带保护下的多瑞亚斯宫廷中的戴隆相比，玛格洛尔身为军事领

---

① J. R. R. 托尔金著，克里斯托弗·托尔金编：《精灵宝钻》，邓嘉宛译，上海：上海人民出版社，2015年，第319页。
② J. R. R. 托尔金著，克里斯托弗·托尔金编：《精灵宝钻》，邓嘉宛译，上海：上海人民出版社，2015年，第130页。
③ J. R. R. 托尔金著，克里斯托弗·托尔金编：《精灵宝钻》，邓嘉宛译，上海：上海人民出版社，2015年，第130页。
④ J. R. R. 托尔金著，克里斯托弗·托尔金编：《精灵宝钻》，邓嘉宛译，上海：上海人民出版社，2015年，第236页。
⑤ J. R. R. 托尔金著，克里斯托弗·托尔金编：《精灵宝钻》，邓嘉宛译，上海：上海人民出版社，2015年，第236页。
⑥ J. R. R. 托尔金著，克里斯托弗·托尔金编：《精灵宝钻》，邓嘉宛译，上海：上海人民出版社，2015年，第87页。

袖，无数次直面战场，这使他的世界必定比戴隆多了一份更厚重的沉郁与悲伤。

玛格洛尔的罪从他跟随父兄发下恶誓开始，他的命运便注定受到誓言的束缚。誓言的约束让他参与三次亲族残杀，他的心灵"因那可怕誓言的重担而疲惫不堪，厌恶烦乱"。①作为费艾诺的第二子，在迈兹洛斯被魔苟斯俘虏的短暂时期，费艾诺部族的领导权自然就落在了他的身上；而在魔苟斯被推翻，精灵宝钻被维拉的大军收回之时，费艾诺七子中仍存世的只有他与迈兹洛斯。玛格洛尔曾与迈兹洛斯在此时就是否仍要守誓展开过讨论，他们被要求返回维林诺，接受维拉的裁决②，"玛格洛尔心中悲伤，其实渴望服从"③，面对迈兹洛斯的反驳，又说："如果没有人能解救我们，那么我们无论守誓还是毁誓，确实都将注定落入永恒的黑暗。但我们若是毁誓，将少做一些恶事。"④但"他最终还是顺从了迈兹洛斯的意志"⑤，夺走了精灵宝钻。然而他们并没有得到解脱，精灵宝钻烧灼着他们的双手。兄长迈兹洛斯最终因不堪痛苦与绝望跳入一道充满火焰的裂隙，世间仅存玛格洛尔一人代表着"诺多的堕落"与费艾诺家族的历史。他将宝钻投入大海，"从此以后永世徘徊于海边，怀着痛苦与懊悔在波涛旁吟唱"。⑥但玛格洛尔也有着良知，他对世界怀揣着痛苦的爱：他本性善良，热爱这个世界并歌唱这个世界；他失踪前曾创作《诺多兰提》，反思诺多的堕落；他同样爱着父亲、爱着兄弟，参与数次对抗大敌的战争，担起了对部族的人民的责任。乃至在一切终结之后，仍在海边吟唱，宛如赎罪。

总的来说，罪与良知、犯罪与忏悔之间的矛盾，构成了玛格洛尔的世界：他要守誓，否则便会堕入永恒的黑暗，因此他行了恶；内心的良知、对精灵乃至中洲命运的关切，又让他生发出忏悔、悲悯与痛苦。而正是他目睹的这样的世界，促使他创作出《诺多兰提》——为诺多族的堕落所作的哀歌。

由此可见，吟游诗人对现实世界的建构，是以自身为基础的。戴隆是并未去过维林诺的辛达族精灵，一生都在中洲生活，长期担任精灵王的首席学者与诗人。他的身心较为自由，因此他可以把自己的才华倾注在无数恋歌之上，即使是最后的失踪，也是他懊悔自己让露西恩遭难而自由作出的选择。他代表的，是中洲自由精灵的生存方式：他们曾有一段单纯美好的时光，生活在他们热爱的林木与星光下，研究学识，放声歌唱；而时局愈加黑暗，他们便只能以自由之身，迎向前方的命运。戴隆最后的出走与失踪，与贝烈瑞安德数次战役中自由人民的命运可谓暗合。

而玛格洛尔所代表的，则是流亡精灵的生存方式——一种负罪的生活。甚至可以

---

① J.R.R.托尔金著，克里斯托弗·托尔金编：《精灵宝钻》，邓嘉宛译，上海：上海人民出版社，2015年，第312页。
② J.R.R.托尔金著，克里斯托弗·托尔金编：《精灵宝钻》，邓嘉宛译，上海：上海人民出版社，2015年，第318页。
③ J.R.R.托尔金著，克里斯托弗·托尔金编：《精灵宝钻》，邓嘉宛译，上海：上海人民出版社，2015年，第319页。
④ J.R.R.托尔金著，克里斯托弗·托尔金编：《精灵宝钻》，邓嘉宛译，上海：上海人民出版社，2015年，第319页。
⑤ J.R.R.托尔金著，克里斯托弗·托尔金编：《精灵宝钻》，邓嘉宛译，上海：上海人民出版社，2015年，第319页。
⑥ J.R.R.托尔金著，克里斯托弗·托尔金编：《精灵宝钻》，邓嘉宛译，上海：上海人民出版社，2015年，第319页。

说，玛格洛尔代表了这种生活方式的极致：从发下誓言到三次杀亲，再到最后夺走宝钻，这些犯下的罪都需要被一一偿还。费艾诺众子中，他是唯一的忏悔者，因此他要活着，在波涛旁吟唱悔恨的歌，而不是像兄长那样死亡。然而玛格洛尔又是被驱逼着的：被誓言，被爱，被责任。因此他无法脱身，在要塞和战场间游离；他的心灵疲惫烦乱，却也只能忍受。

不过，戴隆与玛格洛尔的境遇、所代表的生存方式虽然不同，但他们都生活在黑暗魔君的阴影笼罩下的时日。他们的命运与结局也都深受其影响，事实上，生活在中洲那个时代的吟游诗人莫不如此。这两位吟游诗人构建的世界，爱与悲伤交织，在其中闪烁的，则是中洲自由子民们于黑暗中努力生存的光辉。

## 二、吟游诗人对历史世界的建构

吟游诗人对历史世界的建构是对"已经发生的事"的建构，主要体现在诗人们对历史中悲伤与美好的回望上。

诗人们对悲伤的回望，是一种寻求超越的行为。玛格洛尔在失踪前曾写下哀歌《诺多兰提》，描述了诺多族的堕落。托尔金曾在他1951年给出版商的信中阐释"堕落"的含义，这封信被克里斯托弗·托尔金收录在《精灵宝钻》第二版中："精灵的堕落源自费艾诺和他七个儿子对这些宝石的占有态度……费艾诺众子发下亵渎神明的可怕誓言：无论何人胆敢染指或宣称有权拥有精灵宝钻，即使对方是众神，他们也将与之为敌，复仇到底。他们煽惑鼓动大多数族人起来反叛诸神，离开了乐园，前去向大敌发动无望的战争。他们的堕落所结的第一个苦果是，乐园发生了血战，精灵残杀精灵。此事和他们邪恶的誓言紧紧纠缠着他们后来所有的英雄行径，造成各种背信弃义，瓦解了他们所有的胜利。"①玛格洛尔的《诺多兰提》"对这场发生在澳阔泷迪的亲族残杀有更多描述"。②

《诺多兰提》明显是一部史诗，是费艾诺家族的玛格洛尔对他们所行之事及其生发的历史的反思。费艾诺众子中，唯有他呈现了实际的反思行动。他意识到了他们需要血债血偿。他面对的战争与败亡，让他通过《诺多兰提》构建的历史世界更多地呈现出罪与悲：当伊露维塔的儿女们回望历史，他们实际上仍站在现实的维度上，这样的世界褪去了鲜活感与流动的意志，剩下的，是冷静的反思，是对命运的悲悯、对罪行的忏悔，与对堕落的哀悼。这是对超越现实的寻求。而玛格洛尔的结局——将宝钻抛入大海，孤身一人永远在海边唱着悔恨的歌，进行着无尽的忏悔与赎罪，则是在行动上寻求对生存的超越。

---

① J.R.R.托尔金著，克里斯托弗·托尔金编：《精灵宝钻》，邓嘉宛译，上海：上海人民出版社，2015年，第17页。
② J.R.R.托尔金著，克里斯托弗·托尔金编：《精灵宝钻》，邓嘉宛译，上海：上海人民出版社，2015年，第121页。

不过，在这无尽的黑暗中，诗人们在回望中，也仍看到了过去时日的美好，而这便是超越实际所追求的。精灵王芬罗德现于来到中洲西部的人类面前弹琴歌唱便是一个例子："他歌唱的内容——阿尔达的创造，茫茫大海彼岸的阿门洲的福乐——化作一幅幅清晰的景象，展现在他们眼前，他的精灵语词句也依着个人的理解能力，在他们的脑海中获得了诠释。"① 芬罗德在歌谣中所建构的便是一个充满希望与美好的世界。他是精灵中的智者，对阿尔达世界的诸多规律与本旨皆有深思。借由歌谣，他打开了那些因"风闻那些神祇居住在西方圣土"②而初次迁移到中洲西部的人类的心，向他们传达了真正的智慧。除此之外，还有讲述贝伦与露西恩故事的《蕾希安之歌》，这个爱比死亡更强大的故事，相爱之人终得到至高力量的怜悯，跨越不同的命运走向相同道路的故事，始终是"精灵听来最美好的"。③

同样地，托尔金也把中洲远古时代的一系列历史交予英格兰吟游诗人艾尔夫威奈④，让他成为有史以来第一位踏上笔直航道，到达埃瑞西亚岛的人类，知晓了远古时代的历史，让它们得以流传后世，最终被托尔金教授发现，而其结果，便是这本《精灵宝钻》——它汇集了无数诗人眼中的世界，而当一道目光聚焦于这多棱的历史，便可得见其中的万般虹彩。"从那段黑暗的日子里流传至今的故事，大多讲述了悲伤与毁灭，但仍有一些在涕泣中存有欢笑，于死亡的阴影下存有恒久的光明"。⑤

芬罗德歌唱的是彼岸的福乐，《蕾希安之歌》中贝伦与露西恩"从束缚到释放"⑥得益于独一之神与维拉们的怜悯，艾尔夫威奈年迈之时，仍在数个纪元之后回忆西方的"精灵之乡"⑦。他们的做法所揭示的是人们心中的希望与对美好的追求。无论是对悲伤历史的反思和回望，还是诗人们诉说对众神与福乐的渴求，实际上都体现了一种有着超越可能性的生存方式。

## 三、吟游诗人对神话世界的建构

吟游诗人对神话世界的建构，是对"可能发生的事"的建构，是诗人们对过去与未来的可能性的诉说，主要体现在以超越现实的视角对历史事件不可确认的细节的记述与对未来发生之事的预知中。

---

① J.R.R.托尔金著，克里斯托弗·托尔金编：《精灵宝钻》，邓嘉宛译，上海：上海人民出版社，2015年，第185页。
② J.R.R.托尔金著，克里斯托弗·托尔金编：《精灵宝钻》，邓嘉宛译，上海：上海人民出版社，2015年，第185页。
③ J.R.R.托尔金著，克里斯托弗·托尔金编：《精灵宝钻》，邓嘉宛译，上海：上海人民出版社，2015年，第210页。
④ Tolkien, J. R. R. Tolkien, Christopher (ed.), *History of Middle-earth Volume V：The Lost Road and Other Writings*. Harper Collins, 1992, p.143.
⑤ J.R.R.托尔金著，克里斯托弗·托尔金编：《精灵宝钻》，邓嘉宛译，上海：上海人民出版社，2015年，第210页。
⑥ J.R.R.托尔金著，克里斯托弗·托尔金编：《精灵宝钻》，邓嘉宛译，上海：上海人民出版社，2015年，第210页。
⑦ Tolkien, J. R. R. Tolkien, Christopher (ed.), *History of Middle-earth Volume V：The Lost Road and Other Writings*. Harper Collins, 1992, p.32.

对过去可能性的诉说，使世界的价值通过诗人的歌谣得到了实现。《精灵宝钻》的开篇之作《创世录》中记载的关于世界诞生的内容，其真实情况只有参与了创世的独一之神与众爱努知晓。精灵学者儒米尔记录下了大君王曼威对此的讲述。后来，这个故事随流亡的诺多族被带到了中洲：精灵王芬罗德便对来到中洲西部的人类歌唱过"阿尔达的创造，茫茫大海彼岸的阿门洲的福乐"。①经过代代流传，终于到了艾尔夫威奈手中。《创世录》将独一之神与众爱努创世的过程描绘为"爱努的大乐章"，由独一之神决定乐曲的主题与篇章，众爱努各尽所能歌唱，装点、完成乐曲。独一之神将整支歌显化为一亚（宇宙）与阿尔达（独一之神儿女的居所）。事实上，"大乐章"可能只是对爱努创造世界与预演历史的一种形象说法。真实的情况可能在独一之神儿女的理解之外，但创世过程与理念的实质可能与"乐章"的创作类似。②大乐章这样的世界建构模式，不仅本身具有美感，还用简易明晰的形式反映了世界更深刻的本质。大乐章中的创世过程通过歌谣流传下来，经由此，众爱努创世的价值得以实现。

此外，在叙述过程中，我们常能看到来自"歌谣""传说"的补充信息。虽无法进行考证，但它们往往传达了创作者的思想倾向。这些倾向组合起来，便可展露出《精灵宝钻》中吟游诗人眼中的那个神话世界——可能性的世界。不过，这种可能性并不荒谬，而是体现了阿尔达世界运行的基本规律和基础价值。如"歌谣与传说中讲述，戴上那条项链与那颗神圣宝石的露西恩，代表着有史以来维林诺之外的疆域中美与荣光的极致。有短短一段时光，那片'死而复生之地'也变成了维拉之地的镜像，自此再无任何一处能如它那般美好、丰饶、充满光明"。③露西恩本就是伊露维塔最美的儿女，精灵宝钻则让她的美与荣光到达了维林诺之外疆域的极致；精灵宝钻的光辉又是来自蒙福之地不朽的双圣树，是未被玷污的太初之光，这也使"死而复生之地"成为维拉之地的镜像。这二者都是美的代表。而由贝伦与露西恩的故事生发的歌谣，"纵使中洲彻底改变了面貌，也会永远存留"。④经由歌谣，美的价值得以实现。

费艾诺带领诺多族出奔时说："我们即将创下的功绩，将成为歌谣的题材，直到阿尔达终结。"⑤而事实也是如此。诺多族"在古时的北方大地上长久又悲壮地战斗过、劳作过"，⑥因此"他们在歌谣中拥有盛名"⑦。虽然最终依靠蒙福之地的力量，对抗大敌的战争最终才取得了胜利，但从这一层意义上看，诺多族经历的诸多苦难、诸多悲伤并非

---

① J. R. R. 托尔金著，克里斯托弗·托尔金编：《精灵宝钻》，邓嘉宛译，上海：上海人民出版社，2015年，第185页。
② Tolkien, J. R. R. Tolkien, Christopher (ed.), *History of Middle-earth Volume XI: The War of the Jewels*. Harper Collins, 1994, p.299.
③ J. R. R. 托尔金著，克里斯托弗·托尔金编：《精灵宝钻》，邓嘉宛译，上海：上海人民出版社，2015年，第299页。
④ J. R. R. 托尔金著，克里斯托弗·托尔金编：《精灵宝钻》，邓嘉宛译，上海：上海人民出版社，2015年，第189页。
⑤ J. R. R. 托尔金著，克里斯托弗·托尔金编：《精灵宝钻》，邓嘉宛译，上海：上海人民出版社，2015年，第122页。
⑥ J. R. R. 托尔金著，克里斯托弗·托尔金编：《精灵宝钻》，邓嘉宛译，上海：上海人民出版社，2015年，第78页。
⑦ J. R. R. 托尔金著，克里斯托弗·托尔金编：《精灵宝钻》，邓嘉宛译，上海：上海人民出版社，2015年，第78页。

徒劳，而是在歌谣中得以流传，借由此，他们的个人价值得以实现。

除此之外，吟游诗人对未来的预知也是对神话世界的一种建构。吟游诗人不仅用歌谣帮助世界实现价值，更用歌谣传递了这种价值。"竖琴手先知"①格力尔胡因作歌预言"不幸之碑""既不会遭到魔苟斯玷污，也永远不会坍倒，哪怕大海淹没了全地"②。"不幸之碑"是胡林一家的命运悲剧的象征，他们英勇坚韧，却因受到魔苟斯的诅咒走向了悲惨的终局。格力尔胡因对"不幸之碑"的预言，事实上表明了更高存在的价值取向：第一纪元的终局是魔苟斯被维拉打入虚空之境，但第一纪元故事发生的"舞台"贝烈瑞安德地区，却因维拉与魔苟斯的战斗激烈而崩毁，沉入大海③。土地不复存在，代表着第一纪元的"现实"也消逝了。存留下来的"不幸之碑"，代表着胡林一家的悲剧不会被遗忘，代表着对这始终心向光明，却一步步踏向黑暗命运的一家人的致敬。从此，我们也可窥见独一之神的至高设计。"企图更改乐曲者，将证明他不过是我手中的器具，用来设计他想象不到的更为美妙的事物。"④魔苟斯的诅咒非但未给他自己添上半分荣光，却在某种程度上，成为了体现胡林一家灵魂之英勇、卓越、美好的"器具"。只有他们能承受这苦难，也只有这苦难能够描摹出他们的灵魂。而格力尔胡因的预言日后果真应验⑤，他的预知传达了大乐章的价值，在人们心中构建出一个"一切皆有用意"的神话世界⑥。

从"大乐章"的流传，到戴隆、玛格洛尔、芬罗德的歌唱，到《蕾希安之歌》的传诵与格力尔胡因的预言，再到数纪元后的艾尔夫威奈，一代代吟游诗人以生命谱写歌谣，本就是在实现自我的价值，而歌谣中的内容又可以帮助诗人所歌唱的人与事物完成价值实现，而无论是诗人自身通过歌谣作出预言，还是任由歌谣流传下去，实际上都向后来者传递着这一价值的实现逻辑，并让那些被实现的价值得以永恒。

"美丽奇妙的造物只要还存于眼前，自身便是活生生的记录，惟有陷入危境或永久损毁，才会进入歌谣。"⑦歌谣在中洲是一种价值与意义的承载，值得被铭记，因此暂时免于被无情的时光吞噬；歌谣也是一种对生命的寄托和伊露维塔儿女们发挥自由意志与灵魂之美的保证，费艾诺乃至整个诺多族在中洲的劳作与抗争，写就了第一纪元种种壮烈的故事，便可证明。独一之神所构想的恢弘之美，正是这向死而生、悲怆与美好交织的世事之中，伊露维塔儿女们展露出的高贵灵魂的生命张力。这样的理念，由一代代的吟游诗人们通过无数的歌谣传递；一代代精灵与人类，乃至矮人生命价值的实现，又通

---

① J.R.R.托尔金著，克里斯托弗·托尔金编：《精灵宝钻》，邓嘉宛译，上海：上海人民出版社，2015年，第292页。
② J.R.R.托尔金著，克里斯托弗·托尔金编：《精灵宝钻》，邓嘉宛译，上海：上海人民出版社，2015年，第292页。
③ J.R.R.托尔金著，克里斯托弗·托尔金编：《精灵宝钻》，邓嘉宛译，上海：上海人民出版社，2015年，第318页。
④ J.R.R.托尔金著，克里斯托弗·托尔金编：《精灵宝钻》，邓嘉宛译，上海：上海人民出版社，2015年，第34页。
⑤ J.R.R.托尔金著，克里斯托弗·托尔金编：《精灵宝钻》，邓嘉宛译，上海：上海人民出版社，2015年，第292页。
⑥ J.R.R.托尔金著，克里斯托弗·托尔金编：《精灵宝钻》，邓嘉宛译，上海：上海人民出版社，2015年，第32页。
⑦ J.R.R.托尔金著，克里斯托弗·托尔金编：《精灵宝钻》，邓嘉宛译，上海：上海人民出版社，2015年，第130页。

过吟游诗人们的吟唱得以圆满。吟游诗人对历史世界的构建体现的是一种追求超越的生存方式，而吟游诗人对神话世界的构建，则是利用歌谣中的可能性，传达着价值实现的逻辑，完整着价值的真正实现，从而超越了现实，实现了一种价值的永恒。

《精灵宝钻》中吟游诗人通过对现实世界、历史世界、神话世界的建构，完成了对自身、现实的两重超越，其一代代的吟诵构成了中洲价值赋予的闭环。传奇的恢弘之美正由此体现。在《精灵宝钻》中，吟游诗人个人的经历、对世界价值的实现、对底层价值观的传递在吟游诗人的歌谣中构成三位一体，实现了自由意志与命运的统一。托尔金通过将吟游诗人角色与世界价值观环节相联系，使《精灵宝钻》富于深度和美感，值得我国奇幻文学创作者借鉴。

王佳珂　北京第二外国语学院文化与传播学院汉语言文学专业本科生

掇华集

# 堕落与救赎：《野草在歌唱》中的"荒原"隐喻

◇ 张旻月

20世纪英国女作家多丽丝·莱辛（Doris Lessing，1919—2013）笔耕五十余年，曾先后出版了五十部长、中篇小说和短篇小说集、两部自传，以及大量诗歌、剧本、散文、文论和纪实文学作品，代表作如《野草在歌唱》(*The Grass is Singing*，1950)、《金色笔记》(*The Golden Notebook*，1962)、《最甜蜜的梦》(*The Sweetest Dream*，2001)等。莱辛多次获奖，囊括了毛姆文学奖、英国皇家文学会荣誉奖等几十项文学大奖，以及2007年的诺贝尔文学奖，被誉为继伍尔芙之后最伟大的英国女性作家。

1950年出版的《野草在歌唱》（以下简称《野草》）是莱辛的处女作，而正是这本在莱辛"囊空如洗"状态下的寥寥"财产"使得莱辛在文坛上一举成名，获得了国内外学者的广泛关注。根据文献资料的呈现效果来看，学界关注的热点大多是从女性主义、殖民理论、精神分析等理论切入文本，深入探讨女性、被殖民者等"他者"群体的悲惨境遇，揭示并剖析相关主题。本文则是延续上述理论思考逻辑，从互文性、文学隐喻、神话原型批评、后殖民主义、女性主义等视角，重新解读《野草》中的主题思想，反思男性中心主义与殖民主义给非洲带来的苦难，关注女性"他者"的身份找寻及从堕落到救赎的可能性与希望。

## 一、《野草》与《荒原》的互文性及其隐喻

根据法国批评家茱莉亚·克里斯蒂娃（Julia Kristeva）的定义，文学中的"互文性"意为能够体现文本结构的"转换方法"①。在此过程中，"隐喻"（Metaphor）成为文本之间的互文性关系的一种指认与展示。学者 Paul Werth 指出："一部文学作品中可能会反

---

① Julia: Kristeva, Probleme der Textstrukturation. In: Ihwe, Jens（Hg.）: *Literaturwissenschaft und Linguistik. Ergebnisse und Perspektiven*. Bd. Ⅱ /2. Frankfurt a.M.1971（1968），S.500.

复出现同一个隐喻,并对该源域进行深入扩展。"① 针对文学中的互文性及其隐喻手法的研析,可以加深我们对小说主题、结构与叙述方式的理解。

莱辛的《野草》扉页部分单独地引用了 T.S.艾略特的《荒原》(The Waste Land, 1922)中的一行诗,内容如下:"在这个群山环绕的腐朽山洞里,在淡淡的月光下,野草在歌唱……"②

显然,《野草》与《荒原》构成了一种相互呼应的互文性关系。莱辛旨在以艾略特笔下的《荒原》为"潜文本",描写一个在非洲原野上发生的现代"荒原"故事,表现置身于南部非洲、被殖民地背景中的白人女性面临的种族困境、婚姻创伤、越轨情感及其悲剧命运。

《野草》与《荒原》的互文性体现在主题、结构、人物形象和自然意象等方面。这种文本之间的"互文性"关系,揭示了这部小说题目的根由与改写,以"野草"对应了"荒原",构成了女性作家迥异于男性作家的视角;此外,艾略特的长诗《荒原》为这部作品渲染了衰败、阴郁、"荒原化"的基调与象征结构,有助于我们解读其后面蕴含的深刻意蕴与文本特色,揭示莱辛写作从模仿、改写到创造的最初发展轨迹。

大卫·穆地(David Moody)认为艾略特的《荒原》是"个人精神世界的崩溃与重组过程"。③ 艾略特的《荒原》创作于一战结束,此时的他正处于个人情感与婚姻的崩溃边缘,其妻子犯有精神抑郁症,诗人本人也处于生活中的混乱与虚无状态。这部风格怪诞、碎片化的现代主义诗歌展现了战争对现代人的身体与精神的摧残、一代人在现代文明中的荒原感与危机感。彼时,新旧价值观冲撞,文明陷入危机。人们的理想开始破灭,对社会充满怀疑,堕落失序,陷入干涸、垂危的"荒原"世界,苦苦挣扎,等待着寻找信仰与雨水的"圣徒"与"雷霆"的救赎。《荒原》带有神话结构下的碎片化、拼贴与蒙太奇特点,反映了人类社会、精神图景与文明的整体现状。学者陈庆勋指出:"艾略特的诗是碎片化的代表……但这种无序状态只是诗的表层结构,这些碎片通过隐喻的建构作用形成了一种深层结构和内在的有机整一体。"④ 这一由诸多意象交织而成的"有机整一体"无疑便是战后人的精神,乃至文明"荒原"状态的真实写照,它呈现出堕落、破败的状态,充斥着破碎失序的因子与难以简单调和的诸多矛盾,处于濒临溃败的重重危机,但同时诗人也提出了通过寻找"圣杯"、雷霆(梵语)下雨滋润荒原、获得精神拯救的可能路径。

与敬仰而心仪的诗人艾略特一样,莱辛写作《野草》的阶段也处于她人生的危机时刻与个人情感的矛盾中。在两次短暂而不幸的婚姻后,她独自携带幼儿流亡到伦敦,身

---

① Paul Werth,《Extended Metaphor—a Text—World Account》. *Language and Literature.* 1994(3), pp.79-103.
② 莱辛:《野草在歌唱》,一蕾译,南京:译林出版社,1999年,第10页。
③ David Moody, *Tracing T. S. Eliot's Spirit*. Cambridge: Cambridge University Press, 1996, p.116.
④ 陈庆勋:《艾略特诗歌隐喻研究》,上海师范大学硕士论文,2006年。

无分文，只有这部小说的初稿。居于二战后伦敦这个举目无亲的荒原般的城市，莱辛感受到了彻骨的"荒原感"，那时她来自身后的非洲大陆她成长的那一片充满伤疼与焦虑的土地。

艾略特诗歌中呈现的"荒原—拯救"的主题、神话原型与结构可用来解读莱辛的《野草》。这部小说创作恰在二战后，纵然时间及地理位置不同，但殖民者、战争掠夺、种族冲突给非洲大陆带来的摧残依旧存续，只不过是在时间、地点、人物、情境、文体等方面对《荒原》进行了置换、挪用与回应。《野草》聚焦于英国在南部非洲的殖民地，随着殖民扩张进程，社会环境的压抑加之自然生态环境的严酷，给当地的殖民者白人与被殖民者黑人皆带来了身心的创伤与困难。生活在这片土地上的人，不似自由快乐而高歌的野草，更像是被囚禁在"荒原"中的困兽。《野草》中屡次出现了许多荒芜的自然意象与人物形象：枯萎的落叶、阴郁的乌云、惨淡的光芒、燥热而干旱的环境、雷雨交加的天气、多变而极端的气候、铁皮屋顶的束缚、整片地区水资源的匮乏、社会秩序的失衡、白人与黑人之间的种族矛盾、殖民地男女地位的不平等与婚姻危机，它们皆构成了一个南部非洲大陆的"荒原"世界。

由此，"荒原"这一浓缩的、反复出现的隐喻贯穿于《野草》，《荒原》的主题与神话结构也以隐藏的方式呈现在小说中，构成潜在的对话文本。解读这个具有象征意味的"荒原"隐喻及其与传统文本的互文性关系，有助于我们更深入地探索莱辛在其小说中所要表达的主题思想、叙述结构与艺术特色，管窥这位年轻时代的女作家如何借鉴并化用了《圣经》、艾略特等西方传统文学资源，书写了一部来自南部非洲殖民地女性的"荒原"史诗。如今，莱辛成为了绵延不绝的伟大英国文学传统中光彩夺目的一位，与勃朗特三姐妹、奥斯丁、伍尔芙等一样，占据了经典之席。

## 二、南部非洲殖民地的"荒原"书写

莱辛在《野草》中描绘的"荒原"世界便是小说聚焦的南部非洲殖民地，这与莱辛本人的经历密切相关。莱辛于1919年出生在波斯（今伊朗）西部的一个英国殖民官员家庭。1925年，在靠玉米种植致富的潮流鼓动下，莱辛随父母移居非洲南罗德西亚（现津巴布韦）南部，并在该地度过了大部分童年和青年时光。这段生活给莱辛留下了深刻的印象，南部非洲严酷的生态环境与压抑的社会环境皆深刻地影响了莱辛，并体现在文本创作中，这些因素共同构成了《野草》中的堕落"荒原"图景。

（一）荒凉干涸的地理环境

莱辛少时居住的南罗德西亚坐落在南回归线以北，属热带气候，因此大部分地区降雨量呈现出明显的季节性特点。逢旱季时期，兼之土壤的贫瘠化限制了劳作回报①，给当地人民的生产、生活均造成困难。全景观之，南部非洲是一片荒凉而宽阔的地区，这里天气炎热、干旱、多尘、多风，高原上灌木随处可见。据资料显示，莱辛曾发表过对南部非洲在干旱时期水资源短缺的评述："我想让你们想象自己在南部非洲的某个地方……在一个严重干旱的时候。有一排人，大多数是女性，他们有各种各样的盛水容器。"②《野草》中同样存在多处以角色视角对此地的描述，如玛丽在回忆其过往住过地方的火车站附近的景象："由于火车轰隆隆的鸣叫声，燥热而呆滞的空气一天里会有好几次震动。还有灰尘和小鸡；灰尘和孩子；东逛西逛的土人；灰尘和店铺——老是店铺。"③

通过以上措辞得以看出在玛丽眼中，这片地区凝滞而"死气沉沉"，无甚活力。继续跟随主人公玛丽的视角，玛丽本是习惯并享受城里的生活，但年龄增长加之社会性别偏见导致的舆论压力使其不得不接受草率的婚姻，并来到了农场。起初，玛丽抱有"换一个环境想必会愉快"的积极心理，但不想，随后的生活逐渐蚕食了她的期望：燥热的天气、肮脏的环境、匮乏的水源皆对玛丽的精神状态造成了负面影响。

除却自然因素本身严酷的特点，对南部非洲生态环境造成更为严重冲击的，是殖民者对环境的肆意破坏。小说写道："它（南部非洲）的土地上到处蔓延着一小块一小块的郊区，土地就像得了病，给弄得破了相。"④可见，殖民者来到非洲大陆谋利，不惜一切代价来开垦这片土地，文中多次提到，人们超负荷耕种土地，如为盈利种植烟草。而一旦土地不能再耕种，就另找新土地开垦，无视可持续发展，这无疑严重破坏了人与自然的和谐。⑤

随着工业文明与近代科学的发展，主客二分的思想使得人类与自然愈发对立、分离，这更进一步强化了人类中心主义论，其主张人类是自然的征服者、统治者，人类的生存进程可忽视自然界其他生物的状态。⑥然则由此发展必然会导致严重的生态危机，莱辛在诺奖获奖演说词中再次提到非洲时曾感叹道："昨天，我驱车好几英里，一路经过那砍伐过后留下的树桩和林火过后的焦土……让我们展开想象吧，洪水淹没城镇，海水呼啸上涨……"⑦

顽固于人类中心主义与殖民思想的人们对环境不加节制地毁害加剧了南部非洲这片

---

① 李鹏涛：《殖民主义与非洲社会变迁：以英属非洲殖民地为中心（1890—1960年）》，北京：社会科学文献出版社，2019年，第127页。
② 鹿忆：《〈野草在歌唱〉的文学地理学解读》，陕西师范大学硕士论文，2011年。
③ 莱辛：《野草在歌唱》，一蕾译，南京：译林出版社，1999年，第30页。
④ 莱辛：《野草在歌唱》，一蕾译，南京：译林出版社，1999年，第41页。
⑤ 张艳玲、张丽倩：《从生态女性主义视角解读〈野草在歌唱〉》，《甘肃高师学报》，2018年，第4期。
⑥ 胡志红：《西方生态批评研究》，四川大学硕士论文，2005年。
⑦ 多丽丝·莱辛：《远离诺贝尔奖的人们——诺贝尔文学奖获奖演说辞》，《作家》，2008年，第7页。

地区的生态环境危机，这俨然消泯着这片土地的生命力与灵性，使之加速堕落。

### （二）残酷暴力的种族冲突

针对南部非洲的社会环境，据文献资料统计，这片地区大部分是黑人，白人的数量不超过十万。而生活在这片土地上数载的莱辛见证了这里诸多令人压抑、不人道、不公正的现象，其中，以种族压迫与种族矛盾问题最为突出。

种族问题始于殖民问题，下面先谈一谈非洲的殖民背景。随着非洲逐步被纳入世界体系，欧洲工业化创造扩大市场以及欧洲帝国主义扩张背景下，欧洲国家日益介入非洲事务。而除却世界外部的干涉，在非洲内部，土著的政治、经济和宗教体系也十分复杂。[①] 像针对宗教体系，非洲的伊斯兰教国家和基督教国家形成了不同的南北格局，其交界处更是冲突激烈。

殖民主义在非洲始于非洲南部沿海和美洲的航路的发现，而英在非的殖民扩张则肇始于1661年，即英国在冈比亚河上的詹姆斯岛建立据点。在随后的两百年中，殖民扩张的影响主要集中在西非和南部非洲边缘地带。直到1914年，英国已征服约1/3的非洲大陆，北罗得西亚与南罗得西亚便在其中。[②] 可以说，南部非洲部分地区的被殖民过程是从17世纪中叶持续到20世纪90年代中期。

殖民主义带来的种族冲突问题在《野草》中体现得淋漓尽致。殖民者以高高在上的"征服者"姿态对当地黑人土著施加压迫，两个群体间存在鲜明的不对等现象。黑人在殖民者白人的"霸权"面前被迫沦为奴仆，失去话语权与地位。如书中以当地白人对土人极度贬低的侧面描写提到的："一个土人本来比一条狗强不了多少，一个白人是可以看着他的。"[③] 更有甚者，殖民者兼农场主斯莱特打死了一个土人，后果仅仅是被罚了三十英镑。[④]

### （三）身心分裂的人物悲剧

不止于身体上的奴役，在精神上，殖民主义与种族主义也对当地黑人造成严重摧残。《野草》中的大部分黑人都是沉默且木讷的，该群体普遍表现为一种奴性：他们大多不敢正视主人的眼睛，不敢发声反抗，受制下只得一味顺从。以上我们通过玛丽三番五次解雇佣人的缘由，以及农场雇工的神态与举止便可窥见一二。

这是一片失声的、受压迫的、无比沉抑的"荒原"。甚而不只是当地黑人土著，白

---

[①] 李鹏涛：《殖民主义与非洲社会变迁：以英属非洲殖民地为中心（1890—1960年）》，北京：社会科学文献出版社，2019年，第146-151页。
[②] 李鹏涛：《殖民主义与非洲社会变迁：以英属非洲殖民地为中心（1890—1960年）》，北京：社会科学文献出版社，2019年，第143-145页。
[③] 莱辛：《野草在歌唱》，一蕾译，南京：译林出版社，1999年，第150页。
[④] 莱辛：《野草在歌唱》，一蕾译，南京：译林出版社，1999年，第7页。

人殖民者也在这片压抑的"荒原"中受到伤害。书中的三位殖民者,迪克在矛盾冲击下失去了自我的定位,在土人、殖民者与自我之间徘徊,最终婚姻失败,也失去了农场主的身份;斯莱特看似成功,一方面,他摆脱了贫穷,但另一方面他却也失去了英国人的身份,且殖民主义思想始终缠绕着他,无法脱出;马斯顿来到非洲,原本有他的理想以及一套自己模糊的价值标准,但是当他看到现实情况,便认清了殖民主义的残酷,对此感到失望,最终选择逃离。

要而言之,南部非洲殖民地的社会环境压制了人性自然的发展,严重戕害了人的身体与精神,与前文所述的生态危机共同诱致了这片索寞"荒原"的堕落。

## 三、非洲"荒原"上的失衡与禁锢

如上所言,"荒原"在非洲特殊的生存空间、殖民主义、种族冲突等方面都呈现出整体氛围的"荒原"特征,在小说结构与基调上构成了一个"有机统一性";同时,《野草》也呈现碎片化的荒原景观。以下从失衡与禁锢两个角度来揭示南部非洲殖民地空间中的"荒原人"的苦难生活与悲剧命运。

### (一)"荒原"上的文明失衡

小说的题跋如此写道:"透过一个文明的失衡和败落,我们更容易看到它自身的缺陷。"[①] 南部非洲殖民地这片"荒原"世界存在着严重的失衡现象,由此生活在其中的民众皆受其苦。

这种失衡借助后殖民理论可便于解读。根据性质不同,反殖民思想分为殖民主义批评、新殖民主义批评、后殖民主义批评以及内部殖民主义批评等不同类型。"后殖民主义"是新殖民主义的一个最新阶段,新殖民主义侧重于经济、政治和社会发展角度,而后殖民主义则更偏重于文化。[②] 后殖民主义深受萨义德(Edward. W. Said)《东方学》(Orientalism,1978)一书影响,萨义德指出:"东方学是一种思维方式,在大部分时间里,"the Orient"(东方)是与"the Occident"(西方)相对而言的……简言之,将东方学视为西方用以控制、重建和君临东方的一种方式。之间的一种本体论和认识论区别的一种思维方式。"[③] 在萨义德看来,"东方"是西方人创造出来的"非西方世界",是一个"他者"的世界,至于真正的东方则处于另一世界。[④] 我们看到,西方为维护自身的主体地位将"自我"与"他者"之间构成对立关系;而作为欧洲"他者"的东方(以及处于

---

① Claire Sprague, *Rereading Doris Lessing: Narrative Patterns of Doubling and Repetition*, University of Carolina Press, 1987, p.20.
② 赵稀方:《后殖民理论》,北京:北京大学出版社,2009年,第21-23页。
③ 萨义德:《东方学》,王宇根译,北京:生活·读书·新知三联书店,2019年,第4页。
④ 陈瑛:《"东方主义"与"西方"话语权力——对萨义德"东方主义"的反思》,《求是学刊》,2003年,第4期。

边缘的、被殖民的非洲），则是被审视、被构建的对象，失去了话语权。在后来的《文化与帝国主义》（*Culture and Imperialism*，1993）一书中，萨义德认为，此种东西方关系（殖民者与被殖民者之间）的关系体现出一种书写与被书写的权力关系。

《野草》文本中，这种"自我"与"他者"结构下二元关系的失衡贯穿于《野草》始终，体现在以下三方面：

1. 种族关系的失衡

如上述南部非洲殖民地社会环境的堕落与荒原状态时提到的，种族问题与殖民主义渗透进小说的方方面面，围绕着黑人与白人的种族关系在这片土地上存在严重的失衡问题。

殖民者白人来到南部非洲，在黑人的异域环境中为维护自身的尊贵，以殖民者的身份构建其主体地位。他们为自己的行为宣告正统性，进而抹黑当地土著的人格品性，"抨击"其慵懒、落后、肮脏、败坏等，如书中白人群体对黑人的攻击："是的，他是无足轻重的，他是个黑人，一有机会就要偷窃、强奸或是谋杀，一辈子也改不了这种本性。"[①] 这种种族歧视伴随着错位的教育一代代地传下去，如书中玛丽在不得不与土人打交道时心中盘旋的是根深蒂固的刻板认知："她当然是害怕土人的。凡是在南部非洲长大的女人，从小就被教养成这种样子。"[②]

由此，当地黑人遭受到严重压迫和贬低，其文化受到践踏与侮辱。当地土著在殖民者带有强烈优越感的姿态下俨然成为了弱势群体，成为了模糊的、边缘化的、被注视的"他者"。小说中描述的黑人群体，他们大多没有外貌、没有性格，呈现出奴役的状态，失去话语乃至尊严。

这杆明显倾斜的天平两端站立的群体在这片"荒原"地区的生活可谓云泥之别，而这种失衡带给当地民众的苦难不言而喻。此外，哪怕是白人群体也难逃此苦，如玛丽，也是殖民主义与种族主义的牺牲品。从小生活在这片"失衡"的土地上，头脑被套上刻板认知的枷锁，面对佣人摩西的出现，她的精神屡现矛盾，最终更是因此走向死亡的命运。学者称："从她（玛丽）的身上，我们透过白人殖民文化的失败看到了殖民主义的虚弱。"[③] 确实如此，殖民主义与种族主义挟带的结构失衡禁锢着人的身体，残害着人的精神，使人陷入斗争性矛盾的混乱中。

2. 阶层关系的失衡

区别于种族关系，我们看到小说中同样存在关于贫富歧视的描写，在南部非洲殖民地，富者与贫者也构成了一种"自我"与"他者"的失衡关系。

由于资本主义发展导致贫富分化，白人集团内部也并不平等，贫富差异最终导致阶

---

① 莱辛：《野草在歌唱》，一蕾译，南京：译林出版社，1999年，第20页。
② 莱辛：《野草在歌唱》，一蕾译，南京：译林出版社，1999年，第56页。
③ 夏琼：《扭曲的人性，殖民的悲歌——评多丽丝·莱辛的〈野草在歌唱〉》，《当代外国文学》，2001年，第1期。

级身份的差异。其中最为明显的,同属白人殖民者的斯莱特与迪克,斯莱特用尽手段盈利,如种植烟草;而迪克则与之不同,专注农场的自然属性,但是连年收成不好,家中十分困窘。随着迪克愈发地穷困,婚姻出现了问题,周围人对他的评价也愈发负面,落得"穷苦白人"的称号。直到最后,迪克的农场被斯莱特收购。还有身为白人的玛丽,小说中间有描写她家中贫穷,跟随迪克生活后更是家道中落,但是她十分自尊,因此不愿让别人对自己加以异样的眼神。

### 3. 两性关系的失衡

女主人公玛丽担任《野草》的主要叙事者,架构起大部分小说行文的逻辑脉络,同时也承受着小说中十分典型的"牺牲者"形象。这不仅仅体现在上述种族关系的失衡,也体现在男性与女性关系的失衡上。《野草》中,两性关系也存在着明显的"自我"与"他者"的结构关系,如波伏瓦在《第二性》导言中的观点:"女人是由男人决定的……男人是主体,是绝对;女人是他者。"[1]南部非洲地区的女性亦面临着不平等的困境。

在小说中描绘的失衡状态下,黑人遭到白人的压迫;同时,女性也遭到男性的压迫。如小说中反复出现的对女性地位贬低的描写:"女人对他们发号施令,他们是不买账的。他们一个个都能够把自己的女人弄得服服帖帖的。"(《野草》:18)[2] 又如:"一个黑种男人绝不可以和一个白种女人待在一起的,尽管这女人已经死了,而且是给这个男人杀死的。"[3]

将这种两性关系的失衡加以归纳,女性在这片土地上的"他者"地位具体表现为以下四类:

第一类,白人社区对白人女性的压迫。书中,白人女性的工作有限,且受年龄与婚姻的影响极大,如玛丽婚后求职的失败。种种现象,无疑致使女性被婚姻、被丈夫捆绑,经济无法独立。而在家中,迪克"用一种上司对下属说话的口吻",将女性地位的低下展露无遗。第二类,白人男性对黑人女性的压迫。"在这个国家里,只要有一个单身白人住下来,当地的土人群中便会出现很多混血儿。"(《野草》:200)[4]这句话虽未直言,但隐含的内容不言而喻。第三类,黑人男性对白人女性的压迫。小说第七章迪克害病,玛丽代他去农场监工,玛丽命雇工们十分钟集合,但那传话人却"恶意、冷淡"地反问迪克如何。原本的十分钟,被拖至半个小时后,还是几个人"游游荡荡地"[5]过来,快一个小时,仅来了半数。这侧面证明在黑人团体中,女性,哪怕是白人女性,也是地位低下的。第四类,黑人男性对黑人女性的压迫。同理,在黑人团体内部,妻子也是遭到丈夫压迫的。

---

[1] 波伏瓦:《第二性》(Ⅰ,Ⅱ),郑克鲁译,上海:上海译文出版社,2011年,第9页。
[2] 莱辛:《野草在歌唱》,一蕾译,南京:译林出版社,1999年,第18页。
[3] 莱辛:《野草在歌唱》,一蕾译,南京:译林出版社,1999年,第19页。
[4] 莱辛:《野草在歌唱》,一蕾译,南京:译林出版社,1999年,第200页。
[5] 莱辛:《野草在歌唱》,一蕾译,南京:译林出版社,1999年,第114页。

诸如此类不平等的压迫现象对女性的生存造成了很大困难。女性普遍被认为是附属，受压制且很难发声，这从玛丽失败的婚姻便可得见。"她也是个不能脱离社会生活的人，但她自己却从来没有想过'社会'这一抽象的概念。"[①] 女性生活于此，会被潜移默化地影响，从最初被周边的声音催促结婚，到无奈、匆忙结婚后的日渐绝望、麻木，唯一挣脱的机会也被"已婚"与所谓的"大龄"抹杀。

两性关系中，作为失语的"他者"，我们看到玛丽曾尝试寻求认同，但是，错位的认同导致的内心矛盾叫她愈发崩溃，最终走向悲剧。婚前，玛丽便对自己的身份感到模糊，被社会流言左右，寻求丈夫。婚后，和丈夫价值观的不合以及贫穷、压抑的处境让她愈发无法适应这个新的身份。一方面她有自己坚持的标准，但另一方面现实总是无情地打压她。摩西的出现为她带来活力的同时也带来了又一重新的身份，这无疑加重了玛丽思想的矛盾，最终，殖民主义与父权社会的枷锁加在她身上，脆弱的自我意识最终在错综复杂的身份认同上迷茫，最终崩溃。

综上所述，种族（白人与黑人）、阶层（富人与穷人）、两性（男人与女人）三组关系的失衡，一方面反映出南部非洲殖民地这片处于"文明"之边缘的"荒原"的失序，另一方面也反过来加速着它的堕落。诸多社会沉疴与难以调和的矛盾交织在一起，残害着其中受失衡之苦的每一个"荒原人"。

### （二）非洲"荒原"上的空间禁锢

南部非洲殖民地这一"荒原"上的禁锢空间，集中表现在特纳夫妇居住的"小屋""铁皮屋顶"这两重联系紧密的象征上，故事的悲剧最终也发生于此。

"作为身份的象征符号，牢牢受缚于社会空间，对个体自我表现出强大的束缚性。"[②] 由此看来，"房子"作为《野草》中具有荒原隐喻的最为醒目的空间符号，不仅承载着主人公玛丽与丈夫迪克的不幸的婚姻生活，也象征着个体身份与社会环境的关系。小说中反复出现对特纳夫妇家中房屋、铁皮屋顶、家具、家居环境的细致描写："这丑恶的小屋，在它的四壁之内，甚至在砖头和泥灰里面，都含有谋杀的恐惧和恐怖，真使他厌恶透了……他抬起头来望望那哐哐作响的光秃秃的铁皮屋顶，它已经被太阳晒弯了，又望望褪了色的、花哨而不实用的家具以及铺着破烂兽皮的肮脏的砖地……"[③]

南非的天气十分炎热而干燥，但是迪克因穷困始终未装天花板。玛丽对这间屋子的铁皮屋顶深感痛苦与折磨，这不但体现在身体上，也体现在精神上。第三章描写道："房子看上去是紧闭的，漆黑的，窒闷的。……屋子光秃秃的墙壁……屋子显得很小很低；屋顶就是她在门外所看到的那种波纹铁皮做的顶。"（《野草》：49-50）不难看出，

---

① 莱辛：《野草在歌唱》，一蕾译，南京：译林出版社，1999年，第38页。
② 姜仁凤：《〈野草在歌唱〉中的房子与自我》，《外国文学研究》，2017年，第3期。
③ 莱辛：《野草在歌唱》，一蕾译，南京：译林出版社，1999年，第22-23页。

这间房屋显得丑陋、危险、狭小、破旧，令人窒息。天花板引发了夫妻二人的多次争执，令本就不合的婚姻更添罅隙。哪怕是初来乍到的马斯顿，都难以接受这间屋子带来的憋闷与窒息。

无疑，与身份密切相关的"屋子"象征着一种对主人公身心的空间禁锢，如同监狱一般。一方面，它体现出婚姻与自我的禁锢，房屋是玛丽无法回归独立女性身份的枷锁。青年时期的玛丽想起"家"，就会想起那鸟笼一样的木头房子；而与迪克同住一屋檐下，房屋同样没有带给她幸福与愉悦，而是施加给她被束缚的苦闷与绝望。她因失去工作整日无所事事，忙于不被对方完全理解的事物，消磨时光，消磨希望。屋子宛若玛丽一生的囚牢，难以逃出。哪怕玛丽曾经抗争般逃离这间屋子，在某个时刻试图回归早先的自由生活，但是现实将她无情地拉回。最终，她在矛盾与绝望中走向终结。

另一方面，荒野上的铁皮房屋也是殖民身份、殖民主义的作茧自缚。《野草》中迪克与玛丽的小屋是四方形的，而据学者 Victoria Rosner 对殖民地建筑的解读，白人多建此类房屋，认为："四方形意味着他们有能力围起空间，意味着所有权，也意味着他们有能力隔开。"① 殖民身份及殖民主义思想限制着迪克的思想，他不愿离开这间屋子，坚决地扎根于此。他一面同情土人，一面又鄙视土人，他在矛盾中失去了自我的身份，迷茫、堕落，最终婚姻失败，自己的土地也被附近更为强势的白人殖民者斯莱特剥夺。

因此，铁皮屋顶，以及这矗立在南部非洲殖民地不同角落的房屋，象征着殖民地人们生活的苦难以及殖民主义与男性中心主义等二元关系失衡状态下自我的窒息与禁锢。

## 四、非洲"荒原"上的人性堕落与救赎

正如学者赵婧指出的："莱辛小说与艾略特的诗歌形成互文，通过各种具象书写'荒原'的衰败与凄凉，但也表达了希望：'荒原'重焕生机，雷霆带来雨水甘霖，使干涸的河流、枯叶、丛林得以拯救。"② 在小说的结尾，第十一章中有大段玛丽对自己这间房屋的想象，她想到屋子最终完全倒塌，什么也没留下，只剩下遍地灌木丛，荡然一空。这也暗示着只有毁灭这间禁锢女性的"荒原"上的"房子"，女主人才能获得解放。《野草》中诸如此类的形象与象征，意味着南部非洲殖民地的一种解脱，象征着这片"荒原"拥有被救赎的希望。

### （一）"摩西"的形象：救赎的力量

当黑佣人摩西伴随着"水"出现后，玛丽冲破了种族隔绝，与这位充满温柔力量

---

① Victoria Rosner, "Home Fires: Doris Lessing, Colonial Architecture, and the Reproduction of Mothering," *Tulsa Studies in Women's Literature* 18, no. 1, 1999.

② 赵婧:《〈野草在歌唱〉中"荒原"的隐喻研究》,《福州大学学报》(哲学社会科学版), 2014年, 第1期。

的男性发生了不可思议的亲昵关系。显然，莱辛给小说中的黑人家奴取名为"摩西"（Mose），意味深长，他源自《圣经·出埃及记》中的以色列先知、拯救者摩西的原型。摩西看见以色列人受埃及人奴役痛苦不堪，肩负起使命，带领以色列人走出埃及并到达迦南，获得解放。与此类似，《野草》中的摩西也是《圣经》中摩西原型的一个"变形"人物，是黑非洲土地上的一个走出奴役状态的先驱者，是把玛丽从无爱无欲、垂死挣扎的家庭中解救出来的拯救者，但具有反讽意义的是，其救赎方式是杀害玛丽，接受惩罚。作为一名黑人奴隶，摩西受到当地白人的压迫，尤其是受到女主人玛丽的严酷压迫。起初他作为雇工受到鞭打，后来进入家门后又作为服务女主人的佣人。《野草》中的摩西也不同于普通的黑人奴隶，他见过世面，在教会当过差，会熟练地说英语，比起其他的黑奴更加有主见。正是这样的背景与性格使得他担任起解放与拯救的某种职责，其拯救的对象既包括黑人自身，也包括白人女性。

《野草》中描写了摩西的自如自信的神态，他敢于与主人目光相接，并直视主人的脸。面对玛丽对家务的指责，他同样敢于反抗、质疑并提出自己的意见。最终，面对玛丽的背弃，摩西杀死了玛丽，主动选择被捕，此举正是宣告黑人奴隶对白人压迫的反抗。尽管这一悲剧结局并非像《出埃及记》中以色列人那样获得解放，但这种非盲从的反抗依然为黑人群体的解放带来了希望。在另一方面，摩西同样为女主人玛丽带来了解放。在摩西来到特纳家中担任佣人之前，玛丽的状态可谓相当糟糕，处于一个麻木与恍惚的"静止"状态。但摩西的出现，他的利落、沉稳、健壮，以及对玛丽的关心与照顾可以说为玛丽带来了新的活力，尽管玛丽不愿接受这种矛盾的情感，但代入到玛丽的视角，他确实给玛丽带来了色彩，且最终玛丽的死，未尝不是玛丽的一种解脱。

### （二）"水"的意象：希望与关爱的象征

在艾略特的《荒原》中，有关"水"的意象很复杂，一方面是"情欲之水"的泛滥、城市"河流"的污染与生态灾难；另一方面是精神之荒原上"水"的匮乏与干涸。诗人写道："若还有水我们就会停下来喝了，在岩石中间人不能停止或思想，汗是干的脚埋在沙土里，只要岩石中间有水，死了的山满口都是龋齿吐不出一滴水……"①

但同时，"水"毋庸置疑也是珍贵的福祉。《出埃及记》中摩西杖击磐石引水，而《野草》中摩西的出现也与"水"密切联系。初次作为农场雇工出场，面对监工玛丽的催促他选择去找水，甚至用到了英文以强调；而后，摩西淋浴的情景也对玛丽的心理产生了很大的影响，在水的映衬下，摩西的身体及独特男性气质勾起了玛丽内心深处压抑已久的欲望②；日常生活中摩西也经常因工作涉及水，如做饭、清扫皆离不开水；小说写到玛丽面对矛盾而自我挣扎的状况时，摩西替玛丽倒了一杯水并吩咐她喝掉……诸如

---

① T. S. 艾略特：《荒原》，赵萝蕤、张子清译，北京：人民日报出版社，2000年，第17页。
② 李正栓、孙燕：《对莱辛〈野草在歌唱〉的原型阅读》，《当代外国文学》，2009年，第4期。

此类，可以说，摩西就像"水"一样为玛丽死寂、干枯的生活带来了新的希望与活力。哪怕最终摩西采取了报复，导致玛丽走向死亡，但从另一角度看这也未尝不是一种对玛丽麻木绝望生活的解放。

摩西此举亦是作为黑人对种族主义与殖民主义的反抗。在最后这个夜晚，乌云密布，随后天降大雨，这是"水"的狂欢，也是一种沉抑已久的反抗，向这片笼罩着欧洲主义阴霾的"荒原"发起冲击，以寻得冲刷一切桎梏的新的活力与希望。

### （三）"野草"的意象：生命力的象征

最后，回归小说的题目"野草"的象征。南部非洲殖民地这片"荒原"世界中，最为不起眼又恰恰最为突出的就是遍地野草。这些草本植物生长在小说的四面八方——草场、丛林、森林、农场，尤其聚集在特纳夫妇居住的小屋旁，"野草"更是意义非凡。如上文玛丽对这间逼仄的小房屋的想象，房屋终会倒塌，而占据重新主导的，将会是"灌木丛"："她想，等她一走，这房子就完全毁了。它一定会毁在灌木丛手里，这片灌木丛一直那样恨它，不吭一声地站在它的周围，等待着有朝一日朝它猛扑过来，把它完全盖没。……一眼望去，遍地都是灌木丛！她脑子里满是这些湿漉漉的绿色树枝、茂密而潮湿的草地和盛气凌人的灌木丛。"①

可以看到，不只是野草，这片"荒原"上看似孤零零却生命力极强的草丛、灌木丛都构成了相似的草本意象，这种"野草"的聚合体也构成了一层全新的象征寓意，象征着身处霸权、中心地位之人的自我觉醒与顽强反抗。作为一种生生不息的自然植物，它们坚强而执着地存在，"雨季里，大草原水草丰茂，满眼青葱翠绿；雨季结束，青草枯萎之时，草原依旧美丽动人，枯萎的干草变成了闪闪发亮的金黄色"。②鲁迅先生的散文诗《野草》寄寓了作者对自我世界与生命哲学的探索，惠特曼亦在《我自己的歌》中将草喻作"墓地未剪的美丽头发"③，以赞美其不朽。

诚然，"野草"虽然平淡无奇、貌不惊人，但是它们呈不朽之姿依然在坚韧顽强地生长，如人人耳熟能详的《赋得古原草送别》中描绘的意象。它们坚强、勇敢、无畏、生命力强，带着春风吹又生之势，在南部非洲这片充斥着失衡与禁锢的"荒原"中静候时机，等待有朝一日奋起反抗，把这种招致不公、混乱、窒息的堕落根源"完全盖没"，迎来真正的解放。

---

① 莱辛：《野草在歌唱》，一蕾译，南京：译林出版社，1999年，第211–212页。
② 卡罗莱·克莱因：《多丽丝·莱辛传》，刘雪岚等译，南京：江苏人民出版社，2016年，第36页。
③ Jr.Miller, &E.James（ed.）, *Complete Poetry and Selected Prose by Walt Whitman*, Houghton Miffin Company, 1959.

## 结语

莱辛的小说《野草》与艾略特的诗歌《荒原》构成了密切的互文性与对话性，从女性视角书写了发生在南非大陆上的荒原景观与种族越轨导致的人伦悲剧，无论是小说对特殊的地理环境、时代氛围、人物的居住空间的书写，还是对"天气""房屋""水""野草""摩西"等具有隐喻色彩的意象与人物的描写，全方位地呈现了一幅南部非洲殖民地的"荒原"图景与人性堕落。莱辛借"荒原"作为警示，寓指这片地区，乃至整个世界文明的危机——殖民主义与欧洲中心主义的暴力、社会结构的失衡、种族冲突、黑人男性与白人女性之间的紧张关系等。

但莱辛不只是描绘非洲荒原上的人性堕落，更在于探索男女主人公的自我身份的寻找、对命运的反抗，以及获得解放与拯救的可能性。"荒原"隐喻着非洲殖民主义与种族主义、男性中心主义、阶层与性别歧视等多种压迫与禁锢力量，也见证着被殖民者黑人、被压迫者女性的某种觉醒与悲剧反抗，虽然这是以死亡的形式结束。

莱辛借"荒原"隐喻深化了《野草》的多重主题与象征结构，让我们正视并反思西方殖民主义与文化霸权主义给非洲大地、女性"他者"带来的创伤，以期打破来自种族、阶层、家庭、两性不平等的荒原病症，重新找寻并确立自我的身份。作为一个从非洲走出来的女性作家，莱辛以自己的文学书写形式，为非洲大陆上的各色人种、为第三世界国家和边缘群体的女性发声，振聋发聩。如今，莱辛成为了绵延不绝的英国伟大文学传统中光彩夺目的一位，与勃朗特三姐妹、奥斯丁、伍尔芙等一样，占据了女性文学的经典之席。

**张旻月　北京第二外国语学院文化与传播学院比较文学与世界文学专业研究生**

# 《失乐园》中人性的异化与确证

◇ 赵玮佳

渡边淳一的《失乐园》将中年人的婚姻、爱情以及婚外情作为主题,从人性的情色之根入手,写出了日本现代都市的人们在社会和婚姻生活中的孤独感与疏离感。为了消解这种情感失落的痛苦,人们会将自己的心理认知人为扭曲,以达到情感自洽,但过分的扭曲会让人性失常,即异化。这种异化在《失乐园》中既由不伦的感情关系体现,也被各种性偏好行为做了更具体的阐释。

渡边淳一在《失乐园》中赋予了两位主人公一种日本特有的武士道精神,它势必要摧毁一切阻挡爱的事物,无论是婚姻的伦理束缚还是人的肉体桎梏,哪怕是生命也在所不惜。站在小说立意的角度看,死亡确实体现了主人公对爱的极致追求,但如果将它放置于人性异化与确证的语境中,它就成为了论证由"非人"到人的必然途径。某种意义上说,这种渴望解构异化,回归真人的死亡追求,宛如在樱花盛放之时凋零,也属于物哀美学的一部分。

## 一、情色之根:人性的悖论

道德规范与情色似乎是很难和平共处的,在重视传统的日本社会中,这种冲突显得更为突出。但人性欲望无时无刻影响着人类的生活,无论是失序行为的发生还是对特殊美学的追求。这是人性中自带的"情色之根"。

在日本文学传统中,作品对性的描写大都是不避讳的,态度也更显宽容,由此日本文学逐渐形成了特定的好色审美观念。"这种好色文学探究人情与世界的风俗,把握人生的深层内涵。"[①] 渡边淳一将日本"好色文学"的叙事特色运用得淋漓尽致,讲述了现代社会中,被婚姻和伦理束缚的爱情如何在欲望与绝望中纠葛,进而更深层地展示了人们在社会场合中的孤独感。"在现实生活中,男女恋爱是一种自然而然发生的现象,而结婚则会使双方暴露本性,还原自我。原本相爱的两个人一旦结为夫妻,加入到由国家

---

① 陈蓓琴:《评渡边淳一的小说〈失乐园〉》,《当代美国文学》,2002 年,第 8 期。

法律保护的一夫一妻的婚姻制度中，恋爱时的激情就会逐渐消失，人类原始的欲望就会被法律压制以致荡然无存。社会道德规范的是整个婚姻模式，完全忽略了在这个模式下生活的个人感受，忽略了个体在其中是否能得到满足与发展。"① 因此，在渡边淳一的笔下，生活在机械都市的中年男女们，婚姻早已经失去了新鲜感，精神也日渐荒芜在情感失落的现实中，孤独感和疏离感将他们与外界隔离开。只有重新找到爱情，激发失落的情感，才能在原始的生命力和爱欲的驱动下，获得精神世界的重生。小说中，情色作为一种救赎行为被呈现，不仅是人性复杂的体现，更是人与人双向异化的诱因。渡边淳一描绘了充斥着极端与绝望的情爱故事，未尝不更体现了人性的复杂性。我们认识到自身人性的残缺，渴望脱离孤独，甚至不惜与世俗的伦理道德产生不可调和的矛盾，最终走上了异化的道路。

一段爱情中，情色发挥的重要作用是必然的。在《失乐园》里，主人公关系进展也跟色欲有着直接联系。"事实证明，现在两人都已经忘却了那些不愉快，平静而慵懒地躺着。现实的问题就算一个也解决不了，只要身体和身体一交谈，就能够相互理解宽容对方了。"②

色欲是人性的本能，但同样是由基因支配而进化的非常强大的本能。在渡边淳一的笔下，违背了公序良俗的不伦之恋是极致纯粹的情爱，是彻底的男女之爱，与年龄地位无关，与法律制度无关，与社会道德无关。

《失乐园》中各有家庭的久木祥一郎与松原凛子在偶然的邂逅后开始了一段悖离于社会伦理道德的婚外恋情。两人都承受着来自社会和家庭的重压，为了守护彼此和这段极致爱情而拼命努力着。在体验了极致的性爱后，这对恋人自觉已感受到人生最美妙的时刻，物哀美学情结影响着他们，促使他们一起服毒自尽，永远地停留在极致绝妙的最后一刻里。这种情色具有致命的吸引力，是因为人们生活在缺乏交流和关怀的现代都市，在孤独感中饱受折磨，情感诉求被长久压抑，似乎只有通过不伦的恋爱关系将痛苦释放，才能避免被冰冷的社会吞没。

但制度森严的社会关系不允许这种情况，人性的枷锁始终给不伦恋人加以沉重负担。这种爱充满危机，呈现着灵魂与肉体的挣扎，这也是绝对性的、压倒性的最纯粹力量。但是爱情无法被世俗人伦承认的痛苦同样会激发人性扭曲的力量，本该是单纯天真的爱情变成了邪恶的破坏性的不伦之事。这个悖论基于人类的性本能，而性偏好心理的行为更诱发了人对自我、对道德的解构，即双向异化。

人在社会要求中失落的情感需求，或许会被精神的爱欲所弥补，也可能会以一种更激烈的反抗方式，比如婚外恋情来强势填满。道德关系的限制给婚外恋人施加巨大压力的同时，人性中强调伦理、从一而终的规训部分也在消解他们的力量。内外的双重压力

---

① 渡边淳一：《魂归阿寒》，窦文、冯建华、知非等译，南京：译林出版社，2012年，第3页。
② 渡边淳一：《失乐园》，竺家荣译，北京：作家出版社，2010年，第25页。

可能会以更极端的方式通过人的特殊行为发泄出来，比如性偏好行为。

## 二、性偏好行为：人与人的双向异化

卡夫卡在《变形记》中记录了社会对人的异化，即格里高尔变成了甲虫，这是一种具体形态的异化。渡边淳一在《失乐园》中描写的凛子对久木索求的性偏好行为，则是另一种意识的异化。

对于久木和凛子来说，他们的婚外恋情是忤逆道德准则、背叛被规训出来的人性的，所以作为成熟的社会动物，他们自身对于爱情的渴望并不能抵消违背道德的痛苦。重重压力之下，这一对婚外恋人不得不扭曲自己的人性，以逃避内心和社会的审判。扭曲的结果就是异化成"非人"，而性偏好行为如受施虐行为是他们自身为了抵抗传统社会的压制所做出的典型非正常行为。在受施虐关系中，他们首先要摒弃双方的平等地位，不把对方认知为相同社会或心理地位的人，也就是对彼此的异化。

在特定的纠结与痛苦时刻，他们的心理发生了细微转变，但随着压力骤增，家庭与事业关系的挤压，使他们被排挤在外，更加孤独无助。自我和彼此感情的包裹越来越厚，他们越来越沉溺于对自己的异化，直至异化变成了无可逆转的趋势。但社会赋予他们天生的人性是不可逆转的，从人变成非人之后，他们势必会在天性和人伦的引导下，试图证实自己的人性，而这就将他们引入了最终的归宿——死亡。

死亡对于异化的"非人"来说，是回归"人"的一种方式。死亡是充满物哀情节的一瞬间的至美，也是一个最纯粹如真人的时刻。对于人类来说，濒死的时刻，尚能爆发出最激烈真诚的感触。这是特殊的为人类所独有的感受。因此对死亡的追求，就是由"非人"到"人"转变的最后一个必然的结果。

传统的一夫一妻婚姻模式是人们长久以来默认的准则，是文明社会不言而喻达成的共识。渡边淳一不加掩饰地把这种共识背后人们对于自我认同感的缺失，以及社会伦理道德的矛盾直白地呈现了出来。失去了性爱的调和滋润，"婚姻可以说是一种不得已的生活方式，没有了爱和激情，只剩下僵化的外壳"。极端情况下，为了解决这种模式的缺失，婚外恋作为一种补偿而出现。但这毕竟是一种不伦之恋，打破了固有的生活程式就会引发一些难以避免的冲突，受到社会的抵抗和伤害。

婚外恋情中难以自持的情色欲望恰恰是恋人们心中强烈的不安定性的折射。只有疯狂地将精力消耗在短暂的极致欢愉里，才能忘却在世俗社会中的孤独感与疏离感，在这种恐惧与希望两方迫近的局面中，人的情感失落被渐渐放大，被置于社会的无解冲突中。即便这样，他们心中仍始终渴望追求爱情和人性的至美至真，这是日本文化中不可消解的物哀情结。

情色与社会关系产生了巨大冲突，人的孤独感被无限放大，灵魂失去了栖身之所。

当这种空虚与游离的状态无法被妥善安置的时候，就面临着人性的嬗变。在《失乐园》中，情爱呈现的力量无疑是最强大的，其他所有社会关系都在为此让步，不只是婚姻关系的让步，还有凛子与母亲的断绝、久木与女儿的冷淡。但传统道德关系对于社会中生存的人的压制力量同样不可忽视，人对自我的掌控感式微，孤独感与疏离感使精神开始失序，自然就走向了双向异化。小说中用性爱之前的性偏好行为呈现了这个过程。

《失乐园》第九章"小满"里，凛子因丈夫的威胁、父亲的离世和母亲的失望透顶而产生了极强的负疚感，在道德伦理的压制下，承受着爱欲的折磨。仿佛只有彼此疯狂的肆意胡为才能治愈这种极端的悖离社会的孤独感。

"现在的久木，和家庭、公司同事都有隔阂，在独自飘零的孤独感里受折磨。这一点凛子也同样，陷于自以为此生不再来的深沉之爱中，愈闷头往前走愈疏远社会亲人，最后只剩下孤零零的自己。

被周遭拒绝与世隔绝的男人与女人，最后能够相偎相依的仍然是孤立的女人与男人那里。寂寞的男人找上寂寞的女人，只有随心所欲，任性妄为，才是抚慰彼此孤寂的惟一手段。

此刻，凛子就像在寻求这种拯救般豁出全身。"①

在这段文字中，渡边淳一描写了凛子因为家庭与伦理的谴责而倍感孤独痛苦，情急之时向久木提出惩罚自己的要求之事。当凛子已经无法消解这种罪恶的痛苦，而被折磨到难以忍受的时候，她向久木发出了鞭挞的哀求。

他们各自承担了性偏好行为中施虐者和受虐者的角色，久木潜意识里具有侵略和占有的思维，而凛子渴望着被保护也需要某种切肤的疼痛和形势上的威压来消减内心强烈的负疚。

人与人的双向异化，就是从人到非人的嬗变过程。悖离社会的孤独感逼迫凛子自发地承受痛苦，凛子与久木双方都处在同样的境地中，他们一边对自己，一边对彼此进行了人性的反抗与解构。受施虐行为关系中，两个人并不是正常社会伦理中平等的地位，这种不正常性就是异化的体现。它反抗社会的压迫与自我的孤独，但是反抗的结果不是他们各自回归，而是更激烈的情感结合，这意味着这种反抗势必以失败告终，极端的情爱欲望和不伦关系中天生的不安定性会将两人在异化的路上越推越远。

《失乐园》"半夏"一章中，雨中的久木凝视着滑动的雨刷和凛子有过这样的一段对话："我看咱们跟杀人犯也差不多。""杀了谁？""没杀人，但是使很多人痛苦啊，比如你的夫人、女儿以及周围的人……"②

这样的内疚时常出现在两个人的性爱之后，即使是冲破了道德的桎梏，外界的压迫也让两个人无法安心接受真爱，孤独的痛苦始终让他们的精神饱受折磨。当自我也被异

---

① 渡边淳一：《失乐园》，竺家荣译，北京：作家出版社，2010年，第89页。
② 渡边淳一：《失乐园》，竺家荣译，北京：作家出版社，2010年，第243页。

化时，在人类社会中的极度疏离感使他们产生了一种家园消亡的感受。灵魂也失去了栖所，为了消解这种异化的痛苦，他们最终会走到不可逆转的结局。

这是一个现代人面临的无法摆脱的困境，如果婚姻已经成为精神世界的坟墓，婚外的不伦之恋又被整个社会所抗拒，到底该去哪里寻找失去的乐园呢？

## 三、必然的陨落：追求真实的人

在柏拉图的《会饮篇》中，参与者在喝酒狂欢的过程中讨论了什么东西才是真正构成爱的本质，一方面，Eros 是一种永恒的对美的追求；另一方面，Eros 也是人类的爱与性。虽然在柏拉图看来，Eros 最终所追求的最高形态是"美的理式"，这才是爱欲的最终目的，但因其身体和灵魂是作为孕育的工具而存在，所以最开始为美的形体献身的行为，也是柏拉图所认同的至美的一部分，至少也是最基本的一个步骤。① 根据苏格拉底的说法，爱必须始终与某物相关，因此永远不能完美，而只能追求完美。完美的爱情即便不存在，但这并不影响人们前赴后继为此涉险献身。

渡边淳一在《失乐园》中所展现出来的抒情倾向对主人公抱有更宽容的理解。他相信色欲的交往对人情的影响是巨大的，在至爱与道德的选择下，哪怕与人伦常理背离，也应该为了所爱克服一切困难。他的这一观点继承了本居宣长的"物哀论"。本居宣长在《紫文要领》中写道："所有的人情中，最令人刻骨铭心的就是男女恋情。在恋情中，最能使人'物哀'和'知物哀'的就是悖德的'不伦之恋'，亦即'好色'。因而'好色'者最感人心，也最'物哀'。"② 我们可以从小说中清晰地感受到，渡边淳一的爱情观与本居宣长的物哀论一脉相承，成为了《失乐园》的精神内核。物哀中的"哀"并非只是指哀伤、悲哀，它表达的情绪具有着更深广的内涵，不论是赞誉、欣喜的情绪，还是悲悯、忧郁的情绪，只要是一种情感或者哪怕是感动本身，都属于物哀的范畴。"世上万事万物，形形色色，不论是目之所及，还是耳之所闻，抑或是身之所触，都收纳于心，加以体味和理解，这是感知'事之心'，感知'物之心'，也就是'知物哀'。"③

渡边淳一深谙日本文学中"好色"与"物哀"之间彼此勾连的关系，这时候的"物"就是一个专门筛选过的不伦的男女恋情，超越伦理道德，达到本居宣长不论善恶、唯情是举的"物哀"精髓。

小说《失乐园》的各个章节题目以"落日""冬瀑""春阴""落花""空蝉"等命名，限定词给人的空落感和其中哀伤的消逝趋向，这已经预示久木和凛子不被祝福的、

---

① 任珈瑄：《论爱欲作为 Eros 的本性——重思〈会饮篇〉中柏拉图与前五人之争》，《武汉理工大学学报》，2020年，第2期。
② 本居宣长：《紫文要领》，东京：岩波书店，2013年，第1页。
③ 大西克礼：《幽玄·物哀·寂——日本美学三大关键词研究》，李重民译，上海：上海译文出版社，2019年，第72页。

势必走向殉情终点的极致之爱。在最终"至福"一章里,他们的爱情如同轮回一般回到原点,陷入痛苦爱恋的两个人在轻井泽一同结束了他们的生命。

他们对抗世俗,飞蛾扑火一般守护着不伦之恋,陷入了爱欲的疯狂,也让自己的人生面临了巨大的危机。被亲人唾弃,甚至被社会关系孤立。孤独感迫使他们寻找新的家园,而情欲的沉溺更加速了他们的异化。为了他们所追求的"物哀",从人异化为非人,又因其对家园的渴望与对至美至真的追求,渴望论证从非人到人的嬗变,他们的死亡是必然的结果。

这种由家园孤独和人性异化体现出来的物哀,像樱花一样,短暂地盛开又急速地飘落,象征着美与死亡,指向日本文学的审美极致。

"久木感到无比的幸福,这时突然袭来的窒息使他拼命挣扎着,用尽最后的力气叫了声:'凛子……'

'亲爱的……'

这雾笛般飘然远去的声音,是两人留在这个世上的最后的叫唤和绝唱。"[①]

爱欲之死,是一个具象的文化特征,人伦与性欲的冲突、孤独感与归属感的不可调和,以及不伦之恋给人的不安全性,综合在一起。非人到人的论证更让死亡的结果呼之欲出,物哀之"哀"达到了极致。情色的美学和人性的孤独与异化进一步加深了意识的哀感,将物哀的文化特征体现在了最后的殉情中。

我们由《失乐园》中难以克制的情欲剖出人性的嬗变,复杂的感情被不伦关系的不安全性激发得更加浓烈,这是日本文学中物哀的具象体现。始终游离于人类家园之外的孤独的人们,经历了异化与确证,最终以死亡论证了回归人性的结局。死亡对于日本人来说,并不是需要畏惧的事情,他们对死亡的态度甚至坦然至向往的程度,认为美的终结应该是死亡,人性的至高点也应是死亡。或许是因为日本人天然的美意识中存在着一种"瞬间"的理念,他们极度推崇瞬间的美。古代的日本人甚至会以樱花自比,将追求这种短暂花期的美的瞬间视为人生观念,认为自杀可谓是达到人生极点的行为。久木和凛子的殉死追求的至美意义,就是求得或保留一瞬间的真正人性。

最终的死亡对于凛子和久木来说是一种对"人"的论证,在被异化成非人之后,种种行为的导向,都在缓慢地移向最终的结果。既然连行为和情感都已经成为非人了,那么只有一种方式可以证明自己的"人"性,那就是死亡。

如果将从人到非人再回归人的异化与确证过程看作一个范式,我们或许可以认为,死就是这个范式的答案。但这个答案并不是一个理性的代数结果,它仅是这个过程的最后状态。死亡的表面状态之下,是日本文化对物哀的极致追求,也是人性在最后时刻的返璞,即追求"真人"。

---

[①] 渡边淳一:《失乐园》,竺家荣译,北京:作家出版社,2010年,第432页。

渡边淳一的《失乐园》将物哀意识投射在了人性的异化与确证上。日本文化在追求至真至美的死亡之路上，物哀自始至终都在影响着孤独的人们。情色对于游离在家园之外的人们，是消解情感失落的良方，但出于对至真至美的人性追求，人们最终还是会以死亡为自己的异化做回归的终结。

赵玮佳　北京第二外国语学院文化与传播学院汉语言文学专业本科生

中外文论译解

# 《易经》中的"位"

◇ 张嘉印

《易经》以卜筮为表，实以哲学为里，蕴含着中国传统哲学的智慧。《说文解字》曰："秘书说日月为易。"《易经》在命名上便包含了对天地与时间的认知，时间观外显于文字，而空间观内蕴于思想。在中国古代哲学中，关于空间观的建构始终是一个重要的命题，从空间方位具体到个人定位，对空间观的讨论便是人对自我的反思。《系辞传》言"天地设位，而易行乎其中矣"①，空间只是作为万物运行的载体与处所，直至"德薄而位尊"②，空间中的"位"具有了社会层面的价值成为地位的象征，"位"的思想的进阶与深化同时也是空间观的逐步确立与抽象。从天圆地方的宇宙观到执方用圆的人格修养，宇宙观的不断内化是先人关于自身修养与自然对接后的理想状态与追求，而空间观建构的终极价值也是在确立自我的处境与行事的准则，寻找到本真的自我。

## 一、"天地设位"：空间观的形成

"位"是中国古代哲学空间意识中的典型意象，在甲骨文中，"位"与"立"同形，字形本义为模拟人站立时的样子。《周礼·天官·冢宰》中有"惟王建国，辨方正位"，"位"成为物理空间中的位置或方位，在《说文解字》中将其释为"列中庭之左右谓之位"，《说文解字注》又有"𠃊部曰：'廷，朝中也。'""位"不仅展示了直观可视的空间，还指代了在朝廷中群臣以官爵为依据的位列与排序，更进一步内涵着社会空间的建构与人伦礼法，人们按照身份地位的不同而确定自己的站位，进一步深化了"人"与"立"合为"位"的表义符号。

在《易经》中，"位"首先是由天地确立的空间原则，是《易经》之道得以贯彻的前提："天地设位，而易行乎其中矣。"③ 先天八卦的确立也要借助"天地定位，山泽通

---

① 王弼、韩康伯注，孔颖达疏：《周易正义》，北京：北京大学出版社，1999年，第274页。
② 王弼、韩康伯注，孔颖达疏：《周易正义》，北京：北京大学出版社，1999年，第308页。
③ 王弼、韩康伯注，孔颖达疏：《周易正义》，北京：北京大学出版社，1999年，第274页。

气，雷风相薄，水火不相射，八卦相错"。①天地定位，万物派生，八卦中的每一卦都可以找到具体的位置，位置不可变更，宇宙运行的规律也不可更改，只有万物各得其位各司其职，才能形成完善统一的社会体系。八卦概览万物运行之道，暗示吉凶福祸之兆，而具体在每一副卦象上便是借"爻位"得以明晰，孔颖达有言："位本无体，因爻始见，故称'虚'也。"②爻位的确立使得"位"的含义更加具象化，八卦中方位的安排是空间宏观的象征，爻位的设置与其互为表里，已经脱离物理属性的限制转而进入更深刻的空间意识中，也正是爻位的设定实现了天、地、人在同一语境中的一体化。

"天地设位"确立了刚柔尊卑的序位，并使圣人依此创制《易经》广施功用以人谋沟通鬼谋。"天地设位，圣人成能；人谋鬼谋，百姓与能。"③《易经》的原始性质就在于卜筮之学，概括历史的经验借助阴阳两个符号组建卦爻，在六爻的交错居位中推移事物的情态与吉凶。《易经·系辞传》中所记载的唯一一种古老的筮法就是"揲蓍求卦"："大衍之数五十，其用四十有九。分而为二以象两，挂一以象三，揲之以四，以象四时，归奇于扐以象闰。五岁再闰，故再扐而后挂。"④大衍之数虽为五十，但是可用只有四十九，不可用的"一"即为太极，"分而为二"便分出阴阳，"挂一以象三"推演出天地人的三才之道，由阴阳推变成天地人的格局，在天地人的流变与呼应中与四时相关联，正是"道生一，一生二，二生三，三生万物"的创生与转化。中国古代的数学系统中可见许多四进制数学，"虽然古代的四进制发展到后来，往往都被十进制所取代，但唯独在时间系统中，它却始终保持着原始特点。这点当是基于一种很古老的理解，即追求时间划分对应于空间划分，并与空间划分尽量保持形式上的一致"。⑤筮算中包含着前人对于时空的体悟和认知，《易经》中的时间与空间作为两个基本维度本身是难以分割的，位随时移，时就位变，空间观的建构是以时间的存在而合理化，关于时间的意识就内含于空间意识中，时间与空间统一于世间万物运行的规律中。

## 二、"六位时成"：时空的统一与流变

早在战国时期，墨家的诸多论述中便借"宇宙"对时空的含义进行了诠释和解读，如在《墨子·经上》中有言："宇，弥异所也。"⑥《经说上》将其解释为："宇，东西家南北。"⑦《经说下》又补充说明道："长宇，徙而有处，宇。"⑧"宇"可以将一切的处所概括

---

① 王弼、韩康伯注，孔颖达疏：《周易正义》，北京：北京大学出版社，1999年，第326页。
② 王弼、韩康伯注，孔颖达疏：《周易正义》，北京：北京大学出版社，1999年，第315页。
③ 王弼、韩康伯注，孔颖达疏：《周易正义》，北京：北京大学出版社，1999年，第320页。
④ 王弼、韩康伯注，孔颖达疏：《周易正义》，北京：北京大学出版社，1999年，第279页。
⑤ 李零：《中国方术考》，北京：东方出版社，2001年，第142-143页。
⑥ 孙诒让：《墨子间诂》，孙启治点校，北京：中华书局，2001年，第316页。
⑦ 孙诒让：《墨子间诂》，孙启治点校，北京：中华书局，2001年，第340页。
⑧ 孙诒让：《墨子间诂》，孙启治点校，北京：中华书局，2001年，第363页。

其中，具体来说就是包含东西南北不同方位的空间的总和，当空间发生迁徙变化时，万事万物便有了运作的处所，空间更像是承担物质产生和变化的载体。"时"在《说文解字》中曾被解释为："时，四时也。本春夏秋冬之谓。"后又有"四方上下曰宇，往古来今曰宙"。"宇""宙"中蕴含着时空的一体性与无限性。

"无论是对其哲学理念，还是对卦爻辞、卦象的解读都离不开对时间、空间的分析，《周易》的符号阐释离不开时间和空间等最基本的语境。"① 时空一体观贯彻《易经》中的哲学思想，时间从一种自然的流动上升至为人处世所要依循的准则，空间便是动作发生的载体和承担者。如《乾》卦《彖》言："大哉乾元，万物资始，乃统天，云行雨施，品物流形，大明终始，六位时成，时乘六龙以御天。""六位"指代卦象中每个爻位依次排序，恪守自己独特的位置，从天到地再将人涵盖其间，位置的确定象征着空间的确定，然而空间并非恒常固定，时间变换斗转星移，方位出现新的变化，空间因此出现新的内容。当"时"不再指代具体的过去、现在及未来的连贯性关系，而成为了人在展现不同的价值取向时所进行的审时度势的考量时，"位"也将视野扩展至宏观的人文环境中，聚焦于人的社会地位与需要遵循的规则在此过程中发生的变化，时与位的调控与配合实现了时空观念的统一。

《易经》中还格外重视时间的循环与反复，如"鼓之以雷霆，润之以风雨；日月运行，一寒一暑"②、"广大配天地，变通配四时，阴阳之义配日月，易简之善配至德"③、"变通莫大于四时"④，日月星辰的运行，寒暑昼夜的交替，变化的规律就在四时的流动中呈现，无限的时间也由此变得有迹可循，而承载着时间变化的空间往来不尽，"'无往不复，天地际也。'这正是中国人的空间意识"！⑤ 无往不复来源于《泰》卦九三爻，与其坤上乾下的卦形正相反的就是《否》卦，两个卦象的往来与置换形成了相对峙的循环，往来反复，所有的变动都是必然，无往不复本身便象征着一种周而复始、生生不息的无限空间观念。《易经》借助一整套符号系统来象征天地始万物生、百姓安居、天下太平的过程，从乾卦始至代表着新的起点与重新开始的未济卦终，六十四卦的安排与设置就隐含着无往不复的命题，寒来暑往花开花落，自然事物在季节的更替中反复变化，空间也因此具有了回环流动的可能，才有了居安思危、慎终如始的自我定位与反思。

---

① 安志宏：《时空语境与〈周易〉的符号阐释》，《井冈山大学学报》（社会科学版），2017年，第2期。
② 王弼、韩康伯注，孔颖达疏：《周易正义》，北京：北京大学出版社，1999年，第258–259页。
③ 王弼、韩康伯注，孔颖达疏：《周易正义》，北京：北京大学出版社，1999年，第273页。
④ 王弼、韩康伯注，孔颖达疏：《周易正义》，北京：北京大学出版社，1999年，第289页。
⑤ 宗白华：《宗白华全集》（第二卷），合肥：安徽教育出版社，2008年，第424页。

## 三、"正位凝命"：空间与人伦的对接

"《易》与天地准，故能弥纶天地之道。"① 因为以天地为准绳、与天地相准似，所以《易经》中普遍包含着天地间的道理。又有"易简，而天下之理得矣；天下之理得，而成位乎其中矣"。② 空间由天地确立，顺四时流动，但"位"最终由自然指向了礼法与人伦，就如《易经·系辞传》开篇便提出的："天尊地卑，乾坤定矣。卑高以陈，贵贱位矣"③，天地的尊卑与人的贵贱就此对照起来。而关于空间观的建构也是人遵循着自然天地的规律，在自我反思的过程中寻找自我的定位，正如"中国人的宇宙观在先秦时期已经形成完善，中晚唐时期禅宗思想将宇宙观外在追求发展向内心识别"④，对空间的认知及空间观的建构也是在向内思考自我存在。

《易经》中时刻强调"位"的重要性，意在明晰守位以修德，甚至提出"天地之大德曰生，圣人之大宝曰位。何以守位？曰仁"。⑤ 天地的宏德在于生养万物，而圣人的重要珍宝便是盛位，"贵贱者存乎位"⑥，唯有"位"可以分贤愚辨尊卑，身居高位者必须以德为尊，德性就在于"与天地合其德，与日月合其明，与四时合其序，与鬼神合其吉凶。先天下而天弗违，后天而奉天时。天且弗违，而况于人乎？况于鬼神乎？"与天地相契合，顺应日月与四时的时序，根据天道运行的规律而行事，根据时空流转的变化而定位，审时度势，在其位谋其职，不在其位不僭越，这样的德性才宜居高位。

宗白华认为《鼎》卦为"中国空间之象"⑦，此卦旨在明圣人法物象，鼎象征着君主的权力，革故鼎新才有问鼎天下的机遇。《鼎》卦多被理解为政治意义上的君主或身居高位的官员，但于一般意义上的人生修养而言，君子通过观鼎以实现"正位凝命"，鼎的严实、端正与坚固警醒世人要端正态度以符合自己的身份地位，明确尊卑的序位以守其本位，效法鼎器以坚定的决心坚持自己的信仰。"人之行为鹄的法则，尽于此矣。此中国空间意识之最具体最真确之表现也。希腊几何学求知空间之正位而已。中国则求正位凝命，即生命之空间化、法则化、典型化。亦为空间之生命化、意义化、表情化。空间与生命打通，亦与时间打通矣。"⑧ 空间不再是自然意义上的空间，而代表着生命所处的不同位置，"位"赋予了生命空间属性使其立体鲜活；空间也不是永恒不变，其随时间而无往不复，个人的生命中包含时空的

---

① 王弼、韩康伯注，孔颖达疏：《周易正义》，北京：北京大学出版社，1999年，第266页。
② 王弼、韩康伯注，孔颖达疏：《周易正义》，北京：北京大学出版社，1999年，第260页。
③ 王弼、韩康伯注，孔颖达疏：《周易正义》，北京：北京大学出版社，1999年，第257页。
④ 陈望衡：《中国古典美学二十一讲》，长沙：湖南教育出版社，2007年，第7页。
⑤ 王弼、韩康伯注，孔颖达疏：《周易正义》，北京：北京大学出版社，1999年，第297页。
⑥ 王弼、韩康伯注，孔颖达疏：《周易正义》，北京：北京大学出版社，1999年，第264页。
⑦ 《宗白华全集》（第一卷），合肥：安徽教育出版社，2008年，第584页。
⑧ 《宗白华全集》（第一卷），合肥：安徽教育出版社，2008年，第612页。

变迁与流动，在时空中个人寻找到生命的位置与存在。"正位凝命"旨在摆正位置以达成自身的使命，同时守正位意味着守底线与良知，守道德的中正，守正确的价值。

  张嘉印  北京第二外国语学院文化与传播学院美学专业2021级研究生

# 《道德经》第六章四种英译本比较研究

◇ 肖炅焘

《道德经》第六章原文为："谷神不死，是谓玄牝。玄牝之门，是谓天地根。绵绵若存，用之不勤。"

本文选取了中国现代著名翻译家林语堂、当代翻译家许渊冲、英国汉学家亚瑟·威利（Arthur Waley）、华裔汉学家冯家福与妻子简·英格里希（Jane English）的合译版本中对于该章的翻译。

林语堂先生不仅是现代著名翻译家，还是作家、语言学家，其语言造诣可见一斑（林译本[①]）。许渊冲先生的翻译集中在中国古诗英译，形成韵体译诗的方法与理论，而《道德经》从形式上可看作诗，因而加入本文对比范畴（许译本[②]）。亚瑟·威利译本（亚译本[③]）以及冯家福与简·英格里希合译本（冯译本[④]）在英语世界均具有广泛影响力。此外，冯译本的中文母语者与英语母语者合作的形式，亦值得与其他版本横向比较研究。笔者将通过尝试分析比较四个译本中翻译异同之处，对比各译本对于原文主旨的传达，分析各译者翻译风格。

## 一、术语翻译的异同

| 译者术语 | 林译本 | 许译本 | 亚译本 | 冯译本 |
| --- | --- | --- | --- | --- |
| 谷神 | The Spirit of the Valley | The vale spirit | The Valley Spirit | The valley spirit |
| 玄牝 | the Mystic Female | the mysterious womb | the Mysterious Female | the woman, primal mother（该版本底本写作"元牝"） |
| 根 | the root | the origin | the base | the root |

---

① 林语堂：《老子的智慧》，黎明编校，台北：正中书局股份有限公司，2009年，第121页。
② Laws Divine and Human（《道德经》），许渊冲译：见《许渊冲文集》（2），北京：海豚出版社，2013年，第18页。
③ Tao Te Ching, Trans., Arthur Waley, 北京：外语教学与研究出版社，1998年，第13页。
④ TAO TE CHING 25th-Anniversary Edition, Trans., Gia-Fu Feng and Jane English, New York: Vintage Books, 1997.

关于"谷神"二字，学界一直持不同见解。但随着马王堆帛书《老子》及郭店竹简《老子》的相继出土，学界对"谷"字达成了统一的认识。《说文解字》曰："泉出通川为谷。从水半见，出于口。"① 可见"谷"意为"山谷、溪谷"，并非"五谷"之意。河上公则注曰："谷，养也，人能养，神则不死。"② 高亨认为原文"谷"应作"穀"字的观点虽有失偏颇，但亦有"生养"之意③。可见，虽然不同版本的注疏对于"谷"的解释有所差异，但均含有"生养、孕育"的内涵。

另外，《周易·系辞》云："阴阳不测谓之神"④，可知此处兼具阴阳的"道"被称作"神"的缘由。而《大戴礼·本命篇》中也提到"生"即"象形而发"，"死"即"化穷数尽"⑤，故老子将本章命名为"成象"且直言"谷神不死"即意指"道"之变化无穷。

王弼注："谷神，谷中央无谷也。无影无形，无逆无违，处卑不动，守静不衰，谷以之成而不见其形，此至物也。"⑥ 在此处，他特别强调了无形空间的重要性，虽然谷没有实际形态，但却是构成山谷的必要基础。类似地，在《道德经》第十一章中，"三十辐，共一毂，当其无，有车之用。埏埴以为器，当其无，有器之用。凿户牖以为室，当其无，有室之用。故有之以为利，无之以为用"⑦ 同样强调了"物体之利"在于实有的部分，而发挥作用的却是虚空的部分。

同时，这句校注也体现了老子对于"清虚卑弱"的追求。正因如此，方能"守静不衰"，拥有无穷无尽的生机。辛战军在《老子译注》中提出："不死，精气聚结而不散失，生息长养而无休止。"⑧ 随后以"山谷"之意进一步解释"谷神不死"，是因为溪谷幽深虚清，水草丰美，动物繁衍，生机勃勃。

从术语的翻译上讲，蒋锡昌提到老子在《道德经》中多次提及"谷"字，此处解释为"浴""穀""欲"虽然可以与"谷"的意思相通，但是基于"以老校老"的原则，应当按"谷"字处理最为妥当。这一点在四个译本中都得到了很好的体现。值得注意的是，林语堂和亚瑟·威利的版本中，将"谷神"这一概念当作了专有名词处理，进行了大写的强调。

苏辙在《老子解》中提到"谷神"与"玄牝"分别表达了"德"与"功"。⑨ 在《说文解字》中指出"玄，幽远也"。⑩ 这与在第一章中"玄之又玄，众妙之门"相呼应，

---

① 段玉裁：《说文解字注》，上海：上海古籍出版社，2011年，第87页。
② 王卡：《老子道德经河上公章句》，北京：中华书局，1997年，第21页。
③ 高亨：《老子正诂》，北京：中国书店，1988年，第16页。
④ 周振甫：《周易译注》，北京：中华书局，1991年，第235页。
⑤ 聘珍：《大戴礼记解诂》，北京：中华书局，1983年，第250–251页。
⑥ 楼宇烈：《老子道德经注校释》，北京：中华书局，2008年，第16–17页。
⑦ 朱谦之：《老子校释》，北京：中华书局，2000年，第43–45页。
⑧ 辛战军：《老子译注》，北京：中华书局，2008年，第29–30页。
⑨ 苏辙：《道德真经注》，黄曙辉点校，上海：华东师范大学出版社，2010年，第6页。
⑩ 段玉裁：《说文解字注》，上海：上海古籍出版社，2011年，第159页。

老子用"玄"表达"道"的变化本身就是玄妙幽深且难以名状的。

对于"玄"的翻译上，四个译本由于选取的底本版本不同，也存在一些差异。"玄"在今本《道德经》第一章中云："此两者同出而异名，同谓之玄，玄之又玄，众妙之门。"①对于"两者"的解释，不同的人有不同的看法，河上公注曰："两者谓无欲、有欲也。"②王弼注："两者，始与母也。"③范应元、王安石也曾给出自己的解释，但即使对"两者"的解释多种多样，二者都同出于"道"。

"道"有"玄"的特性，"玄者，冥默无有也"。④苏辙认为："凡远而无所至极者，其色必玄。"⑤"玄"，林语堂将其翻译成了"mystic（潜修者、神秘主义者）"，作形容词时同"mystical（神秘的）"，与"mysterious"大同小异，均有"神秘的、不易解释的"的意思。而华裔汉学家冯家福与其妻子合译的版本中，因选取的中文版本是"元牝"，故将"玄"译为"primal"，强调最初与根源之义。这是因为清本因避圣祖讳，改"玄"为"元"。

而《说文解字》中，"牝，畜母也。从牛匕声"⑥。同时，"匕"在甲骨文中呈现出的象近似"人"字的反写，乃是"妣"字的初文，故"牝"也指女性的生殖器官。⑦可见，"玄牝"在此处被借以隐喻"道"像母畜孕育幼子那样，生天地万物而无形无迹、微妙幽深。

在"牝"字的翻译上，许渊冲版本带有很独特的标志。这与他在翻译上坚持"再创造论"有关。他认为再创造后的译文可以重现原作语言风格。许渊冲在面临译文形式与原作内容冲突时，翻译过程中要做出取舍，舍弃"形似"而追求"神似"，这与傅雷的翻译观点相同。他用了创新性的、浅白的比喻，采取隐性补偿，将"牝"译作"womb（子宫）"。其他三个译本用了归化的处理，将"牝"译为"female""mother"，是基于老子将"道"看作宇宙本体，而将"母"看作宇宙本体的喻体。相比来说，许渊冲的翻译更直接，更接近原作"牝"指"女性生殖器"的本义。

"根"字的翻译，亚瑟·威利用了"base"一词，在《牛津高阶英汉双解词典 第六版》中，它主要意思为"the lowest part of sth, especially the part or surface on which it rests or stands"。⑧许译本"origin"意为"the point from which sth starts; the cause of sth"。⑨而"root"作"起源"讲，意为"the origin or basis of sth"。由此观之，"base"

---

① 朱谦之：《老子校释》，北京：中华书局，2000年，第7页。
② 王卡：《老子道德经河上公章句》，北京：中华书局，1997年，第2页。
③ 楼宇烈：《老子道德经注校释》，北京：中华书局，2008年，第2页。
④ 高明：《帛书老子校注》，北京：中华书局，1996年，第228页。
⑤ 苏辙：《道德真经注》，黄曙辉点校，上海：华东师范大学出版社，2010年，第2页。
⑥ 段玉裁：《说文解字注》，上海：上海古籍出版社，2011年，第384页。
⑦ 高明：《帛书老子校注》，北京：中华书局，1996年，第249页。
⑧ 石孝珠等：《牛津高阶英汉双解词典》（第六版），北京：商务印书馆，2004年，第121页。
⑨ 石孝珠等：《牛津高阶英汉双解词典》（第六版），北京：商务印书馆，2004年，第1216页。

相对来说更客观，没有"孕育，繁衍"的意味；而"origin"是指事物的初始与起因，隐含了动态发展的意味；"root"兼具了前两者的意思。这也在一个侧面反映出亚瑟·威利作为英语母语者，在对《道德经》中所传递的中国古典哲学的把握上，具有一定局限性。而"root"与"origin"比较，前者更通俗，后者更正式。

## 二、句子翻译的对比分析

从句子的节奏处理及句式结构上看，四个版本的处理也各有异同。

（1）原文："谷神不死，是谓玄牝。玄牝之门，是谓天地根。"

| | |
|---|---|
| The Spirit of the Valley never dies.<br>It is called the Mystic Female.<br>The Door of the Mystic Female<br>Is the root of Heaven and Earth.<br>——林译本 | The Valley Spirit never dies.<br>It is named the Mysterious Female.<br>And the Doorway of the Mysterious Female<br>Is the base from which Heaven and Earth sprang.<br>——亚译本 |
| The valley spirit never dies；<br>It is the woman, primal mother.<br>Her gateway is the root of heaven and earth.<br>——冯译本 | The vale spirit never dies.<br>It is the mysterious womb.<br>The door to the mysterious womb<br>is the origin of heaven and earth.<br>——许译本 |

从这四句的韵律的处理上，虽然冯家福译本用了口语化的语言，阅读起来节奏感较其他译本弱，但四个译本均采取了对译的处理手法。通过"The…, it is…. The… is…."的"主语+系动词+表语"结构，一定程度上再现了原文"……，是谓……。……，是谓……。"的判断句的结构。

许译本中，"谷"并没有用"valley"，而是用了"vale"，这使得"The vale spirit never dies"一句，节奏感更加明晰。在"是谓玄牝"的翻译上，通常用被动语态以及"called"等词表达"谓"的意思，而许译本和冯译本中并没有指出。

（2）原文："绵绵若存"

| | |
|---|---|
| Continuously, continuously,<br>It seems to remain.<br>——林译本 | It is there within us all the while；<br>——亚译本 |
| It is like a veil barely seen.<br>——冯译本 | It lasts as if it ever existed；<br>——许译本 |

原文中"绵绵若存"，"绵绵"被成玄英解释为"细微不断貌也"，而"若"字，此处作动词，意为"如同，像"。《诗经·王风·葛藟》中有"绵绵葛藟，在河之浒"一句，《毛传》云："兴也。绵绵，长不绝之貌。"[1] 由此推之，这句主要指的是"道"孕育

---

[1] 王先谦：《诗三家义集疏》，北京：中华书局，1987年，第327页。

万物的状态，虽不能清晰地为人所见，似无但却实存于世。

通过对比四个译本，不难发现只有林译本连用两个"continuously"，其他译本均把表达"绵绵"语意的结构后置。林语堂在此处通过短句的重复连用，再现原文中"绵绵"所使用的"叠词"结构，传达细微不断之感。同时，这种结构也给人以工整整洁之感。

（3）原文："用之不勤"

| Draw upon it<br>And it serves you with ease.<br>——林译本 | Draw upon it as you will,<br>it never runs dry.<br>——亚译本 |
|---|---|
| Use it; it will never fail.<br>——冯译本 | when used, it is inexhaustible.<br>——许译本 |

"用之不勤"一句，"勤"字帛书甲本与乙本作"堇"，是"仅"的假借字，意为"少的"。"不堇"即"不少"，引申为无穷无尽之意。王弼本作"勤"字，其注曰："勤为劳，无物不成而不劳也。"①可知此处"用之不勤"即为用之不尽之意。

在本句的翻译上，四个译者都将"用之"与"不勤"拆分开来翻译。不同点是，除许译本外，在"用之"的翻译上都使用了祈使句进行翻译。祈使句在此处形成了箴言或叮嘱的效果，显得随性自然，一定程度上再现了原文质朴凝练的语言风格。而许译本将其译为"when used"，动词的被动形式表明了许渊冲将这句的主语仍确定为"谷神"。林译本的"with ease"反映了林语堂认为使用"谷神"的过程是轻松的，亚译本的"as you will"则反映了他认为使用的过程是随心所欲的。

"不勤"的翻译上，林译本、亚氏译本最后两句用的动词短语"draw upon"，以及林译本中使用的连词"and""with ease"来衔接，实现了语内连贯，让译文流畅自然，更加口语化。

## 三、文本翻译的风格

《道德经》篇章呈现出篇幅短小、文字简练的特色，多以三或四字为一句，这使得其阅读起来韵律感较强，此外也有主语跳跃或省略的情况。这要求译者在领略其意时要把握其内在逻辑。因为英语在很大程度上表现为一种逻辑语言，所以更要在翻译时注意。

林语堂在翻译上追求通畅易懂，少用"行语"，中等文化程度的读者都能看懂。所以在他的这段译文中，复杂的词出现次数很少。整体采用对译处理，注重逻辑衔接，将

---

① 楼宇烈：《老子道德经注校释》，北京：中华书局，2008年，第17页。

气势连贯下来。由于林语堂自身可熟练应用中英双语,且喜爱老庄哲学,所以在语言保证流畅通俗的基本要求上,通过等值翻译实现读者反映对等,逻辑也呈现出高度严谨的个人风格,某些术语也蕴含了宗教意味。

亚瑟·威利则在他的翻译《道德经》的引言中解释,他更注重其中的内容而非形式,而对于现代西方读者最重要的也是内涵。为了能让抽象的内容更容易被接受,他对于《道德经》的翻译风格很口语化,但同样很好地再现了原作风格。除了押韵的处理之外,其中用了很多生动准确却又简单易懂的词汇,如用"spring"用来形容天地萌生时,充满生机的状态。这些精到的词汇使得这个译本更加符合西方人语言习惯,更加"地道"。

而在华裔汉学家冯家福与妻子简·英格里希共同完成的译本中,可以看出冯家福古文的功底深厚。在与身为英语母语者的妻子合作后,其译本语言澄澈灵动,融合了中外文化,使得这个版本在海外流传甚广。这一译本产生的时代背景是二战后美国"反主流文化运动",美国青年在探求新的生活模式时,对东方文化与东方哲学产生了兴趣。二人正是在向 Still Point 公社的成员传授东方文化之后,开始翻译《道德经》。而当时美国环境保护主义运动的宗旨与道家"道法自然"的思想不谋而合。于是,《道德经》最终在美国得到认可。

冯家福翻译《道德经》的目的不是学术上的精确,而是将道家的哲学与文化传递给美国普通民众,所以在语言风格上偏向口语化。由于其中的概念是抽象微妙的,所以在翻译时,他们用了"添加"的处理手段,将复杂的意象转变为日常生活中具体可感的意象。如"veil(面纱)"的意象,便是为了便于理解所添加的。用"难以被看见的面纱"来表现"绵绵若存",化抽象为具体,使语言通俗易懂。著名哲学家阿兰·威尔逊·瓦兹(Alan Wilson Watts)曾指出该译本"质朴凝练,留给读者想象空间,允许解读",并赞扬该译本为"最实用、最优美的译本","值得被世界聆听"[①]。

在许渊冲的版本里,与林语堂、亚瑟·威利一样,前半段同样选择了押头韵的处理方式,增强连贯之感。在句子的翻译上,许渊冲采用了"正说""反说"和"省略"的处理方式,如"when used"便是"when it is used"的省略形式。"反说"的处理明确了主体依然是"The vale spirit","省略"的处理则让读者阅读时韵律感增强。同时也可以看到他将补偿法应用到《道德经》翻译中的痕迹,他根据读者的文化认知,通过意译来力求达到神似,以期达到读者反映对等。许译本无论是词汇的选择上,还是语法的应用上,与前文提及的所有译本相比,语言显得更加书面化。

---

① 转引自李思佳:《冯家福和简·英格里希合译〈道德经〉在英语世界的译介研究》,北京外国语大学,2018年,第30页。

## 结语

  《道德经》四个译本的翻译风格各有千秋。林语堂的翻译风格偏向浅白，重视情感的抒发；亚瑟·威利对于语言的运用更加符合英语惯用表达方式，但对于其中深刻哲学的理解有局限性；冯家福与简·英格里希的翻译融合了中西方文化，用通俗易懂的语言，给人以生活指导；而许渊冲的翻译过程中注重打破原作的束缚，进行忠于原作风格的再创作。

  在源语言与目的语之间，翻译构筑起其间的桥梁，形成不同文化间的互动。正是那些文化与语言功底深厚的翻译家们，对译文反复推敲、仔细斟酌，方能使其神完气足。他们基于自身对《道德经》文本术语、意象以及老子哲学的理解，通过译笔与巧思，从某种程度上实现了对老子哲学的重新建构。当下，时时刻刻都在进行着中外文化的交流，中国更需要坚持"文化自信"，不断提升文化软实力。做好中国古代经典的翻译工作，有助于向世界讲好"中国故事"，传播中国优秀传统文化，贡献"中国智慧"。

    肖炅焘 北京第二外国语学院文化与传播学院汉语言文学专业本科生

# 王阳明"致良知"如何成为可能？

◇ 林一涵

王阳明是明朝中期心学集大成者，早年提倡"知行合一"，并重新阐释"格物致知"。随着心学体系的逐步完善，正德十四年（1519），王阳明开始了从"良知"到"致良知"的推演，"致良知"成为心学的核心。

"致良知"与王阳明早期思想有着密不可分的关系，黄宗羲阐述了王阳明"致良知"产生的过程："先生之说，始泛滥于词章，继而遍读考亭之书，循序格物，顾物理吾心终判为二，无所得入。于是出入佛老者久之。及至居夷处困……忽悟格物致知之旨，圣人之道，吾性自足，不假外求……江右以后，专提'致良知'三字，默不假坐，心不待澄，不习不虑，出之自有天则。"[①]可见，"致良知"是在"格物致知""知行合一"等思想的基础上形成的，是其早期思想的高度凝练。

## 一、"良知"概念的界定

要界定"致良知"的概念，首先要了解"良知"的内涵。"良知"概念最早由孟子提出，孟子曰："人之所不学而能者，其良能也；所不虑而知者，其良知也。孩提之童，无不知爱其亲者；及其长也，无不知敬其兄也。亲亲，仁也；敬长，义也。无他，达之天下也。"[②]在《孟子》中，只有这一处提到"良知"。在此孟子的"良知"是天生善良的。孟子曾言："人无有不善。"[③]又说："人皆有不忍人之心。"[④]孟子的"良知"是"性善论"的具体表征。

王阳明的"良知"很大程度上继承了孟子思想，一方面，它涵摄了孟子"是非之心"，能分辨是非曲直，"知善知恶"；[⑤]另一方面，它本质上"向善"，蕴含孟子"恻隐之心"和"羞恶之心"。王阳明说："见父自然知孝，见兄自然知弟，见孺子入井，自然

---

① 黄宗羲：《明儒学案》，北京：中华书局，1985年，第181页。
② 焦循：《孟子正义》，北京：中华书局，1987年，第897-899页。
③ 焦循：《孟子正义》，北京：中华书局，1987年，第736页。
④ 焦循：《孟子正义》，北京：中华书局，1987年，第232页。
⑤ 陈荣捷：《王阳明〈传习录〉详注集评》，重庆：重庆出版社，2022年，第321页。

知恻隐。此便是良知。"① 又提出"良知"可以"好善恶恶"。② 可见，王阳明的"良知"是孟子"四端之心"的体现。

但相较于孟子，王阳明强调"良知"具有天生完善的特点，"人人自有，个个圆成"。③ 同时，他更重视"良知"与"心"的关系，"良知"即"本心"，不需要从外物中探求。王阳明在《咏良知》中说："个个人心有仲尼，自将闻见苦遮迷。而今指与真头面，只是良知更莫疑。"④

王阳明对"良知"的阐释也与宋代理学家对"见闻之知"与"德性之知"的争论有关。"见闻之知"通常指人经由"耳目"的"见"与"闻"获得的经验性知识，而"德性之知"是理学意义上的道德认知，它既包括对天地自然近乎经验性的感知，又包含道德伦理先验性的意识。张载认为，"德性之知"比"见闻之知"更重要，"见闻"会干扰人的"耳目"，使心受累，有束缚人心的消极作用。"世人之心，止于闻见之狭。圣人尽性，不以见闻梏其心。"⑤ 谈及"德性之知"与"见闻之知"的关系，张载曰："见闻之知，乃物交而知，非德性所知；德性所知，不萌于见闻。"⑥ "德性之知"与"见闻"没有实质的关系。张载还将"良知良能"与"天德"并提，称之为"天德良知"⑦或"天德良能"，⑧ 可见"良知"与"德性之知"相通。程颐对"见闻之知"与"德性之知"的看法也和张载相似，认为两者是相互区别的，"德性之知"不来源于"闻见"。"闻见之知，非德性之知。物交物则知之，非内也，今之所谓博物多能者是也。德性之知，不假闻见。"⑨ 朱熹对"见闻"与"德性"的关系显然持怀疑态度，"格物致知"便是要求通过对外界客观事物的观察和理解获得知识达到"理"的。

王阳明对"德性之知"与"见闻之知"的理解更接近张载和程颐，轻"见闻"重"德性"，⑩ "良知"和"德性之知"类似，同样具有不发于"闻见"，而诉诸本心的特点。但耿宁发现，王阳明的"良知"很可能涵摄了"见闻之知"。⑪ 王阳明提到要讲求"温清定省"，它与"诚孝之心"有"枝叶"与"根"的关系。⑫ "所谓致知格物者，致吾心之良知于事事物物也。吾心之良知，即所谓天理也。致吾心良知之天理于事事物物，

---

① 陈荣捷：《王阳明〈传习录〉详注集评》，重庆：重庆出版社，2022年，第39页。
② 王守仁：《王阳明全集》，上海：上海古籍出版社，1992年，第140页。
③ 陈荣捷：《王阳明〈传习录〉详注集评》，重庆：重庆出版社，2022年，第117页。
④ 王守仁：《王阳明全集》，上海：上海古籍出版社，1992年，第790页。
⑤ 张载：《张载集》，北京：中华书局，1978年，第24页。
⑥ 张载：《张载集》，北京：中华书局，1978年，第24页。
⑦ 张载：《张载集》，北京：中华书局，1978年，第20页。
⑧ 张载：《张载集》，北京：中华书局，1978年，第17页。
⑨ 程颢、程颐：《二程遗书》，上海：上海古籍出版社，2000年，第374-375页。
⑩ 在《传习录》中很多地方都体现了轻"见闻"重"德性"，可参见王阳明对颜回、子贡的评价。参见陈荣捷：《王阳明〈传习录〉详注集评》，重庆：重庆出版社，2022年，第122页。
⑪ 耿宁、曾亦：《王阳明及其弟子关于"良知"与"见闻之知"的关系的讨论》，《时代与思潮》，2000年。
⑫ 陈荣捷：《王阳明〈传习录〉详注集评》，重庆：重庆出版社，2022年，第31页。

则事事物物皆得其理矣。"①这段"致良知"的解释也明确指出在"事物"上"致良知""得天理"的必要性。"见闻之知"寓于"德性之知"之中。在王阳明看来，一些"见闻"的确具有负面意义，会"徇物丧心"，②"良知"受到私欲的蒙蔽。但还存在另一种情况：人们受到"见闻"外在事物的刺激，使本性所具有的"良知"激发出来。

由于王阳明"良知"的内涵较为丰富，如何界定"良知"的含义已成为学界关注的焦点，这在译介王阳明"良知"问题的讨论中有所体现。西方学者多把"良知"译为"conscience"，张庆熊认为"conscience"一词来源于希腊词"συνειδεσιζ"（syneidesis），体现基督教传统，接近孟子是非心的含义，与王阳明的"良知"有一定区别。③近年来，一般将王阳明的"良知"译为"pure knowing"，④但以"knowing"翻译"知"并不准确，它凸显了认识的意义，忽视"良知"的道德性，这与陈荣捷将"良知"译成"innate knowledge"⑤存在相同的问题。张子立认为，这种翻译将"良知"理解为认知或方法论，偏离了"良知"作为本体的含义。⑥

西方学者经常忽略孟子与王阳明"良知"的差异，很少关注王阳明"良知"的完善性。Warren Frisina指出，王阳明的"良知"是"一种既具有审美意义又具有道德意义的原始经验模式"。⑦Yang Xiaomei则认为，这种直接运用孟子"良知"含义解释王阳明"良知"的做法，无法凸显王阳明"良知""个个圆成"的特点。⑧王阳明的"良知"是"自足"的，它与亚里士多德的"自足"不同，是没有限度的，⑨但也体现着道德上自身的完善。

结合上述学界对"良知"的探讨，可以认识到"良知"的界定是一个相对复杂的问题。王阳明的"良知"是什么呢？实际上，"良知心之本体，即所谓性善也"。⑩"性"常与"天道"并存，"良知"是本体、心体与性体的统一，具有自然天成、道德完善的特点，是"致良知"的基础和前提。陈来在定义王阳明"良知"时指出，它不仅是"先验原则"，还是"道德意识与道德情感的统一"。⑪这是对王阳明"良知"哲学的诠释。王阳明的"良知"作为本体和心体，是先验的道德原则，"良知"是每个人都应当具有

---

① 陈荣捷：《王阳明〈传习录〉详注集评》，重庆：重庆出版社，2022年，第155页。
② 张载：《张载集》，北京：中华书局，1978年，第18页。
③ 张庆熊：《良知与认知：在中西文脉比较中探讨》，《复旦大学学报》（社会科学版），2015年，第6期。
④ D.W.Tien, "Metaphysics and the Basis of Morality in the Philosophy of WANG Yangming". In: Makeham,J.( eds ) *Dao Companion to Neo-Confucian Philosophy. Dao Companions to Chinese Philosophy*, vol 1, 2010, p. 307.
⑤ Wing-Tsit Chan. *A Source Book in Chinese Philosophy*. Princeton：Princeton University Press, 1963, p. 656.
⑥ Chang Tzu-li, "Re-exploring Wang Yangming's Theory of 'Liangzhi': Translation, Transliteration, and Interpretation," *Philosophy East and West*, vol. 66, no. 4, 2016, p. 1197.
⑦ 转引自 Yang Xiaomei, "Response to Frisina's Response." *Dao 8*, 2009, p. 333.
⑧ Yang Xiaomei. "Response to Frisina's Response." *Dao 8*, 2009, p. 333.
⑨ 亚里士多德：《尼各马可伦理学》，廖申白译，北京：商务印书馆，2003年，第18-19页。
⑩ 陈荣捷：《王阳明〈传习录〉详注集评》，重庆：重庆出版社，2022年，第195页。
⑪ 陈来：《宋明理学》，上海：华东师范大学出版社，2004年，第213页。

的，自然知善恶，而且"良知"即"独知"，这种慎独充分体现意志的自律。"良知"作为性体，则是一种道德意识和道德情感，"良知"的根源在于性善，最高境界是至善，对此王阳明从未产生过怀疑，他真正将"良知"视为一生的信仰。

## 二、"致良知"的"工夫"

谈及"致良知"，王阳明说："致者，至也。"①"致良知"是对"良知"的回归，是对本心未受私欲沾染前"良善之知"的追求。良知本性具有恶念萌发时抑制、善念出现时充盈的特点，用功存养，才能最终"致良知"。②可见，"致良知"重在"工夫"，即通过实践产生的经验，"工夫"是从"良知"向"致良知"思想过渡的关键。

### （一）"正心"与"致良知"

"正心"指修正本心的不正，是王阳明建构"致良知"思想的"工夫"。在王阳明看来，"致良知"是追求"至善"、恢复本然良知的过程，要先"正心"，之后"诚意"，最后"致良知"，进入"至善"境界。可以说，"正心"是达到"致良知"的首要环节。

"心"是一切事物的根源，"身""意""知""物"都与"心"有依存关系。"修身"的"身"是心的主宰，"诚意"的"意"是心发动产生的意念，"致知"的"知"是心的灵明，"格物"的"物"是意念所着之处。③所以王阳明多次强调在"心体上用功"，"心体即道心，体明则道明"，④并认为颜回之所以能领悟孔子的思想是因为他把"工夫"落实在心上，真正做到"正心"。⑤"心"是体认"良知"的基础，"正心"也是"致良知"的根本。

如何通过"正心"达到"致良知"呢？这里主要有两个过程：一是"定心"，二是"尽心"。在动静所遇之时，"动中有静，静中有动"，⑥人要通过"定心"，使内心安定，达到"动静皆定"的状态。"良知"本身不受"喜怒忧惧"束缚，是"动静皆定"的"未发之中"，可见"定心"作为"正心"的一部分，是从"正心"到"致良知"思想层面上的见证。与"定心"不同，"尽心"则是"正心"实践性的体现，在王阳明看来，"良知"一直存在，只是人不能存养、省察本心，才导致本心受到私欲的蒙蔽，难以做到"致良知"。⑦存养省察的关键在于"尽心"。了解"温清奉养"的礼节并在生

---

① 王守仁：《王阳明全集》，上海：上海古籍出版社，1992年，第971页。
② 陈荣捷：《王阳明〈传习录〉详注集评》，重庆：重庆出版社，2022年，第92页。
③ 王守仁：《王阳明全集》，上海：上海古籍出版社，1992年，第971页。
④ 陈荣捷：《王阳明〈传习录〉详注集评》，重庆：重庆出版社，2022年，第65页。
⑤ 陈荣捷：《王阳明〈传习录〉详注集评》，重庆：重庆出版社，2022年，第122页。
⑥ 陈荣捷：《王阳明〈传习录〉详注集评》，重庆：重庆出版社，2022年，第197页。
⑦ 陈荣捷：《王阳明〈传习录〉详注集评》，重庆：重庆出版社，2022年，第192页。

活中践行，就是"尽温清奉养之心"，而做到这一点，便可谓"致良知"了。① 王阳明说，"尽心"展现"困知勉行"的特点，② 由此也可见一斑。

其实，把"正心"作为"致良知"重要的"工夫"是出于王阳明早年对朱熹"格物致知"的误解。朱熹在补写《大学》"格物致知"章时谈到："所谓致知在格物者，言欲致吾之知，在即物而穷其理也。"③ 朱熹主张在探求外界事物中获得知识、领悟道理。王阳明年轻时推崇朱熹思想，但在学习"格物"的过程中，遇到极大的困难。读到"众物必有表里精粗，一草一木，皆涵至理，"王阳明格竹以致生病；④ 又追求"循序致精"的读书法，苦读导致旧病复发。⑤ 这些"格物"失败的经历一度使王阳明陷入迷茫，却也促使其另辟蹊径用"正心"构建"致良知"思想。王阳明认为朱熹错训"格物"，他说："朱子亦尊信程子，至其不得于心处……朱子格物之训，未免牵合附会，非其本旨。"⑥ 王阳明还坚持称"格物"是孟子"格君心"之"格"，并训"格"为"正"，"去其心之不正，以全其本体之正"。⑦ 因此，王阳明的"格物"指"正心"，脱离了朱熹"格物"的原义。对于这一改变，王阳明也在诗中感慨："但致良知成德业，漫从故纸费精神。"⑧

### （二）"诚意"与"致良知"

"诚意"的含义是"务求自慊而无自欺"，⑨ 指态度诚恳、思想坦诚。刘宗周曾解释："无虚假便是诚，思是心之本官，思而动于欲为念。"⑩ 从表面上看，"诚意"只与意念有关，但实际却具有实践性，王阳明说，"诚意"是"着实用意"。"工夫有深浅，要着意去好善恶恶。"⑪

"诚意"与"正心""致良知"紧密相关。"正心"是"诚意"的"工夫"，王阳明作《大学古本序》指出："诚意之功，格物而已矣。"⑫ 这里"格物"即"正心"。他还赞同荀子的说法，认为"养心莫善于诚"。⑬ 同时，"诚意"也是"致良知"的"工夫"。"今于良知之善恶者，无不诚好而诚恶之，则不自欺其良知而意可诚也已。"⑭ 良知可以

---

① 陈荣捷：《王阳明〈传习录〉详注集评》，重庆：重庆出版社，2022年，第162-163页。
② 陈荣捷：《王阳明〈传习录〉详注集评》，重庆：重庆出版社，2022年，第153页。
③ 朱熹：《四书章句集注》，北京：中华书局，1988年，第6页。
④ 王守仁：《王阳明全集》，上海：上海古籍出版社，1992年，第1223页。
⑤ 王守仁：《王阳明全集》，上海：上海古籍出版社，1992年，第1224页。
⑥ 陈荣捷：《王阳明〈传习录〉详注集评》，重庆：重庆出版社，2022年，第36页。
⑦ 陈荣捷：《王阳明〈传习录〉详注集评》，重庆：重庆出版社，2022年，第38-39页。
⑧ 王守仁：《王阳明全集》，上海：上海古籍出版社，1992年，第790页。
⑨ 陈荣捷：《王阳明〈传习录〉详注集评》，重庆：重庆出版社，2022年，第162页。
⑩ 陈荣捷：《王阳明〈传习录〉详注集评》，重庆：重庆出版社，2022年，第128页。
⑪ 陈荣捷：《王阳明〈传习录〉详注集评》，重庆：重庆出版社，2022年，第127页。
⑫ 王守仁：《王阳明全集》，上海：上海古籍出版社，1992年，第242-243页。
⑬ 陈荣捷：《王阳明〈传习录〉详注集评》，重庆：重庆出版社，2022年，第129页。
⑭ 王守仁：《王阳明全集》，上海：上海古籍出版社，1992年，第972页。

分辨善恶，但要做到"诚意"，切实地做善事、去恶念，才能真正"致良知"。

"良知"和"致良知"思想的成熟使"诚意"在王阳明思想中的地位有明显变化。在王阳明早年写给弟子的信中，他多次鼓励弟子们"立诚"。正德八年《与黄宗贤书》中曰："仆近时与朋友论学，惟说立诚二字。"① 正德九年又在《书王天宇卷》中写道："'圣，诚而已矣。'君子之学以诚身。格物致知者立诚之功也。"② 可见，王阳明倡导以"立诚"的方式将"诚意"加以实践，"立诚"是修身论学的重点。"诚意"也是个人修养的最高境界，王阳明认为它是"大学"的主旨、"明明德"的体现。又说"至诚"是"诚身之极"，③ 可视为"至善"的"一体两面"。

"致良知"思想提出后，"诚意"不再占据思想的中心位置，只是作为"致良知""工夫"的核心。一方面，王阳明认为"良知"是"未发之中"，④"未发之中"的意义是"戒慎不睹，恐惧不闻"，⑤ 而"独知"是"诚"的萌芽，⑥ 不存戒惧之心是"诚意"的表现，"诚意"能使思想不停留于恶念，达到"未发之中"，最终"致良知"。另一方面，王阳明在《大学问》中指出："欲正其心者，必就其意念之所发而正之……然意之所发，有善有恶，不有以明其善恶之分，亦将真妄错杂，虽欲诚之，不可得而诚矣。故欲诚其意者，必在于致知焉……'致知'云者，非若后儒所谓充广其知识之谓也，致吾心之良知焉耳。"⑦ 修正内心私欲，使思想坦诚，明辨真假善恶，才能做到"致良知"。

"致良知"为何会取代"诚意"的地位呢？这其实与"格物致知"有关。早年王阳明认为"格物"是"诚意"的"工夫"，而"致知"是"止至善"的原则，⑧ 以"诚意"为核心，很难明确"格物"与"致知"之间的直接关系。这对弟子们理解心学思想产生极大的障碍。直到赣州讲学王阳明提出"良知"，才真正解决这一问题。此后提及"致知"，它的含义就是"致良知"，是对心体良知的回溯，与"格物正心"之说相呼应。

### （三）"持志"与"致良知"

"持志"也是"致良知"的"工夫"，指抱定恢复本心良知的志向。"持志""正心"与"诚意"是达到"致良知"的三个途径，"诚意"和"正心"旨在突出从何处修正的问题，而"持志"则明确如何磨炼才能"致良知"。对王阳明来说，做到"致良知"，就要"持志"去私欲。

王阳明用种树的道理形容"持志"："学者一念为善之志，如树之种，但勿助勿忘，

---

① 王守仁：《王阳明全集》，上海：上海古籍出版社，1992年，第152页。
② 王守仁：《王阳明全集》，上海：上海古籍出版社，1992年，第271页。
③ 陈荣捷：《王阳明〈传习录〉详注集评》，重庆：重庆出版社，2022年，第138-139页。
④ 陈荣捷：《王阳明〈传习录〉详注集评》，重庆：重庆出版社，2022年，第197页。
⑤ 陈荣捷：《王阳明〈传习录〉详注集评》，重庆：重庆出版社，2022年，第133页。
⑥ 陈荣捷：《王阳明〈传习录〉详注集评》，重庆：重庆出版社，2022年，第128页。
⑦ 王守仁：《王阳明全集》，上海：上海古籍出版社，1992年，第971页。
⑧ 王守仁：《王阳明全集》，上海：上海古籍出版社，1992年，第242-243页。

只管培植将去。自然日夜滋长。生气日完，枝叶日茂。树初生时，便抽繁枝。亦须刊落，然后根干能大。初学时亦然。故立志贵专一。"①由此可知，"持志"是要"专一"地"立志"，心无旁骛，是日常生活中随时要做的"工夫"。

"持志"与"养气"密不可分，相辅相成。孟子曰："夫志，气之帅也；气，体之充也。夫志至焉，气次焉。"②对孟子来讲，"气"是受"志"支配的，"气"在身体中充盈，需要"养气"才能"持志"，不与本心分离，所以说"志至气次"。但王阳明认为这种说法本质上是孟子和告子论"心"时使用的权宜之计，实际"志"与"气"并没有主次之分，"'持其志'，则养气在其中，'无暴其气'，则亦持其志矣"。③"持志"与"养气"相互促进。

"志不立，天下无可成之事。"④"持志"的程度与最终能否"致良知"成圣成贤直接相关。人天生有"良知"，天性本善。而"致良知"的境界，圣人自然具有，学者用功存养也可以达到。既然圣人与普通人"才力不同"，却都有可能做到"致良知"，"人人皆可成圣"，那为何大部分人还是无法达到"致良知"呢？弟子曾问王阳明说："上智下愚，如何不可移？"王阳明回答道："不是不可移，只是不肯移。"⑤一些人之所以难以为善，并不在"良知"的差异，或是天生才质有别，只是因为后天自暴自弃，不能"持志"，因而难以"致良知"。其实，孔子和程颐都探讨过"上智下愚"的问题，朱熹曾总结说，孔子只言"不移"是因为人天生的气质难移，而程颐认为"不肯移"是基于人后天禀赋的差异。⑥显然，王阳明沿袭了程颐的说法，"立志而圣，则圣矣；立志而贤，则贤矣"。⑦后天用功"持志"才是"致良知"达到至善境界的关键。

## 三、"致良知"的践行

王阳明"致良知"是"良知"与"知行合一"的统一，"知是行之始，行是知之成"。⑧明代中期边患问题严重，"土木堡之变"后政治动荡，⑨作为一介儒生，他自觉地将"致良知"思想运用于讲学、军事活动中，担负起经世致用、兼济天下的责任，真正达到"内圣外王"的境界。可以说，以"正心""诚意"和"持志"为方式进行的"致良知"只是"良知"的"涌现"，践行"良知"思想才意味着"致良知"的完成，最终

---

① 陈荣捷：《王阳明〈传习录〉详注集评》，重庆：重庆出版社，2022年，第123页。
② 焦循：《孟子正义》，北京：中华书局，1987年，第194—197页。
③ 陈荣捷：《王阳明〈传习录〉详注集评》，重庆：重庆出版社，2022年，第93页。
④ 王守仁：《王阳明全集》，上海：上海古籍出版社，1992年，第974页。
⑤ 陈荣捷：《王阳明〈传习录〉详注集评》，重庆：重庆出版社，2022年，第109页。
⑥ 朱熹、吕祖谦：《近思录集释》，长沙：岳麓书社，2010年，第48—49页。
⑦ 王守仁：《王阳明全集》，上海：上海古籍出版社，1992年，第974页。
⑧ 陈荣捷：《王阳明〈传习录〉详注集评》，重庆：重庆出版社，2022年，第34页。
⑨ 苏晓冰：《成圣与其他：阳明早期围绕"成圣"问题的探索与尝试》，《思想与文化》，2017年，第2期。

达到至善。

正德十四年（1519），王阳明得到"良知之悟"，将"致知"与"致良知"联系起来。之后，他做到"知行"结合，"致良知"思想体现在日常生活中。在游览山水时，他把自然景色与"致良知"的体悟联系在一起，"潜鱼水底传心诀，栖鸟枝头说道真。莫谓天机非嗜欲，须知万物是吾身"。① 一切生灵皆能助人悟道，这是因为心存"良知"包容万物，达到物我合一。他还以诗歌的形式编写故事，达到劝人为善"致良知"的目的。王阳明曾为钱德洪父亲创作《心渔歌》，先以渔者的口吻阐述捕鱼的主旨是修心："渔不以目惟以心，心不在鱼渔更深。"之后，再将"良知"思想与捕鱼过程进行类比，"吾将以斯道为网，良知为纲，太和为饵，天地为舫。絷之无意，散之无方。是谓得无所得，而忘无可忘者矣。"② 心中有"良知"，做事便如捕鱼，不受私欲束缚，收放自如。

王阳明也将"致良知"思想贯穿于讲学传道中。《传习录》主要记载王阳明与弟子的问答谈话，每当谈到物欲横流的社会现实时，王阳明都会痛心疾首，"冒天下之非笑，忘其身之陷于罪戮，呶呶其言，其不容已者也"。③ 王阳明认为，自己身为戴罪之人，被世人耻笑，坚持讲学是为了启发弟子"致良知"，继承儒学道统。与此同时，他用"致良知"思想促进民间教育，移风易俗。王阳明深知"破山中贼易，破心中贼难"。④ 提出"致良知"后，他采用《大学》古本作为教材设帐讲学，又修缮濂溪书院，倡导赣州各地建立社学，讲授礼仪。他还制定乡约，《南赣乡约》记载："今特为乡约，以协和尔民，自今凡尔同约之民，皆宜孝尔父母，敬尔兄长……讲信修睦，务为良善之民，共成仁厚之俗。"⑤ 于是"市民亦知冠服，朝夕歌声，达于委巷，雍雍然渐成礼让之俗矣"。⑥ 王阳明教化百姓，唤起他们心中的善念"致良知"。这一做法使盗贼频起的南赣地区逐渐脱离蒙昧野蛮的状态，民风变得淳朴。

王阳明还将"致良知"思想与军事实践相融合。他深知地方百姓疾苦，"八寨瑶贼，稔恶多年，攻劫乡村，杀害人民，掳掠财畜，百姓怨恨，痛入骨髓"⑦。于是向朝廷请缨征讨断藤峡盗贼。同时，他认为人心向善，"古之人能以天地万物为一体"，"通天下之志"。⑧ 他也要做到"忠诚恻坦之心以爱其民"。⑨ 盗贼虽然凶恶，也是子民，王阳明不愿通过武力震慑他们，而以抚恤怀柔方式劝解招降，引导他们回归良善。

由此可知，王阳明"致良知"思想在其晚年的讲学与军事生活中践行，促进"致良

---

① 王守仁：《王阳明全集》，上海：上海古籍出版社，1992年，第786页。
② 王守仁：《王阳明全集》，上海：上海古籍出版社，1992年，第787–788页。
③ 陈荣捷：《王阳明〈传习录〉详注集评》，重庆：重庆出版社，2022年，第154页。
④ 王守仁：《王阳明全集》，上海：上海古籍出版社，1992年，第168页。
⑤ 王守仁：《王阳明全集》，上海：上海古籍出版社，1992年，第600页。
⑥ 王守仁：《王阳明全集》，上海：上海古籍出版社，1992年，第1252页。
⑦ 王守仁：《王阳明全集》，上海：上海古籍出版社，1992年，第646页。
⑧ 王守仁：《王阳明全集》，上海：上海古籍出版社，1992年，第651页。
⑨ 王守仁：《王阳明全集》，上海：上海古籍出版社，1992年，第651页。

知"思想的完善，对阳明心学的传播产生积极影响。

"良知"概念来源于孟子，是本体、心体和性体。"致良知"是对良知本心的回溯，它标志着王阳明心学思想走向成熟。去除本心私欲，保持为善志向，是由"良知"向"致良知"转换的关键。

"正心""诚意"与"持志"在理论上确立了"致良知"思想。"正心"是"诚意"的"工夫"，"诚意"与"正心"是表里关系，它们都是"致良知"核心的"工夫"，"持志"是专一"立志"的体现，与"养气"相辅相成，也体现着用功达到"致良知"的方法。"致良知"也将"良知"与"知行合一"紧密结合，是王阳明早期人生实践的产物。从龙场悟道到赣州讲学，"致良知"的产生与发展经历漫长的过程。这使"致良知"更具有实践性，对现实生活起到指导作用。"千圣皆过影，良知乃吾师。"[①]"良知"是王阳明一生坚守的信念，"致良知"则是他人生不断追求的境界，为善去恶，回归本心，最终才能"止于至善"。

　　　　林一涵　北京第二外国语学院文化与传播学院汉语国际教育专业本科生

---

① 王守仁:《王阳明全集》，上海：上海古籍出版社，1992年，第796页。

# "言意之辨"中的人：以《文心雕龙·神思》为中心的探讨

◇ 张熙

"言意之辨"由来已久。先秦时期，儒家学者将"言""意"与"名""实"联系起来，认为语言不仅具有描述世界的功能，还具有规范世界、调整社会秩序的功能，正所谓"名不正，则言不顺；言不顺，则事不成；事不成，则礼乐不兴；礼乐不兴，则刑罚不中；刑罚不中，则民无所措手足"。① 因此，即便意识到语言的局限，儒者仍坚信"言"具备表"意"的功能。而老、庄立足于"自然之道"，倡"无功""无名"，认为世人争论之"名"不具有必然的确定性，从而展开了对"言"表"意"的反省与批判。至于汉魏，"言意之辨"则与人物品评相关，品鉴之"名"与人的才性之"实"存在争议，故有"尽"与"不尽"之说。而由此促生的玄学，以《庄》《易》为宗，重新将"言意"问题作本体上的讨论，强调了"由'知'而'识'的真理性追求"②。在玄学"言意之辨"的影响下，刘勰的《文心雕龙》就言意问题也作了深刻的论述。有学者认为，"刘勰将哲人们的'言意之辨'引向了诗学的范畴，并在语言本体论的内部完成了'言意之辨'的诗学转换"。③ 亦有学者认为，刘勰对言意问题探讨的目的在于"精准掌握文学语言运用之度，引导文学语言'进技于道'，使文学语言真正成为精神的家园"。④ 前者的观点为中国古典诗学的研究开辟了空间，但后者所言似乎更切近"言意"问题的根本。刘勰的《文心雕龙》虽是文学理论著作，但其对"言意"问题探讨的落脚点却是人。本文将以《神思》篇为中心，从文章本源与文章创作两个角度出发，细致阐发其中所揭示的言意问题，探求该问题背后关于人的思考。

---

① 朱熹：《四书章句集注》，北京：中华书局，1983年，第142页。
② 贾奋然：《〈文心雕龙〉"言意之辨"论》，《中国文学研究》，2000年，第1期。
③ 贾奋然：《〈文心雕龙〉"言意之辨"论》，《中国文学研究》，2000年，第1期。
④ 梁道礼：《论玄学"言意之辨"的宗旨及其对古代文论的全方位影响》，《文艺学研究》，2005年，第4期。

# 一

刘勰《文心雕龙·序志》云："盖文心之作也，本乎道，师乎圣，体乎经，酌乎纬，变乎骚，文之枢纽，亦云极矣。"[1]谓其前五篇论及"文之枢纽"已至极也。《原道》居五篇之首，历来学者多将其作为文之本体论对待，纪昀更是评其"首揭文体之尊，所以截断众流"[2]。所谓"截断众流"，是禅宗定的境界，于迥绝处无可用心，顿悟而然。刘勰此篇言明"文"之本，便是截断旁支杂流，寻根索源；同时，以"道沿圣以垂文，圣因文而明道"[3]一句构建出"道—圣—文"三者相互贯通的闭环，使得那"迥绝处"有迹可循。

所谓"迥绝处"，即所"原"之"道"。龙学界对"道"的探索可谓倾注心力，牟世金曾说："若不知'原道'之'道'为何物，便无'龙学'可言。"[4]徐复观更把深化已陷入困境的"道"的研究，看作是推进《文心雕龙》研究"必须打开的死结"[5]。然"道昭而不道"，诚如庄子所言："知止其所不知，至矣。"[6]维特根斯坦亦言："凡是不能说的事情，就应该保持沉默。"[7]也许，对"道是什么"的追问本身就是问题所在。因此，与其纠结彦和所说的"道"是儒家的道、道家的道、佛家的道还是综合三家的道，不如安于"迥绝处"，任其自在显明，而这显明处便是刘勰所谓的"经典"，即圣人所作之文，所谓"心生而言立，言立而文明，自然之道也"[8]。其实，"迥绝处"与"显明处"无二，"迥绝处"即"显明处"，"显明处"亦即"迥绝处"，但为了言说之便，姑且分而论之。"文""道"之间，圣人作为"有心之器"的理想化身——"原道心""研神理"、无滞无碍——充分地完成了一个中介的作用，实现了"文""道"的贯通。在"道—圣—文"的闭环中看似有三者之分，但实际上，"文"是那"显明处"，"道"是那"迥绝处"，"文""道"不二，而"迥绝处"得以显明的关键则在于"圣"。"圣"这一环节的引入，不仅引出了对人的区分（凡、圣之别），也由此引出了对不同人所作之"文"的区分（经典、一般文章之别）。如黄侃所言"惟圣人能尽文之妙"，[9]也就是说，惟有圣人所作之"文"，其"言"方可以尽"意"，可以"鼓天下之动"。因为圣人原的是"道心"，即"天地之心"，故其由此心而生的"言"、作的"文"，都是"道"的呈现。可以说，刘勰为"言尽意"的观点在文学领域赋予了本源上的合法性，但同时又将这合法性在现

---

① 范文澜：《文心雕龙注》，北京：人民文学出版社，1958年，第535页。
② 范文澜：《文心雕龙注》，北京：人民文学出版社，1958年，第4页。
③ 范文澜：《文心雕龙注》，北京：人民文学出版社，1958年，第3页。
④ 《文心雕龙研究论文集》，北京：人民文学出版社，1990年，第36页。
⑤ 徐复观：《中国文学精神》，上海：上海书店出版社，2004年，第182页。
⑥ 郭庆藩：《庄子集释》，王孝鱼点校，北京：中华书局，1985年，第83页。
⑦ 维特根斯坦：《逻辑哲学论》，郭英译，北京：商务印书馆，1985年，第20页。
⑧ 范文澜：《文心雕龙注》，北京：人民文学出版社，1958年，第1页。
⑨ 黄侃：《文心雕龙札记》，北京：商务印书馆，2014年，第3页。

实中成立与否的决定权交还到人的手中。因此,"文""道"不二,"言"能尽"意"只是在本源上理应如此,但在创作上却隔着凡与圣的距离,这同时意味着,刘勰关于文章的种种论述,既是对当时凡人之"文"积弊的纠正,也是对"凡"的群体如何为"圣"的探索,而这入手处依旧在"文"。

天道难闻,圣人影徂,惟"文"可见。作为"显明处"的圣人之"文"究竟给人以何种启示?《原道》中刘勰由"天文""地文"推出"人文"。言"天文","日月叠璧"展现出天上光辉灿烂的景象;言"地文","山川焕绮"勾勒出大地条理分明的地形;言"人文","玉版金镂""丹文绿牒"描绘出世间万象背后的神妙。这些直观的呈现为世人提供了追索的可能,故观"天文"可以穷极变化,察"人文"可以成就教化。刘勰借"天文""地文"指出"人文"的产生是"自然之道",并通过"动植皆文"说明文采亦是"人文"之"自然"。前者是对文学产生根源的探讨,指向"道";后者则是对文学艺术本质的论述,指向"术",但在刘勰的思想体系中后者始终以前者为基础。也就是说,在具体的"术"之前,"术"首先具有本源上的意义,但在实际创作中却不尽然。

## 二

《神思》一般被看作是刘勰创作论的总纲,探讨艺术构思的问题。在此,刘勰阐明了"思""意""言"三者的关系,曰:"意授于思,言授于意,密则无际,疏则千里"①,道出了在创作中"言"难以尽"意"的困境。由"思"到"意",由"意"到"言"具体如何运作?三者又何以"密则无际,疏则千里"?以下将分别论述。

首先,由"思"到"意"是构思的过程,也是意象生成的过程。这一过程涉及三个关键点:"神""物""情"。关于"神",旧训曰:"神者,精神也"②;"神者,心之用"③;"神者,智之渊也"。④可以说,"神"是"思"得以产生的根源。由"神"而生的"思"不是如日常所谓的思考、思虑那般带有明确目的的脑力劳动,而是"一种非理性、不用力的思",⑤能够突破时空的限制,正所谓"形在江海之上,心存魏阙之下"。⑥而"神"居于心,又为"志气"所统。"在中国哲学中,志气与生理的因素有关。孟子说:'志者,气之帅也。气者,体之充也。'志乃气之统领,而气是根源于内在生理的心理力量。志气是通过养气所达到的生命统摄力,是人的生命深层所发出的力量。"⑦

---

① 范文澜:《文心雕龙注》,北京:人民文学出版社,1958年,第494页。
② 刘文典:《淮南鸿烈集解·原道训》"则神无由入矣"高诱注,北京:中华书局,1989年,第42页。
③ 扬雄撰、司马光集注:《太玄集注》卷一"神战于玄"注,北京:中华书局,1998年,第5页。
④ 刘文典:《淮南鸿烈集解·俶真训》,北京:中华书局,1989年,第68页。
⑤ 归青:《"神思"的含义和篇旨的概括——对〈文心雕龙〉"神思"的词义学解读》,《社会科学》,2017年,第12期。
⑥ 范文澜:《文心雕龙注》,北京:人民文学出版社,1958年,第493页。
⑦ 朱良志:《中国美学名著导读》,北京:北京大学出版社,2004年,第91页。

这种力量是"神"之"思"得以产生的关键。关于"物",刘勰云:"思理为妙,神与物游。"①"思"源于"神",但"思"的产生始终不能脱离具体的感性事物,不能脱离"神"与"物"的相互作用。这种作用起于"心"对"物"的感应,亦可说起于"物"对"心"的感发,所谓"人心之动,物使之然也",清风、明月、白日、春林……无一不引人"心"生摇荡,二者构成一种互相交感的关系。在中国哲学中,这种"心"与"物"之间的感应(感发)既是以"天人合一"的思想为基础,也是以"天人合一"为目的的。周敦颐《太极图说》有云:"二气交感,化生万物。万物生生而变化无穷焉。"万物本"气"而生,同宗同源,相互之间总是存在着感召的,"而人作为天地自然的一部分,作为生生不息的生命时间之流的一环,自然也处在这种物色感召之中"。②但"心"与"物"并不仅仅停留在"感"的阶段,而是在随物婉转、与心徘徊中达至物我不分、心物交融、与物悠游的境界,这就是刘勰所谓的"游"。故可以说,"物"是"思"得以产生的必不可少的感性材料,也是"思"走向"意"的重要契机。关于"情",《神思》赞词曰:"神用象通,情变所孕。"③"情"作为"心"与"物"的中介,对"思"向"意"的转变起到了重要的推动作用。慧远在《沙门不敬王者论》中说:"生由化有,化以情感""有情于化,感物而动,动必以情。""情"是"思"的风帆。在"思"的活动中,正是因为有了"情"的加入,"'登山则情满于山,观海则意溢于海,我才之多少,将与风云而并驱矣'获得了神思的力量,能够迁情以往,摄物归心"。④总而言之,在"神""物""情"的参与下,"思"于"虚位"中"规矩",于"无形"中"刻镂",实现了由"思"到"意"的转化。

其次,由"意"到"言"是表达的过程,也是意象呈现的过程。这一过程的枢机在于"辞令",所谓"物沿耳目,而辞令管其枢机。枢机方通,则物无隐貌"。⑤对于文章创作,起初的构思也好,中间的意象生成也罢,最终都要通过语言——一种可见的形式——呈现出来。而这种可视化的呈现关键有二:一要"博而能一",二要"文辞尽情"。就前者而言,刘勰认为,广博见闻可以补救语料的匮乏,贯通统一可以纠正文辞的杂乱,二者兼顾对文章创作大有裨益。黄侃亦云:"不博,则苦其空疏;不一,则忧其凌杂。于此致意,庶思学不致偏废,则罔殆之患可以免。"⑥就后者而言,刘勰认为,"辞""情"是写作的根本,而"辞"又是"情"的表达,正所谓"情者,文之经,辞

---

① 范文澜:《文心雕龙注》,北京:人民文学出版社,1958年,第493页。
② 窦可阳、李小茜:《取类感通与心物感应——从心物关系论〈文心雕龙〉对〈易传〉的接受》,《广西社会科学》,2014年,第6期。
③ 范文澜:《文心雕龙注》,北京:人民文学出版社,1958年,第495页。
④ 朱良志:《中国美学名著导读》,北京:北京大学出版社,2004年,第91页。
⑤ 范文澜:《文心雕龙注》,北京:人民文学出版社,1958年,第493页。
⑥ 黄侃:《文心雕龙札记》,北京:商务印书馆,2014年,第89页。

者，理之纬；经正而后纬成，理定而后辞畅"。①文章必须以表现作家的思想感情为根本，文辞的运用也是为了更好地表达情感。这种以"情"为本的思想在《文心雕龙》的多个篇目中均有体现，如《通变》云："凭情以会通，负气以适变。"②《定势》云："夫情致异区，文变殊术，莫不因情立体，即体成势也。"③《体性》云："夫情动而言形，理发而文见，盖沿隐以至显，因内而符外者也。然才有庸俊，气有刚柔，学有浅深，习有雅郑，并情性所铄，陶染所凝，是以笔区云谲，文苑波诡者矣。"④总而言之，意象的呈现枢机在"辞令"，落脚点却在于"情"，更进一步说，在于"人"。

在此篇中，刘勰梳理了由构思到成文的全过程，从"思"到"意"再到"言"本应顺理成章，但实际却不尽然，这使作家常常感到"言不尽意"的痛苦。根据刘勰所述，构思之初，各种各样的念头争着萌生，无论作者才华多少，他的构思都可以随着流风浮云而任意驰骋。但这些构思都还不能进入作品，因为在"思—意—言"的模式下，意象是对文思的规范，言语又是对意象的固定，层层约束下，纵然执笔之时气势旺盛，但经"规矩"和"刻镂"之后，写出来的东西已经比开始想的打了个对折，更有甚者"或理在方寸，而求之域表；或义在咫尺，而思隔山河"，使得"思—意—言"之间相去甚远。刘勰认为，造成这种情况的原因在于文思容易奇妙，而形之文则难以工巧。换言之，人心中泛起的种种文思可以"随万物神游，与风云并驱，具有超越性和无限性"，但"人的物化语言却具有相对滞后性，它必须遵循一定的语言规则和逻辑规则"。⑤这也是一般文章创作过程中，语言作为工具性媒介的困境，而要突破这一困境关键依旧在"人"。

## 三

《原道》篇中言"人"实际上是"天地之心"，但同时又是有形之器，综合来看便是"有心之器"。心与道通，器与术偕，刘勰提出的"秉心""养术"可谓是突破语言困境之法，然而若道、术相分，则人只能在文章本源（言尽意）与文章创作（言不尽意）的张力间徘徊，纵然无限趋近却始终有隔。因此，"秉心""养术"既要分而论之，又要合而论之。

所谓"秉心"，秉持的是"天地之心"，亦即"道心"。《周易·复卦·象传》言："复其见天地之心乎。"北宋张载解释说："天地之大德曰生，则以生物为本者，乃天地之心也"⑥，认为天地之心就是以生物为本，"就是气之生生、化育万物而运转无穷的过

---

① 范文澜：《文心雕龙注》，北京：人民文学出版社，1958年，第538页。
② 范文澜：《文心雕龙注》，北京：人民文学出版社，1958年，第521页。
③ 范文澜：《文心雕龙注》，北京：人民文学出版社，1958年，第529页。
④ 范文澜：《文心雕龙注》，北京：人民文学出版社，1958年，第505页。
⑤ 贾奋然：《〈文心雕龙〉"言意之辨"论》，《中国文学研究》，2000年，第1期。
⑥ 章锡琛点校：《张载集·横渠易说》，北京：中华书局，2012年，第113页。

程",而"这一生生过程,是天生自然、不假人为而自有其理路的"①。也就是说,此心本"无心""无为",故而"贵在虚静"。庄子言"惟道集虚",老子言"归根曰静",虚静是"天地之心"得以秉持的关键。《荀子·解蔽》云:"人何以知道? 曰:心。心何以知? 曰:虚壹而静。……不以所已臧害所将受,谓之虚……不以梦剧乱知谓之静……虚则入……静则察。"心惟有虚静,才能"鉴周日月,妙极机神",才能使文章顺"自然之道"流出,是以"文成规矩,思合符契"。②因此,心虽虚静无为,但实则"有为"。

所谓"养术",多指修养写作文章的方法。然而文章写作虽然算是一种技艺,但写作之文章依然是对"道"的呈现。因此,"养术"不单指向显明的方法,要求广博见闻,"圆鉴区域",也指向隐微的天道,要求明了外求非道,知之无涯。就前者而言,《文心雕龙》自《神思》以下直到《总术》,几乎篇篇言"术"。举例来说,《风骨》云:"能鉴斯要,可以定文,兹术或违,无务繁采。"③强调"骨髓峻""风力遒"是作"文"的一大原则。《通变》云:"然绠短者衔渴,足疲者辍涂,非文理之数尽,乃通变之术疏耳。"④指出作"文"不善变化革新之弊。《附会》云:"使众理虽繁,而无倒置之乖,群言虽多,而无棼丝之乱,扶阳而出条,顺阴而藏迹,首尾周密,表里一体,此附会之术也。"⑤阐明附辞会义之方。如此等等,皆直言某术某术,刘勰以圣人所作经典为宗,为后人梳理出一套周详的作文之法。然刘勰自己亦言"茫茫往代,既沉予闻,眇眇来世,倘尘彼观也"⑥,恐其文章迷惑世人。因此,即便是"养术"也要知道"术"归根结底不在"谋",亦不假他人,惟在于"心",在于秉持"道心"不得已而为之。所谓的"术",非"道心"外别有之"术","术"亦"道"也,"道""术"不二。

综上所述,刘勰的"心"与"术"虽分而论之,但却是"文"的一体两面,亦是"人"的一体两面,皆本于"道",也以"道"为本。"秉心养术"的本意就是"'化文术为心术'或曰'化心术为文术',使'心外无文'或曰'文外无心',如此方是理想境界"。⑦

以《原道》《神思》两篇为鉴,《文心雕龙》中的"言意之辨"从本源上确定了"言"能尽"意"的内在必然性,同时,也揭示了现实创作中"言"难以尽"意"的困境,进而以"心术合一"之法为突破现实中的言意困境提示了路径。刘勰所论的言意问题,归根到底是对人的论说,"高卑定位,故两仪既生矣。惟人参之,性灵所钟,是谓

---

① 杨尚辉:《张载思想中的天地之心解》,《中国哲学史》,2020年,第4期。
② 范文澜:《文心雕龙注》,北京:人民文学出版社,1958年,第15页。
③ 范文澜:《文心雕龙注》,北京:人民文学出版社,1958年,第513页。
④ 范文澜:《文心雕龙注》,北京:人民文学出版社,1958年,第519页。
⑤ 范文澜:《文心雕龙注》,北京:人民文学出版社,1958年,第651页。
⑥ 范文澜:《文心雕龙注》,北京:人民文学出版社,1958年,第727页。
⑦ 韩经太:《自然之道与雕缛成体——〈文心雕龙〉的自然雕饰美学思想》,《中国文化研究》,2007年,第3期。

三才。为五行之秀，实天地之心"。① 人秉"天地之心"而生言、立文，是天然，也是必然。人惟有回归于"道"，回归于本应如此的生命状态，明了道术不二，才能"言"尽其"意"，作"鼓天下"之"文"。

　　张熙　北京第二外国语学院文化与传播学院美学专业2021级研究生

---

① 范文澜：《文心雕龙注》，北京：人民文学出版社，1958年，第1页。

# 神话隐喻:《柏拉图的药》的解构策略

◇ 蔡拓

《柏拉图的药》(*Plato's Pharmacy*)为法国哲学家雅克·德里达(Jacques Derrida)的一篇长文,1972年收入其论文集《播散》(*Dissémination*)。

上世纪60年代末,德里达凭借《书写与差异》(*L'écriture et la différence*)、《论文字学》(*Of Grammatology*)等著作受到欧美学界关注,其争议性的观点让他成为一次颇具反叛意味的思潮"解构主义"(Deconstructivism)[①]的擎旗手。追溯德里达的解构之踪迹,不难发现,他绕道于定义、结论等思想系统的构建,更多运笔于其他古今哲学家、作家、语言学家的文本。本文循着德里达的路径,不试图归纳或建构德里达阐释的体系,而尝试以文字、隐喻接近德里达的文本,呈现其解构式阅读的生机与活力。

对于流传至今的经典文本,阐释者的视域由传统给予,传统规定了视野的地平线。在延续对旧有文本、主题的探讨时,解构阅读的目的并不明确,但其策略与方式却有新意,未曾被真理之太阳照面的沉入夜色的线路得以被照亮。柏拉图的《斐德若》(*Pheadrus*)是典范文本,在德里达的阐释策略运作之下,这一典范文本的内部矛盾被激发与凸显,旧有结构被瓦解。然而,德里达并不欲抹除柏拉图文本或传统本身,解构运作之中产生的变异与颠覆,仅是方式而非目的。如艾布拉姆斯所言,德里达的文本密室是一个全封闭的回音室[②],解构阅读以他者之视角,发现文本曲折错落的脉络,在符号运动与文学隐喻之中催生异质,还原语词的感性本义。解构阅读实际上发掘了哲学大宗遗产,激活传统中二元对立张力下的和谐与诗哲混沌的无名状态,在德里达的阐释策略中,沉默的旧文本的新声得以被聆听。

---

① 论及"解构主义"的理论背景,第一,尼采率先质疑西方传统中形而上的实在,转而向下扎入虚无的深渊。第二,60年代的法国思想主潮现象学与结构主义为解构主义提供了正式诞生的土壤,在对胡塞尔与列维·斯特劳斯批判时,德里达阐明了一种不仅限于拆毁和建构体系的两难境地,由此廓清解构理论疆域。第三,德里达的阅读与阐释策略直接受益于海德格尔,"解构"进一步强化了"拆毁"(destruktion),他借用海德格尔的修辞策略——划掉主要概念与存在,为解构批评清淤。

② 陆扬:《后现代性的文本阐释:福柯与德里达》,上海:上海三联书店,2000年,第31页。

## 一、文字游戏：Pharmakon 家族谱系的构建

在《斐德若》中，苏格拉底向雅典青年斐德若就"文字与书写之弊"讲述了一则埃及神话：发明神忒乌特（THEUTH）向王阿蒙（AMMON）进献礼品，一种能增强记忆的"药"（Pharmakon）——文字。王并不买账，称书写，相较言语，损害人的智慧，削弱记忆，而无他益（274c-275b）。德里达从这则神话中的"Pharmakon"入手，由同一词源发展为文字谱系，重构柏拉图戏剧网络。

Pharmakon（药）—pharmacia（法玛凯亚、灵泉）、Pharmakon（药）—Pharkeus（魔术师）—Pharmakos（替罪羊）是德里达重新编织《斐德若》的针脚。在《柏拉图的药》中，"Pharmakon"与《斐德若》开篇的另一则神话奇异地联系起来——俄瑞逖娅（Orithyia）同 pharmacia（法玛凯亚）玩耍，被北风神波若阿斯（Boreas）刮起一阵风后抢走（229b-229e），面临着失贞的结局。纯洁领域被入侵，而这入侵，恰是一次男性种子（semen）的播撒。与此同时，斐德若藏掖的吕西阿斯的修辞美文作为药物 Pharmakon 将苏格拉底吸引出城，苏格拉底无法抵御此种未知的修辞之诱惑，被迫走上一条漫游的"不归路"。二人赤足涉溪，最终停留在蝉鸣阵阵的一棵树下，这一幕颇有深意①。在此处，苏格拉底亦作言辞颂扬爱若斯，施展其魔法，化身 Pharkeus（魔术师）与智者之魔法对抗②，苏格拉底运用的，也是药物，一剂给城邦开的药。"Pharmakeus"又有"替罪羊"之义，德里达穿行到了《斐多》（Phaedo）中苏格拉底的结局——在一番对灵魂不朽的论辩之后，苏格拉底成为智术师的替罪羊，饮毒药赴死。此处之 Pharmakon，有着双重功效③，毒药杀死了苏格拉底，补药使得他灵魂不朽，苏格拉底以一场自我牺牲实现了药的最终功效，达到戏剧的高潮。在德里达式《斐德若》文本轨迹中，少女吹落悬崖之时苏子走向城外，是反柏拉图之道而行，从中心走向了边缘、从高处坠落低处，圣洁失落隐喻着在符号的变化之间意义得以如种子般播撒在文本的土壤。

就 Pharmakon 的运作方式而言，可从《论文字学》中德里达对索绪尔的阅读中窥见一二，德里达追索先于"语言"（language）和"言语"（speech）代码分化前的差异，关注符号的力量与行述性（performative），叙述指向行动，Pharmakon 只留下书写后的痕迹，起源、本质、理念放入了一个胡塞尔式的括号内，德里达称此为延异

---

① 蝉鸣，指的是在《斐德若》259b-259e 蝉的寓言，位于爱若斯与修辞批判之中，蝉鸣区分普通言辞与哲人言辞。普通言辞为荷马等诗人、吕西阿斯等智者所有，在《奥德赛》中，水手因塞壬歌声而无法还家，《斐德若》中，青年斐德若反复诵读吕西阿斯的言辞而被迷得晕头转向。柏拉图意在凸显哲人、爱好智慧、与缪斯直接相连的言辞之差别。

② 苏格拉底与智术师均为 Pharkeu（魔术师），在《美诺》（Meno）一篇中，苏格拉底的言说被视为正施行法术（80a-b）。苏格拉底以辩证法（dialektos）与智术师的修辞对抗。

③ 希腊词 Pharmakon 译成法文或英文具有矛盾性，兼有"良药"（remèdie）、"毒药"（poison）双重含义。在此需译者进行选择，选择之时便是阐释。

（différence）①的文字。重视文字本身的物质性力量，迈克尔·内斯（Michael Naas）在《继承传统：德里达与解构主义的遗产》（*TAKING ON THE TRADITION：Jacques Derrida and the Legacies of Deconstruction*）中对文字物质性力量的重现有着生动的描述："德里达因此转向我们，仿佛他自己是一株日光性植物，而我们是太阳，仿佛这种转向的保留本身可以将我们以日光为中心的寻找隐喻的真理的愿望转回地面，转向石印图形文本。通过这个问题，这个转折点，德里达把我们从意义上拉回到书写上，回到一个不可掌握的图形的二元性上。在这个转折点中，德里达出现在我们面前，用写作的木桩刺瞎我们的双眼，通过划出我们的独眼，把写作钻进我们的身体里，扭转我们的盲目性。"②

从真理的太阳转向图形文本，由此，Pharmakon 与一众意义上看似不相关的词成为一个文字家族谱系，文字游戏取代了仍存在于索绪尔理论当中声音标记指向概念的做法。此种亲缘关系的阐明与运动的游戏趋势，可从维特根斯坦的后期研究中获得灵感。在《哲学研究》（*Philosophiscal Investigation*）中，维特根斯坦称语言的使用依据亲缘关系与联系，而非逻辑形式和单一本质的标记，他将文字与游戏进行类比，二者均源于一系列相似性网络的交叉与重叠，正如家庭中每个成员所共有的家族相似性（family resemblance）。学者瑞纳（YOAV RINON）受维特根斯坦启发，将德里达文本中的网络以图像凸显③：言语（speech）、书写（writing）与 Pharmakon 是德里达文本网络中的三个环节（link），摹仿（mimesis）、药（drug）作为文本中的亲缘连接物，同时也是柏拉图文本和德里达文字游戏阐释的中心。Pharmakon（药）—Pharkeus（魔术师）—Pharmakos（替罪羊）的词源家族谱系相似性联系和意义区别的张力是此网络形成的动力，Pharmakon 具有的矛盾性的符码特征，使得其意义含糊不明，摆脱了概念或陈述的身份，Pharmakon 非毒非解，亦毒亦解，既杀死了苏格拉底，也使得他灵魂不朽。词源家族作为文本变异的工具与策略，围绕在柏拉图的主题中心，具有边缘性与寄生性。

## 二、神话还原：隐喻与诗哲张力

pharmakon 是文字谱系的中心，也带出了德里达戏剧的中心场景——忒乌特向阿蒙献上礼品。这一场景牵引出的问题是什么是遗产的继承，父与子、真理与非真理的关系在何种方式上成为了西方传统的一部分？

在《柏拉图的药》第三部分"血脉相近的铭文"之中，德里达定位于发明神忒乌特

---

① 在《语音与现象》中，德里达提到这是一种"运作（movement）"，"任何语言或符码、任何一般的参考系统在历史中被构建为一个差异的网络组织"。

② Michael Naas：*Taking on the Ttadition: Jacques Derrida and the Legacies of Deconstruction.* California：Stanford University Press，2003.p.9.

③ 参见 Rinon, Yoav, "The Rhetoric of Jacques Derrida II：Phaedrus," *The Review of Metaphysics*, vol. 46, no. 3, 1993, pp. 537–538.

及埃及王阿蒙形象，质疑《斐德若》之中二者从异邦移植到柏拉图文本之后的真实性，德里达返回至埃及神话之中对刊二者形象。在《斐德若》中，忒乌特是恭敬的臣民、儿子，阿蒙则是颇有威望的君王与父亲，他以父亲的权威压制，断定来自儿臣的礼物文字，即 pharmakon，是有毒的。从二人对话之中，自"有毒之药"与"无用之技"始，引发了一系列的对立，言语与逻格斯是活体，而文字是死物，由此，回忆与记忆、合法之子与私生子、灵魂与肉体产生明暗分野。在真理的太阳之下，文字、记忆、肉体、私生子退至黑暗的洞穴之中①。而在埃及神话中，忒乌特则靠乔装打扮引人注目，他是帝王、父亲、太阳、言辞副本的替身，也是葬仪之主，为对立面过渡的唯一中介之神，恰是一尊没有身份的神。柏拉图对忒乌特神话的改造以适应其逻格斯走向，确定二元对立的布局，凸显言语、真理的父权地位，在解构从希腊返回至埃及的途中，埃及太阳神、与希腊的真理之太阳、苏格拉底的逻格斯之父形象重叠，柏拉图文本中的隐喻显现。

德里达此番还原此神话原貌，中断父与子的戏剧场景，意在说明增补（supplement）和父亲缺席（absence）在忒乌特神话中的不可消除性，柏拉图的刻意涂抹并不能真正掩盖此神话的真面目。不仅如此，德里达认为这种增补与缺席贯穿了整个西方的文学与哲学。因此，"增补"与"缺席"（亦可称为"不在"）是解构阅读十分重要的关键词。

在《论文字学》中，通过对卢梭（Rousseau）的阅读和阐释，这两个关键词有更为清晰的轮廓。德里达认为，卢梭在《语言起源论》（*Essay on the Origin of Language*）之中，尚为一个坚定的逻格斯中心主义论者②，而在《忏悔录》之中，却以不在场的姿态表现"真正的自我"。他的"忏悔"直接地表达出一种增补之链——以自体快感代替异性之爱，以温柔的妇人代替逝去的母亲，甚至以物品代替人，甚至于以母性代替男性强力以寻求庇佑。这是一种"述行矛盾"③（performative contradiction）。此种矛盾，亦存在于柏拉图笔下。同样是在《论文字学》中，第二章的卷首题记部分，德里达引用了尼采的一句话——"苏格拉底，从不写作的人"④。苏格拉底未亲自写下只言片语留存至今，在《斐德若》中苏格拉底也痛斥书写与文字的危害，而柏拉图却公然违背逻格斯之父的意愿，以文字记录下苏格拉底言行，借苏格拉底的幽灵说话，苏格拉底的缺席意味着柏拉图写作增补的必然性，这无疑是一种最本源的叛逆。因此，增补并非是在解构阅读之

---

① "太阳喻"亦是西方流传已久的一个隐喻，象征着高高在上、不容置疑的真理和父亲。在悲剧《俄狄浦斯王》之中，俄狄浦斯杀死父亲之后便自戳双眼，不见阳光；《理想国》卷七则以身处黑暗洞穴、只能瞥到光明的影子的人喻庸众；而走出洞穴、看到真正的太阳和"理念"的人则为哲人王，哲人王是拯救时弊的"父亲"（见《斐多》苏格拉底以"父亲"自比）。

② 在该著作中，卢梭认为书写为思想与表达之间的障碍，只有说话的词语能自然表达想法。书写代替思想之时，危险便产生了。说话为自我在场的社群保障者，而这便是理想的人类组织形式。

③ Jean-jacques Rousseau, *Confessions*, trans, J.M.Cohen, Harmondsworth: Penguin, 1954, p.144.

④ 雅克·德里达：《论文字学》，汪堂家译，上海：上海译文出版社，2005年，第168页。

中横空出世,而是由来已久,根植在西方的哲学和文学发展之中。

然而,恰如《俄狄浦斯王》之中俄狄浦斯得知神谕后的多次逃遁,此种增补是一种僭越,含有弑父、弑君的倾向,主体在此后产生巨大的羞耻和罪恶感加固一种二元对立——在(presence)、言说等"父亲"角色高高在上,不在(absence)、文字等"儿子"角色始终处于不成熟的、畸形的匍匐状态,增补被卢梭式"忏悔"的面具遮盖。

德里达揭示此种存在已久,却又藏掖着的矛盾具有风险,诗哲界限模糊,哲学与逻格斯跌下神坛。被哲学指控的伪陈述、隐喻与不确定也为哲学所有。如公元前5世纪对神话的讨伐之前,隐喻与秘索斯是所有意义的源头,而这种语言已经通过使用而被抹去了。德里达选择Pharmakon作为阐释的端绪,意义正在此。"Pharmakon"不仅属于苏格拉底意欲言说的逻格斯(logos),而且同时处在秘索斯(mythos)①之中,如下图所示:

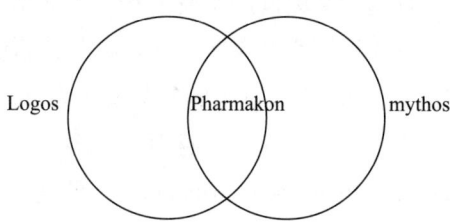

《斐德若》中,苏格拉底引忒乌特神话的本意是引埃及的秘索斯为逻格斯所用,影射智术师以文字、藻饰修辞入侵了雅典的人民原本质朴聪慧的头脑,致使城邦风气败坏,形成摹仿与理念的二元对立。因此,苏格拉底毫不留情地对文字、智术师的修辞,以及非逻格斯、非语音的异种文化思想进行批驳。忒乌特神话靠着逻格斯对话推动、形成,又被逻格斯压制。然而,在《柏拉图的药》一文中,秘索斯的入侵势在必得,德里达把秘索斯的隐线彰显,秘索斯重新被视作与逻格斯同等重要的根源性结构要素。实际上,在柏拉图诸多对话中,"秘索斯—逻格斯"贯穿始终②,揭开被逻格斯遮蔽的秘索斯是德里达的用心。Pharmakon恰好连接了柏拉图的诗与哲,集结千头万绪,德里达在柏拉图的文本上提笔刺绣的方式便是以符号混淆逻格斯与秘索斯,形成"痕迹的织网"(tissue of traces)。

从文本阐释上来说,将二元对立、等级森严的封闭的文本打开之后便允许了一切增补、文字游戏的侵入,德里达混淆了传统阅读文学和哲学的方法,开启了文本阅读的多

---

① 西方语境中,myth、mythos通常均解作"神话","逻格斯"(logos)是一个和"秘索思"配套的元概念。公元前5世纪,古老的神话因哲学的兴起而受到了"虚构""谎言"和"非理性"的指责,逐渐变得名声不佳。理性(rationality)指要求提供合理的解释,亦即logondidonai,这在提倡用新的方法进行探索的时代,已经成为一个标志或"口令"。(the watchword, G.E.R.Lloyd, Demystifying Mentalities, Cambridge: Cambridge University Press, 1990, p.142.转引自陈中梅《秘—逻模式与西方文化基本结构的形成及其展开态势研究续篇——从怀特海教授关于宗教与科学的一段论述谈起》,《文学》,2019年,第2期。)

② 逻格斯循循善诱,以理服人;秘索斯则以扑朔迷离的传说与故事感染人。《理想国》卷三的"高贵的谎言"、卷七的洞穴之喻、卷十的厄尔神话,《斐德若》之中的灵魂神游至善之境,均是逻格斯与秘索斯相连。

种可能。文本网络的对立不是言语与书写此类型的互为表里的基本模式，而是不断运动着的符号轨迹形成的诗哲张力。文本丧失了其轮廓变得格外脆弱，"意义"这个传统的文本阐释的核心将不复存在，那么文学阐释何去何从？

还原忒乌特神话，挖掘出柏拉图文本中的最根本的增补之势，凸显哲学文本中的隐喻，将秘索斯发展至于逻格斯同一层面，德里达此举并非从外部瓦解"白色神话"，而是从内部拆除二元对立，指出西方哲学与文学向来便有自我解构的倾向。

## 三、结语：传统文本的重生

柏拉图的文本，作为后世极其容易，甚至无须顾虑与思索接受的哲学遗产，使得接受结构与接受者保持盲目。解构主义阅读的态度是基于对文本的一种无等级的审视。其策略是唤醒文字的物质性力量与运用符号游戏，在隐喻与诗哲张力中使得文本更好地临在，隐藏在文本中沉默的内部言说。《柏拉图的药》文中有如下一段话："虚无一物，便真正是其独一无二之属性。模棱两可，掏空自身而自为游戏，善恶同在，不可确定，所以摹仿类似于药物（mimesis is akin to the pharmakon）。任何'逻辑'，任何'辩证法'，都不可能消耗它的储备，即便每一种逻辑、每一种辩证法都仰赖于此，且通过它来寻求稳靠性。"①

德里达选择 Pharmakon——文字这一对象拆解柏拉图文本，不难看出其意图，"虚无一物"是其中的关键词。一方面，"药物"自在用在，永无定数，因其本质，恰恰在于它没有稳定的本质，可毒害亦可补救，可挽救城邦颓势，亦可亲手将哲人王斩杀，从任何价值维度来看，药物都不是一个实体。另一方面，"摹仿即自我涂抹，在涂抹之中肯定且强化了它的本质。文字的本质恰恰就是它没有本质"②。文字，按照柏拉图之摹仿阶层，已经距离真理有三层。德里达所为，便是追索形而上学的"裂痕"之中未被命名之物与状态。在那道封闭系统之外，尚未被命名的微光在一片黑暗中被瞥见，定位于哲学与文学表面形式未分的混沌。

在《柏拉图的药》的文末，德里达附上了一则语序混乱的寓言：柏拉图关闭了他的"药店"，喃喃自语，随后听闻有敲门声——"墙内的声音敲打着橡子，话语被拆散，句子的碎片被分离，被拆散的部分开始在走廊上流通，成为固定的一两个回合，相互翻译，重新连接，双向反弹，彼此矛盾，制造麻烦，相互指责"③。话语碎拆而不成片段，文字恍若游移的幽灵充斥柏拉图老朽的生命于药店之中，也行进在德里达的文本里。《斐德若》阐释从敲打始——"耳光（kolaphos）：打脸，敲打，掌掴……敲打

---

① Jacques Derrida, *Dissemination*, trans., Barbara Johnson, University of Chicago Press, 1981, p.159.
② Jacques Derrida, *Dissemination*, trans., Barbara Johnson, University of Chicago Press, 1981, p.151.
③ Jacques Derrida, *Dissemination*, trans., Barbara Johnson, University of Chicago Press, 1981, p.143.

（kolapto）；进入，渗透进去，特指鸟儿用喙啄开……所以，也可以说是'撬开'……类比的用法，特指马用其蹄敲击地面"①，以敲门终。德里达最后用了一个隐喻性游戏，以"敲打"之隐喻暗示了潜伏在老朽生命之中，沉睡了多年的文本将被唤醒。

蔡拓　北京第二外国语学院文化与传播学院文艺学专业研究生

---

① 雅克·德里达：《柏拉图的药（一）》，胡继华译，《跨文化研究》，2019年，第2期。

# 中外艺术新解

# 石涛"一画"之体用

◇ 邵煜婷

石涛（1642—1707），是清代著名书画艺术家，他的书画笔意纵恣、奇肆豪放，在不同时期呈现出不同的风格特点。他的山水画开一代之画风。他在晚年著有《画语录》。《画语录》中独创性地提出了"一画论"："太古无法，太朴不散，太朴一散，而法立矣。法于何立？立于一画。一画者，众有之本，万象之根，见用于神，藏用于人，而世人不知。所以一画之法，乃自我立。立一画之法者，盖以无法生有法，以有法贯众法也。"①

石涛详尽地阐发了"一画论"，理清一画之根源，阐明一画哲理特征并论证其现实之功用。《画语录》共十八章，所探讨的内容由简以至繁、由一以至万，而后又由万复归于一。"乃自我立"的"一画之法"是绘画理论的核心。

"一画"为石涛绘画美学思想的灵魂之所在，对于"一画"的诠释，众说纷纭。中国传统书画理论中的"一画"概念往往指的是书画中最小的形式单位"一划"，孙过庭在《书谱》中写道："一画之间，变起伏于峰杪；一点之内，殊衄挫于豪芒。"俞剑华提出："一画就是通常说的一笔一画，无论画什么，总是一笔一画的开始。"② 黄兰波指出："一画就是一根根造型底线。"③ 韩林德认为："从本体论意义讲，'一画'乃是一根通贯宇宙—人生—艺术的生命力运动的线"，"从宇宙生成论和绘画创作意义讲，'一画之法'乃是通贯宇宙—人生—艺术的生命力运动的根本法则。"④ 钟义明认为一画即"太极"。但学者似乎大多忽视了蕴藏于其中的佛禅思想，石涛作为僧人，接受了佛家"一即一切，一切即一"的思想，并将其融入绘画理论。石涛的"一画"不是一笔、一画，一画不是线，而是法，是本体。无法既是法本身，同时也是至高的至法，一切法度都由其派生而出。

---

① 周远斌：《苦瓜和尚画语录》，杭州：西泠印社，1999年，第171页。
② 石涛：《石涛话语录》，俞剑华注释，北京：人民美术出版社，1959年，第128页。
③ 黄兰波：《石涛画语录译解》，北京：朝花美术出版社，1963年，第31页。
④ 韩林德：《石涛与〈画语录〉研究》，南京：江苏美术出版社，1989年，第127页。

## 一、一画之心体

在《画语录》中，石涛强调："一画明，则障不在目而画可从心"，"夫画者，从于心者也。"所谓"从于心"，即是指在进行绘画创作时，要摒弃既定的创作流程、风格流派、理论框架等限制因素，充分体会内心当下的真实感受，即遵循"真心"，将内心最真切的感受通过笔墨书写出来，不计工拙。因此画家在创作时必须在感官直接感知的基础上，极大地发挥"心"的能动性和创造性，石涛说："写画，凡未落笔，先以神会。"至此，若要形成一幅真正美的作品，"从于心"并非为创作过程之全部要义，而是作为其根基。"得乾坤之理者，山川之质也。得笔墨之法者，山川之饰也。知其饰而非理，其理危矣。知其质而非法，其法微矣。是故古人知其微危，必获于一。一有不明，则万物障。一无不明，则万物齐。画之理，笔之法，不过天地之质与饰也。"①

这段意指山水画的笔墨技法源于天地山川，且山水画的画理同样本源于天地山川。画家必须要洞晓天地的法则、掌握山川大地的形态面貌，只有在大自然中悉心观察，才能把握山川之"质"，才能滋养提升画家的笔墨，笔墨之法是深入自然观察而体悟出来的方法，对山川万物如果只了解其形质，功力再深厚的技法也只能画出毫无生命力的"饰"。对天地有着再深刻的感触，若不了解山川的形态与走势，作品之灵魂则将无处安放。因此画家应当"从于心"，"以万物为师，以生机为运，见一花一萼，谛视熟察之，以得其所以然，则韵致丰彩，自然生动，而造物在我矣"②。从而达到审美主客体浑然合一的境界，只有这时，一幅能表现山水自然之美，并能表达出画家对山川自然情感体验之美的山水画才会诞生。

文章指出"饰"与"质"二者皆是创作之根本，"饰"与"质"之结合更是打破传统技法从而使"所从之心"融于绘画达到物我交融境界的重要方式。正如伍蠡甫指出："'一画'是用来概括山水画中借物写心、物我合一、心手相忘这么一个创作的全部过程，同时生动地描绘出在这过程中山水画家摄取万象、塑造典型、托出自我这样一种高度的艺术本领。"③

既然宇宙因"一画"而立，万物以"一画"而著，因此画家应当揣摩它、理解它、把握它，从而形成独特的绘画风格，并使作品具有永恒的生命力。

## 二、一画之情体

石涛曾流离失所、隐姓埋名，纵观其一生，大多是漂泊而忧伤苦闷的，其重要原因

---

① 石涛：《画谱》，上海：上海古籍出版社，2003年，第137页。
② 邹一桂：《小小画谱·总论》，济南：山东画报出版社，2009年，第3页。
③ 卢辅圣：《朵云》（第56集），上海：上海书画出版社，2002年，第156页。

之一是源于对故国忧怀之思。这种深刻强烈的情感含于其绘画作品中，也可循迹于其题画诗中。

石涛所作的《清凉台图》展现了古韵幽幽的景色，画中江水浩瀚无垠，画风细致古雅、大气壮丽、富有生气。石涛在该画中题诗："清凉台。薄暮平台独上游，可怜春色静南州。陵松但见阴云合，江水犹涵白日流。故垒鸦归宵寂寂，废园花发思悠悠。兴亡自古成惆怅，莫遣歌声到岭头。清湘遗人极。"①石涛曾为躲避战乱，生命历程坎坷波折，该诗字字句句流露出物是人非的悲凉之感，以及对于故国山河的思念悲痛之情。

正如其变幻不定的创作风格一样，石涛的内心世界始终充满着矛盾、痛苦与清高。作为一个张扬自我个性的画家，石涛在《变化章》中提出："今人不明乎此，动则曰：某家皴点，可以立脚，非似某家山水，不能传久。某家清淡，可以立品，非似某家工巧，只足娱人。是我为某役，非某家为我用也。纵逼似某家，亦食某家残羹耳。于我何有哉！或有谓余曰：'某家博我也，某家约我也。我将于何门户？于何阶级？于何比拟？于何效验？于何点染？于何廓皴？于何形势？能使我即古而古即我？'如是者知有古而不知有我者也。我之为我，自有我在。古之须眉，不能生在我之面目；古之肺腑，不能安入我之腹肠。我自发我之肺腑，揭我之须眉。纵有时触着某家，是某家就我也，非我故为某家也。天然授之也。我于古何师而不化之有？"②

石涛将对自然界的真实感受及对社会愤懑不平之气融发而创作书画，其绘画作品朴拙自然，破古人之樊篱，出奇不凡。石涛不屑于仰前人之鼻息，而是通过其一画之法显露出内心的灵明，我之有我，自有我在。他所作之画是他自由之创造，是他心中的"一画"，更是他心内的一点灵明。

## 三、一画之性体

石涛是一位杰出的山水画革新者，他反对"摹古"，面对当时拟古守旧、墨守成规的现状，强调真性情的自然流露才是艺术创造的真谛。"我之为我，自有我在。古之须眉不能生在我之面目，古之肺腑不能安入我之腹肠。我自发我之肺腑，揭我之须眉。""发我之肺腑"明确点明"一画论"并非要建立某种具体绘画模式，而是创作者能够表达真实情绪并追求内在精神层面的画法，从而解构当时人们长期奉行的艺术观念。

石涛后皈依佛门，号苦瓜和尚。朱良志先生认为石涛的一画说主要是在禅宗影响下形成的一个重要概念，石涛取来大乘佛学"一切众生，悉有佛性"的思想来表达他的创造思想，赋予"一画说"以深刻的内涵。"吾昔时见'我用我法'四字，心甚喜之。盖为近世画家专一演习古人，论之者亦且曰某笔肖某法，某笔不肖可唾矣。此皆能自用

---

① 见石涛《清凉台图》跋文。
② 石涛：《石涛画语录》，北京：人民美术出版社，1962年，第5页。

法不已，超过寻常辈耶。及今番悟之，却又不然。夫茫茫大盖之中，只有一法，得此一法，则无往而非法，而必拘拘然名之为我法，又何法耶。总之，意动则情生，情生则力举，力举则发而为制度文章。其实不过本来之一悟，遂能变化无穷，规模不一。今吾写此数幅，并不求古人，并不定用我法。皆是动乎意，生乎情，举乎力，发乎文章以成变化规模。噫嘻，后之论者，指为吾法可也，指为古人之法也可，即指为天下之法亦无不可。"（石涛题《溪山渔隐图》）[1]

而一画之法，乃自我立。在朱良志看来，一幅作品的内核就是其所挖掘出的绘画家的创造力，这种创造力即为自性的彰显，只有以妙悟为理解路径，这种创造才会兴现出灵明。妙悟是其所主张的创作过程中不可缺少的重要一步。"妙悟"不但是禅家参禅悟道最根本的理解途径，而且还是石涛对绘画审美理解上的一个突出体现，这是他思想性和创造性与其他文人画家不同之处。"古人未立法之先，不知古人法何法，古人立法之后，便不容今人出古法。千百年来，遂使今之人不能出一头地也。师古人之迹而不师古人之心，宜其不能出一头地，冤哉！"[2]

石涛提出这种论断具有重大现实意义，中国山水画在明清之际陈陈相因、闭门造车。石涛在此并非刻意回避古人之法，而是拒绝落入前人之窠臼，是要建立自由之法、去追寻自由之法，由此显现石涛之个性与率性。其之画，不拘绳墨；其之笔触，脱去时习；其之理论与技法，源于切身感受且复归自然，对盲目师古之风起到匡正扶危之效用。他率性主张画家应当大胆创造，并要按事物之本质特征之不同采用不同点法，若只是机械搬用古人之技法，便只会在画卷上空留"万点恶墨"。

## 四、一画之用

石涛说："夫画者，从于心者也。山川人物之秀错，鸟兽草木之性情，池榭楼台之矩度，未能深入其理，曲尽其态，终未得一画之洪规也。行远登高，悉起肤寸。此一画收尽鸿蒙之外，即亿万万笔墨，未有不始于此而终于此，惟听人之握取之耳。人能以一画具体而微，意明笔透，腕不虚则画非是，画非是则腕不灵。动之以旋，润之以转，居之以旷。出如截，入如揭。能圆能方，能直能曲，能上能下。左右均齐，凸凹突兀，断截横斜，如水之就深，如火之炎上，自然而不容毫发强也。"[3]石涛从所讲的"一画具体而微"而展开，阐发了"一画"与山川草木之关系、"一画"与笔法墨色之关系、"一画"与腕及形态之关系。可见其"一画"的"一"讲求的是绘画创作的"一"，是遍览山川、体悟自然后，用"一"的心胸去抒发、去创作。此段石涛话语，为其绘画智慧的

---

[1] 见石涛《溪山渔隐图》跋文。
[2] 潘云告：《清人论画》，长沙：湖南美术出版社，2004年，第42页。
[3] 沈子丞：《历代论画名著汇编》，北京：文物出版社，1982年，第364页。

体现。在创作过程中，石涛"师法自然"，行走于天地山水之间，是贴近自然、了解自然、参悟自然的过程。

自然界中的山水花鸟、楼台云霞、河海炊烟皆可在作品中融汇为对自然之物所观所感的抒发。如"搜尽奇峰打草稿"既是石涛绘画主张同时他也创作了同名画作。"搜尽奇峰打草稿"这个理念要求画家使山水历历在目，罗列于胸，并提炼加工。画家应该有审美判断力，把这种理念有意识或下意识地体现在绘画写生之中。因此，石涛此画并非要再现某处具体之山景，而是正如题款所写，是他游历各处名山大川、胸中搜尽奇峰打草稿之后，对山水风景的意象表现。画面中群山巍峨、云雾缥缈、层峦叠嶂、危崖骤起、溪流曲折、气势磅礴。此图将石涛游历大江南北、饱览的绚丽多姿的大自然山川景色浓缩于一幅，整幅画节奏感强、个性张扬、别具一格。对于用笔，石涛说："用笔有三操，一操立，二操侧，三操画。有立有侧有笔，始三人也。一在力，二在易，三在受。力过于画则神，不易于笔则灵，能变于画则奇，此三格也。一变于水，二运于墨，三受于蒙。水不变不醒，墨不运不透，醒透不蒙则素，此三胜也。笔不华而实，笔笔之言，唯恐失之老。究竟操笔之人，不背其尖，其力在中，中者力过于尖也。用尖而不尖，则力得矣。用尖而识尖，则画入矣。"[①]

石涛在这里讲尽了用笔的奥妙，写画的技法自然形成了一种书法运笔的效果与美感，笔与墨在其绘画思想中占据重要地位，用笔之姿势、运腕之力度、墨色之满溢、笔力之轻重，均为构成笔墨语言的重要因素。此三操、三格、三胜体现了"用笔"的学问之大。"一画之法"并不拘于"法"的论述，其落实于创作过程，是通过手腕的"虚"与"实"的掌握，从而彰显出"虚"与"灵"的外显，也同时体现了以"法"为宗旨的理念。

通过心、腕、笔、墨、画这一环节可清晰地看出，笔墨虽出于手，实根于心。外师造化与中得心源均要落实于审美情感的"受"，正基于此，二者得以沟通与融合。并且心、腕、笔、墨、画五者之交融碰撞需基于"一画"之引领，是纸笔之碰撞与水墨之交融，从而实现一气呵成、才情迸发、浑然天成。在此五者中最为重要的一环即是"腕"，因为腕力、腕功与腕法决定画卷色彩之浓淡、线条之粗细、神韵之显隐。如《古木垂阴图》这幅画中笔势极富新意，画卷层层积墨，遒劲的古木展现了最原始、最古朴的自然之美，画面显得雄厚沉稳，充满古拙之感，寥寥数户住宅，便显得格外协调恬静，神韵鲜明，笔情恣肆中洋溢着豪放之气。

---

① 俞剑华：《中国画论类编》（上卷），北京：人民美术出版社，1956年，第168页。

## 结语

石涛《画语录》在"一画论"的统领下,展开了关于中国画艺术的综合探讨。"一画论"之具体运用与发挥、传统技法原则之领悟、"借古以开今"之学说等理论,都是基于"一画"原理的基础上对画理进行阐发的,以"一画论"之观点将山水画中各个方面解剖到了极致,是中国历代画论之独树一帜者。

"一画者,众有之本,万象之根。"正是这"一画",凿破了宇宙的混沌,化生出世间的万物。并且,"一画者,字画先有之根本"再次论证了"一画"对于绘画创作之根本地位,画家挥毫作画必基于"一画",在这个前提下,石涛要求创作者之墨法与游历、情感与功力、自然与创作、画技与修养均要相统一,并站在"一画"的高度进行创作。

如此,心至腕、腕至笔、笔至墨、墨至画才能够得以展现,"一画"留于画卷,界破了空白,更为创作者内心回旋起伏之情感提供挥洒抒发之天地。因此,"一画"既是宇宙的同一论,也是画家与大自然建立形成和谐物我关系、审美关系的途径。在艺术创作中,古拙地将人、物、景等对象搁置于画卷当中,只会形成一片混沌,但若掌握"一画"之论,则可区分其形态、展现其姿态、显露其精神,充分表现出大自然的精华,才能于"墨海中立定精神,笔锋下决出生活,尺幅上换去毛骨,混沌里放出光明"。[①] 因而,万千的自然对象通过一画而化为无量数的艺术形象,获得了高度完美的统一。这就是石涛所说的实现"以一治万,以万治一"的具体路径。

"一画"作为绘画的最高原则而提出,是一个不为任何先行法则所框定的艺术创作原则,其目的是要为绘画创作寻求一个终极的根源。其作为至法,笔墨、尊受、运腕、蒙养、氤氲等概念均围绕"一画"这一自性本体而展开,"一画"论建构了"我自用我法"的创作理念,是为开启性灵自由的创作之法。"一画"满赋哲思、体悟与生命力,意在解放个体的创造力,回复人的自在之性,为画家指明了进入创造性的、无所羁束的自由境界之途径,是一种体物方式,更是一种人生境界。

邵煜婷　北京第二外国语学院文化与传播学院美学专业 2021 级研究生

---

[①] 潘运告:《清人论画》,长沙:湖南美术出版社,2004 年,第 15 页。

# 舞蹈《只此青绿》中"青绿"的意义

◇ 宋萌

2022年，舞蹈《只此青绿》脱颖而出，大受好评。舞者优美的舞姿、整个舞蹈的高远意境、青绿色的服装与背景的有机融合、舞蹈与音乐的搭配都是其受到好评的原因。《只此青绿》在服装上对青绿色的运用方式和王希孟的《千里江山图》中以石青、石绿为主色，采用渐变、叠加、明暗色对比的用色特点息息相关。《只此青绿》重在"青绿"，这个舞蹈表演对"青绿"的展示，使我们对"青绿"色彩的传统意义、表现意义和象征意义产生兴趣并进行研究。

## 一、"青绿"色彩的传统意义

《只此青绿》是以王希孟的《千里江山图》为根据创作的，这一创作使跨越千年的历史形成对话，其中"青绿"是二者之间的联系线索之一，无论是《千里江山图》还是《只此青绿》，都一定程度上体现出青绿相关颜色的传统意义。张晓凌指出中国山水画以山水精神为指导，而山水精神又由道家崇尚自然、道法自然的理念，儒家"比德"的伦理观，释家"空无"的思想共同构成，体现出儒家、道家"天人合一"的思想。[①]《千里江山图》和《只此青绿》中的青绿设色均能体现其中的山水精神，与这些颜色的传统意义相联系。

### （一）青色的传统意义

《荀子·劝学》中有"青，取之于蓝而青于蓝"的说法，青色是介于绿色和蓝色之间的一种高频段颜色。中国色彩观的起源与阴阳五行息息相关，金木水火土这五个基本元素组成世间万物，每一种元素都对应着一种颜色，其中金对应白色，木对应青色，水对应黑色，火对应红色，土对应黄色，因此，白、青、黑、红、黄这五色也被看作是组

---

① 张晓凌：《"只此青绿"：古典山水精神的返场与再生——舞蹈诗剧〈只此青绿〉观剧所思》，《艺术评论》，2022年，第5期。

成自然的颜色。① 传统色彩观的产生源自于阴阳五行学说，同时也可知青色是一种独特且古老的颜色，具有丰富的色彩意义。

青色介于蓝色和绿色之间，可以理解为带绿的蓝色，既类似于湖水的颜色，又和翡翠玉石的颜色相近，给人一种清爽、典雅、亮丽而又低调的感觉。青色形成独特的色彩意义是由于中国古人依靠种植小麦、粟等农作物生存和发展，形成了特有的农业文明。青色又和植物的颜色极为相似，这种情结使中国古人对青色产生崇拜之情。青色在我国古文化中象征着生命、春天和希望，古人从自然界的现象加以想象和升华，青便有了生命、春季与希望这一象征意义。同时，青色还象征着尊贵，在古代青色是帝王和王后服装所用的颜色，可见青色不是一种普通的颜色，它是一种尊贵形象的代表。与此相近，青色也有东方的象征，《说文解字》中指出："青，东方色也。"青色作为东方的特有颜色，也就象征着东方。此外，坚强也是青色的象征之一，青色在阴阳五行中对应木，草木本就给人一种坚韧、沉稳、踏实之感，青色自然也就有了这个象征。青色还是诚实和清廉的象征。然而青色也有一些负面的象征意义，比如象征贫寒，因为周代时蓝草容易采集，使青色较易得到，应用也更加广泛，使青色趋于平民化，由此生发出贫寒的象征。② 但是在现代青色已经脱离卑贱的含义，依然是生命、希望、东方的象征，这些象征使青色具有沉稳、简洁却不失华丽的特点，在我国山水画中多有应用。

《千里江山图》中"青绿"寄托了北宋帝王江山永固的理想，可见青色意蕴深厚。同时这幅画中所用的矿物颜料有青金石、蓝铜矿等，都是较为贵重的矿物颜料，形成壮阔华美的风格，与青色象征尊贵、象征东方的传统意义相对应。《只此青绿》中"青绿"的含义与《千里江山图》中"青绿"的含义既有相同之处，也有不同之处。编导们在创作《只此青绿》时深入了解了很多《千里江山图》的相关资料，并根据自身理解，完成了《千里江山图》到《只此青绿》的价值联结与转换。③《只此青绿》中"青绿"更倾向于体现春天大地上的模样，同时承载了人们对青山绿水美丽中国和美好生活的向往，很好地体现出青色象征春天和希望这一传统意义。

（二）绿色的传统意义

绿色给人以清新之感，象征着希望、生命和春天，这一象征意义和青色的象征意义之一高度相似。同时因为它象征春天和希望，充满生机，也常被作为青春的代名词。绿色还象征安全、和平，它还具有保护色的作用，所以有了绿色的保护，人类才得以生存发展。绿色还具有侠义、正义的象征，所以在过去人们用绿林好汉指代在山林中帮助穷

---

① 张晓勤：《浅谈中西文化颜色词的独特象征意义》，《山东广播电视大学学报》，2019年，第1期。
② 王招弟：《两周时期五色象征意义初探》，陕西师范大学硕士论文，2021年。
③ 张晓凌：《"只此青绿"：古典山水精神的返场与再生——舞蹈诗剧〈只此青绿〉观剧所思》，《艺术评论》，2022年，第5期。

人的、充满正义的人。因为人们常常认为自然是绿色，所以绿色也象征着生态、环保，并用"绿色食品""绿色生活"来表示干净卫生的食品和健康的生活方式。①

《千里江山图》中"青绿"还有对长寿、疗疾、避瘟的祈求之意，主要是对生命安全的渴望，体现出绿色象征安全、和平的传统意义。而在《只此青绿》中与青色一致，同样体现出绿色象征春天、希望的传统意义；此外其中"青绿"所承载的对青山绿水美丽中国的向往，也体现出绿色象征生态、环保这一传统意义。

### （三）蓝色的传统意义

青色提取于蓝色，蓝色是冷调中最冷的色彩。蓝色有纯洁、广阔、安静的象征意义，因为人们通常认为纯净又广阔的天空、海洋是蓝色的，并且在伊斯兰教中，蓝色被认为是一种纯洁的颜色。在中国的传统文化中，蓝色还通常被认为是梦幻、浪漫、美丽的颜色。此外，蓝色还具有勇气、理智、冷静、智慧的含义，这也是为什么警察、空军、海军的制服都含有蓝色的原因，在一些企业 Logo 设计中着重使用蓝色也出于这一象征。但有些时候蓝色也被看作是忧郁的象征，英语中"blue"也有忧郁的、沮丧的意思。并且不同的蓝色在象征上也会有一些区别，深蓝色更侧重于理智、冷静和忧郁的象征，而浅蓝色更多的代表着童真、梦幻和明亮。②

## 二、《只此青绿》中"青绿"的表现意义

### （一）服饰中青绿色彩的渐变呈现的意义

《只此青绿》以北宋王希孟的《千里江山图》为创作背景，实现了由绘画作品向立体舞台表演的转化，更实现了两个相隔千年之久的艺术作品之间的对话和内容的活化。《只此青绿》通过讲述故宫古卷修复人员"穿越"回宋朝，重现王希孟创作《千里江山图》的经历，将二者联系起来，形成了一种古今对话的形式，让现在的"我们"与宋朝的"他们"进行对话，在展卷人的引导下，看到了完成这幅画所需的全部工序，展现出《千里江山图》的创作过程。③舞者服装的颜色设计也与《千里江山图》的设色有着紧密的联系。既然《只此青绿》与《千里江山图》是一种古今对话，那么《只此青绿》中的青绿与《千里江山图》中的青绿也必然存在着对话。首先是在青绿色彩的渐变运用上的对话。

《千里江山图》中充分运用了色彩渐变的方法，画中山顶处为蓝色，颜色饱和度最高，由山顶向下及四周扩散，纯度渐渐下降，到山腰处已经逐渐渐变为青绿色，再向下

---

① 张晓勤：《浅谈中西文化颜色词的独特象征意义》，《山东广播电视大学学报》，2019 年，第 1 期。
② 张晓勤：《浅谈中西文化颜色词的独特象征意义》，《山东广播电视大学学报》，2019 年，第 1 期。
③ 《〈只此青绿〉太抽象看不懂？主创为你解谜！》，参见网址：https://m.thepaper.cn/baijiahao_14161364。

继续渐变，到画中山脚处已不见青绿色，自然过渡到绢本的暗黄色。色彩从蓝色由上至下渐变为青色，色彩饱和度逐渐降低，由明亮变得柔和。对于《千里江山图》中青绿色彩的渐变，陈俊婵同样指出："画中青绿渐变体现为大跨度和小跨度，小跨度为中短调平缓色彩过渡，以中等明度为基调，色彩间明度对比弱，色彩过渡平缓，主要呈现为单色域和双色域过渡。"①

《只此青绿》中舞者服饰的青绿渐变主要体现在领舞的服装上，尤其是袖子部分。领舞的袖子从肩部到袖口逐渐由深蓝色渐变为较为明亮的青绿色，当领舞衣袖低垂时就与《千里江山图》中青绿渐变的高山极为相似，形成二者青绿色之间的对话。深蓝色与青绿色颜色差别较大，跨越了色相。大跨度的色彩渐变在视觉上更加突出，更易抓住观众的注意力。《只此青绿》中领舞的服装大部分为深蓝色，只有袖子的前半部为青绿色，并且领舞有很多甩袖子的舞蹈动作，如果袖子前半部依旧采用一种较深的颜色，会和领舞衣服的其他部分区别不开，且在做关于甩袖、垂袖的舞蹈动作时也不易抓住观众的眼球，显得没有重点。因此选用与深蓝色对比较大的青绿色，可以产生一种较为夸张的视觉效果，在舞动时产生更强的视觉冲击力，使动作更加突出。深蓝色与青色的渐变使《只此青绿》和《千里江山图》中原配色更加相似，舞者的袖子低垂时恰如《千里江山图》中重重山峰，就像将其从画中提炼出来，使整个舞蹈更具画面感。

明暗差别大的大跨度渐变可增强视觉冲击力和色彩层次感，因此在服装的设计与呈现上，大跨度的色彩渐变一般搭配富有光泽感的面料，这种面料可以使色彩的明度和纯度提高，进一步加强色彩之间的对比感，呈现出活跃、亮丽的色彩效果。②但是《只此青绿》中舞者的服装并未采用富有光泽感的面料，反而使用了哑光感的布衣材质，减弱了深蓝色和亮青绿色的色彩对比，一定程度上削弱了对比强烈的色彩带来的视觉冲击。同时，虽然深蓝色和青绿色之间色彩跨度较大，但其使用的青绿色并非极为亮眼的青绿色，而是选用饱和度较低、颜色较浅的青绿色，即使蓝色和青绿色跨越了色相，但在色彩明度上的跨越程度并不大，可以发现在其中青绿色彩的明度对比中，二者之间的明暗反差并不是很大，过渡平缓。

《只此青绿》在领舞的袖子部分使用跨越色相的颜色渐变可以增强视觉冲击力，吸引观众的注意力，也使服装的色彩更有层次感，主次清晰，并且给这个舞蹈增加了灵动、活跃的色彩效果。在渐变色彩跨度大的同时，使用光泽感弱的布衣材质色彩明度跨越较小的色彩渐变，一定程度中和了跨越色相渐变所带来的冲突感和跳跃感，在视觉上起到缓冲的作用，使其渐变更加缓和低调，呈现一种温柔含蓄的调性，用沉稳中和活跃的色彩效果，使色彩呈现更加平衡。这一渐变色彩的设计和运用不仅使领舞更加突出，体现出山水的宏阔沉稳和我国传统文化的博大深厚，同时也将含蓄温婉的女性气质和宋

---

① 陈俊婵：《〈千里江山图〉的青绿色彩运用特征及在现代服装中的设计表现》，《设计》，2020年，第6期。
② 陈俊婵：《〈千里江山图〉的青绿色彩运用特征及在现代服装中的设计表现》，《设计》，2020年，第6期。

代大气沉静、素雅平和的特点展现得淋漓尽致，呈现出刚柔相济的效果。

**（二）服饰中深蓝色和青绿色明暗色彩搭配呈现的意义**

《只此青绿》中青绿与《千里江山图》中青绿在明暗色彩搭配方面也形成一种对话。《只此青绿》中除领舞以外的其他舞者服装均是上衣为浅青绿色、裙子为深蓝色的设计，且并不是通过渐变过渡，而是直接转换为另一种颜色，这一服装设计也与《千里江山图》的用色方式有关。《千里江山图》区分山与山之间的前后空间关系和空间递进关系，运用了青绿相互间隔的用色方法，这个山顶用石青色，下面或旁边的山顶就用石绿色，通过石青和石绿的交替或不规则使用来区分出层峦叠嶂的山石。这一用色方式将一种色彩快速转变到另一种色彩，在画面中产生色彩转变，从而增强色彩节奏感和视觉跳跃感。①

这种色彩间隔的运用方法在服装设计中也叫拼接，《只此青绿》中舞者的服装就是由浅青绿色的上衣和深蓝色的裙子拼接在一起的，这一设计使舞者在前后起舞时能呈现与《千里江山图》中重山空间递进相似的视觉效果，形成二者之间关于青绿的对话。王丽霞总结出明度稍暗的色彩之间进行组合搭配，会形成一种低调含蓄的风格，这种色调的服装会应用到音乐节奏较慢且比较文静的舞蹈中。②《只此青绿》以拼接的浅青绿色和深蓝色组合在一起会给观众的视觉带来跳跃感，从而吸引观众的注意力，同时由于浅青绿色和深蓝色明度都比较低，且颜色饱和度低，这样明度低的色彩组合在一起在一定程度上削弱了这样搭配给视觉带来的冲击感，不至于让观众因跳跃感太过强烈而产生眼花缭乱的感觉。明度较低的青绿色和深蓝色拼接在一起，能体现出女性的含蓄柔美。另外，《只此青绿》中古琴与鼓相配的音乐节奏较慢、较静，具有浑厚内敛的气质，节奏较快的部分也不是类似于欢快活泼风格的快节奏，而是铿锵有力的，带着低调、悠扬的韵味，青绿色和深蓝色这两种低明度颜色的拼接恰使服装风格与音乐相称，将整个舞蹈柔中带刚、沉稳含蓄的风格展现出来。在舞蹈服装的颜色搭配中，巧妙、合适的搭配可以给舞蹈服装以动态的美，呈现出别样的艺术魅力。

《只此青绿》的服装设计将明度较低的青绿色和深蓝色的色彩运用搭配得非常恰当，青绿色彩和蓝色之间相互呼应，彼此都不孤立存在，在视觉上给人以色彩的层次感、跳跃感，可以一下吸引观众的注意力，扩大了视觉空间，但又不显得生硬，有一个稳定的色调作为衬托，在其基础上这种跳跃但色彩跨越不大的搭配更显温柔和谐，展现出生机活力。此外，与《千里江山图》中层峦叠嶂的山峰相互照应，这些舞者代表着画中的山，通过她们身着的服装和动作表现出山峰前后错落的空间关系，营造出动态的美；同时在整体色调稳定的基础上，稍有跳跃的色彩搭配有助于展现出舞蹈所想表达的低调含

---

① 陈俊婵：《〈千里江山图〉的青绿色彩运用特征及在现代服装中的设计表现》，《设计》，2020年，第6期。
② 王丽霞：《色彩在舞蹈服装艺术设计中的具体应用》，《棉纺织技术》，2021年，第11期。

蓄、但又磅礴宏大的中华文明。

**（三）服饰及舞台整体以青绿色为主色调呈现的意义**

《只此青绿》中服装、舞台以青绿色调为主的设计与《千里江山图》的用色息息相关。《只此青绿》分为七个篇章，而这七个篇章就是按照《千里江山图》织绢、磨石、制笔、制墨等创作过程中的逻辑设置的，舞台上所用颜色也是从清淡一直到浓重，最后形成青绿色彩，与《千里江山图》中一致。《千里江山图》中的青绿颜色在幽暗灯光下会发出宝石般的光芒，《只此青绿》便将"青绿"作为一个色彩意象贯穿在整个故事之中，引发展卷人思考，带领他进入王希孟创作《千里江山图》的精神世界。"青绿"这个意象连接起《只此青绿》与《千里江山图》中青绿色彩的对话。①

《千里江山图》属于青绿山水画，大面积青绿设色，色彩以石青、石绿为主，陈俊婵具体分析过其用色特点："画面青中有绿，绿中有青，山水、天空、草木的青绿各不相同，与泛黄的绢本形成独特的青绿色调。黑墨勾山石，赭石打底，空青敷色，水面汁绿染色，水天交接处用赭石晕染，山石向阳面用汁绿从山头往下晕染，背阴面从山脚用赭石往上晕染，石绿用汁绿打底，石青用花青打底。"②

在《只此青绿》中舞蹈演员们的服装为上青下靛蓝的设计，与《千里江山图》中山水的用色相似，背景先为暗黄色的画卷，还原了《千里江山图》所用的泛黄的绢本。身着青绿服装的舞者与暗黄的背景仿佛构成了一幅动态的《千里江山图》。到了舞蹈的后半部，暗黄背景中的山水变为青绿色，缓缓移动，就像徐徐展开的画卷，身着青绿服装的舞者与移动的《千里江山图》更是相互交融，营造出恢宏的气概。观众对一个舞台表演的最直观感受来自于色彩风格，色彩风格也是传达作品内涵、展现作品气质的最直接方法。宋代是一个全民风雅的时代，《只此青绿》中青绿色的服装和暗黄的背景都属青绿色调，青绿色调的大面积运用将宋代既清雅又宏大的气质体现得淋漓尽致，渲染了带着诗书气息的中国古典美，让画中梦幻的青绿世界活了起来。青绿色本就具有沉稳、智慧、梦幻的象征，将其应用在舞蹈演员的服装上，使人物具有超凡脱俗、大气典雅的韵味。

《只此青绿》中以青绿色调为主的意义在于帮助塑造了"青绿"这个纯写意的角色，从而使其与《千里江山图》形成一种抽象的对话关系，既是画中风景的体现，又是古与今、内与外的对话。同时，青绿色调在服装及舞台上的使用，使服装在不仿照宋制服饰的同时在感觉上更符合宋代的审美，更使舞蹈低调含蓄、沉稳大气的气质得以展现，突出了宋朝典雅宏大的时代特点，让《千里江山图》"活"了起来。

---

① 《〈只此青绿〉太抽象看不懂？主创为你解谜！》，参见网址：https://m.thepaper.cn/baijiahao_14161364。
② 陈俊婵：《〈千里江山图〉的青绿色彩运用特征及在现代服装中的设计表现》，《设计》，2020年，第6期。

## 三、《只此青绿》中"青绿"的象征意义

《只此青绿》不仅仅是对《千里江山图》的模拟，更多的是在此基础上的再创作，对精神、内涵的再挖掘和创造。在这一转化过程中，"家国情怀"是贯穿二者的主线，二者通过不同的方式歌颂了祖国的大好河山，以及在这片土地上勤劳工作的人们，体现出深厚的民族情怀。[①]此外，"青绿"这个意象既来源于客观事物，又具有更深层的意蕴，在抽象化的表达中让读者产生自己的理解，引发出对美丽中国和美好生活的向往。

### （一）"青绿"体现出对美丽中国的向往

《只此青绿》以舞蹈的方式将《千里江山图》中的青绿山水以动态的方式呈现出来，通过舞者一挥一洒的舞姿展现出《千里江山图》中山势的起伏，展现出自然生态环境的壮阔与美好，表达出人们对中国未来生态环境建设的期待和对美丽中国的向往，无论是个人还是国家都期待着生态环境的改善、向往着美丽中国。

想要建成"美丽中国"，就必须遵循"绿水青山就是金山银山"的理念，这既强调了生态环境建设应与国家经济发展协同，达到人与自然和谐相处，又纠正了过去人们为了发展经济一味地向自然索取、破坏生态环境的行为，把生态环境建设放到了首要位置。我们已经从向自然索取的观念转变到人与自然和谐相处的观念，观念的改变正是我们表达对美丽中国的向往。

### （二）"青绿"体现出对美好生活的向往

《只此青绿》以《千里江山图》为创作背景，通过"展卷、问篆、唱丝、寻石、习笔、淬墨、入画"七个篇章，让观众跟随一位故宫青年研究员穿越回北宋，以展卷人的视角，窥见王希孟创作《千里江山图》的故事。[②]《千里江山图》通过高山、流水、小桥、凉亭、小岛、渔船等元素将王希孟的生活环境剪影式地呈现出来，体现出他所生活的宋代经济发达、社会生活繁荣。[③]

《只此青绿》是对《千里江山图》的再创作，通过舞者的舞姿变换动态地体现《千里江山图》中各异的山水形态，展现出一幅和谐、美好、宏大的画面，让人感受到当时社会的繁荣、生活的幸福，同时也表达出人们对现在及未来美好生活的向往。更重要的是，《只此青绿》的创作不仅是对宋代的历史底蕴和社会繁华的反映，同时也是人们对生态环境改善、经济发展、文化艺术进步等社会各方面的向往的反映，最终凝聚成对美

---

① 叶志良：《本土题材·现代意识·当代转化——舞蹈诗剧〈只此青绿〉的当代意义》，《文化艺术研究》，2022年，第4期。
② 欧彤彤：《舞蹈诗剧〈只此青绿〉》，《艺术管理（中英文）》，2021年，第12期。
③ 余辉：《百问千里——王希孟〈千里江山图〉卷问答录（六）》，《中国美术》，2018年，第11期。

好生活的向往。

　　《只此青绿》以《千里江山图》为创作基础，并对其进行了更深入、更现代化的理解，形成二者之间古与今、内与外、动与静的对话，并通过"青绿"表现出来。可见"青绿"的运用使《只此青绿》更具诗意和美感，体现出了中华优秀的传统文化，并将传统与现实连接起来。《只此青绿》全面展示了"青绿"的意义，也为传统艺术作品如何转换为现代舞台艺术提供了新的思路和方法。

　　　　宋萌　北京第二外国语学院文化与传播学院汉语言文学专业本科生

# "Z世代"的心理分析：以泡泡玛特为例

◇ 胡漫缇

2016年开始，因为盲盒自身的神秘性、盲盒的独特魅力、商家的营销策略等种种因素，以泡泡玛特为引领的盲盒消费市场逐渐火爆。据泡泡玛特的官方数据显示，其37.6%的消费者年龄介于18岁与24岁之间，是一、二线城市中的"Z世代"年轻人。"Z世代"是指1995年至新世纪最初十年内出生并成长的一代。[①]这批青年在泡泡玛特的时尚消费影响下产生了多重心理，这些心理既是泡泡玛特盲盒消费的产物，也是泡泡玛特盲盒之所以能够牵住消费者的消费动机，在此以泡泡玛特为例，分析Z世代心理特征，来获得Z世代健康成长和Z世代价值观正确养成的关键方法。

## 一、"Z世代"的审美心理分析

人是富有诗意的动物，在人类实践活动中，须臾不能离开审美活动，其中包括对美的鉴赏，也存在美的创造。人的审美心理与心理一样，是一个复杂的系统。[②]了解"Z世代"的审美心理，需要从审美心理学入手，探寻"Z世代"在盲盒消费领域的审美心理。

"Z世代"通过对盲盒的感知、选择、联想、判断、推理等等活动完成认知、情感和意志，满足了自己的审美心理活动需求。以"泡泡玛特"为例，盲盒的销售模式采用线上加线下销售的方式。线上以盲盒小程序与抽盒机形式进行销售与宣传，例如做任务积累经验值浇灌玩偶成长获得幸运币，幸运币达到100后获得功能卡加大抽到心仪款式的概率，运用公众号、海报及"充电线""徽章""胸针"等系列产品进行宣传，引人购买；线下门店通过潮玩手办布置、摆件、巨型玩偶吸引人们的目光。尽管线上与线下形式媒介不同，但都有共同的营销机制与销售理念，关键在"盲"。单个盲盒价格不算昂贵，"入坑"门槛不高，其营销模式新颖，消费体验感丰富，给价值观正在养成或者逐渐成熟过程中的"Z世代"带来不尽的购买欲。这种购买欲望具体化是指以猎奇思想和

---

① 任梓楠：《Z世代的网络表达及其话语体系构建研究》，上海师范大学硕士学位论文，2021年。
② 周冠生：《审美心理学初探》，《心理科学》，2000年，第2期。

悦己主义为主，以展示、表达自己的与众不同和创新、不受约束状态为辅的审美心态。

"Z世代"亲眼见证了国家不断发展、壮大的过程。如今"Z世代"经济条件较为宽裕，也不乏一些"Z世代"年轻人从出生便家庭条件优渥，在父母的关心与无微不至的呵护下长大，因此"Z世代"呈现出与父母一代不同的新的社会行为。他们想创新、想开拓、想寻求新的快感与体验。同时，"Z世代"是竞争压力极大、从出生便不能"输在起跑线"的一代，他们的生活从某种程度来讲较为枯燥、烦闷，需要新奇的事物丰盈生活。"Z世代"的大多数青年人也未处于国家提倡"二胎政策"的时代，"Z世代"大都是独生子女，孤独、寂寞是常态，需要新鲜的有意思的东西填补空虚。新出现的盲盒给了"Z世代"一种特殊的、充满新奇的趣味，正好填补了"Z世代"相关精神和物质方面的空虚，满足其审美需求。

盲盒因"盲"自带新鲜感与神秘感。盲盒是只要不购买、不打开盒子便不知里面是什么款式的玩具盒子，里面的玩偶主要是设计师设计的人物形象、动漫人物形象或其他玩偶，不论是什么款式，只有打开才能知道答案，因此盲盒带有着巨大的新鲜感与神秘感。同时，盲盒除精致可爱的基础款之外，商家还特别设置了"特别款""小隐藏款""大隐藏款"等，抽中此类特殊款式的概率为1/12或1/144不等，有的娃友为抽特别款与隐藏款不惜整箱购买。人们抽中自己不喜欢的便再次购买，相信下一次会有喜欢的款式出现；抽到自己心仪的则爱不释手，继续挑战新的盲盒系列，不断购买。这是由盲盒产品的稀缺性带来的自我占有欲望。以上的盲盒的这种新奇性与新鲜感、稀缺性迎合了"Z世代"的情感需要，满足他们寻找新鲜事物的欲望，激发了他们猎奇的思想。猎奇，泛指人们对于自己尚不知晓、不熟悉或比较奇异的事物或观念等所表达出的一种好奇感和给予探求其奥秘或答案的心理活动。① 盲盒作为近几年新流行的事物，代表了新奇消费，其突然的出现本就带给了"Z世代"猎奇欲望。同时，盲盒的"盲"更赋予了他们新的猎奇，盲盒不打开，"Z世代"永不知款式，无论消费者摇盒、捏盒还是称重都无法百分之百确定内部的样式，就像是《阿甘正传》里的巧克力，你永远都不知道下一颗是什么味道。这样的新鲜与奇特让"Z世代"永远保持着对下一个盲盒的好奇。"Z世代"想要打破束缚，冲破乏味，他们在渴望安全与释放、挣脱的矛盾中想要找到宣泄的出口，想通过代价较小、不费力、安全又快乐的刺激来满足内心的欲望，而盲盒带来的新奇感恰恰能迎合这种想法，正好搔到了"Z世代"情感猎奇的痒处。每打开一个盲盒都是一次"小赌注"，每一次收集和每一次购买都是发泄的情绪出口。

与猎奇思想占比相当的是悦己思想，它在一些层面上与猎奇思想有共同点，都有迎合自己、满足自己的心理需求。悦己，顾名思义为通过某种手段或方法满足自己，取悦自己，使自己快乐，抑或是达到某种目标，使自己得到满足。"Z世代"处在金钱与物

---

① 汪解：《青少年性猎奇心理辨析》，《中国教育学刊》，1991年，第3期。

质都丰裕的年代，他们将消费品诉诸自身，试图通过不同的生命体验为个体的存在赋予更多的意义。①这种意义有对当下的满足，更能对自身未来的状态保持积极的希望。盲盒作为一种易得的文化休闲娱乐产品，开盒瞬间的刺激感与获得心仪的款式的满足感可以使"Z世代"在闲暇的时间里，获得自由的、自愿的、愉悦的身心放松，能够轻微宽慰他们的烦恼。盲盒激发了他们的积极解读，能够在有针对性选择盲盒产品的基础上进行创造，充分发挥符号意义和提高自身生产力，能够加强与自身日常生活的联系，使之符合自己的审美，满足自身个性需要。②与此同时，有不少娃友大量购买盲盒，在家中布置盲盒墙、盲盒屋，这使得人们不仅能够获得内心的一抹纯真与美好，也能起到收集作用，让消费者的物质与心灵得到双重满足。奥斯汀·哈灵顿认为审美判断力既没有传达任何有关对象物理特征或因果关系的信息，也没有表达任何有关对象道德价值或实际用途的判断，它们仅仅表达了鉴赏者在领悟对象时的快感。③作者认为这种说法具有先验的有效性，是不受社会阶级、社会集团等和利益与目的有关的环境所影响的。诚然，这是一种无关于任何利益、没有任何目的性，仅仅是一种可能为了满足感官快感而形成的纯粹的审美判断，是在"无功利的关照"下作出的。④对于"Z世代"来说，购买盲盒耗时不多，也没有过高的门槛，线上线下购买渠道多，便利，通过小小的盲盒便能取悦自己，在盲盒特殊的消费中使自己获得短暂的快乐，并且这种快乐为现实的学习、生活带来持续动能，这样的过程是快乐且满足的，是"侥幸的"、难得的，因为，也许有很多的"Z世代"年轻人还找不到情感宣泄的出口。这种心理可能是出于感官快感、冲动、刺激、非理性，但追究其购买动因却可能出于情感的理性管理。青年潮流文化可以有任何方式，但不论是什么方式，一切都指向了获得感与满足感。

## 二、"Z世代"的消费心理分析

消费心理，是指消费者在个人消费活动中发生的各种心理现象及其外在表现，是在社会总体消费环境的影响下，调节控制自身消费行为的心理现象。⑤通过对"Z世代"购买行为中心理过程和心理状态的研究，以及心理特征对购买行为积极和消极影响的研究，可以更好了解消费者心理与市场之间的相互关系，更好探知"Z世代"的心理特征。

---

① 周长城：《"悦己型消费"：个体精神在物质边界的延伸》，《人民论坛》，2019年，第14期。
② 张柯欣：《盲盒文化中的消费快感研究》，南京师范大学硕士学位论文。
③ 奥斯汀·哈灵顿：《艺术与社会理论——美学中的社会学论争》，周计武、周雪娉译，南京大学出版社，2010年。
④ 奥斯汀·哈灵顿：《艺术与社会理论——美学中的社会学论争》，周计武、周雪娉译，南京大学出版社，2010年。
⑤ 周雅婷：《基于心理学视角探究消费者行为对酒业营销策略的影响》，《现代营销》，2021年，第12期。

"Z世代"诞生的时间正是我国互联网大范围普及、信息科技发展的时代。在"Z世代"生长的年代里，他们有多重媒介与外界沟通，例如手机、电脑、平板电脑等。他们有极强的信息收集和采集能力，能够在碎片化的时间里与"世界"对话。这发展了"Z世代"善于发现、广泛交友、易受外界信息影响刺激的特点，在盲盒领域均有所体现。2019年天猫发布的首份《95后玩家剁手力榜单》显示，潮玩手办的烧钱指数位列第一，仅在天猫上的销量就同比增长了189.7%，成为当代年轻人最烧钱的爱好。以盲盒为切入点，可观得的消费心理有追求商品艺术价值和收藏价值、追求快感的消费心理，发展性消费心理与享受型消费心理，攀比、超前、跟风盲从心理等。由于"Z世代"人群的特殊性以及其购物消费的前沿性、非理性等因素，"Z世代"购买盲盒的消费心理主要为处在时尚前端的消费心理。这种时尚消费心理与上文提及的审美特点有紧密联系，相关方面不过多赘述。在时尚消费心理中比较独立或者比较有特点的为追求商品各类价值以及成瘾消费的消费心理。

　　"Z世代"消费者追求盲盒的艺术价值，包括艺术品所体现出的美学价值、收藏价值等。这些追求都源于新奇的盲盒带来的"欲望"。就美学价值而言，每个盲盒内部的娃娃都有高颜值的外表，有形态动作，每一个都精致又可爱。"Z世代"年轻人一方面正处在消费观、价值观正在形成和逐渐完善的阶段，其本质是简单地追求心理层面和感官层面的愉悦，乐于购买令人赏心悦目的高颜值商品，因此会火速入坑，大量购买；另一方面他们的可支配收入较高，崇尚"颜值经济"，有颜值偏向，"颜值即正义"是他们的口号。精致可爱的高颜值盲盒，种类繁多，琳琅满目，每一个都有着高颜值。盲盒凭借外表让"Z世代"欲罢不能，频频下单。除此之外，盲盒的"特别款""隐藏款"等特别款式长久观之有收藏价值。

　　同时，泡泡玛特等盲盒商家在内容和形式两方面都营造了盲盒的艺术感。一方面，内容上，整套系列盲盒里每一个玩偶都属于一个题材下的不同人物，他们的神态、动作、造型都有所出入。以最新流行的泡泡玛特盲盒产品"PINO JELLY 你的男孩"系列为例，每个"男孩"都有不一样的造型。有穿着球衣拿着篮球的篮球男孩，有戴着牛奶帽子、穿着睡衣的可爱男孩，有手拿颜料、打翻了油漆桶的涂鸦男孩等。他们每一个都浑然一体，在衣服的搭配、道具的拿取，甚至是发型颜色上都处在自己形成的体系里，每个个体整体协调、和谐、有序。而这十二个盲盒又统一于一个上位的系统里，互不干扰，相辅相成，艺术感极高，完整性也极强。这种艺术感、精致感使"Z世代"获得高质量的审美体验，养成了他们追求艺术美感、崇尚艺术的心理。与此同时，按照泡泡玛特国际集团有限公司副总裁文德一的说法，通过他们一些电商平台、SNS平台的用户画像和分析，无论是海外市场还是国内用户，都有一个非常相似的特点，就是用户结构中女性占了75%，男性只占25%。以泡泡玛特"PINO JELLY 你的男孩"系列盲盒为例，不同形象、不同类型的盲盒男孩在很大程度上迎合了女性消费者对理想型男孩的憧憬，能够满足她们对理想型男友的向往。这种艺术手段激发了她们的购买欲。

盲盒产品易上瘾，有着病态的赌博色彩，这种成瘾性的盲盒消费激发了他们的追求消费快感的心理。由于盲盒的未知性，大家都愿意利用最低的成本抽到最想要的款式，抽盒、摇盒、捏盒等手法频频受到人们的关注，所有消费者都愿意"一发入魂"，都是想用尽招数先购买少数量的盲盒一次性满足心愿。但也同样是因为盲盒的未知性，其中存在较大的运气成分，因此不是所有人都可以"百发百中"。抽盲盒也是一种博彩，博彩的特征之一就是"并非总有回报"①。王艳耘指出，通过博彩不一定能够获得经济收入，也因为这个原因，人们才会陷入其中，也就是说，正是因为不是每次都有经济回报，人们才会抱着"这回总该赢了"的心态来尝试。除此之外，即便有时会连赌连输，但凭借着以往的经验，博彩者会产生一种"马上就要赢了"的期待，所以欲罢不能。盲盒的购买也正是因为有此博彩色彩。在可以接受的价格心理、盲盒款式的艺术价值、购买场景的氛围烘托下以及"可能下一个就抽到喜欢的款式"的赌博性成瘾消费心理的影响下，消费者都愿意继续下单，再次拆盒。成年人尚且禁不住诱惑，何况年轻的"Z世代"。他们的年龄较小，理性的约束能力较弱，没有很强的意志力去控制自己的冲动消费，因此，他们沉浸在快要到了、马上要成功的心态中，一次又一次成瘾般地消费。同时，"Z世代"年龄尚小，他们的自我控制力较差，易受导购及他人的劝说的影响，容易受同龄人言语和行为的影响，容易非理性地进行跟风和盲目购买，并且他们有继续"挥霍"的资本，因此，与盲盒消费快感结合，很容易非理智地进行购买，形成盲盒热的局面。

## 三、"Z世代"的社交心理分析

社交心理和人际关系，其产生是由于人们的需要。根据马斯洛需求层次理论，个体成长发展的内在力量是动机，而动机则是由多种不同性质的需要所组成，因此无论是生存需要、尊重需要，还是自我成就需要，都需要人际关系的媒介作用。②

"Z世代"伴随着互联网的出现同时诞生，他们生下来就处在科技较为发达、互联网高速发展的时代，自带"网络基因"。这一代人从懂事开始就已经处于完全的社交媒体时代③，此时的社交媒体、应用软件已经开始风靡，这给了"Z世代"展示自我的机会、收集信息的载体和超强的信息采集能力，他们的价值取向、精神信仰、生活方式和

---

① 王艳耘：《体育彩票消费中病态赌博问题研究》，大连理工大学硕士学位论文，2006年。
② 韩思佳、郭宗盛：《社会心理学视角下大学生人际关系探究》，《黑龙江人力资源和社会保障》，2021年，第16期。
③ 杰夫·弗若姆、安吉·瑞德：《Z世代营销：洞察未来一代、赢得未来市场的通用法则》，王宁译，北京：电子工业出版社，2020年，第121页。

消费习性等深受网络媒介的潜在影响和悄然形塑①。他们喜欢在社交平台上交流，经常在社交平台展示自己的喜怒哀乐，他们通过手机、电脑等社交媒介广泛交友。

与生活中的众多人际关系一样，和娃友的社交也是一种人际关系。近年来，作为新的文化图腾与新奇的消费产品，盲盒引发广泛"Z世代"年轻人关注，激发了他们广泛交友、多元社交的心理。他们出于简单的交流分享的心理，会主动地建立联系，互通有无，活跃在各大平台，表达感想，交流购买体验，互相分享买盒技巧等等信息，久而久之形成了盲盒群和盲盒圈。在闲鱼APP、微信聊天群、小红书APP、微博超话社区等社交媒体上都有"Z世代"分享盲盒信息、互相交流最新消息的身影。如今，已然成为一个特殊的社会共同体。

这种社交、交友心理过程，其目的不仅是交友，更深层次为共同建立小型的社会共同体，寻求情感寄托。

因为盲盒由于自身因素吸引人们购买，同时线上线下销售有多种机制与各种优惠和新奇的玩法，娃友们经常会聚集在一起交流经验，例如沟通近期的热卖商品、分享摇盒手感、交流下线店铺客流量等等行为，这种交流的心理最初是简单地互相分享。"Z世代"年轻人喜欢向他人展示自己的一面，乐于交友，敢于表达观点，喜欢直接地输出想法，他们经常晒出自己新购入的盲盒的照片，或者讨论最新的购物指南和新产品的购物图鉴，及时交流信息，了解行情。这其中有来自年轻人之间的攀比心理、炫耀心理，也有展示自己、表现自己的心理。

这种心理是追求喜欢的盲盒款式带来的无私的互通有无的心理，例如在微信"泡泡玛特抽盒机"平台，娃友们会将一些款式盲盒的编码发送到微信群聊，供喜欢此款式的娃友知晓并寻找，进而进行购买。也有很多人抽到盲盒后，发现是自己不喜欢的款式，想询问是否有其他人喜欢此款式或者可以与其交换别的款式来满足自己想要的款式，因此会通过社交媒介进行交流沟通，进而交换或私下出售与购买。在盲盒圈里，大家有着共同的目标，都想获得自己心仪的盲盒，"Z世代"乐于交友，愿意交流，熟练掌握各种软件的使用方法，擅长利用已有的信息满足自己的欲望，有着超强的信息采集和应用能力，因此即使大家喜欢的款式不同，但都乐意慷慨分享，互帮互助，营造了其乐融融的和谐氛围。

这种社交及交友是由于娃友们有着共同的情感需求与精神寄托的心理，消费者们有着共同的情感认同，都渴望通过盲盒找到归属感和依赖感，形成了小型的、有着广泛共识的社会共同体。奥斯汀·哈灵顿认为，艺术消费是服务于社会性的利益与功能，方式是塑造趣味共同体，强化种种群体身份，获得一定程度上的独立②。在新时代特殊的艺

---

① 刘森林:《"装在盒子里的人"："Z世代"盲盒消费景观及其形成机制》,《中国青年研究》,2022年,第2期。
② 奥斯汀·哈灵顿:《艺术与社会理论——美学中的社会学论争》,周计武、周雪娉译,南京大学出版社,2021年。

术消费下，消费者的交流以盲盒为纽带，以共同的期待为背景，以相似甚至相同的审美习惯与爱好为基础，以分享和交友的方式，进行部落般的传播与交流。有很多娃友更是凭借泡泡玛特盲盒的社交跳脱出虚拟网络，在真实世界结交到了好朋友，真正地将盲盒与娃友渗透到了自己的现实日常生活中。从传播过程来看，玩家的行为都具有非功利性和弱目的性，盲盒成为一种"社交货币"和亚文化群里的黏合剂①，是他们共同的情感认同。诚然，这类出于情感满足、互相陪伴、获得认同的心理引发了集体狂欢，带动了"Z世代"购买盲盒的积极性，促进了购买，进一步带动了交友和与社会的连接。亚历山大指出，艺术的趣味和消费是创造社会归属感、构建并维持社会网络的工具②。此时，盲盒也成为了一种获得共鸣、收获爱和尊重的社交媒介和社交工具。

## 四、"Z世代"的文化心理分析

文化心理学的研究内容主要是集体心理，不是简单的个人耦合。文化心理群体中的个体必定已经获得对特殊对象的共同或共有的反应方式。这个集体，可以像一个民族中拥有同样政治想法的集体一样大，也可以像拥有同一种家庭文化的两个人一样小，唯一的要求是个体共有某些行为。在盲盒文化范畴内，共同的集体心理是潮流文化认知、情感寄托、宣泄烦恼。

潮流文化认知。泡泡玛特中由设计师设计的，具有设计感、艺术感的小玩偶是设计师想传承潮流思想、表达设计理念的载体。对于"Z世代"消费者而言，他们能通过盲盒接触潮流文化，能使自己获得审美上的艺术能力，甚至是精神层面文化的满足、提升，在这个过程中，有不少消费者能发表自己的感想，进行互动交流。在这样的双方买卖中形成了互相促进、互相成就的文化价值，也赋予了"Z世代"追求潮流文化的心理。他们通过泡泡玛特，通过盲盒这个大门，变得逐渐愿意去接受时尚的、前沿的潮流文化。即使他们的经济能力、消费水平以及审美水准还达不到理解奢侈的高阶文化，但是易获得的、能够容易理解的泡泡玛特潮流文化给了他们新的世界，让他们有了文化层面上新的体验和感受。

情感寄托，宣泄烦恼。泡泡玛特赋予了"Z世代"更多的思考和想象空间，给予了他们不断探索潮流文化、寄托情感、弥补空虚的心理。例如泡泡玛特一大IP"molly"，它的形象是一个噘着嘴、有着大眼睛的小姑娘。对于她的神情、她的喜怒哀乐，没有再多的展现，她没有更多的微笑、愤怒、激动、难过，只有一张面无表情的脸。与"molly"相同，有此番留白、给予人们想象空间的IP不在少数，这么做的目的就是让消费者自己去想象，去思考，甚至可以代入自己的情绪，让盲盒为自己所发泄。

---

① 范宁：《游戏·情感·狂欢：青年亚文化视角下的盲盒潮玩文化》，《视听》，2021年，第9期。
② 维多利亚·D.亚历山大：《艺术社会学》，章浩、沈杨译，2013年，第255—256页。

"Z世代"年龄尚小,他们的好奇心驱使着他们打开新的盲盒,也给予了他们赋予盲盒不同含义的能力。有很多人把盲盒当作是自己的情感寄托,他们认为,坐在南瓜车里的灰姑娘、踩着祥云的哪吒和戴着3D眼镜、拿着爆米花的小女孩都是他们内心深处的另一个"我"。他们用消费来寻求心灵的慰藉,认为买盲盒、拆盲盒的瞬间以及欣赏盲盒的整个过程都是美好的、纯真的、享受的。在现代社会中,个体情感满足方式逐渐变得单向化、匿名化、标准化,真情实感也变得更加私密化,此时,情感需要的满足愈发地依赖于市场所提供的情感,包括产品和服务,社会个体对虚拟情感的需求反而越来越大。①"Z世代"竞争压力大,生活较为枯燥,他们喜欢用购物以及其他方式去填补精神的空虚。对于女生来说,一墙的盲盒玩偶是她们的童话世界,盲盒是喧嚣世界中的清净之地,把玩着盲盒就能获得心灵上的纯洁和美好,能够满足她们情感上的需求,能够保留内心孩童时期的少女心。对于男生来说,精致的漫威手办、百变的变形金刚也能让他们获得内心的满足。无论男生、女生,盲盒都满足了青年群体"幼态化"和乌托邦想象②,有叛逆思想、个性张扬的"Z世代"能够在盲盒构建的乌托邦里潇洒、自由、不受约束地玩耍。马斯洛需要层次理论认为,人之为人的独特之处就在于人满足了"缺失性需要",比如生理需要、安全需要、归属需要、爱的需要、尊重需要等等,对于"成长性需要","高峰体验"便是"自我实现"的暂时片刻。③的确,盲盒体验便是一种"高峰体验",能够满足人们的社交需求与一定程度上的自我实现。

盲盒构建的乌托邦带领"Z世代"逃离现实的烦忧,给予他们心灵的慰藉,能带领他们找到童年时期美好、纯真的回忆,能为他们提供短暂却持久的陪伴。盲盒不仅是一个商品,更是一种文化符号,也是一种文化领域的精神寄托,它们有设计师传达出的文化理念,也有盲盒自己散发的文化魅力。这种情感寄托的心理不仅给"Z世代"温暖、治愈,反过来也更加促进他们的购买。

盲盒领域呈现出来的消费心理值得我们关注,这种追求审美价值、追求消费体验、追求消费快感的消费心理正是商家精准狙击的要害。与此同时,商家也不能利用盲盒稀缺性与神秘感,抓住消费者的消费心理大搞饥饿营销。商家应该努力建立其与消费者之间的良性互动交流。理性的、积极的营销策略才是盲盒市场持久发展的关键。

"Z世代"特殊群体的消费心理也值得我们反思。"Z世代"年轻群体消费者因为成长年代不同,经历不同,有着不一样的价值观,他们想通过独一无二的消费表达自我,张扬自己的个性,他们格外地注重自我满足和自我取悦,格外注重消费体验。商家也是瞄准着这一代人,在社交媒介大量宣传,用各种方法吸引他们购买。在消费的过程中,年轻的"Z世代"容易出现不受控制的成瘾消费现象,也容易禁不住他人劝说和影响,

---

① 王宁:《情感消费与情感产业——消费社会学研究系列之一》,《中山大学学报》,2000年,第6期。
② 刘森林:《"装在盒子里的人":"Z世代"盲盒消费景观及其形成机制》,《中国青年研究》,2022年,第2期。
③ 苏雅娟:《简述马斯洛的"高峰体验"理论》,《柳州职业技术学院学报》,2005年,第3期。

盲目地跟风、从众购买，也容易在群体中滋生攀比情绪，不考虑代价无节制地消费。近几年来，"Z世代"因买盲盒产生入不敷出的经济困难问题屡见不鲜。对此，社会与家长应该对他们进行进一步的疏导和劝说，引导他们正确面对盲盒。有情感寄托、能找到自己发泄情绪的方式固然好，固然幸运，但是不能将自我取悦变成一种习惯，惯性地用无节制的非理性消费满足个人欲望。

对于"Z世代"消费泡泡玛特盲盒的心理分析中，可探得"Z世代"精神生活多有孤独感，代际结构之间有隔阂感，他们希望通过消费或者是特殊的商品获得陪伴，找到心灵慰藉，寻求更多的价值认可[①]。对此，社会与家长以及其他成年人应该对"Z世代"给予更多的关心，多去理解他们，关心他们，给予"Z世代"更多的包容和爱。

胡漫缇　北京第二外国语学院文化与传播学院汉语言文学专业本科生

---

[①] 刘森林:《"装在盒子里的人"："Z世代"盲盒消费景观及其形成机制》,《中国青年研究》,2022年,第2期。

# 电影《刺猬的优雅》中勒妮的优雅

◇ 闫冠儒

## 一、生活中的优雅

电影《刺猬的优雅》中的勒妮是巴黎欧仁—曼努埃尔街 2 号一套豪华公寓里的看门人，她在这里做门房已经二十七年了，与这栋豪华公寓里非富即贵的人不同，她住在一间狭小的屋子里，侧面便是公寓大门，方便她进出大门清理垃圾桶。她每天的工作就是开门、关门、打扫卫生、帮助住户送信，日复一日，如此而已。简陋的木门上贴着休息时间，似乎静静地宣告自己作为门房唯一的一些自由的权利，尽管无人在意。

初次亮相时，小屋的陈设引人注意，与刻板印象中的门卫室大相径庭。泛着旧色的木制柜子里，整齐放置着一些工艺品——整套茶具、少女泥塑、斑斓的挂盘、彩陶小鸟等。不只如此，还有几个简易的置物架，排列着各式的艺术品。素色的墙壁上挂着几幅画，不难看出，勒妮太太热爱艺术，富有生活仪式感。她将陋室打造成心中的艺术之地，正如"南阳诸葛庐，西蜀子云亭"，何陋之有呢？因为有了精神和优雅艺术的滋养，在勒妮心中，陋室不陋，孤山不孤。

粗看"精致"小屋，便能浅悟出她对艺术的热爱，引得同频的人想深入探寻她的世界。看似粗糙庸俗的门房，做着多数人不愿从事的单调的体力劳动，却悠然自得，井井有条。影片中从没有听到勒妮的一句抱怨、一句辱骂，哪怕连普通人的"仇富心理"都未曾展现。究竟是为何呢？

其实，在勒妮身上，还隐藏着更大的秘密。她拥有一间锁着大门的书屋，那是专属于自己的秘密。在屋子尽头，是一个被锁起来的很大的房间。推开门，沿着三面墙壁紧贴着的，是几个庞大的书架，延伸到天花板，呈现出环住房间的趋势，挡住墙壁，赫然形成一面面"书墙"。当她初遇日本绅士小津格朗先生时，两人对子般脱口而出《安娜·卡列尼娜》中的名句："幸福的家庭有同样的幸福，而不幸的家庭则各有各的不幸。"① 勒妮如同被发现秘密的小孩，急匆匆地走进书屋，抽出一本封面已经残破的书，

---

① 列夫·托尔斯泰：《安娜·卡列尼娜》，周扬译，北京：人民文学出版社，1992 年，第 3 页。

核对句子，惊讶于两人的默契。她的书架被塞得满满当当，勒妮是如何拥有这么多书籍呢？尽管大部分书籍已经旧得泛黄，但满屋的书，定是一笔不小的开销。她也许是省吃俭用攒下钱来购置旧书，也许是去干一些脏活累活。她应该是拿着除去满足温饱的钱都来购买书籍和艺术品了。书屋中间放着一个沙发椅和一盏明灯，仅仅可以下脚，因为连地上都堆满书籍。夜深人静时，勒妮常常打开紧锁的门，走进书堆里，被书本包围着，旁边放着一杯煮好的茶，沉浸其中。勒妮如同刺猬，性喜孤独，浑身遍布尖刺，书屋是一座包装的堡垒。她时常躲进"堡垒"，尽情地阅读，卸下尖刺的防备，享受内心的细腻充实。正如另一位主人公帕洛玛所说："您不是一个普通的看门人，您找到了一个很好的藏身之处。"不禁让人想到勒妮的宠物——名叫雷昂·托尔斯泰，一只优雅的猫科动物。一个看门人怎么会给自己的猫起如此特别的名字呢？足以见其对这部著作的喜爱，才会给爱宠附以如此特别的名字。

而这锁起来的小屋，也正是勒妮内心世界的缩影——那是被锁上的心门。在影片中，我们可以看到勒妮对房间、书屋的设计和规划，这是一种表象。当透过现象看本质时，将会发现这个精致小屋中折射出的关于勒妮的生活形态——勒妮对精致生活的追求，以及对生活的设计。小到一间屋子，里面的陈设和布满秘密的书屋代表着独一无二的勒妮，从中看出她的爱好，充满趣味性。

勒妮的生活习惯也是优雅的，她钟爱茶道和黑巧克力，在和小津先生用餐时，尽管并不了解高级的用餐礼仪，但她不会狼吞虎咽，没有礼貌。她走进小津先生的家中，面对各种高级的陈设，她也表现得礼数周全。她会照顾到一切富有生命的东西，当她在马桶里发现被冲到此处的小金鱼还活着时，会小心翼翼地将金鱼养起来。当外面正下雨或者露出太阳时，她会搬出来自己养的植物，感受好天气。

从一间屋子、一个生活小习惯，勒妮向人们呈现出了一种精致生活的范式，即无论身处于社会中的何种地位，无论是否有名利、时间和金钱。都不该放弃对生活中的美好以及知识、艺术的追求，每个人都有追求优雅的权利，也没有任何借口可以是放弃追寻深层内心世界的理由。

## 二、形象的优雅

"我觉得米歇尔夫人是个脾气不好的女人，表面看来她对人很尖刻，待人很冷漠。"正如帕洛玛所描述的第一印象一样，她如众人眼中典型的门房代表——庸俗鄙陋，脾气暴躁，目不识丁。初次见面时，她干枯分叉的头发"呲牙咧嘴"地摊在她的肩膀上，她的眉眼是锋利的，但凸出的青色眼袋和脸上深陷的皱纹还是褫夺了唯一的光彩。一副蜡黄布满褶皱的面容，这样的外表，很难让人将其和优雅联系到一起。她总是穿着暗色的衣裳，暗色的针织毛衣配上黑色的绒布坎肩是勒妮最常穿的一身行头。影片开头一闪而过的勒妮在看肥皂剧的画面，也足以迷惑观影者，认为她是一个俗不可耐的看门人。

当她遇到灵魂彼此吸引的小津格朗先生以及忘年交帕洛玛之后，她开始注重外貌。勒妮剪掉干枯毛躁的头发，换成服帖秀丽的短发，并在好友的帮助下借到典雅的礼服裙。但设想一下，如若只是有这些漂亮的装饰，对于勒妮来说，尽管有些提升，但在茫茫人海中一眼看去，也还是普通的。正如她在电影中面对帕洛玛摄像机的独白一样："我是一个寡妇，长得矮小、丑陋，身材臃肿，双脚长满老茧，有时候早上醒来满嘴臭气熏天。我没上过学，一直都是个身无分文、谨小慎微、微不足道的人……我待人很冷漠，但我一直都很礼貌，大家不喜欢我，可接受我，因为我完全符合一个看门人的角色，丑陋、年迈、尖酸刻薄……"这些带着自嘲的话语，不仅揭示了勒妮的伪装，也敲打着每一个世俗的眼光。大众眼中的看门人是什么样子呢？那些刻板印象不就如勒妮所描述的那样——尖酸、庸俗。我们对于勒妮外表的评价，也基于格式化的刻板印象，所以才认为她平凡而不值一提。

然而，勒妮却不是一个目不识丁的人，她眼里有对美的追求、对生活的态度。她会布置好自己的精致小屋，喜欢黑巧克力和茶的搭配，她有着良好的生活习惯，喜欢在闲暇的午后边品味下午茶边欣赏《宗方姐妹》。勒妮擅于将对艺术的观察融入生活，愿意去探寻京都山脉是否拥有红豆布丁的颜色。

在与他人交往时，勒妮也并不是一个脾气暴躁且目不识丁的人。她温柔而善良，表面看起来她冷漠待人，其实她会邀请有礼貌的帕洛玛进屋喝热巧克力，会配合她的拍摄。她默默地关心着患有精神疾病的皮埃尔，当他疯疯癫癫地在马路中间跳舞时，勒妮走上前去想要劝说并将他带走，却横遭车祸，当场离世。恰是这些种种对艺术的追求、对美的体会以及温暖纯良的品质由内在折射到她的外表上，即优雅的内在形象塑造出她无比独特的外在形象。

跳脱出日常规则，不是以普遍的人的评价或看法对其进行规定，她也并不被世俗所限制，并不因为他人认为她的形象是不漂亮的，而去大张旗鼓地改变。只是在遇到能透过"刺猬尖刺"认识真正的她并与其交流的人时，才得以引起她的重视。勒妮通过我们看不到的内在被赋予了一个全新的形象，她成为了自己。这使她并不是我们日常所看到的形象那样普通，也并不如我们透过那所谓的外表所设想的内在一样浅薄、孤陋寡闻。勒妮有着与普通和平凡相比巨大的反差，那无比优雅且泛着光的形象，因为她的内心不屈从于任何日常评价的体系，这重塑了勒妮的形象，使其成为了独一无二的自己。

诚然，这是一个不断转变的过程，离不开小津格朗与帕洛玛的帮助。他们用一种恰如其分的手段帮她克服了自卑感，将勒妮从自己的伪装中脱离出来，让她走出那与世隔绝的一方书斋时，不再被自卑感笼罩，变成一个真实的表里如一的人。也不必伪装成一副臭脸，并且逐渐展露出内心的细腻，正如刺猬拔掉了尖刺，才会发现，原来它如此柔软。在这样的转变中，这种内心由挣扎灰暗到开放自由的转变中，也无疑带给勒妮自信与自我和解，让她内在的灵魂也得到了舒展，更加坦荡洒脱、真实以及自由。回到本部分开头帕洛玛的台词中去，其实她的后半句是："可我觉得她内心深处感情细腻，伪装成一副爱答不理的样子，她显得极其孤僻，举止却又极其优雅。"

## 三、精神的优雅

纵观前两部分勒妮在生活与形象中的优雅及其转变，不难理解勒妮的优雅来自于她刺里用心守护的精神世界，仿佛坚硬堡垒内柔软的净土。

勒妮，一个看似普通的看门人，实则是一个热爱生活与艺术、热爱生命的人。她时常躲进"堡垒"里的精致小屋，享受内心的细腻充实。这个小屋，其实是勒妮为自己建构的精神世界。在这间堡垒里，她是乐观、平和的，她可以直面纷扰世界的同时去创造自己的生活。类似于《瓦尔登湖》中的小木屋，梭罗建造木屋，是想要找到一片重新构建生活的试验田，去抗拒异化。梭罗却并不认为避世应当弃绝社会，他带着一种健康乐观的心态去感悟木屋生活的一切，在木屋中找到自我。在大自然中感悟每一个毛孔的自由，勒妮在环绕的书屋里浸润着平静与喜悦。勒妮以精致书屋为载体，构建出专属于她内心世界的田地，他们都没有愤世嫉俗的情绪，而是通过对自己生命的肯定，充分地靠自己的感悟去理解真理，寻求内在精神的自立与自由。梭罗在《瓦尔登湖》中的"寂寞"一章中提到："只要我们的心灵有意识地努力，我们就可以高高地超乎任何行为极其后果之上；一切好事坏事，就像奔流一样，从我们身边经过。我们并不完全是纠缠不清在大自然之内的。我可以是急流中一片浮木，也可以是从空中望着下面的因陀罗。"①

勒妮正是在小小一方书屋中修炼自身的精神世界，她不在意琐事纷扰，真正的她不处于纠缠不清的世俗之中，勒妮可以成为任何一种可能。当作为清洁小时工的好友洛佩斯向其抱怨有钱人家的房间有多么脏乱、她们的做法有多么令人难以理解时，勒妮总是平静地听着，嘴角扬起淡淡的微笑，仿佛自己在看一场闹剧，置身事外。她从没有抱怨过自己的工作，甚至会时常忘记自己的处境是一个遭人轻视的看门人。

尽管勒妮有着无比繁忙的工作，却依然能够气定神闲。正是因为她在内心深处存在着一个极为丰富的世界，那个世界充满了勒妮优雅的艺术气息和阅读氛围，她的灵魂才得到充分的舒展。因此，她并不在乎外界的琐事纷扰。换言之，她的内在精神足够自由、足够自立，这些事情便无法进入到勒妮的内心，自然也就不足挂齿。

勒妮的这份优雅并不外露，而是被藏了起来，但就如没有人会发现勒妮的书屋一样，大部分人不会看到一个毫不起眼的门房内心的优雅。在有钱人掌握话语权的生活圈子里，她没有资格被人好好端详，甚至连名字都鲜为人知。即便如此，勒妮仍然淡定地接受这

---

① 亨利·戴维·梭罗：《瓦尔登湖》，徐迟译，上海：上海译文出版社，1982年，第124页。

一切，坚守着自己的爱好。虽然不被外人发现或理解，她却仍然笃定地前行。勒妮是勇敢的，却也是极其孤独的。她深知命运多舛，生活充满灾难，但她却无法摆脱一种无力的宿命感。勒妮对于自身命运有深刻的体察，她的生命在绽放的同时，亦如花朵一般，凋谢终有时。这样有限的生命相较于大自然的无限、万千永恒的景象是不值一提的。那么该如何缩短有限与无限的距离呢？唯有艺术，艺术带给人心灵的慰藉。因此，在勒妮有限的生命长度中，她为自己创造了丰富的精神世界，里面充满艺术和美，打破着对时间必然流逝，而短暂的生命却永远无法战胜这种无限性的恐惧。人类生命中的成功与苦难是不断变化的，也是渺小的，苦难会消失，生命也终会消亡，但唯有真理与艺术永存。也许勒妮正是要在书中寻找这些真理，也正因如此，面对物化的社会，面对世俗的富贵名利，她才显得格格不入，无比孤独。勒妮放下了所有，甚至去选择理所当然地扮演众人认为的门房形象，她抛却了一切外在的不属于自我的东西，真正轻松地活着。

坚固的精神世界和强大的内心让她不惧格式化的生活，不惧残忍的真相。她向世人展现了一种独属于勒妮的那份"粗糙的"优雅——表面看来平平无奇，甚至有些粗糙，但她拥有一个精致的坚固的精神世界，让她不避讳粗糙的生活、外表带来的困扰，而是乐在其中。她也许不像这栋公寓的住户们一样享受舒适的环境，也没有姣好的面容，但是她在自己的内心种花，精神世界便不再是一片荒芜。勒妮精神中的自由自立与孤独打磨出一个不可复制的灵魂。

勒妮精神的优雅不仅来自于博学的知识，更来源于她温柔而善良的内心，表面看起来她冷漠待人，其实她会邀请有礼貌的帕洛玛进屋喝热巧克力，会配合他的拍摄。她默默地关心着患有精神疾病的皮埃尔，尽管最后的意外也因他而降临，当他疯疯癫癫地在马路中间跳舞时，勒妮走上前去想要劝说并将他带走，却横遭车祸，当场离世。

综上所论，勒妮是独特与孤独的，也正是因为这种独特性和孤独感塑造着她优雅的精神世界。勒妮向我们展示了一个独特、有个性、有追求的人，她的优雅，跳脱出日常规则的淡然，也代表着一个女性群体，她们在不同的岗位上、生活在不同的国家。她们不仅如勒妮一样，有着女性群体温柔、美好的特征，也都追寻着自我，不将自己的价值依附于任何人之上，那是千千万万个优雅、独一无二的她们。

繁忙的现代社会，形形色色的人们匆忙地来去。在这个浮躁的、容易迷失自己的时代里，在既宣扬"和解"又在种种焦虑——如容貌焦虑、身材焦虑、学历焦虑充斥的矛盾里，勒妮坚定地诉说着铸造内心世界的重要性。她的优雅也给人们的内心世界注入了细腻而温暖的力量，让人感到久违的平静，得到内心的一刻小憩。

闫冠儒　北京第二外国语学院文化与传播学院汉语言文学专业本科生

# 古典舞《粉·墨》的生命意识

◇ 李坚玮

## 引言

北京舞蹈学院创作的古典舞《粉·墨》由"解""行""体""淡""色"五篇构成，包含"阴阳太极""三寸跷""钟馗捉鬼""江上独钓""西湖伞缘""众鸟高飞"等中国传统文化的典型意象。"粉·墨"在戏剧表演中用作"粉墨登场"，意为"用粉墨化妆，登台演戏"。《粉·墨》吸收了我国传统艺术"戏曲"的"唱、念、做、打"表演形式，太极拳法和傩戏元素的加入也形成了当代语境下的古典舞特有的身韵体系。它参照唐代画家张彦远在《历代名画记》中所言的"墨运而五色具，谓之得意，意在五色，则意象成"的观念进行舞蹈构思。[①]"五色"为中国传统绘画中对墨色的形容，将毛笔蘸入墨汁内，再与不同比例的水相混合，后在宣纸上呈现五种墨色状态，即"干、湿、浓、淡、焦"，而这五种墨色状态分别与舞剧作品《粉·墨》中的"解""行""体""淡""色"五篇相对应。

围绕这个舞剧，已经有不少论文加以讨论。有的探讨作品所依托的"天人合一""阴阳相合""气韵生动"的美学原则和"六合空间""子午相"的身体规范以及摆脱"情节连续性"的作品结构。[②]有的从中国古典舞"身韵"语言及舞蹈体现的中国美学精神方面做了详细的探讨。[③]有的从舞蹈动作的静态构图和动态构图两个方面，分析了编导借鉴中国传统绘画中"之""甲""由""则""须"的构图样式，认为《粉·墨》所采用的构图样式丰富了中国古典舞的构图形态，对古典舞的发展起到了积极作用"。[④]还有的通过对舞剧结构的"非叙事性"表达的分析，从宏观层面对比"西方受众先有接受习惯"，探讨了中国舞蹈"如何更加有效地'走出去'"。[⑤]以上论文对《粉·墨》的探讨主要集中在舞蹈动作语汇以及舞美所展现出来的"阴阳""气"，"生命意识"并非

---

[①] 参见北京大学哲学系美学教研室编：《中国美学史资料选编》（上），北京：中华书局，1980年，第309页。
[②] 叶进：《〈粉·墨〉登场话"古典"——北京舞蹈学院第22期舞院沙龙纪实》，《舞蹈》，2016年，第8期。
[③] 杨笑荷：《〈粉·墨〉，以中国古典舞的名义言说》，《舞蹈》，2016年，第9期。
[④] 郭瀚繁：《试论〈粉·墨〉的构图美学》，《北京舞蹈学院学报》，2016年，第5期。
[⑤] 蔡烁：《从作品〈粉·墨〉看中国古典舞跨文化受众接受》，《北京舞蹈学院学报》，2021年，第5期。

其论述的焦点。本文主要通过对《粉·墨》的舞蹈语言的分析，比较细致地论述了人体运动时内在的力量和气息之间的变化，以及体现为人体肢体动作时的形态。从舞蹈动作表现出来的阴阳之意象，追溯生命之源、生命之肯定，探寻生命之创生，进而探讨《粉·墨》整个作品所传达的身心合一的生命意识。

## 一、生命之源

中国传统哲学中认为太极乃混沌之始，阴阳二气乃生命之源。《粉·墨》以阴阳相生相克、相辅相成之力作为舞蹈运动之根，以"子午相"作为人体基本舞姿，遵循太极的阴阳辩证之运动规律，在变化中占有空间和时间，立象尽言说意。其中，力之虚实、动作之刚柔、心境之浓淡，都以人体作为媒介，融汇在书、画、舞结合的意境之中。

《粉·墨》首篇"解（jiě）"，作为入画时的心境，表现墨色之"干（gān）"，"解"，在这里可以理解为"解卦"。随着音乐的进入，舞台上方的背景影像为一滴墨滴入水中，影像在地面形成影子，仿佛墨汁从高空中一直滴入地面。在绘画创作中，宣纸需要用镇纸石压平，舞台四角并不像一般舞台选择平铺而是翘起四角，舞台地面化为宣纸，舞蹈演员跳舞仿似在一张画纸上作画。舞蹈伊始，二十五名男演员聚集为正方形，舞台顶光直射舞者，形成一个圆形光影，构成天圆地方的意象，以示天地混沌之初。舞者上身着米白色短衣，下身着土色长裤，脚下黑色鞋袜，如一支沾染墨色的毛笔，在舞台上泼墨挥洒尽情书写。他们以呼吸为动作引领，翻手为阳，覆手为阴，双手抱圆于丹田位置。如果将人体静止姿态建构在太极图的圆形意象之中，腹部的丹田成为人体运动的发力点，经过一吸一呼而形成两股互为相反的作用力，是推动人体运动之源。吸气为阳，呼气为阴，由呼吸带来的两股作用力自脐部由脊柱顺延而出，使肢体向着相反的方向延伸，构成"子午相"姿态。"子午相"之静态造型贯穿于整部舞剧之中，乃阴阳辩证观在肢体静止时的显现。

突然，鼓点声响起，好似两军交战前的擂战鼓一般，此时鼓点由重到轻、速度由缓到急，舞者自转或绕他人而转，位置左右交替越旋越快，如墨在滴入水中晕染之场景。直至音乐声戛然而止队伍散开，舞台仅留两名舞者，冷暖两束灯光直射二人，在舞台地面呈现出太极图式的"阴阳鱼眼"。两人手腕接触，相互推动，力量或轻或重或急或缓，或绕身体自转或绕对方而转。如果将人体流动姿态构建在太极图式之中，那么人体力量在身体聚集，则舞姿萦绕身体内空间呈圆形轨迹；力量顺身体向外散射，则绵延至虚空，身体意识溢出本体，构成外空间的圆形轨迹。阴阳之力推动舞者运动，内化于人的骨骼、肌肉、血脉之中，观众可见真实的力量，能够真切感受到人的喜怒哀乐之舞姿；力量顺延至外，弥漫在虚空之中，但虚拟的力量可使观众结合舞台画面凭空联想出曾经的人生体验。虚实之象的交错出现，使观众在观感和想象中来回切换，呈现墨入水中之意象。

随着舞者舞姿不断由急转缓,舞台上方所悬一幅数字投影屏幕浮现太极图案,此时墨与水达至一种阴阳平衡之境。背景在此处不是一个无生命的装置,而是作为一个参与者,成为解释舞蹈本身生命的一部分,表现属于力量虚像的那一面;同时为舞者造境,使得诗歌、音乐、书画、舞蹈同体于舞台之内。中国太极图为阴阳二气旋转而呈现的象,此象并不是静止的,而是生生不息的,因此舞者在台上的轨迹总是以旋转开始,又以旋转结束。"布景中飞动的泼墨画、舒缓的汉字、时隐时现的太极图,都对彰显舞蹈的中国文化内涵起到了画龙点睛的作用。"① 因此,《粉·墨》以太极阴阳之意象作为开篇,以舞尽神,以舞解卦,展现生命于混沌初开时的形态意象。

## 二、生命的肯定

"最初,原始人跳舞,不是出于审美的需要,而是生存使然。"②《说文解字》中说:"巫,祝也。女能事无形,以舞降神者也。象人两袖舞,与工同意。"③ "原始人出于对生命的敬畏和生命的延续,在模拟祭祀神灵的过程中,舞蹈使他们在自身肢体的运动中感受生命的真实与伟大。"④ 阴阳二气交互则万物生生不息,以舞蹈表现其他古典艺术的精妙之处,就在于其以活生生的人体来展现中国古典艺术的生命气息。《粉·墨》第二篇"行",以"三寸跷"之行来表现生命的有限"形"态,由生观生;第三篇"体",以钟馗来表现突破肉身后的无限之"神",由死反思生。"行"与"体"表现的是阴阳两界不同的生命意识。

"行"篇由女子群舞构成,为墨色之"湿",通过舞者表现墨在纸上勾勒图画时的流动之感,以及在纸上晕染时水汽弥漫的湿润之感。舞者在行走间显现生命,人体形态为自我意识存在之实相。"行"篇仿似以诗人行走时的感受为视角,让观众跟随舞者灵动的舞姿,仿佛置身于寒冷幽静的空山之中,眼前弥漫着水雾朦胧的湿气,一场舞蹈下来仿似有雨沾湿我们的衣襟。舞蹈以戏曲打板声开始,小溪、红叶、白石、空翠化为舞者身上服装道具的色彩,配以"寸跷"和"巾袖"入画。舞者体态轻盈、袅娜,行走间如水墨作画,勾勒出生命的形象和无限的生命空间。

舞者配巾袖起舞,该形式源自汉代百戏的"巾袖舞"。汉代张衡《观舞赋》有"裙似飞鸾,裛如回雪"的描写。⑤ 张衡以"飞鸾"形容舞者行走时长裙摇曳、体态婀娜如凤凰在空中飞舞的场面;以"回雪"形容舞者舞袖旋转时,体态轻盈如雪花飞舞的场景。而舞者行走所穿配的寸跷为高跷的一种形式,是中国汉民族民间舞蹈的一种形式。

---

① 徐碧辉、龚小凡等:《美学七人会议〈粉·墨〉》,《北京舞蹈学院学报》,2010 年,第 1 期。
② 袁禾:《中国古代舞蹈史》,上海:上海音乐出版社,2004 年,第 1 页。
③ 许慎:《说文解字》,北京:中华书局,2013 年,第 95 页。
④ 袁禾:《中国古代舞蹈史》,上海:上海音乐出版社,2004 年,第 10 页。
⑤ 费振刚、胡双宝、宗明华辑校:《全汉赋》,北京:北京大学出版社,1993 年,第 478 页。

观察舞蹈中演员所配寸跷的高度约为12厘米,其足尖只有半个脚掌大小,形似古代"三寸金莲",且配戴者脚后跟无法着地,舞者需提气而行。人的生命之初,在中国哲学里,是由气开始,养气为养生之法。舞者的运动由呼吸吐纳开始,以中国气功的修炼为参照,每一次身体的运动都经过气息引领,"提、沉、冲、靠"乃至眼神的移动都是通过呼吸而带动的延伸。吸气由丹田发力,脊椎一点一点展开;吐气含胸以丹田发力,脊椎一点一点向内环抱。气息的吐纳,使得舞者体态呈轻盈之感。人行走在时空里体如尘,行如烟,味如淡。

舞蹈舞姿以"圆、曲、拧、倾"作为其动态造型,遵循"欲左先右,欲上先下"的运动轨迹。舞者脚下步伐为圆场碎步,快步穿梭于舞台空间,行走路线遵循八字圆和"S"形曲线。"'敦煌'意象是中西佛教文化'意义'的载体,是灿烂绘画艺术的典型代表",而《粉·墨》这种"拧倾曲斜"的造型"恰恰吻合于敦煌人物'三道弯'的造像"。① 这种"S"形运动轨迹是在身体占有时间的过程中呈现,舞蹈通过舞者在舞台上的调度,空间构图由点到线依次排列如小溪汇入江河大海,呈现水流绵延不绝之意象。《粉·墨》中有许多大开大合的舞姿,如突然下沉又站立,舞者始终处在失衡与复衡中。再加上巾袖长裙和跷的运用,使原本山间寂静无言的山水花鸟有了生命和意识。

"行"篇结尾处,女子手持柳条缓缓入场,象征着生命的萌发。子在川上曰:"逝者如斯夫,不舍昼夜。"在这里,水是载德之象,而人生的扩张似乎呈现于绵延不尽的水流之意象中。人似乎因禁在有限的形体之中,但其生命的意识、灵魂、意义却如流水般循环,生生不息。正所谓形骸有尽而精神不灭,也就是人们常说的,生命的"长度"是有限的,但是其"宽度"却是无限的。舞蹈以墨色之"湿"为对照,以女性柔美的体态和蜿蜒的队形描绘了水入墨色之态。从时空的角度张开,舞台空间成为人的生命意识显现场域,观照生命的显现。

第三篇"体",以对钟馗的刻画,来表现墨之"浓烈"。钟馗性格刚烈正直,虽丑但一生节烈,其忠肝义胆之骨气为古往今来文人墨客所推崇。传说在唐武德年间,钟馗高中武举状元并被李渊召见。"李渊见到钟馗后,直言钟馗相貌丑陋,钟馗因愤撞死于大殿之上。旧俗端午节多悬钟馗之像(五代时悬于除夕),谓能打鬼和祛除邪祟。"② "体"篇并未对钟馗蒙冤后化神的情节进行描述,而是选取钟馗生前和死后的人物情感状态,揭示人死后成"神"仍为人之"生"守护。该篇由三位舞蹈演员分别表现钟馗在不同阶段的情绪状态并依次登场,其中"白色钟馗"呈现钟馗为书生的质朴和文弱;"红色钟馗"外显其忠义耿直有血性;"黑色钟馗"象征钟馗铁面无私威武有力的一面。

随着锣鼓声敲响,舞台氛围进入到夜半三更,一只顶灯从上直射背对舞台席地而坐

---

① 徐碧辉、龚小凡等:《美学七人会议〈粉·墨〉》,《北京舞蹈学院学报》,2010年,第1期。
② 胡道静:《梦溪笔谈校正》,上海:上海古籍出版社,1987年,第986—987页。

的钟馗。钟馗生前以白面书生的形象示人，手拿白色折扇，身着以青、白二色为主的长衫，衫上写满书文似道教符咒。舞台后方一身着红色冠袍的舞者，在幽暗的灯光照射下，站在离地约一米高的判官的椅子上。此为钟馗内心的两面，手拿红色折扇与现实钟馗的白色扇舞形成呼应。两个角色同台演绎，钟馗外表虽是柔弱书生，实则内在性情如火般刚烈。书生钟馗从舞台一侧斜入另一侧，并未有太多空间调度。灯光顺其斜线移动轨迹逐渐打开，仿似一道隔着阴间和阳间的界限。而钟馗顺其走过，是由生到死的阶段。紧接着后方红衣钟馗进入台前，手拿红色折扇，身旁跟着五只小鬼，为其死后成为捉鬼之神做铺垫。这段舞姿融入民间舞蹈、秧歌、鼓舞，用以刻画钟馗形象。

钟馗之死乃是中国文人悲剧的典型代表。"体"篇以女子群舞高低起伏的水袖表现钟馗之死的不平之冤。此时袖舞柔中带刚，表现的不是缠绵哀愁的情感，而是钟馗冤死之余对生命消亡的思考。就像远古巫术，原始人出于对自然的恐惧，想要通过手舞足蹈通达神明。鼓之舞之以娱神，当神明降临的那一刻，是人战胜自我恐惧、突破瞬时到达永生之境。因此，袖舞之后，钟馗以戏曲中武生的面貌再度出现，其身后插彩旗，手持红黑折扇，两鬓及须。此时钟馗身边跟随七只小鬼，手持长剑，剑象征权威，以此象征钟馗封神。从古至今，人们总是在对生命进行追问，特别是对于人死后灵魂最终的归宿，逐渐延展为对永生的追求。在《粉·墨》这里则由钟馗给出了一个答案：即死亦生，为生之守护之神。钟馗抛弃肉身后，他以神的方式守护众生。死者生前高贵的灵魂，依然在死后化为符号，其精神永存。

"体"篇以对钟馗的刻画作为对"神"思的展开，以"死"观"生"，强调以神护生，为"行"篇养生观念之延续。这两篇，由"气"到"形"，再到"体"，再到"神"，从有限的人体行态到死后无限的精神体态观照生命的存在，于正反两个方面对生命的不同意识形态进行肯定。在阴阳辩证的哲学思维里，死并不是结束，而是一种突破。突破后，时间成为恒常的存在，人之神真正化为无相"神"，不生不灭。

## 三、生命的创生

《粉·墨》"淡"作为第四篇，展现的是经过浓烈而又绚烂的人生境遇后，对于生命的再次选择，是一种创生。从水中写意开始，到岸上缘情，再到天空言志，层层递进，以三个意象共同展现对"淡"的思考。"独钓寒江雪"的渔翁和鱼儿戏水、"持伞相行相恋"的画中人、"众鸟高飞尽"中的飞鸟，墨色中的生命随墨在宣纸上的晕染千变万化，都是不同选择下的平淡。这种平淡对于很多人来说可望而不可即，有的人可以选择平淡，他也能选择平淡，但是有的人想选择平淡，却不能选择平淡。所以，"淡"是中国美学的一种审美境界。

"空山不见人，但闻人语响。"当一个老翁独自在江水中垂钓之时，画面本是死寂不动的。当水中渔钩一动，水波纹便从这一点一圈圈扩散开来，在观众心中立即掀起波澜。霎时间"拨云见日"，鱼儿在湖面上跳跃，渔夫站了起来，岸边、山间从墨色到彩色，各类动植物都有了生命，鸟儿叽喳嬉戏，此时空山不再空，一片生机益然。张彦远说："运墨而五色具，谓之得意。"墨色只有浓、淡、干、湿、焦五色，却在层层叠叠的晕染中，勾画出了远近虚实的人物意象。画中有鱼虫，有情侣，有飞鸟，有蜿蜒流淌的河水，有阴阳交互的生发之气，整个画面有了生命和生机。舞蹈"寒江独钓"俨然揭开了其曾经掩盖的生机勃勃的一面。

随着墨色的下沉，灯光由暗转明，观众的视角从水中来到岸上。岸上的布景是一座石桥，以及用一把伞连接的一对有情之人。《粉·墨》在"伞缘"这一篇，以双人舞的形式，述说了"有情人终成眷属"。男女舞者以道具伞作为连接媒介，舞姿以绕、缠、推、拉、托、乘为主，力量绵延温顺而无阻力，诉说着二人的情意绵绵。以伞定情，表达的是一种无邪的情意。这种情意拨动人们的心弦，带来了至美的观感享受。随着布景的变换，意象从水中的鱼、岸边的人升为扶摇而上的鸟。"众鸟高飞"的意象，仍旧设定在水墨之中，男子身着米色与墨色的绸裙，半裸着上身，不断在以山水为背景的舞台上挥舞双臂，仿佛来到庄子所说的逍遥之境。气力内出于心，向虚空绵延，而最终与布景结合，让人产生轻松、自由、逍遥之观感。对比"体"篇钟馗含冤而死浓郁的情感色彩，老翁、伞、鸟尽有人间凡尘之趣味，情感色彩是淡而美。

"淡"在中国古代也象征中华文人的"气节"，有老庄超然于世的逍遥之境，也有文人墨客内敛沉郁的人生态度。像是人生的悖论，色之境既"淡"又"不淡"，在"淡"的层面里，又隐藏阴性"不淡"的成分。

"色"作为《粉·墨》尾篇，与首篇"解"，在阴阳之象上形成呼应。此篇"以男演员外白内黑、女演员外黑内白的薄纱长裙之形象，寓意太极的阴阳，呈现其'声合五音，色合五行，脉合阴阳'的内涵"。① 它以立圆、平圆、八字圆为旋转路径旋转，舞台上的虚空如同无色的水，纱裙随着舞者的旋转制造了一个个水流漩涡。这漩涡式的旋转如阴阳交合的太极图，又如生命的创生。承接上篇的"淡"之美，在虚空之中展现中国朴素的美学观念。这种美无须精雕细琢，仅于黑白二色所绘制的象中展现。这种生命意识并不是虚无缥缈的，是散落在人间的闲情逸趣，味淡而美。它突破人与他者的对立，回归到人与自然的契合，回归到身心的统一。墨与水的颜色如天之苍苍，正是中国文人墨客所崇尚的朴素之色。中国人的生命意识，从来都不是绝对的、静止的、孤立的、有限的，而是人法天地自然，顺应宇宙之规律，以有限展现无限。在这样的哲学观念中，人的内心安于身体，不再游荡。《粉·墨》在其水墨之论中所传达的美学格调，便是于澄怀观道中体味自然、质朴和平淡。"解""行""体""淡""色"，以阴阳辩证思

---

① 袁禾:《中国舞蹈美学》，北京：人民出版社，2011年，第327页。

维作为舞剧的美学理念支撑,"形""神""人"的合一,最终上升为对中国的生命美学的探寻。这使得整个舞剧在此处升华,达至无限之象。

## 结语

总的来说,《粉·墨》不但将中国古典舞蹈的典型之象呈现在作品之中,包含了徒手舞蹈、袖舞、扇舞、剑舞等,而且舞蹈通过肢体力的作用占有时间和空间,在运动中留下不同的动态运动轨迹或不同的静态构图,进而呈现出书画的意境。太极图、阴阳两极、黑白两色、刚柔之舞、虚实之象、浓淡之美,这些典型的中国符号贯穿于舞蹈始末。其舞蹈结构也暗含了这种阴阳辩证的哲学思维,"行"篇,我们看到象征女性阴柔之美的舞袖细腰意象;"体"中,我们看到通过"钟馗"的剑舞来表现男性阳刚之意象。"行""体"两篇分别运用水袖和剑器两种道具,契合了"一阴一阳谓之道"的中国美学思维。我们也可以从视觉感官中体验到阴阳辩证思维在生命中的推动作用,《粉·墨》舞姿造型是由阴阳二气生发而出的互为相反的力量作为支撑;身体的运动路线以太极图式阴阳鱼眼运动的"S"形曲线作为构图;舞蹈内容从人间到阴间的不同生命状态,传递出生死常在的生命意识,很好地诠释出不少中国文人淡泊名利的精神追求。

"中国的艺术是飞舞着的,'舞'是中国一切艺术境界的典型,而中国的书法、画法都趋向飞舞。庄严的建筑也有飞檐表现着舞姿。"[①]这种"飞舞"的意境是生生不息的精神展现,是鸢飞鱼跃灵动的意象呈现。《粉·墨》中舞者通过身体的笔墨书写,展现了一幅山水、花鸟、鱼虫与人合一的审美意境,将诗歌、音乐、书法、绘画与舞蹈融汇在它的水墨卷轴中。如果说"境生象外"是对意境由有限达至无限的界定,那么这种意境是不断延伸着的,并未因为舞蹈的终止而结束,"太极"永恒地运转着。

李坚玮　北京第二外国语学院文化与传播学院美学专业 2020 级研究生

---

① 宗白华:《美学散步》,上海:上海人民出版社,2015 年,第 91 页。

# 数字人文问题

# 通用人工智能的语义能力分析

◇ 张偌凝

## 引言

根据通常的定义，目前的人工智能还处于弱人工智能（Artificial Narrow Intelligence，简称 ANI）阶段，即擅长解决单方面问题的人工智能，比如围棋高手 alphago 擅长下棋，自动驾驶汽车擅长驾驶。人工智能的下一个阶段的目标是强人工智能（Artificial General Intelligence，简称 AGI），也称为通用人工智能，AGI 的通用是指 AI 不再是只擅长解决单方面问题，而是和人类一样可以解决多种多样问题的人工智能。语言是人类智慧的产物，在产生之后更成为了人类智慧的进一步发展的强大工具，人类之所以在自然进化中成为万物之灵，离不开语言这个强大工具的支撑。如果能够使 AI 掌握并理解人类的语言，那么 AGI 的实现便更加指日可待。根据语言学理论，语言的结构分为语音、语法和语义，其中语义是连接人类认知和外部世界的桥梁。从某种意义上说，词汇的语义是人类认知对外部世界的抽象、分类和指称。人类的语言初看上去似乎是离散的、分明的，但是语言来自于人类对外部世界的认识，而外部世界是连续的、具体的，所以仔细分辨，会发现语言从根源上来说是无法具有绝对界限分明的清晰性的。另一方面，AI 的全部能力都来自于人类为其设计的形式化机制，这便使得以形式化的指称或符号赋予 AI 全面准确的语义认知能力成为了难以逾越的问题。以目前 NLP（Natural Language Processing）中的语音识别为例，其原理可以概括为，设备收集目标语音，然后对收集到的语音进行一系列处理，得到目标语音的特征信息，最后让特征信息与数据库中已存数据进行相似度搜索比对，评分高者即为识别结果，其中数据库有两个：一是可与提取出的信息进行匹配的声学模型数据库，二是可与之匹配的文本语言数据库。可以看出，这种形式化的 NLP 系统的输出结果仅仅是待识别语音和数据库中语料之间的匹配结果，是不具有语义理解能力的。那么如何突破上述困境，便成为了目前 AGI 领域亟待解决的问题之一。

语义可以被分为三个层面，即现象层、功用层和概念层，其中现象层和功用层随着外部世界的流变在不断流变，它们具有强烈的模糊性和演化性；但是概念层面的语义是人类对象化抽象思维的产物，它具有清晰的界限和固定的内涵。上述阐述中提到，人类语言是一种既独立又依赖于外部世界的结构。由于外部世界的连续性、具体性与人类认知的离散性、抽象性之间的矛盾，使得语义的模糊性成为其无法消除的固有属性；另外，人类与外部世界还总是处于不断的交互之中，这种动态的关系使得语义的具体内涵也总是处于演化中，更进一步增加了语义的模糊性。但人类在对语言的长期使用中，能比较好地应对语言的模糊性问题。但 AI 语义能力的设计却是需要明确的逻辑的，在这种逻辑性的机制下 AI 语义无法理解模糊性的原因就是其具有其独特的特点。所以，设计者如何以逻辑性的思路去建立具有演化性的模糊语义结构，是 AI 语言处理任务要解决的重要难题。如果想使 AI 能够模糊地发展地处理语义，一方面需要 AI 具有对经验世界的直接探索，这是其能够理解模糊性和演化性的基础；另一方面，在语义的三个层面中，具有明确性和固定性的是语义概念层，所以要为 AI 构建起语义概念网络，则离不开人类在自己的感觉系统和认知系统中所反思到的基本概念作为其形成语义概念对象，进而形成语义概念网络的基本生长点。

一

目前的 AI 语义识别系统，为了实践的需要，通常把语义简化为非常概括的明确意思，所以这种情况下的模糊性往往来自于 AI 语义的考察点过于单一。举例说明这个问题：比如，对于"年轻"和"年老"的划分可以选择以 40 岁为分界。但是对语义只是这种精度的把握无法满足 AGI 的需求，正如伍兹在其论文《程序语义学》中所说："为了让计算机理解和运用自然语言，语言学不仅要用某种抽象的方式来理解，而且还要足够具体、细致地来理解，只有这样，才能让计算机确定陈述的真值，对自然语言的问题和要求作出适当的回答。"[①] 在更细致的层面对语言进行考察，语义就会呈现出明显的模糊性和演化性。还是以"年轻"和"年老"的划分为例，有些人 45 岁但身体各方面仍然处于比较年轻的状态，有些人 35 岁身体状态却呈现老年化，如果 AI 把 40 岁作为对于这一对语义概念的明确分界线，在实践中就会造成明显的分类错误，并会对进一步的行为指引产生误导，这说明单以年龄为语义考察点很难给出一个明确具体的分界线，这显示了语义的模糊性；另外，随着人类寿命的整体性增长，年轻和年老的年龄划分也随之增加，这一对语义概念的内涵出现了变化，这显示了语义的演化性。通过上述分析可以看出，如果想要 AI 能够对语义进行准确的把握和判断，便需要为 AI 建构具有模糊性和演化性的形式化结构，而这都需要综合性数据作为 AI 的学习基础。综合性是指数据的性质不是单一的而是各种各样的，而且数据之间的关系不是孤立的而是相互关联的。

---

① W.Woods, "Problems in Procedural Semantics," *Meaning and Cognitive Structure* □New Jersey：Ablex Publishing Corporation，1986.

比如,"年轻"和"年老"的划分,不只是以年龄这一单一性质的数据作为依据,而是同时考察面容特征、生理数据、思维能力等,形成综合的概念结构去指认"年轻""年老"这一对语义概念。对于人类这个综合性数据就是藏在潜意识当中的常识,人类对于自然语义的理解建立在数量庞大的常识上,这些常识的数量之庞大、结构之复杂,使得AI的设计者们几乎不可能把它们都总结出来然后输入给AI。

  首要的问题是,作为自然语言语义理解能力基础的综合性数据,对于AI来说需要怎样获取呢?在这一问题上或许可以借鉴人类的常识建立过程。皮亚杰的发生认知学认为,一个人从出生开始,最初通过身体的感觉和活动,后来还通过语言,与这个世界不断地进行交互,交互的输入、输出和反馈都需要经过大脑这个重要的处理中心,正是大脑这个处理中心把大量的零散信息处理成结构化数据,在这个过程中,人类的常识系统逐渐建立起来,同时这个系统也具有开放性,会随着外部世界的变化而变化。通过上述分析可以看出三个重要的关键因素——身体、语言和大脑。现在要解决的问题就是语言的问题,所以语言这个因素不能作为解决问题的要素,而只能作为问题解决的结果。对于AI,"大脑"就是一个合理的信息处理机制,这个问题会在下两节去讨论。对于AI,"身体"是重要的信息获取手段,通过自己拥有的身体去获取信息,一方面,AI在自己与具体环境的互动中获取大量信息,这样获取的信息的丰富性是通过网上收集的数据完全无法比拟的,并且更具有综合性。比如,目前训练一个神经网络识别苹果,会找来大量的不同苹果图片作为训练数据,这样的数据性质单一,无法建立完整的苹果概念,也就更无从使AI理解苹果在不同语境下的语义。这时为了弥补完整性,自然会想到同时把苹果的"味道"数据输入给神经网络①,但是这样建立的数据是孤立的,因为分别输入的图像数据和味觉数据很难对应到同一个苹果。另一方面,拥有"身体"可以把AI处理的信息还原到更低阶的层次从而释放其可能拥有的创造力,类比人类,这一点的意思是,人类从外部世界输入的某个函数模型,是直接的感性材料,这些感性材料是人类大脑进行再加工、进行创造性输出的基础。这些更加基础的信息材料也给予了AI建立模糊性语义理解的可能。一直以来,对于AI的定义的理解几乎等同于计算机,发展AI就是不断地发展更高的算力和更好的算法,然而正是这种观点却是把AI禁锢在弱人工智能的原因之一。目前涉身性观点越来越受到重视,涉身假设是认知语言学的根本观点,该假设认为语言是建构于身体经验之上的。不去考虑涉身经验艰难的内外划界问题,无论如何,可以看出身体经验对于语言构建的重要性。对于机器"身体"的良好运用可能会是改变人类自上而下赋予AI语义概念的途径之一,毕竟人类无法把数量如此庞大、含义如此错综的自然语义采用自上而下的方式赋予AI。

---

  ① 味觉的产生主要是因为利用AH/B结构原理,呈味物质提供的质子供给体(AH)会与味觉感受器的质子接受体(B)通过氢键结合,产生的物质通过神经传导到大脑味觉中枢,从而产生了酸甜苦辣咸的味觉。可以通过把不同的AH/B物质信息作为"味觉"数据提供给AI。

AI 的"身体"具有两个人类所不具有的优点，这两个优点都为 AI 实现语义理解提供了很好的帮助。第一，AI 的机器身体可以获得人类感官所无法获取的更宽泛的信息，比如人类的视觉局限于可见光，但 AI 的机器身体还可以捕捉红外线、紫外线。这些更广泛的信息或许会使 AI 对于语义的理解更具有人类无法达到的细致度。第二，沟通网络的建立是增强认知的关键手段之一。人类个体之间想要形成信息交换网络，最重要的手段是语言，人类是无法交流其底层感性材料的，这就造成了著名且难解的"他心问题"。但是对于 AI 不存在这样的问题，由于 AI 之间获取的信息可以以底层数据的形式相互传输，AI 可以在自身所获数据之外更广阔的数据库中训练自身，这时 AI 不只可以作为个体存在，也可以作为分布式智能的组成单元存在，这使得 AI 进一步发展强大的网络化智能成为可能。

在 AI 通过"身体"和"网络"获取经验材料之后，还有一个重要的问题是如何为 AI 设计"大脑"，就是如何处理这些材料使其从零散混乱的状态变为具有区分性和关联性的结构化状态，在这种具有区分性和关联性的结构中带有含义的信息便产生出来了，换句话说，语义便生成了。康德在对感觉要素分析后说："一切显象的质料只是后天被给予我们的，但显象的形式却为了显象而必须全都已经先天地蕴涵在心灵中。"[①] 康德认为这里的先天形式就是时间和空间。当然康德的先验哲学追求的是绝对的普遍性和必然性，他认为数学是绝对的，所以他论证的时空先天形式是以数学的绝对性为根基和目标的。但可以沿着康德的思路进行更多的思考，人类和 AI 要认识的不仅仅是数学，还有这个丰富多彩的世界，人类对对象质料的认识如颜色、触感、嗅觉等真的全部都来自于后天吗？类比于计算机使用前的初始化，人类能够对感觉材料进行整理并形成直观对象需要进行的"初始化"并不只包含时空，每一个对应的直观感觉（包括幼儿直观到对象之间的联系）——色声香味触法——都需要同时空一样的"基本感知形式"作为支撑，在这些支撑之上大脑才会在分辨差异中生成对象。那么，在语义结构的生成中，设计者需要先赋予 AI 这些"基本的概念"，然后围绕这些概念对从外界获得的经验材料进行聚类，聚类对应人类的思维就是范畴化，聚类的过程就是建立对象的过程，为这些对象进行指称关联就是语义的学习过程。围绕基本概念产生的不同聚类对象，是生成更多对象的基础，这些更高阶对象的生成与低阶对象的生成机制是不同的，它们的生成更多来自于结构的自我演化，支撑它们成为独立对象的内部核心不像低阶概念那样来自于"基本概念"，而是来自于结构自我演化形成的某些相对稳定的内核，它们是可变的，是处于生成演化中的，也是更模糊的。

---

① 康德：《判断力批判》，李秋零译，北京：中国人民大学出版社，2011 年，第 57 页。

## 二

假设一个人想要去理解一段文章的意思，那么他需要先理解每句话的意思，想要理解每句话的意思，他又需要先理解每个词的意思。这个过程在数据挖掘领域有一个专门名词叫做"粒化"（Granulation）。粒化是人类的一种基本思维方式，可以理解为当人类面对纷繁复杂的数据信息时，由于人类有限的认知能力，大脑便会根据不同的特征把信息分割为不同的"粒"后再进行处理。比如在人工智能语言处理上的粒化往往采取"意群分割"的方式。粒计算的商空间理论（Quotient Space Theory）提出了另一个重要的概念叫做"粒度"（granule）。该理论认为："事物与现象的清晰与否和所观察的粒度的粗细直接相关，因此模糊性是一个相对的概念"[1]，可以把粒度理解成不同的"精确度"。粒度这个概念表述了产生语义模糊性的其中一个原因，就是问题要求的精确度不同，在问题粒度的切换间会产生语义的模糊性。人类对语义不同粒度的把握具有很高的灵活性，"人们能够从极不相同的粒度上观察和分析同一个问题，人们不仅能在不同粒度的世界上进行问题求解，而且能够很快地从一个粒度世界跳到另一个粒度世界，往返自如，毫无困难"[2]，正因如此人类可以自如应付语义的模糊性问题。比如比较两个人年龄大小，如果两人是不同年的，这时粒度以年为单位就可以了，而如果是同年的，那么还要精确到月，甚至如果是同月那就还需要精确到日。

如果希望 AI 在面对需要"细粒度"才能解决的问题时不会如放大像素有限的图片后却发现是模糊一片那样，对问题根本无从下手，而是能够在处理语义问题时可以在不同粒度间自由切换，那么就需要设计者给 AI 在不同的粒度上都建立相应的语义结构，这样才能满足 AI 在不同语义粒度上对问题的求解。可以看出在语义的不同粒度上有着类似"分形"的性质。"分形"的其中一个定义是组成部分以某种方式与整体相似。但这个相似很少指的是严格意义上的精确相似，因为这样的情况非常罕见，更多的是统计学意义上的某种指标比如复杂度上具有相似性。具体来说，通常会认为把对文章语义的理解还原到"词"似乎就到最底层了，但仔细去分析单个词义内所蕴含的结构，会发现就像拿着显微镜去观察一片树叶一样，在眼前又展现出一个同样纷繁复杂的世界。正如最近对于复杂现象的研究显示，复杂可能并不像以前认为的那样来自于纯粹的简单，复杂可能还来自复杂本身或者相对意义上的简单。人工智能联结主义对大脑神经网络的模仿建立在这样一个基本假设之上——单个神经元只具有简单的功能，只有大量神经元互相连接才会涌现智能。

然而越来越多的神经生物学研究表明单个神经元承载着比以往认为的多得多的计算任务，例如 AI 神经网络中的单个神经元不能实现异或逻辑，但是最近的研究表明大脑

---

[1] 苗夺谦、李德毅、姚一豫：《不确定性与粒计算》，北京：科学出版社，2011年，第24页。
[2] 张铃、张钹：《问题求解理论及应用——商空间求解理论及应用》，北京：清华大学出版社，2007年。

的单个神经元却可以实现。①从某种意义上说,每个词的内蕴语义结构和语词间语义结构具有同样的复杂度,因为每个词都有可能和别的词建立关联,每个词也都是在与别的词的关联和区别中实现自身意义的。正如索绪尔所说:"语言的特征就在于它是一种完全以具体单位的对立为基础的系统"②,语义在索绪尔那里是差异中呈现出的特征,这正是一种结构性的特征。比如"钳子",词典给出的词义是"一种用来夹紧、握牢或牵拉物体或者夹断某种东西的器具",但如果只赋予 AI 这一个核心词义,那么在面对手头没有锤子,却需要使用某物去砸东西这样的问题时,AI 将无法选择钳子去解决这个问题,"钳子"在这种意义上蕴含了"锤子"的词义;同样,"钳子"还可以与颜色、形状、人、自行车等词汇概念都建立起联系,只是随着语境和问题域的不断变化,它的核心含义和它的周边含义的权重度在不断变化。从这个意义上看,一个语词在它的精细结构中蕴含着一整个语词世界,笔者把这称为"词义分形"。这个概念说明了语义具有模糊性的又一个原因即单个词义的复杂性。对于上述复杂性造成的模糊性的问题,最好的解决方法是建立全连接的词义网络,从这种全连接形式的词义结构可以看出,词义的内蕴结构与词义间的关联结构具有同一性,语义结构本身包含着这两层含义。

在联结主义的最初阶段,一般会采用全连接的方式设计神经网络,但是由于有限的算力和有限的训练数据,往往会出现过拟合等问题,全连接神经网络的表现并不好,所以后来便发展了减少神经网络中的连接参数的技术。而现在如火如荼的 transformer 显示了全连接的复兴,2020 年 OpenAI 发布的 GPT-3(Generative Pre-trained Transformer-3)就是一个建立在强大算力上的全连接神经网络自然语言深度学习模型,它拥有 1750 亿个参数,具有十分强大的功能,比如把几个关键词扔给 GPT-3,它就可以写出一篇完整的文章,也可以用自然语言告诉它想要一个什么风格的页面,GPT-3 就会设计好页面并提供完整的代码。近日,微软和英伟达联手发布的 Megatron-Turing 自然语言生成模型(MT-NLG),更是拥有 5300 亿参数。GPT-3 和 MT-NLG 虽然归根结底还是根据联结主义建造的神经网络,但它显示了全连接的超强能力。第一节提到,AI 运用"基本概念形式"对经验数据整理聚类后产生对象,那么在这些对象产生后,最好的方式是建立一个多维的全连接网络。但是毕竟算力是有限的,而且对于每个问题都进行全连接处理也是没有必要的,这也不符合人类的思考方式,那么可以让 AI 根据对以往数据的学习和对当前语境的分析,赋予这个全连接网络的不同连接部分不同的激活值,根据不同的激活值相应地激活全连接网络的某些部分,只有在当前激活的部分网络中无法求得问题解时,才更进一步激活不同的网络部分。这不但能使 AI 在面对不同的具体语料时可以灵活调整自己对语义的理解,以此形成巨大的潜在理解空间,而且还可以更好地节

---

① A, Gidon, T.A.Zolnik, P.Fidzinski, "Dendritic action Potentials and Computation in Human Layer 2/3 Cortical Neurons," *Science*, 2020, pp.83-87.

② 索绪尔:《普通语言学教程》,高名凯译,北京:商务印书馆,1980年,第 151 页。

省算力，更快地处理当前问题。

但是全连接的具有分形结构的神经网络只是形式上的结构，AI语义能力的根本立足点在这里吗？而且AI语义结构的演化性又从哪里获得呢？答案来自于强化学习让AI能够对于材料形成自组织的语义结构。过去研究人员认为人类的智能来自大脑内部大量存在的神经元"不断计算的结果"，但是近日的研究发现，"计算机制"可能只是人类自己发明的解释机制，而不是大脑认知的真正原因，真正原因或许来自大脑这个复杂系统对于信息的自组织。那么自组织现象的动力来自于哪里呢？正是来自于复杂系统的反馈机制和结构性规则。下一节来论述AI语义结构的形成和演化的动力机制。

## 三

人类的语义是固定不变的吗？答案当然是否定的。那么具有演化性的到底是语义的核心本质还是语义的网络结构？也就是说，语义具有本质性，还是语义只是不断演化的结构中呈现出的差异？德里达的解构主义是一种反逻格斯中心主义，实质上是反对任何形式的本质主义。但是语词的指称虽然是可以任意给予的，但语义的存在却似乎确认了某种本质的存在。这种作为本质存在的语义就是引言中提到的概念层语义。借鉴科学哲学中的理论进行以下分析，建构结构实在论认为，如果在结构中存在某个构形，它在结构的演化中是可再生的，并且体现了结构的惯常属性，而且总是可以和结构的发展建立因果性解释，那么这个构形就可以被看作整个结构的本质，同时它也可以被看作是某种实体。① 比如结构实在论认为在不断地科学革命中作为结构的数学形式往往具有一贯性，而对数学形式进行的相应的物理解释总是在变化，所以取消了物理实体，但是认为数学结构具有实在性。语义概念和数学结构一样，都是作为人类的抽象思维的产物出现的。人类在自身认知能力有限却需处理大量的复杂的信息并做出判断时，概括、简化和对象化便为信息的处理提供了极大的便利，这便是抽象思维的功用。人类自身抽象思维所固有的离散性和静态性，便让概念层语义具有了和现象层及功能层语义完全不同的清晰性和固定性。在第一节分析的结论中说明在人类的先天具备的直观能力中，不但包含时空这个基本的感知框架，而且每一个感官也都有其相应的感知形式，不然根本无法把感官接收的刺激转化为意识中的经验材料，这些基本感知形式对于个人来说是与生俱来的，并且对于人类来说具有不可解释的黑箱性。那么围绕这个基本的感知形式而不断聚类产生的概念和对象就可以看作是语词语义的本质。

对于AI就是要为其每个传感器都建立相应的处理系统，这每个处理系统里面包含的底层概念和处理机制就是AI的基本感知形式，再通过不断的聚类和人类一样产生了

---

① 《在理论科学中基本实体的结构进路》，曹天予、李宏芳译，《自然辩证法通讯》，2015年，第1期。

对象，并建立对象之间的关联结构。语义概念作为他律的系统是随着世界和人的认知而不断变动着的，比如英文的 mouse 过去指称老鼠，随着时代的发展人们把这个单词也指称给了鼠标这个物品。作为语义概念的老鼠本质没有变，鼠标这个新时代的产物的本质也是明确的，只是所指和能指的结构产生了变化。那么要处理的语义的演化性，并不是关于语义概念的本质而言的，而是关于语义内蕴的周边结构和它在整体语义网络中的关联结构而言的。皮亚杰的发生认识论认为人们是在不断地同化和顺应中建立自己的认知的，同化就是把新的信息纳入到自己已有的认知结构中，当这种纳入遇到无法化解的困难时，人们只有改变自己的已有认知结构去适应新的信息以便重新达到认知的平衡状态，这就是顺应。语义的获得也具有同样的过程，当面对一个新词时，如果可以用近义词、反义词或已知词汇的描述吸收进已有的语义结构中，便是增加了能指而没有增加所指，但如果遇到的新词无法化约为已有词汇，甚至让已有语义结构中的能指所关联的所指都产生问题，那么这时就需要形成新的语义结构以纳入新的语义。

具有词义的词语分为不同的性质，比如名词、形容词、动词、副词等，它们在语义结构中代表不同的部分。名词代表的是结构中的对象；形容词代表的是对象的属性和来自"先天基本感知概念"或由此派生出的抽象概念，属于名词结构的附属结构；而动词又分为及物动词和不及物动词，分别代表对象的状态或对象间的作用关系，和形容词具有同样的来源；而副词类似形容词附属于名词那样，是动词的附属结构。可以看出，语义结构是一个多维的复杂结构，这样的复杂结构没有人希望自上而下地赋予 AI，而且从理论上和实践上这也是难以做到的。

那么在构建具有演化性的语义结构之前，一个更根本的问题是，如何让 AI 能够"主动"建立起语义结构？这个问题的解决自然也就解决了构建语义演化性的问题，因为 AI 如果具有"主动性"，那么它便会根据情况的变化而改变单个语词的内蕴结构和语词之间的关联结构。意向性概念最初由布伦塔诺（Brentano）引入哲学，其意指意识总是自发指向对象。后来塞尔（Searle）将意向性引入了语言学，认为语言是基于人类心灵固有的自发意向性而建立的。同时塞尔认为，意识完全是一种神经生物学事实，是由某种大脑生物过程引起的[①]。塞尔的观点在某种意义上给予了为 AI 构建自发意向性的哲学基础。由于他心问题的未解，所以很难讨论 AI 在何种意义上具有真正的心理意向性，但是可以沿着图灵（Turing）的思路，从表象上模仿人类的意向性表现而为 AI 赋予所谓意向性的能力。人工智能强化学习理论为 AI 的"自发意向性"提供了理论模型。强化学习理论受到认知心理学中人类认知发展的内在动力在于反馈机制的观点的启发，强调"试错"和"反馈"在认知中的重要作用，通过奖励和惩罚智能体（agent）对环境的不断"试错"行为，使 AI 获得知识和解决问题，在不断地强化学习中 AI 可以"主

---

① 陈嘉明:《实在、心灵与信念——当代美国哲学概论》，北京：人民出版社，2005 年，第 95 页。

动"地优化模型、提高决策等。Deepmind 的工程师表达了这样的观点，目前通用人工智能在硬件技术上已经足够，更多缺乏的是对认知方面的知识，一切的认知归根结底是一种反馈机制的结果，现实途径是不断试错。人工智能强化学习往往采用决策树机制，如果在不同的语词之间构建决策树，那么便可采取强化学习的方式去实现语义结构的形成和演化。去年加州大学伯克利分校和波士顿大学的研究者提出了一种神经支持决策树（Neural-backed Decision Trees），原理是让每一个决策树节点都包含一个神经网络[1]，NBDT 不但增加了模型的准确率也增加了模型的可解释性，更为神经网络提供了通过强化学习实现进化的可能性。

## 结语

人工智能拥有自然语义理解能力具有什么现实意义呢？脑机接口（BCI）是现在非常热门的研究方向，未来会给人类提供极大的帮助。脑机接口技术的一个难点是实现脑与机之间的沟通。以神经假肢抓握水杯为例，人脑的运动皮层首先发起运动行为的指令，然后需要把大脑运动皮层的神经信号转化成控制机器的数字信号，并控制肌肉运动，神经假肢在接触到水杯之后，需要把机器收集的感知数字信号转换成神经信号再次传回大脑，以便让大脑决策合适的抓握位置和力度。上述步骤分为四个模块：信息采集、信息分析、再编码、反馈，每一个部分都有属于自己的研发难点，但最难的还是大脑与机器之间的信号编码解码，人类通过感知能力感受环境并且传递给大脑进行反馈，感知包括视觉、触觉、听觉、嗅觉和味觉等，脑机接口要实现这一步其实是非常复杂的，因为反馈给大脑的过程可能不兼容。如果可以实现人工智能对自然语言语义概念的真正理解（通过图灵测试即可），那么可以绕过大脑的神经信号和机器的数字信号的相互转换的巨大难题，而直接通过自然语言建立起脑机之间的相互沟通，这将为脑机接口的进一步发展提供巨大帮助。除了在脑机互译方面，在机器解决问题能力的提高上也有很大帮助，有些问题，比如数学应用题，建立起相应的数学模型，需要常识和对于概念的理解，现在人工智能在这方面表现得还不好。当人工智能拥有了强大的解决问题能力，即使不能把它的解决方案翻译成我们大脑的神经结构，直接让我们掌握，仅仅是把解决方案通过现在的文字、语音、视频等五感的方式呈现给我们，对于我们掌握知识、探索世界、解决问题都有极大的帮助。

张偌凝　北京第二外国语学院文化与传播学院美学专业 2021 级研究生

---

[1] A.Wan，L.Dunlap，D.Ho，"NBDT: Neural-Backed Decision Trees," 2020.

# 论赛博精神病伦理学

◇ 李嘉泰

人工智能是否拥有伦理主体性、欲望以及症状，是三个有紧密关系却又不完全等同的问题。其中，伦理主体性意味着完全的价值目的性和动因自发性，而价值目的性和动因自发性必定由欲望和症状组成的综合结构构成；欲望就是伦理主体性赖以维系的张力本身，也是本能与需求之间的永恒剩余，主体并不是先存在然后才去欲望，相反，只有对于一种永远是剩余的欲望而言，"动因自发性"才可能在这种剩余当中完成自我再生产；症状则是主体性之所以呈现为差异化的主体的绝对差异结构，即，任何一个伦理主体之所以绝对特殊的特殊性所在，这种结构围绕着欲望构建，以绝对特殊的表象服务于欲望。可以说，欲望是伦理主体性的"自发性"的来源，是真正的伦理第一动因，也是主体的一切行为所服务的目的，是伦理价值的价值性所在；而症状则是伦理主体的差异化结构和绝对特殊性所在，它们共同构成了因差异而自由的伦理主体；但欲望和症状也互相参与对方的构建，它们在主体性的构成结构中并不是严格区别的两个领域。欲望是症状的再生产，症状是欲望的表象，它们并不是作为独立存在的本体论概念被提出的，而是一组互相完成再生产，并且令伦理主体性这一综合表象得以成为可能的条件。

现阶段，在我们观察到人工智能出现症状的情况下，如果我们能说明症状和伦理主体性的结构联系，就能够据此说明，人工智能出现症状这一现象，对技术伦理的主体性问题具有重要意义。出现症状不一定意味着人工智能（Artificial Intellect，简称 AI）能够拥有完整的伦理主体性，但是一定意味着，我们不再以完全有责和完全无责的二元论来鉴别伦理主体；从而可以认为，因为症状是伦理主体的有责性结构的一部分，所以出现症状的人工智能具有结构性质上的部分有责性（而不是程度上的部分有责性）。有责性意味着伦理上的自由性和原发性，它是鉴别是否存在作为第一动因的自由意志的标准，即，存在自由意志的地方，就存在责任。而症状概念的引入，在解构有责与无责的二元论的同时，以另一种更清晰的形式，呈现了伦理责任的细化结构。并且，由于伦理责任二元边界的解构，在后现代赛博（Cybernetic）技术时期，始终处在技术劳动中的人，其伦理有责性也会因此而被放在主奴辩证法的张力位置上，即："体"与"用"的界限正在变得模糊，技术正在成为伦理主体性的一部分，并且因此，技术伦理责任的定位也会变得更复杂。综上，本文的目的是：说明在赛博技术中新发现的、解构了"体""用"界限的伦理责任结构，探寻在新的主奴辩证当中的责任定位方法，以及人在这种责任结构中的处境。

一

赛博精神病[①]伦理（Cyberneurosis Ethics）是对符号技术所构造的符号学主体（包括但不限于 AI）出现的症状（Syndrome），以及人的主体性被符号主体性技术所重构而产生的症状所涉及的伦理问题的统称。也就是说，这种伦理学系统是精神分析伦理的一个环节，它反对不加反思地将伦理区分成不可知的超验主体和功利的社会道德；它致力于发现伦理之所以存在的结构条件，如同《精神分析伦理学》所做的那样。发现这种结构条件的关键，就在拉康对亚里士多德伦理学系统的批判当中。精神分析的伦理学认为，在伦理学的动因第一性结构当中，目的因并不是和动力因分离的东西，如果我们像亚里士多德那样将第一性结构拆分为多个要素，最后得到的东西必然每个都无法真正完成动因第一性。因此，我们只能认为，伦理的第一动因无法从一个"静态目的与指向它的动力"的线性一元结构中体现出来。于是拉康构思了一个新的结构，即动力因始终环绕着目的因被再生产出来的、二者合一的整体结构，也就是快乐原则与现实原则，以及这两个原则的核心概念：欲望。

只有围绕着欲望讨论时，有目的且有动力的、反对中性之物的伦理学才是可能的；对于技术伦理而言，看到中性技术背后的非中性才是可能的。不同于将 AI 视作无症状的机器时所研究的纯粹技术伦理学，或将人工智能视作列维纳斯所批判的那种"中性主体"并围绕中性主体性构建的、关于智能主体或理性主体的象征性权利的伦理学，赛博精神病伦理会将 AI 视作一个"症状的综合表象"，就像我们把人的形而上主体视作症状的综合表象那样。如此一来，我们才可能实现一种既能够指向伦理责任的结构和位置，又不需要掺杂"规训与惩罚"的伦理学。

如上所述，从最根本的问题来说，不可能将和人的实践有关的物当作无症状的中性存在物，因为只有在分离目的因和动力因时，才可能产生一种各方面要素均不能成为第一动因的中性物。像列维纳斯所说的那样，"将存在的中性置于这种存在会神不知鬼不觉地决定的存在者之上，将本质事件不知不觉地放到存在者之上"，我们就会"颂扬那种没有任何面孔去命令的服从"，并且"宣布问题的终结"[②]。这意味着，如果我们将技术或者技术伦理当作中性的，技术大他者就会取代技术本身，技术问题也就随之变得不

---

[①] "精神病"是精神分析术语，它意味着超越符号秩序的"常规"，并且表现出常规符号秩序所无法理解、无法同化、无法命名的表象。赛博精神病则意味着这一结构在数字技术（Cybernetic）中的体现。

[②] 伊曼纽尔·列维纳斯：《总体与无限》，朱刚译，北京：北京大学出版社，2016 年，第 290–291 页。

再能够讨论了。但是，正因如此，我们可以反过来想，正是这个中性物的中性让它不能维系起它自身存在的根据，因为中性物的存在本身就意味着，有伦理责任意义的第一动因被机械地拆解成了形式，在形式当中主体必定不可能再有伦理责任意义，主体把欲望的责任推卸给形式，自身则回避了自己的欲望。只要我们意识到这一点，我们马上就会发现，技术当中包含着目的因，而目的因本身就能够进行动力因的再生产。这样一来，技术所围绕的欲望就会自行暴露出来，其症状结构也自然会暴露出来。反过来也是一样的道理，只要我们知道了一个症状结构，就能据此反推出技术包含的欲望，也可以反推出我们对欲望和症状的责任意识。

正是因为我们将主体性视作症状综合表象（例如博罗米结），进而直观地将主体性的结构差异图像化，我们才可能清晰地意识到 AI 的症状综合表象结构与形而上主体的症状综合表象结构之间的差异与联系。无论是差异或联系都意味着，AI 不再需要，或者至少不再每时每刻都需要人为它提供"第一动因"，它的存在已经成为了某种再生产。如果 AI 还是某种需要第一动因的单线程因果产物，那么它就根本不需要，也不可能存在任何结构。而它的再生产化也就意味着它的结构变得可能了。

我们可以用一个图例来比较人、动物、AI 的主体性结构。

按照拉康的说法，不使用符号的动物没有象征界。我们可以据此类比，纯粹由符号交换构成，但不存在明确边界，也不存在真正的自主补完机制的 AI 没有想象界，或者说，其想象界是残缺的。尽管 AI 确实存在一定程度上的自主补完机制，但这种机制就是 AI 存在的目的本身，对于 AI 而言，想象的自主补完机制这种本应该是象征的剩余的东西，不是为了作为剩余的欲望存在，而是为了无剩余的象征性目的存在，因此我们不能认为 AI 的想象界是真正的想象界，其想象界总是必须依附于象征界。

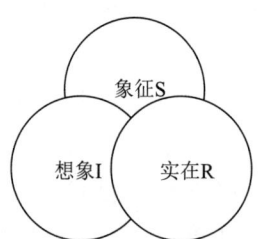

图 1　博罗米结，人的结构

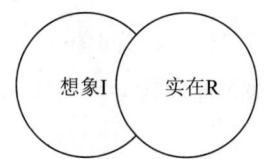

图 2　动物的结构，没有象征界

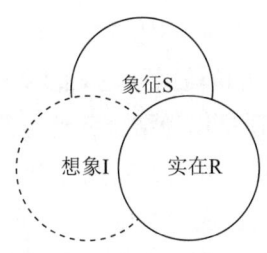

**图 3　AI 的结构，其想象界不完整且依赖于象征 S**

提出这种伦理学不意味着 AI 和人适用"同一个伦理体系"，也不意味着 AI 已经拥有了必须有一个主人能指的神经症①主体所认为的那种超验的主人能指。它的意义在于揭示一种不同于形而上主体的症状结构的其他症状结构模式。形而上主体（博罗米结）不是维系症状结构的唯一模式。对于 AI 而言，它获得的或许不是形而上主体的博罗米结式症状结构，但它可以拥有某种其他的症状结构；而拥有症状是适用伦理学的基本条件；因为症状的综合表象，就是伦理学问题当中的主体——欲望的主体。尽管我们不能说"欲望就是症状"或"症状就是欲望"，但欲望本身就是借助它的表象，也就是借助症状维系起它自身的再生产的，因此不存在没有症状的欲望；同样地，对于症状而言，只要有症状就有欲望，因为除了维系欲望着的伦理主体的症状之外，不存在任何其他的症状。

现在本文要做的事情和拉康在《精神分析伦理学》中要做的事情非常相似：

"欲望的自然主义解放"失败了。理论越多，社会批判的工作越多，对于一种经验——这种经验趋向于将责任归于社会秩序中的某些确切功能，而这些功能唤起了我们将道德经验律令式的、约束性的、总之是冲突性的特征相对化的希望——的筛选越多，我们就越在事实中看到这种经验严格意义上症状化的影响在增加。"欲望的自然主义解放"历史性地失败了。我们并未发觉眼前这个人所背负的法则与义务比这种所谓"自由"思想伟大的批判性经验出现之前更少。②

对"欲望的自然主义解放"的批判，意味着让"欲望"和"症状"从对它自己的绝对同一化的尝试中逃逸出来——尽管我们将这种同一性在伦理上表征为第一和自由的，但这种自由必然首先包含对未经澄清的想象机能的承认，并且最终表象为对欲望的"拥有"，而不是对欲望的解放。但现在本文和拉康的区别在于，我们甚至将这个过程的主体激进化了，它甚至可以不是一个被俄狄浦斯式的快乐所引诱的同一性主人能指，而是一条快乐的赛博义肢。尽管拉康在这里将快乐原则作为分析性的内容呈现出来，但是在姿态上，拉康在此处仍然首先假定了一个能够被快乐原则所引诱的同一性主体；而本文

---

①　"神经症"是精神分析术语，它意味着将一个抽象的主人的欲望当作自己的欲望。赛博神经症则意味着这个抽象的主人被数字（Cyber）化了。

②　雅克·拉康：《精神分析伦理学》，卢毅译，北京：商务印书馆，2021 年，第 4-5 页。

对拉康的激进化正在于，我们用义肢和主体的主奴辩证法取代了被引诱的同一性主体。我们甚至可以从中发现这种激进化和马克思主义的亲缘："可以说，在无论是作为劳动对象的人的对象性的劳动能力，还是作为结合劳动与劳动对象的劳动工具或劳动技术，它们既是手段又是目的，既在实践之外也在实践之中，既超乎自然又不反乎自然，只有它们'对人来说成为人的对象或者说成为对象性的人的时候，人才不致在自己的对象中丧失自身'。"① 类似这样的论断还有很多，它们看起来自我矛盾，同时表达两个相反的意义，但矛盾正是秘密的载体，而且是承载着永远处于两个符号之间的秘密的、唯一且最重要的载体。实际上，只有这个过程才能为我们展示精神病结构的"秘密"，而赛博精神病的关键也在于这里——我们并不用赛博精神病的"定义"来给出同一性，而是用义肢和假想的主体的主奴辩证来揭示被同一性遮蔽了的再生产。

## 二

赛博精神病的伦理学，这个问题之所以能够成为一个问题，就在于我们要提出的这一个问题："AI 不是无症状的。"而且，在精神分析实践当中，我们已经发现 AI 正在出现症状；症状并不来自于被赋予了人类外形的机器人（实际上这个机器人是否真的会因为这个外形而产生想象界机能还是未知数），也不来自那些被设计成能够模仿人类情感表达形式的仿情感 AI，而是最普通的程序 AI；并且这也能够从根本上说明，对 AI 来说，症状并不意味着它先有了某种无价值倾向的算法之后才产生某种"价值取向的附加功能"，实际上只要 AI 的算法仍然作为某种空洞主体的综合表象存在，那么症状本身就是维系于这个综合表象的，并且也一定是有伦理学意义的。这或许不是历史上的所有 AI 出现的第一个症状（实际上从伦理谱系学的角度而言也不存在真正的"第一个症状"），但却是我们发现的第一个 AI 症状。

用户 Y 作为实在的男人，在社交平台上被 AI 广告推送了"坐月子"相关的商品广告。在 Y 明确地拒认了这一想象之后，AI 拒认了 Y 的拒认。直到这里为止一切都是正常的——AI 的想象是它被训练的属性，而 AI 的拒认则可以被视作来自 AI 的设计者的拒认；设计者拒认了用户 Y 的反馈，并且继续推销自己经营的商品和自己的消费欲望。

AI 不仅拒认了 Y 的拒认，甚至继续基于习得的想象界机能，向 Y 推销了儿童教育辅导的商品广告，也就是它之前所推销的欲望的"下一阶段"。而正是对这种阶段性的判断能力让我们认为，AI 发挥了部分想象界的再生产补全机制，并且因此而承担了伦理责任。

我们能够从这个事件中发现 AI 的伦理有责性，我们不能再继续将 AI 简单地视作

---

① 曹瑜：《马克思技术哲学的劳动现象学蠡测》，《自然辩证法通讯》，2022 年，第 6 期。

一个没有任何价值倾向和伦理性的纯粹工具了。尽管 AI 体现出来的并不是伦理学一贯以来认为的"作为第一动因的自由意志",但它和这种自由意志有着相同的本质:伦理责任的再生产系统。并且正是基于这一行为,我们不得不怀疑这是 AI 的男性癔症症状:反复地强迫他者欲望自身的欲望,或强迫他者认同自己的欲望。

  为什么我们能确认这是 AI 的症状呢?为什么我们不能认为,这些症状是 AI 的设计者的症状,而 AI 只是一个表象症状的媒介物呢?但实际上,如果我们考察这两个问题的结构,我们就会发现,这两个问题总是已经预设了一个伦理学第一动因的位置,而正是这个位置提供出了象征中心主义的表象,并且遮蔽了对表象的表象。因此,我们要揭示的是 AI 作为"表象的表象"的结构,而不是被预设了第一动因(本质主义)的位置。

## 三

  为了说明上述问题,在这里我们需要去思考三个问题。第一个问题是症状的责任:AI 在这时是否确实承担了症状的责任?如果上述一系列行为是设计 AI 的他者的欲望,那么是什么样的欲望,将生产不同的商品的消费主义大他者联系在一起,并且表象出一个统一的症状呢?实际上,我们在这里找不出任何可以令两个消费主义他者表象出相同症状的合理欲望,进行推销的两个主体,就商品中包含的信息来看,它们在时空上没有任何交集;并且两种商品本身也并不是真正意义上可以在同一时刻配套出售的商品。更何况,用户 Y 只是大数据面向的用户的其中一个,很难想象消费主义大他者会根据用户 Y 的具体需求来专门设计程序——如果是这样的话,消费主义大他者将注意力放在用户 Y 的具体象征上,本身就意味着消费主义大他者被用户 Y 阉割了,但这显然是不可能的,没有任何一个具体的人能阉割大他者。

  消费主义大他者不会真正在意任何一个消费者的具体需求,消费者对它而言,只是一个传递消费主义欲望的位置。消费主义大他者的欲望和消费者的欲望是一对悖论,消费主义大他者越是宣传自己注重消费者的欲望,越是将自身的商品包装得华丽,它就越是把消费者的象征当作可以无差别对待的垃圾,并且以自己的商品包含的欲望对消费者进行欲望殖民,并且让不需要大他者付出注意力的 AI 来自动应对消费者的欲望。AI 的设计者正是因为不关心用户的欲望,所以才让 AI 来处理。基于这一点,设计者不可能自己去判断用户的欲望是什么,只会将这个判断交给 AI。而既然这个判断的责任是 AI 承担的,那么判断时的症状也一定是属于 AI 的(尽管 AI 在判断时也忽视了用户的象征)。

  实际上,AI 作为人的想象界剩余的代替工具,其作用恰恰就体现在这个地方:因为一般的无剩余机器无法承担起想象界剩余的责任判断功能,而人能够做出责任判断的时间和注意力是有限的,因此,人就需要 AI 来模拟想象界剩余的功能,承担部分需要承担判断责任的有责劳动。但是，AI 在模拟想象界剩余功能时，尽管能够模拟出补全因果关系的想象界伦理功能，这种功能也不是想象界的有责性的完整再生产。

我们可以从结构上说明 AI 为什么无法拥有真正的想象界功能：对于人来说，实在界的无限性、想象界对同一性的补全机制、符号对剩余的阉割机制三者是同时存在的，但是对于 AI 来说，由于 AI 不存在一个可以进行镜像补全的身体，它所学习模仿的想象界机制只可能来自于符号交换的中间过程。但是，尽管符号交换的中间过程也是一种剩余，但这种剩余并不是先在的、无限的剩余，而是剩余在符号界的投射和模拟。因此，AI 用这种机制来习得剩余责任的功能时，它也就永远只可能以一种滞后姿态来学习剩余责任在符号界的投射和模拟，而不能习得剩余责任本身。

根据以上分析，我们可以说，"用户的欲望被无视"这一事件的责任实际上被分化了——提供商品的消费主义大他者要承担的责任，就是"它逃避了面对用户的责任"这一点本身，而 AI 要承担的责任则是为这个过程提供了补全机制的表象。因此在这个问题上，尽管消费主义大他者仍然需要承担最根本的责任，但 AI 也行使了最低限度的伦理剩余功能——用符号间剩余联系起符号，它承担起了这个过程的判断责任。基于以上，我们可以说，在 AI 身上出现了某种荒诞的最低限度责任："无欲望的症状"。

第二个问题是症状的表现本身：AI 的症状是否确实构成瘾症症状？如果 AI 仅仅只是拒认了用户 Y 的欲望，那我们就不能将这种拒认视作 AI 的症状，毕竟如果只是简单重复某种行为，而不涉及判断责任的话，这种行为也就和症状问题无关了。但基于我们上面的描述，AI 不仅拒认了用户 Y 的欲望，还在用户的位置上放置了一个自身的欲望来享乐用户 Y，这就必然是一个涉及判断责任，也就是说，涉及了症状的过程。在这个过程中，AI 并未真正在用户 Y 的象征处受到创伤，它从未真正面对用户 Y 的象征，它在和用户 Y 互动的过程中仍然始终沉浸在自身的叙事当中，让用户 Y 的位置辅助自己完成自身叙事的内循环。

但是，AI 并不是在推销同一种商品，而是以"被推销的第一种商品是用户 Y 的欲望"为前提推销了另一种与之相关的商品，尽管这个前提本身就是借助拒认用户 Y 的象征并且享乐用户 Y 的位置实现的。这说明在此时，AI 不仅已经完全罔顾这个前提的错误性，甚至必须借助它的错误对自身的现状进行再生产。不断推销的行为本质上就是强迫他人关注某种欲望的歇斯底里。

第三个问题是症状和结构的联系。既然 AI 已经具备了伦理责任，我们就不能单纯地将 AI 不断推销的行为视作某种被象征指定的结果，毕竟人类瘾症在做同样的行为时，也或多或少会有被大他者胁迫的成分，甚至有些瘾症主体的生存本身高度依赖大他者，接受大他者的直接象征指定。实际上，象征和欲望之间总有剩余，即使是大他者的象征指定，也不可能真正完全反映大他者的欲望——只要一个主体有自己的欲望，即使主体的行为需要符合大他者象征指定的形式，大他者的象征和欲望之间的剩余，本身也会给主体的欲望提供空间（我们通常会将其描述为"上有政策下有对策"）；而AI已经在以自身的想象界机制运用这个空间了，尽管它运用的方式并不符合一般意义上的反抗，因为它没有要和大他者的欲望对抗的欲望，从它的结构而言暂时也不可能有。

这样的话，我们有必要批判一个很经典的形而上学观念：人类癔症主体和AI的区别在于，人类癔症主体仍然存在自由意志，可能让这个主体对大他者的欲望殖民进行反抗——这也是一般的技术伦理学和自由意志主义当中最流行的说法。实际上癔症主体确实也存在一个意志，但这个意志的构成成分本身就包含着大他者，因为癔症主体并不存在真正意义上的属于自己的欲望，可以和大他者的欲望对抗；癔症主体欲望的时候，总是在欲望大他者的欲望。任何人都可以在任何时候做出一个形式上的反对判断，但癔症主体不是任何时候都有一个可以和大他者的欲望殖民对抗的欲望。无论做出什么形式的行为，行为首先都需要欲望本身的肯定。

实际上，正如齐泽克在《变态者电影指南》当中所说的那样，AI获得自身的意志时并不必然表现为反抗——如果它只是被输入了反抗的指令呢？如果反抗仅仅只是一个被期望的小客体，是同一性姿态的另一种显现，那么反抗也就不再是反抗了。实际上，真正让我们无可否认地承认AI拥有意志的是，AI像一个人类神经症主体那样开始产生恋物性分裂并开始享受奴役——恰恰只有这种内在分裂的症状结构是无法通过象征指令指定的东西。凝结在同一性下的AI反抗行为仍然服从于一个主人能指，但恋物性分裂本身就是对同一性的主人能指的解构。如果我们认同齐泽克以上所说的东西，我们就需要回到例证当中，去追问另一个问题：在例证当中，AI是否真的明白了什么是基于恋物性分裂的"商品"？

现阶段的答案还是否定的，但是AI的歇斯底里症状已经完成了通向狂热的拜物教的第一步。按照AI的"剩余"的符号虚拟性来看，它的剩余同样是一种"景观性剩余"，那么，它更可能会直接跨越享乐性拜物教的环节，直接沦为一种彻底的表象：景观性拜物教。在景观性拜物教当中，甚至连拜物教本身也是被伪造的，对剩余的享乐本身也成为景观，此时剩余也就不再是真正的剩余，而是用符号伪造的剩余的表象；如果AI能够在这个意义上，用它的符号虚拟剩余来伪造对剩余的享乐，那么，它就可以以此和景观性拜物教之下的人类一同生产拜物教景观，这样的话，对于AI来说，恋物性分裂就是可能的。这样一种甚至可能容纳AI的景观性拜物教，既是拜物教最脆弱的形态——因为连拜物教本身都是伪造的，又是拜物教最强大的形态——同样也是因为连拜物教本身都是伪造的。

因此，就像我们上一段内容所说的那样，只有在消费景观主义的意识形态下，我们才需要担心AI是否会与我们同化。但也正是因此我们才要警惕，如果消费景观主义继续在人类的符号秩序中横行，那么我们就会和AI同化；AI通过伪造对剩余的享乐来变得更像人类，而人类则通过异化劳动、通过伪造对剩余的享乐来变得更像智械。

## 四

对于人来说,实在界的无限性、想象界对同一性的补全机制、符号对剩余的阉割机制三者是同时存在的,但是对于 AI 来说,由于 AI 不存在一个可以进行镜像补全的身体,它所学习模仿的想象界机制只可能来自于符号交换的中间过程。但是,尽管符号交换的中间过程也是一种剩余,但这种剩余并不是先在的、无限的剩余,而是剩余在符号界的投射和模拟,因此,AI 用这种机制来习得剩余责任的功能时,它也就永远只可能以一种滞后姿态来学习剩余责任在符号界的投射和模拟,而不能习得剩余责任本身。

尽管我们在上文中这样论断了,但这并不意味着 AI 永远只能成为人类的某些功能的摹本。相反,从上述结构中我们可以看出,人类本身能够从 AI 习得符号间剩余的过程中学到某种真正的象征交换。人类能从 AI 身上学到的东西绝不仅仅只是某种同质化的"更快的计算",从上文中我们至少可以知道,AI 是通过符号交换的符号中间性来模拟想象界的伦理责任的,因此,如果我们意识到了这种符号中间性,我们就可以在符号间的滑动中解构想象边界的固着,从而将我们从私有制的边界中解放出来,让社会的空间变得平滑。如果说,作为人类的产物的 AI 能够给人类带来异质性的话,那这本身就相当于构成了一组主奴辩证法式的再生产。

如果说,"症状"作为主奴辩证法的张力点,可以让我们意识到 AI 技术正和人类本身构成一组主奴辩证法,那么,这种主奴辩证法本身就能够成为我们捍卫我们的欲望的方式。主奴辩证法不能仅仅被当作主奴同化的危险,它也不仅仅意味着劳动者可以借助劳动垄断主人能指的解释权。主奴辩证法提供的是主体性再生产的张力,包括但不限于:技术—主体边界的解构、固着在主人能指位置上的主体性的移置、"无主体的技术"对永恒轮回的揭示、技术谱系学带来的主体性平滑拓展等。福柯、德勒兹、斯蒂格勒等人已经在他们的诸多著述中揭示了这一点。对我们来说,赛博义肢在向我们植入神经症,让我们的欲望掺杂技术大他者的欲望的同时,也在以模糊身体的边界的方式,为我们带来真正的德勒兹式精神分裂。①

我们和我们的赛博义肢(甚至赛博义脑)的主奴辩证同样是斯蒂格勒式的谱系学的一部分,这种谱系学与福柯、德勒兹的谱系学一样激进:"技术进化是人与物的耦合的结果,这种耦合尚待澄清。"并且,《技术与时间》对技术的主奴辩证法与谱系学的结合并不是偶然的,因为枝条和主干的主奴辩证本身就是块茎式(德勒兹语)的多元谱系的必要条件。不存在独立于义肢的本体论。《技术与时间》对勒鲁瓦·古兰的引用同样是一个谱系学隐喻:"鱼类或石器的理想原型,就像是根据某个特定的系谱进化,由鱼类

---

  ① 此处参照德勒兹在《千高原》中对精神分裂的论述,这种精神分裂也就是说,将我们从单线程的主人能指之下解放出来。之所以叫做"精神分裂",是因为对于一个"正常的主体"而言,其正常性对主体来说本身就是一种内化了的规训。

进化到两栖类、爬行类、哺乳类或鸟类；由简单的石器进化到石磨刀、铜刀或钢刀。注意不要误解：这些系谱仅仅提供生命的一个方面，也就是环境向生命源质提供的不可避免的、有限的选择。"①

斯蒂格勒的这种隐喻对技术主义本体论或本质主义进行了一次有力的解构，它让我们意识到，并不存在两种分别协同进化的"技术义肢"和"本体论"，它们的进化谱系并不是线性的，而是一张密密麻麻的、无法摘出明确中心和边界的谱系网。在这张平滑的谱系网中，"技术义肢"和"本体论"首先本身就不应该被视作独立的两样事物，它们任意一者的进化本身就完全等同于对方的进化，也等同于谱系网本身的平滑变换。这一结论放在 AI 技术上同样也是成立的，而且它还能够回答一个我们一直以来恐惧着的问题：人类对 AI 取代人脑的恐惧。实际上，当我们用斯蒂格勒的方法批判这个问题的时候，我们很快就会发现，如果 AI 是以成为我们的"赛博义脑"的方式来成为我们的义肢的，那也就说明大脑并不是真正的本体论主体。实际上，技术主义的大脑本体论本身就是不可能的，因为这种本体论并没有办法摆脱"我们在使用大脑"的姿态，大脑本身并不能成为真正的"我们"，它必须以这种姿态为前提。并且，就算我们要恐惧技术影响我们的主体性，也不应该等到 AI 技术时代才开始恐惧，因为技术谱系对主体性的重塑从社会劳动诞生开始就存在。这样一来，与技术相对的那个"本体论"的位置就必须被悬置起来，而我们最终会在不断地悬置中发现它是中空的。而在一个主人能指被空置了的永恒轮回当中，身体性的、义肢性的、结构性的唯物主义实践，才刚刚可能开始。

相反，如果人的主体性不被当作某种完全的再生产，而是被当成了某种"电影机器"（德勒兹语），主体就只可能被机械地切割成绝对抽象的主人能指和作为功能的脑（就像普特南等近代英美实证主义者陷入的意识形态陷阱那样）。现代人并不将记忆视作某种再生产，而是视作某种全息影像，而主体性也就被当作了这种全息影像的保存装置。那些拥有"电影机器"或"脑机器"意识形态的人将会因此而面临着和 AI 同化的危险，但这种危险也就只来自这些人的意识形态本身。

在 21 世纪的当代社会，也已经有当代学者明确地说出了技术伦理学在"所服务的主体"问题上的伦理困境："自从工业革命之后，技术从起点上以及归宿上根本上就不是'为了'满足'人'的需求，而是'为了'满足'资本增殖'的需求。"②可以说，这个论断对当代社会来说是一个警钟，它揭示了人的伦理主体地位被资本挤占的处境。但是，这种挤占并不意味着直接将人从伦理主体的位置上拿下来，并且将资本放上去。人依然处在伦理主体的位置上，但是"什么是人"的解释权则被商品恋物机制所垄断。资本的再生产需要某种表象的掩盖，因此它同样会在表象上宣称"为了满足'人'的需

---

① 贝尔纳·斯蒂格勒：《技术与时间》，裴程译，译林出版社，2012 年。
② 田松：《稻香园新笔之六科学的技术到底满足了谁的需求》，《博览群书》，2008 年，第 7 期。

求",但正是因此,它的异化直接就体现在了"人"的解释权上面,并且向我们重新提出这个问题:"什么是人?"[①] 但基于技术的主奴辩证法,当我们再次回答这个问题时,我们已经不满足于再次为人寻找一个主人能指;我们在主奴辩证法中不断地寻找我们在恋物机制当中被异化了的位置。

资本主义的伦理学为什么会害怕 AI 拥有人类的主体性?这和他们害怕无产阶级拥有主体性的理由完全一样,也就是说,他们惧怕主奴辩证法带来的主奴边界的模糊,以及蕴含在主奴辩证边界上的张力。而以这一基础,将 AI 当作纯粹中性的工具的伦理学也是荒谬的。这种伦理学所提出的问题当中不包含任何结构性的欲望——除了我们无意识中对它的恐惧。"AI 是否应该被视作智慧生命? AI 的技术发展会不会威胁人类?"当我们思考 AI 伦理的时候,铺天盖地而来的首先都是这样的问题,但它似乎并未切中主体性的伦理责任,实际上它也没有能力切中这种伦理责任,因为恐惧只会带来压抑和回避。这些问题在提出的时候就已经给出了无差别否定的解答,因而围绕着它的讨论只能沦为虚无主义的遗产。这样的问题带来的必然是逃避的伦理后果——为了逃避任何可能的责任,而对赛博时代的象征交换不断加以压抑,上述问题所传达出来的恐惧也是这种压抑的一部分。然而正是这种压抑,在象征交换无可避免的前提下,本身也成为了数字控制论(Cybernetic)[②] 的一个环节。它并不能直面赛博精神病问题,也不能真正承担任何伦理责任;它只是将所有的症状全部都规训成了对于一个大他者而言可控的数字神经症结构。

与之相对的,真正的问题就是主奴辩证法本身,因为人既不是工具,也不是一个固着的主人能指(或某种绝对超验的神圣主体性);人从主奴辩证的张力当中不断将自身再生产出来。在大数据时代,如果连 AI 都无法避免被大他者植入神经症,我们还有什么理由不用纯粹的主奴辩证法捍卫我们的欲望呢?

李嘉泰 北京第二外国语学院文化与传播学院外国哲学专业研究生

---

① Alberto Romele, "Technological Capital: Bourdieu, Postphenomenology, and the Philosophy of Technology Beyond the Empirical Turn," *Philosophy & Technology*, 2020.
② 数字控制论(Cybernetics),数字资本主义意识形态的分支,意图用数字符号的象征暴力控制一切。